ま え が き

　我が国の消費税は、消費に広く公平な負担を求めるという観点から、国内におけるほとんどすべての商品の販売やサービスの提供等及び保税地域から引き取られる外国貨物を課税対象としており、平成元年の導入以降、平成３年には非課税範囲の拡大や簡易課税制度の見直し、平成９年には税率の引上げや地方消費税の創設、平成16年には事業者免税点の引下げや簡易課税制度の適用上限の引下げなどの改正が行われてきました。

　さらに、平成24年８月10日には「社会保障の安定財源の確保等を図る税制の抜本的な改革を行うための消費税法の一部を改正する等の法律」が成立し、平成26年４月１日に８％へ、平成27年10月１日に10％へと二段階の税率引上げが盛り込まれ、平成25年３月には当該改正に係る政省令が公布されています。

　そこで本書は、事業者をはじめ、消費税の実務に携わっておられる方々が消費税法や関係法令等をできるだけ簡単に理解しやすいように最新の法令・通達を項目別に整理し、できるだけ図解を用いるなどして工夫を凝らした内容としております。

　本書が消費税を理解する上での一助となり、皆様方のお役に立てば幸いです。

　なお、本書は、大阪国税局消費税課に勤務する者が休日等を使って執筆したものであり、本文中の意見にわたる部分につきましては、執筆者の個人的見解であることをお断りしておきます。

平成26年９月

編　　者

序章 消費税法等の改正について

第1節 社会保障・税一体改革による消費税率の引上げ等 …………………… 2
第2節 消費税転嫁対策特別措置法による「総額表示義務の特例措置」 …… 4
第3節 平成26年度税制改正 ……………………………………………………… 4

1 簡易課税制度のみなし仕入率の見直し ………………………………… 4
2 課税売上割合の計算における金銭債権の譲渡に係る対価の額の算入割合の見直し ……… 5
3 輸出物品販売場制度の見直し …………………………………………… 6

第1章 各取引の課否判定

(課否判定フロー) ……………………………………………………………… 10

第1節 事業者の意義及び事業の範囲 …………………………………………… 11

1 事業者の意義 ……………………………………………………………… 11
2 事業の範囲 ………………………………………………………………… 12

第2節 資産の譲渡等の意義 ……………………………………………………… 13

1 資産の譲渡等に含まれるもの …………………………………………… 13
2 資産の譲渡の範囲 ………………………………………………………… 15
3 資産の貸付けの範囲 ……………………………………………………… 15
4 役務の提供の範囲 ………………………………………………………… 15

第3節 資産の譲渡等の対価の額 ………………………………………………… 18

1 資産の譲渡等の態様と対価の額 ………………………………………… 18
2 課税資産と非課税資産の一括譲渡等の場合の対価の区分 …………… 19
3 個別消費税と対価の関係 ………………………………………………… 19

第4節 内外判定 …………………………………………………………………… 20

1 内外判定の原則 …………………………………………………………… 20
2 内外判定の特例 …………………………………………………………… 20

第5節 非課税となる資産の譲渡等 ……………………………………………… 26

1 土地関係 …………………………………………………………………… 26

2	有価証券等及び支払手段関係	27
3	利子を対価とする貸付金等	29
4	郵便切手類等の譲渡関係	31
5	国、地方公共団体等の手数料及び外国為替業務等	32
6	医療の給付等	34
7	社会福祉事業等	39
8	助産関係	50
9	埋葬、火葬関係	50
10	身体障害者用物品	51
11	学校教育関係	61
12	教科用図書	63
13	住宅の貸付け	64

第6節　免税となる資産の譲渡等 …… 65

1	消費税における免税制度一覧	65
2	輸出取引等に係る免税	66
3	輸出物品販売場における免税	72
4	外航船等に積み込む物品の譲渡に係る免税	75
5	外国公館等に対する課税資産の譲渡等に係る免税	76
6	海軍販売所等に対する物品の譲渡に係る免税	77

第7節　課税仕入れに該当するかどうかの判定 …… 78

1	課税仕入れの意義	78
2	家事用資産、家事共用資産の取得	79
3	給与等を対価とする役務の提供	79
4	資産の譲受け等の範囲	80

第8節　勘定科目別課否判定 …… 82

1	売上高	82
2	売上原価	83
3	販売費及び一般管理費	83
4	営業外収益及び特別利益	85
5	営業外費用及び特別損失	86
6	資産の部	86
7	負債の部	88

第2章　納税義務が免除されるかどうかの判定

（判定フロー） …………………………………………………………………………… 90

第1節　課税期間 …………………………………………………………………… 91

1　原則的課税期間 …………………………………………………………………… 91
2　課税期間の特例 …………………………………………………………………… 92
3　課税期間の特例選択の方法及びその効力の発生 ……………………………… 92
4　課税期間の特例を変更する方法及びその効力の発生 ………………………… 93
5　課税期間の特例の選択を取りやめる場合の手続 ……………………………… 94

第2節　基準期間における課税売上高と免税事業者制度 ……………………… 97

1　基準期間の意義 …………………………………………………………………… 97
2　基準期間における課税売上高の意義 …………………………………………… 97
3　基準期間における課税売上高に算入されるもの、算入されないもの ……… 98

第3節　特定期間における課税売上高等と免税事業者制度 …………………… 99

1　特定期間の意義 …………………………………………………………………… 99
2　特定期間における課税売上高の意義 …………………………………………… 100
3　特定期間における課税売上高に算入されるもの、されないもの …………… 101

第4節　課税事業者の選択制度 …………………………………………………… 102

1　課税事業者の選択手続 …………………………………………………………… 102
2　課税事業者選択の取りやめ ……………………………………………………… 103
3　調整対象固定資産の仕入れ等を行った場合の課税事業者選択不適用届出の制限 ……… 104
4　やむを得ない事情により届出書の提出が遅れた場合の特例 ………………… 107

第5節　相続があった場合の納税義務の免除の特例 …………………………… 108

1　相続した年の納税義務の免除の特例 …………………………………………… 108
2　相続した年の翌年又は翌々年の納税義務の免除の特例 ……………………… 109

第6節　合併があった場合の納税義務の免除の特例 …………………………… 110

1　吸収合併があった事業年度に係る納税義務の免除の特例 …………………… 110
2　吸収合併があった事業年度の翌事業年度又は翌々事業年度の納税義務の免除の特例 …… 111
3　新設合併の場合の設立事業年度における納税義務の免除の特例 …………… 113

4　新設合併があった事業年度の翌事業年度又は翌々事業年度の納税義務の免除の特例…… 114

第7節　分割等があった場合の納税義務の免除の特例……………………………………… 116

　　1　設立初年度における新設分割子法人の納税義務の免除の特例………………………… 116
　　2　事業年度開始前1年以内に分割等があった場合の新設分割子法人の納税義務の免除の
　　　　特例…………………………………………………………………………………………… 117
　　3　事業年度開始の日の1年前の日の前々日以前に分割等があった場合の新設分割子法人
　　　　の納税義務の免除の特例…………………………………………………………………… 118
　　4　事業年度開始の日の1年前の日の前々日以前に分割等があった場合の新設分割親法人
　　　　の納税義務の免除の特例…………………………………………………………………… 120
　　5　吸収分割があった日の属する事業年度の分割承継法人の納税義務の免除の特例……… 122
　　6　吸収分割があった事業年度の翌事業年度の分割承継法人の納税義務の免除の特例…… 123
　　7　特定要件……………………………………………………………………………………… 124
　　8　分割等………………………………………………………………………………………… 125

第8節　基準期間がない法人の納税義務の免除の特例……………………………………… 126

　　1　特例規定に基づく納税義務の判定………………………………………………………… 126
　　2　「資本金の額又は出資の金額」の範囲……………………………………………………… 127
　　3　「特定新規設立法人」の納税義務の免除の特例…………………………………………… 128
　　4　「特定新規設立法人」に該当する場合の手続……………………………………………… 129
　　5　他の者により「新規設立法人」が支配される一定の場合（特定要件）の判定………… 129
　　6　特定要件の判定の基礎となった他の者の特殊関係法人の範囲………………………… 130
　　7　判定対象者の新規設立法人の当該事業年度の基準期間相当期間……………………… 130
　　8　基準期間がない期間中に調整対象固定資産を取得した新設法人及び特定新規設立法人の
　　　　納税義務の特例……………………………………………………………………………… 132

第3章　資産の譲渡等及び課税仕入れ等の時期

第1節　棚卸資産の譲渡の時期………………………………………………………………… 134

第2節　請負の場合の資産の譲渡等の時期…………………………………………………… 135

　　1　原　則………………………………………………………………………………………… 135
　　2　建設工事等の引渡しの日の判定…………………………………………………………… 135
　　3　建設工事等の値増金に係る資産の譲渡等の時期………………………………………… 135
　　4　部分完成基準による資産の譲渡等の時期………………………………………………… 135

5	機械設備の販売に伴う据付工事による資産の譲渡等の時期	136
6	不動産の仲介あっせんに係る譲渡等の時期	136
7	技術役務の提供の対価に係る資産の譲渡等の時期	136
8	運送収入に係る資産の譲渡等の時期	137

第3節　固定資産の譲渡の時期　138

1	原　則	138
2	農地の譲渡の時期の特例	138
3	工業所有権等の譲渡等の時期	138
4	ノウハウの頭金等に係る資産の譲渡等の時期	139

第4節　有価証券等の譲渡の時期　139

第5節　利子、使用料等を対価とする資産の譲渡等の時期　140

1	貸付金利子等を対価とする資産の譲渡等の時期	140
2	償還差益を対価とする資産の譲渡等の時期	140
3	賃貸借契約に基づく使用料等を対価とする資産の譲渡等の時期	140
4	工業所有権等の使用料を対価とする資産の譲渡等の時期	141

第6節　その他の資産の譲渡等の時期　142

1	物品切手等との引換給付の場合	142
2	保証金等のうち返還しないものの額を対価とする資産の譲渡等の時期	142
3	先物取引に係る資産の譲渡等の時期	142
4	強制換価手続による換価による資産の譲渡等の時期	142

第7節　長期割賦販売等に係る資産の譲渡等の時期の特例　143

1	消費税における延払基準による経理処理	143
2	延払基準の方法により経理しなかった場合の処理	144
3	連結納税の適用法人となった場合	144
4	延払基準による特例を適用しないこととした場合	144
5	納税義務の免除を受けることとなった場合等の処理	144
6	事業の廃止、死亡等の場合	145
7	事業を承継した相続人に対する適用	145
8	相続人が延払基準による経理をしなかった場合	145
9	相続人が延払基準による特例を適用しないこととした場合	146
10	合併により消滅する場合等	146

11	事業を承継した合併法人に対する適用	146
12	合併法人が延払基準による経理をしなかった場合	147
13	合併法人が延払基準による特例を適用しないこととした場合	147
14	分割により事業を承継させた場合等	147
15	事業を承継した分割承継法人に対する適用	148
16	分割承継法人が延払基準による経理をしなかった場合	148
17	分割承継法人が延払基準による特例を適用しないこととした場合	148
18	資産を下取りした場合の対価の額	148
19	債務不履行に伴い割賦販売資産を取り戻した場合	149

第8節　工事の請負に係る資産の譲渡等の時期の特例 … 150

1	消費税における工事進行基準による処理	150
2	工事進行基準の方法により経理しなかった場合等の処理	151
3	事業を承継した相続人に対する適用	151
4	事業を承継した合併法人等に対する適用	151
5	部分完成基準と工事進行基準の適用関係	152

第9節　小規模事業者に係る資産の譲渡等の時期の特例 … 153

| 1 | 現金主義による経理処理 | 153 |
| 2 | 特例の適用を受けないこととなった場合 | 153 |

第10節　課税仕入れの時期 … 155

| 1 | 課税仕入れの時期 | 155 |
| 2 | 課税仕入れの日の判定の具体例 | 155 |

第11節　仕入割戻し及び売上割戻しの日 … 157

| 1 | 仕入割戻しを受けた日 | 157 |
| 2 | 売上割戻しを行った日 | 158 |

第4章　納付すべき消費税額及び地方消費税額の計算

（消費税額及び地方消費税額の計算手順フロー） … 160

第1節　課税標準額の計算 … 161

手順1　課税資産の譲渡等の税込対価の額の集計 … 161

| 手順2 | 課税資産の譲渡等の対価の額の計算 | 163 |
| 手順3 | 課税標準額の算出 | 163 |

第2節　課税標準額に対する消費税額の計算　　166

| 手順1 | 通常の場合 | 166 |
| 手順2 | 消費税額等を明示して代金領収する場合の課税標準額に対する消費税額の計算に関する経過措置 | 166 |

第3節　原則課税の場合の仕入控除税額の計算　　167

手順1	課税売上割合の計算	167
手順2	課税仕入れに係る支払対価の額等の集計	170
手順3	課税売上割合が95％以上かつ課税売上高が5億円以下の場合	170
手順4	課税売上割合が95％未満又は課税売上高が5億円超の場合	170

第4節　仕入控除税額の調整計算　　173

手順1	非課税資産の輸出等を行った場合の仕入れに係る消費税額の控除の特例	173
手順2	仕入れに係る対価の返還等を受けた場合の仕入れに係る消費税額の控除の特例	175
手順3	課税売上割合が著しく変動した場合の調整対象固定資産に関する仕入れに係る消費税額の調整	180
手順4	課税業務用調整対象固定資産を非課税業務用に転用した場合又は非課税業務用調整対象固定資産を課税業務用に転用した場合	183
手順5	納税義務の免除を受けないこととなった場合等の棚卸資産に係る消費税額の調整	184

第5節　簡易課税制度における仕入控除税額の計算　　187

| 手順1 | 簡易課税制度によることができるかどうかの確認 | 187 |
| 手順2 | 課税売上高の事業区分とみなし仕入率 | 189 |

第6節　売上げに係る対価の返還等をした場合の消費税額の控除　　195

| 手順1 | 売上げに係る対価の返還等の金額の集計 | 195 |
| 手順2 | 控除税額の計算 | 196 |

第7節　貸倒れに係る消費税額の控除　　197

| 手順1 | 貸倒金額の計算 | 197 |
| 手順2 | 控除税額の計算 | 198 |

第8節 課税標準額に対する消費税額に加算すべき金額の計算 ·········· 199

- 手順　加算すべき金額の計算·········· 199

第9節 地方消費税額の計算·········· 200

- 手順1　地方消費税の課税標準額の計算·········· 200
- 手順2　地方消費税額の計算·········· 200

第5章　申告、納付等

第1節 確定申告及び納付期限·········· 202

第2節 中間申告及び納付期限·········· 205

1　1か月中間申告対象期間（年11回）·········· 205
2　3か月中間申告対象期間（年3回）·········· 207
3　6か月中間申告対象期間（年1回）·········· 209
4　任意の中間申告制度·········· 212
5　中間申告書の様式·········· 212
6　中間申告書の提出がない場合の特例·········· 212

第6章　国、地方公共団体等に対する課税の特例

（特例の概要）·········· 214

第1節 事業単位の特例·········· 215

1　国、地方公共団体の事業単位の特例·········· 215
2　一般会計とみなされる特別会計·········· 215
3　一部事務組合等の特例·········· 216

第2節 国、地方公共団体等の資産の譲渡等の時期の特例·········· 217

1　国、地方公共団体の特例·········· 217
2　特定の公共法人等の特例·········· 217

第3節 特定収入がある場合の仕入控除税額の調整·········· 218

1　適用対象法人·········· 218

2　特定収入の意義··218
　　3　特定収入に係る仕入控除税額の調整計算··221

第4節　国、地方公共団体等の申告及び納付期限の特例··224
　　1　国、地方公共団体の確定申告及び納付期限··224
　　2　消費税法別表第三に掲げる法人の確定申告及び納付期限の特例··············224
　　3　中間申告及び納付期限··226
　■　消費税法別表第三··240

第7章　帳簿書類等の保存

　　1　資産の譲渡等に関する記録事項··246
　　2　対価の返還等に関する記録事項··246
　　3　課税仕入れ等に係る帳簿及び請求書等の保存··247
　　4　仕入れに係る対価の返還等に関する記録事項··251
　　5　課税貨物に係る消費税額の還付に関する記録事項····································251
　　6　貸倒れの事実に関する記録事項··251
　　7　納税義務の免除を受けないこととなった場合等の棚卸資産に関する記録事項················252
　　8　国、地方公共団体等の特定収入等に関する記録事項の特例····················252
　　9　帳簿、請求書等の保存期間··253

第8章　保税地域から引き取る課税貨物に対する消費税

　　1　納税義務者及び課税の対象··256
　　2　非課税··256
　　3　免　税··256
　　4　課税標準額及び税率··258
　　5　申告及び納付··258

第9章　総額表示の義務付け

（総額表示義務フロー）···260
　　1　総額表示義務の対象者··261
　　2　総額表示義務の対象となる取引··261
　　3　総額表示義務の対象となる価格表示媒体··261
　　4　総額表示の表示方法··262

第10章　消費税関係各種手続と申告書・届出書等のチェックポイント

1	課税事業者の選択又は取りやめ	264
2	簡易課税制度の選択又は取りやめ	265
3	課税期間の特例の選択・変更又は取りやめ	266
4	課税売上割合に準ずる割合の適用又は取りやめ	268
5	その他の各種届出書	268
6	輸出免税関係書類	271
7	申告書・届出書等のチェックポイント	272
	第1号様式　消費税課税事業者選択届出書	272
	第2号様式　消費税課税事業者選択不適用届出書	274
	第3−(1)号様式　消費税課税事業者届出書（基準期間用）	276
	第3−(2)号様式　消費税課税事業者届出書（特定期間用）	278
	第4号様式　相続・合併・分割等があったことにより課税事業者となる場合の付表	280
	第5号様式　消費税の納税義務者でなくなった旨の届出書	282
	第6号様式　事業廃止届出書	284
	第7号様式　個人事業者の死亡届出書	286
	第8号様式　合併による法人の消滅届出書	288
	第9号様式　消費税納税管理人届出書	290
	第10号様式　消費税納税管理人解任届出書	292
	第10−(2)号様式　消費税の新設法人に該当する旨の届出書	294
	第10−(3)号様式　消費税の特定新規設立法人に該当する旨の届出書	296
	第11号様式　消費税異動届出書	298
	第12号様式　消費税会計年度等届出書	300
	第13号様式　消費税課税期間特例選択・変更届出書	302
	第14号様式　消費税課税期間特例選択不適用届出書	304
	第15号様式　郵便物輸出証明申請書	306
	第16号様式　海外旅行者が出国に際して携帯する物品の購入者誓約書	308
	第17号様式　輸出証明申請書	310
	第18号様式　輸出物品販売場購入物品亡失証明・承認申請書	312
	第19号様式　輸出物品販売場購入物品譲渡（譲受け）承認申請書	314
	第20号様式　輸出物品販売場許可申請書	316
	第21号様式　輸出物品販売場廃止届出書	318
	第22号様式　消費税課税売上割合に準ずる割合の適用承認申請書	320
	第23号様式　消費税課税売上割合に準ずる割合の不適用届出書	322

第24号様式	消費税簡易課税制度選択届出書	324
第25号様式	消費税簡易課税制度選択不適用届出書	326
第26号様式	消費税及び地方消費税の中間申告書	328
第26−(2)号様式	任意の中間申告書を提出する旨の届出書	330
第26−(3)号様式	任意の中間申告書を提出することの取りやめ届出書	332
第27−(1)号様式	消費税及び地方消費税の（　　）申告書（一般用）	334
第28−(4)号様式	付表1　旧・新税率別、消費税額計算表（一般用）（兼地方消費税の課税標準となる消費税額計算表）〔経過措置対象課税資産の譲渡等を含む課税期間用〕	338
第28−(5)号様式	付表2−(2)　課税売上割合・控除対象仕入税額等の計算表（一般用）〔経過措置対象課税資産の譲渡等を含む課税期間用〕	340
第27−(2)号様式	消費税及び地方消費税の（　　）申告書（簡易課税用）	342
第28−(6)号様式	付表4　旧・新税率別、消費税額計算表（簡易用）（兼地方消費税の課税標準となる消費税額計算表）〔経過措置対象課税資産の譲渡等を含む課税期間用〕	346
第28−(7)号様式	付表5−(2)　控除対象仕入税額の計算表（簡易用）〔経過措置対象課税資産の譲渡等を含む課税期間用〕	348
第28−(3)号様式	付表6　死亡した事業者の消費税及び地方消費税の確定申告明細書	352
第28−(8)号様式	消費税の還付申告に関する明細書（個人事業者用）	354
第28−(9)号様式	消費税の還付申告に関する明細書（法人用）	358
第29号様式	消費税法別表第三に掲げる法人に係る資産の譲渡等の時期の特例の承認申請書	362
第30号様式	消費税法別表第三に掲げる法人に係る資産の譲渡等の時期の特例の不適用届出書	364
第31−(1)号様式	消費税法別表第三に掲げる法人に係る申告書の提出期限の特例の承認申請書（基準期間用）	366
第31−(2)号様式	消費税法別表第三に掲げる法人に係る申告書の提出期限の特例の承認申請書（特定期間用）	368
第32号様式	消費税法別表第三に掲げる法人に係る申告書の提出期限の特例の不適用届出書	370
第33号様式	消費税課税事業者選択（不適用）届出に係る特例承認申請書	372
第34号様式	消費税簡易課税制度選択（不適用）届出に係る特例承認申請書	374
第35号様式	災害等による消費税簡易課税制度選択（不適用）届出に係る特例承認申請書	376

目 次 XII

【事例索引】

	ページ
事例1〈個人事業者の資産譲渡に係る課否判定〉	14

個人事業者の生活用資産の譲渡／個人事業者の事業用資産の譲渡

事例2〈誤りやすい課否判定の具体的事例〉 …………………………………………………… 16

保証債務の履行に伴う資産の譲渡／広告宣伝用資産の贈与／保険金収入／損害賠償金／株式配当／移転補償金／譲渡担保／祝い金等の収受／借家保証金、権利金等／出向に係る給与負担金／労働者派遣事業に係る派遣料

事例3〈内外判定の事例〉 ………………………………………………………………………… 22

海外支店での資産の譲渡／船荷証券の譲渡／国外における役務の提供①／国外における役務の提供②／国外における役務の提供③／貨物船の譲渡

事例4〈誤りやすい内外判定の具体的事例〉 …………………………………………………… 24

特許権の貸付け／国内外の貨物輸送／国外における広告／催物の海外公演

事例5〈利子を対価とする金銭の貸付け等の内外判定〉 ……………………………………… 25

外貨預金の内外判定

事例6〈土地等に係る課否判定〉 ………………………………………………………………… 26

土地の賃借権の譲渡／鉱業権の譲渡／借地権に係る更新料／土地の貸付けに係る仲介料／建物の貸付け／借地権付建物の譲渡

事例7〈利子等に係る課否判定〉 ………………………………………………………………… 30

前渡金に係る利子／保険代理店手数料／仕入割引／金融機関以外の企業の貸付利子

事例8〈郵便切手類等に係る課否判定〉 ………………………………………………………… 32

金券ショップにおける郵便切手等の譲渡／郵便切手販売所における現金封筒の譲渡／物品切手に係る受託販売手数料

事例9〈医療の給付等に係る課否判定〉 ………………………………………………………… 38

医薬品等の給付／健康保険法に基づく一部負担金

事例10〈助産に係る課否判定〉 …………………………………………………………………… 50

助産に係る差額ベッド料①／助産に係る差額ベッド料②

事例11〈埋葬・火葬に係る課否判定〉 …………………………………………………………… 50

葬儀業者が収受する葬儀代

事例12〈身体障害者用物品に係る課否判定〉 …………………………………………………… 61

身体障害者用物品の範囲／身体障害者用物品の譲渡等

事例13〈学校教育に係る課否判定〉 ……………………………………………………………… 62

学生から徴するコピー代／カルチャースクールの授業料

事例14〈教科用図書に係る課否判定〉 …………………………………………………………… 63

教科用図書の範囲①／教科用図書の範囲②／教科用図書の取次ぎ手数料

事例15〈住宅の貸付けに係る課否判定〉 ………………………………………………………… 64

家具、エアコン付きのワンルームマンションの貸付け／店舗併設住宅の貸付け／住宅の貸付けに伴う保証金

事例16〈輸出免税に係る具体的事例〉 …………………………………………………………… 71

輸出用商品の国内販売／外国船舶等の修理の下請け／外国貨物の保税運送／国際輸送の一環として行われる国内輸送／外航船舶に積み込む船用品／保税蔵置場での譲渡／外国法人に対する役務の提供／外国人観光客に対する治療

事例17〈輸出物品販売場における免税の具体的事例〉 ………………………………………… 74

輸出物品販売場（新たに支店を開設した場合）／輸出物品販売場（販売場を移転した場合）／旅券等を所持していない外国人への譲渡／通常生活の用に供する物品

事例18〈誤りやすい課税仕入れに係る具体的事例〉 …………………………………………… 80

餞別の支出／贈答品の購入／収入印紙の購入／電話代の支払／出向料の支払／派遣料の支払／配膳人に対する報酬等／講演の謝礼／産業医の報酬／車椅子の購入／プリペイドカードの購入／外国貨物の購入

事例19〈消費税課税期間特例選択・変更届出書の効力〉 ……………………………………… 93

事例20〈消費税課税期間特例選択不適用届出書の効力〉 ……………………………………… 95

事例21〈新設、解散等の場合の課税期間〉 ……………………………………………………… 96

個人事業者の課税期間／法人設立１期目の課税期間／人格のない社団の課税期間／法人が解散した場合の課税期間／法人が解散した場合の課税期間（３か月の課税期間の特例を選択している場合）

事例22	〈基準期間の課税売上高〉	98

法人の場合

事例23	〈課税事業者の選択〉	103
事例24	〈相続があった場合の納税義務の免除の特例1〉	108
事例25	〈相続があった場合の納税義務の免除の特例2〉	109
事例26	〈吸収合併があった場合の納税義務の免除の特例1〉	111
事例27	〈吸収合併があった場合の納税義務の免除の特例2〉	112
事例28	〈新設合併があった場合の納税義務の免除の特例1〉	113
事例29	〈新設合併があった場合の納税義務の免除の特例2〉	115
事例30	〈新設分割があった場合の納税義務の免除の特例1〉	116
事例31	〈新設分割があった場合の納税義務の免除の特例2〉	117
事例32	〈新設分割があった場合の納税義務の免除の特例3〉	119
事例33	〈新設分割があった場合の納税義務の免除の特例4〉	121
事例34	〈吸収分割があった場合の納税義務の免除の特例1〉	122
事例35	〈吸収分割があった場合の納税義務の免除の特例2〉	123
事例36	〈基準期間がない法人（「特定新規設立法人」に該当しない）の納税義務の免除の特例〉	127
事例37	〈誤りやすい課税標準額の具体的事例〉	163

土地と建物の一括譲渡／建物の交換／子会社に対する低額譲渡／外貨建ての資産の譲渡／軽油引取税を徴収する場合／委託販売／共益費／返品・値引き／配送料／資産の下取り／源泉徴収された役務の提供の対価／対価が未確定の場合

事例38	〈仕入控除税額の減額調整が必要な具体的事例〉	176

船舶の早出料／販売奨励金等／事業分量配当金／仕入割引／輸入品に係る仕入割戻し／課税仕入れとそれ以外を一括して行う仕入割戻し／債務免除／免税事業者であったときの課税仕入れに係る対価の返還等／免税事業者等となった後の仕入れに係る対価の返還等／仕入割戻しを受けた日／被相続人の課税仕入れに係る対価の返還等／被合併法人の課税仕入れに係る対価の返還等／分割承継法人の課税仕入れに係る対価の返還等

事例39	〈保税地域から引き取った課税貨物に係る還付消費税〉	179

被相続人が引き取った場合／被合併法人が引き取った場合／分割承継法人が引き取った場合

事例40	〈課税売上割合が著変した場合の調整対象固定資産に関する消費税額の調整〉	182

固定資産の取得のために要した費用／共有に係る固定資産／資本的支出がある場合／有価証券の譲渡等がある場合の通算課税売上割合の計算／課税売上割合に準ずる割合を採用した場合／通算課税期間において課税売上割合に準ずる割合に変更した場合

事例41	〈納税義務の免除を受けないこととなった場合等の棚卸資産に係る消費税額の調整〉	185

棚卸資産に係る取得価額／課税仕入れ等により取得した棚卸資産の取得価額／製作等に係る棚卸資産の取得価額

事例42	〈売上げに係る対価の返還等をした場合の消費税額の控除〉	195

販売奨励金等／売上げから既に減額処理した値引き額／免税事業者であったときに販売した売上げに係る値引き／課税売上げと非課税売上げの一括割戻し／取引の無効、取消し

事例43	〈貸倒れに係る消費税額の控除〉	198

貸倒額の区分計算／免税事業者であったときに販売したものの貸倒れ

事例44	〈1か月中間申告対象期間〉	211

法人の場合（事業年度が1年で、3月31日決算）／個人事業者の場合

事例45	〈特定収入に該当するかどうかの判定事例〉	220

国外における物品販売収入／出資に対する配当金／交付要綱により、土地の取得に使途が特定されている補助金／債券の発行に係る収入で、条例により元本の償還のための補助金の交付を受けることが規定されているもの／消費税の還付金及び還付加算金／損害賠償金収入／地方公共団体の特別会計において合理的な方法により、その使途を明らかにした交付金

事例46	〈特例法人の1か月中間申告対象期間〉	238

確定申告期限が課税期間終了後3か月以内となる法人の場合／確定申告期限が課税期間終了後4か月以内となる法人の場合／確定申告期限が課税期間終了後5か月以内となる法人の場合／確定申告期限が課税期間終了後6か月以内となる法人の場合

事例47	〈総額表示が義務付けられる取引の判定〉	261

建設機械を店舗等で展示販売した場合／会員制のスポーツクラブにおける取引

事例48〈総額表示〉 ……………………………………………………………………… 262
スーパーマーケットなどにおけるお惣菜の量り売り（100グラム××円）／すし屋で「時価」と表示されている場合／タイムサービスなどで、値引販売を行う場合／メーカーの希望小売価格

【留意点索引】

ページ

留意点1	個人事業者と給与所得者の区分（基通1－1－1）	12
留意点2	不課税となる補償金（基通5－2－10）	14
留意点3	事業付随行為（基通5－1－7）	14
留意点4	役員の範囲（基通5－3－3）	14
留意点5	資産の譲渡に該当する取引の例（基通5－2－1、5－2－2）	15
留意点6	「資産に係る権利の設定」の例（基通5－4－1）	15
	「資産を使用させる一切の行為」の例（基通5－4－2）	15
留意点7	著しく低い対価（基通10－1－2）	19
留意点8	建物と土地の一括譲渡（基通10－1－5）	19
留意点9	貸付けに係る資産の所在場所が変わった場合の取扱い（基通5－7－12）	20
留意点10	施設設備費等の範囲（基通6－11－2、6－11－3）	62
留意点11	教科用図書の範囲（基通6－12－1）	63
留意点12	外国貨物・非居住者	70
留意点13	課税仕入れの範囲	78
留意点14	仕入税額控除の留意点	88
留意点15	基準期間の留意点	98
留意点16	特定期間の留意点	100
留意点17	特定期間の給与等支払額	101
留意点18	相続人が事業場ごとに分割して承継した場合における基準期間の課税売上高の判定	108
留意点19	合併があった日（基通1－5－7）	110
留意点20	被合併法人の課税売上高1	110
留意点21	被合併法人の課税売上高2	111
留意点22	被合併法人の課税売上高3	113
留意点23	被合併法人の課税売上高4	114
留意点24	新設分割親法人の課税売上高1	116
留意点25	新設分割親法人の課税売上高2	117
留意点26	共通用の課税仕入れ等を合理的な基準により区分した場合	171
留意点27	個別対応方式の適用方法	172
留意点28	一括比例配分方式から個別対応方式への変更	172
留意点29	有価証券等の輸出	174
留意点30	消費税簡易課税制度選択届出書の提出時期等	187
留意点31	調整対象固定資産の仕入れ等を行った場合の簡易課税選択届出書の提出制限	188
留意点32	事業単位の特例	215
留意点33	一般会計とみなされる特別会計の範囲（基通16－1－1）	215
留意点34	国、地方公共団体の特別会計が受け入れる補助金等の使途の特定方法等（基通16－2－2）	219

＊　（　）は消費税法基本通達の番号を記載しています。

凡　例

本書において使用した次の省略用語は、それぞれ次に掲げる法令・通達等を示すものである。

法	消費税法
令	消費税法施行令
規	消費税法施行規則
地法	地方税法
地令	地方税法施行令
地規	地方税法施行規則
改正地規附則	地方税法施行規則の一部を改正する省令（平成7年自治省令第34号）附則
措法	租税特別措置法
措令	租税特別措置法施行令
措規	租税特別措置法施行規則
輸徴法	輸入品に対する内国消費税の徴収等に関する法律
輸徴令	輸入品に対する内国消費税の徴収等に関する法律施行令
関税臨時法	日本国とアメリカ合衆国との間の相互協力及び安全保障条約第6条に基づく施設及び区域並びに日本国における合衆国軍隊の地位に関する協定の実施に伴う関税法等の臨時特例に関する法律
所得臨時法	日本国とアメリカ合衆国との間の相互協力及び安全保障条約第6条に基づく施設及び区域並びに日本国における合衆国軍隊の地位に関する協定の実施に伴う所得税法等の臨時特例に関する法律
日米地位協定	日本国とアメリカ合衆国との間の相互協力及び安全保障条約第6条に基づく施設及び区域並びに日本国における合衆国軍隊の地位に関する協定
日米防衛援助協定	日本国とアメリカ合衆国との間の相互防衛援助協定
基通	消費税法基本通達
外通	「外国公館等に対する課税資産の譲渡等に係る消費税の免除の取扱いについて」通達
様式通達	「消費税関係申告書等の様式の制定について」通達

≪例≫　法2①十二……………消費税法第2条第1項第12号

※　本書は平成26年8月1日現在の法令・通達等によって記述しています。

序　章
消費税法等の改正について

本章では、消費税率の引上げのほか平成26年度税制改正のポイントについて掲載しています。

第1節　社会保障・税一体改革による消費税率の引上げ等

　平成24年8月に公布された「社会保障の安定財源の確保等を図る税制の抜本的な改革を行うための消費税法の一部を改正する等の法律（平成24年法律第68号）」により消費税法が一部改正され、当該改正に係る政省令が平成25年3月に公布されています。
　国分の消費税収入については、毎年度、制度として確立された年金、医療及び介護の社会保障給付並びに少子化に対処するための施策に要する経費（社会保障4経費）に充てるものとされました。
　また、平成26年4月1日から、消費税（地方消費税を含みます。）の税率は8％となっています。

適用開始日 区　分	平成26年4月1日	平成27年10月1日
消費税率	6.3%	7.8%
地方消費税率	1.7% （消費税額の17/63）	2.2% （消費税額の22/78）
合　計	8.0%	10.0%

　※　消費税率10％への引上げについては、経済財政状況の激変にも柔軟に対応する観点から、消費税率引上げの前に、経済状況等を総合的に勘案した上で、消費税率の引上げの停止を含め所要の措置を講ずることとされています。

　なお、平成26年4月1日以後に行われる取引であっても、経過措置により旧税率（5％）が適用される場合があります。

● 8％への税率引上げ時における主な経過措置
① 旅客運賃等
　平成26年4月1日以後に行う旅客運送の対価や映画・演劇を催す場所、競馬場、競輪場、美術館、遊園地等への入場料金等のうち、平成26年4月1日前に領収しているもの

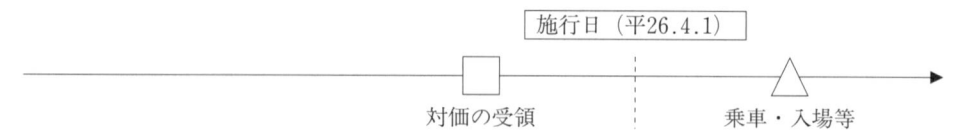

② 電気料金等
　継続供給契約に基づき、平成26年4月1日前から継続して供給している電気、ガス、水道、電話に係る料金等で、平成26年4月1日から平成26年4月30日までの間に料金の支払いを受ける権利が確定するもの

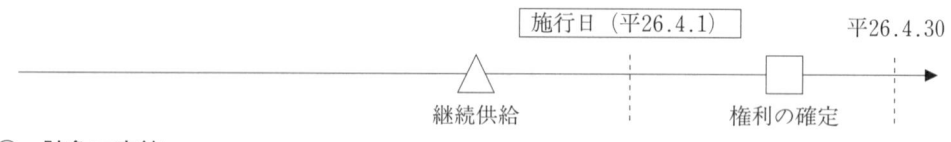

③ 請負工事等
　平成8年10月1日から平成25年9月30日までの間に締結した工事（製造を含みます。）に係る請負契約（一定の要件に該当する測量、設計及びソフトウエアの開発等に係る請負契約を含みます。）に基づき、平成26年4月1日以後に課税資産の譲渡等を行う場合における当該課税資産の譲渡等

④ 資産の貸付け

平成8年10月1日から平成25年9月30日までの間に締結した資産の貸付けに係る契約に基づき、平成26年4月1日前から同日以後引き続き貸付けを行っている場合(一定の要件に該当するものに限ります。)における、平成26年4月1日以後行う当該資産の貸付け

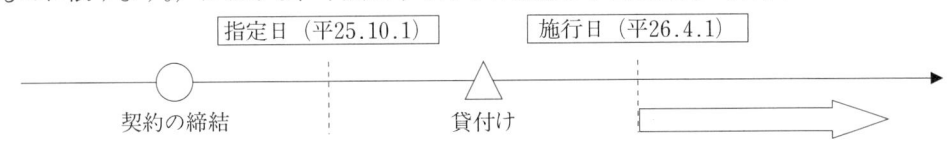

```
              指定日(平25.10.1)   施行日(平26.4.1)
──────○──────┊──────△──────┊──────────▶
     契約の締結        貸付け        ═══════▶
```

⑤ 指定役務の提供

平成8年10月1日から平成25年9月30日までの間に締結した役務の提供に係る契約で当該契約の性質上役務の提供の時期をあらかじめ定めることができないもので、当該役務の提供に先立って対価の全部又は一部が分割で支払われる契約(割賦販売法に規定する前払式特定取引に係る契約のうち、指定役務の提供(※)に係るものをいいます。)に基づき、平成26年4月1日以後に当該役務の提供を行う場合において、当該契約の内容が一定の要件に該当する役務の提供

※ 「指定役務の提供」とは、冠婚葬祭のための施設の提供その他の便宜の提供に係る役務の提供をいいます。

```
              指定日(平25.10.1)   施行日(平26.4.1)
──────○──────┊──────────────┊──────△──────▶
     契約の締結                         指定役務の提供
```

⑥ 予約販売に係る書籍等

平成25年10月1日前に締結した不特定多数の者に対する定期継続供給契約に基づき販売される書籍その他の物品に係る対価を平成26年4月1日前に領収している場合で、その販売が平成26年4月1日以後に行われるもの

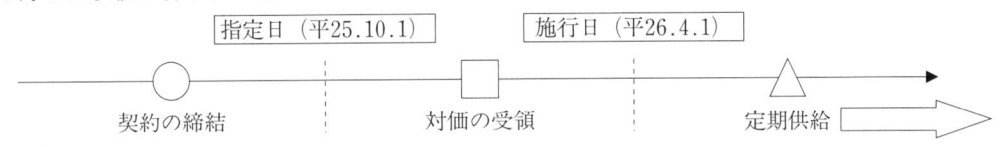

```
              指定日(平25.10.1)   施行日(平26.4.1)
──────○──────┊──────□───────┊──────△──────▶
     契約の締結      対価の受領        定期供給 ═══▶
```

⑦ 特定新聞

不特定多数の者に週、月その他の一定の期間を周期として定期的に発行される新聞(※)で、発行者が指定する発売日が平成26年4月1日前であるもののうち、その販売が平成26年4月1日以後に行われるもの

※ 平成25年10月30日政令第304号により、雑誌は当該経過措置の対象から除かれました。

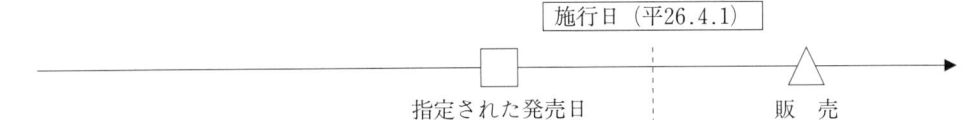

```
                          施行日(平26.4.1)
──────────□──────────┊──────△──────────▶
         指定された発売日              販 売
```

⑧ 通信販売

　通信販売の方法により商品を販売する事業者が、平成25年10月1日前にその販売価格等の条件を提示し、又は提示する準備を完了した場合において、平成26年4月1日前に申込みを受け、提示した条件に従って平成26年4月1日以後に行われる商品の販売

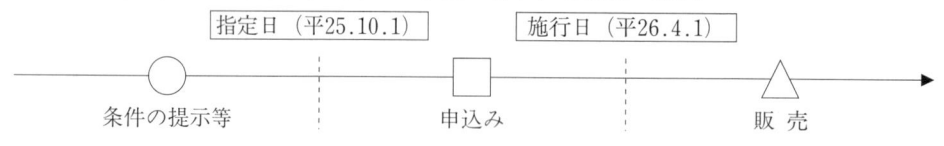

⑨ 有料老人ホーム

　平成8年10月1日から平成25年9月30日までの間に締結した有料老人ホームに係る終身入居契約（入居期間中の介護料金が入居一時金として支払われるなど一定の要件を満たすものに限ります。）に基づき、平成26年4月1日前から同日以後引き続き介護に係る役務の提供を行っている場合における、平成26年4月1日以後に行われる当該入居一時金に対応する役務の提供

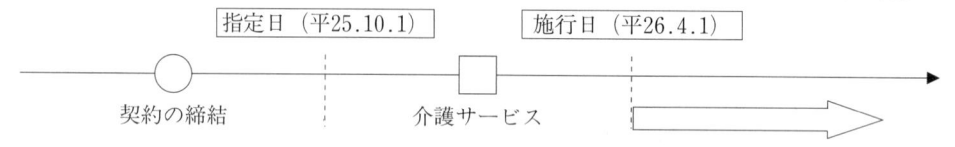

第2節　消費税転嫁対策特別措置法による「総額表示義務の特例措置」

　平成25年6月に公布された「消費税の円滑かつ適正な転嫁の確保のための消費税の転嫁を阻害する行為の是正等に関する特別措置法」により、平成25年10月1日から平成29年3月31日までの間、「現に表示する価格が税込価格であると誤認されないための措置（誤認防止措置）」を講じている場合には、「税抜価格」を表示することができるという特例が設けられています。

　「税抜価格」を表示するために必要となる「誤認防止措置」は、消費者が商品等を選択する際に、明瞭に認識できる方法で行う必要があります。

　なお、消費者への利便性に配慮する観点から、平成29年3月31日までの間であっても、当該特例により税込価格を表示しない事業者は、できる限り速やかに税込価格を表示するよう努めなければならないとされています。

第3節　平成26年度税制改正

　平成26年3月に公布された「消費税法施行令の一部を改正する政令（平成26年政令第141号）」等により、消費税法施行令等の一部が改正されました。

　主な改正の内容としては、以下のとおり3つあります。

1　簡易課税制度のみなし仕入率の見直し

　簡易課税制度のみなし仕入率について、以下のとおり改正されました。

・現行の第四種事業のうち、金融業及び保険業を第五種事業（みなし仕入率50％）とする。
・現行の第五種事業のうち、不動産業を新設された第六種事業（みなし仕入率40％）とする。

事業の種類		みなし仕入率【改正前】	みなし仕入率【改正後】
その他事業	飲食店業、その他の事業	60%（第四種）	60%（第四種）
	金融業及び保険業		50%（第五種）
サービス業等	運輸通信業、サービス業（飲食店業を除く）	50%（第五種）	50%（第五種）
	不動産業		40%（第六種）

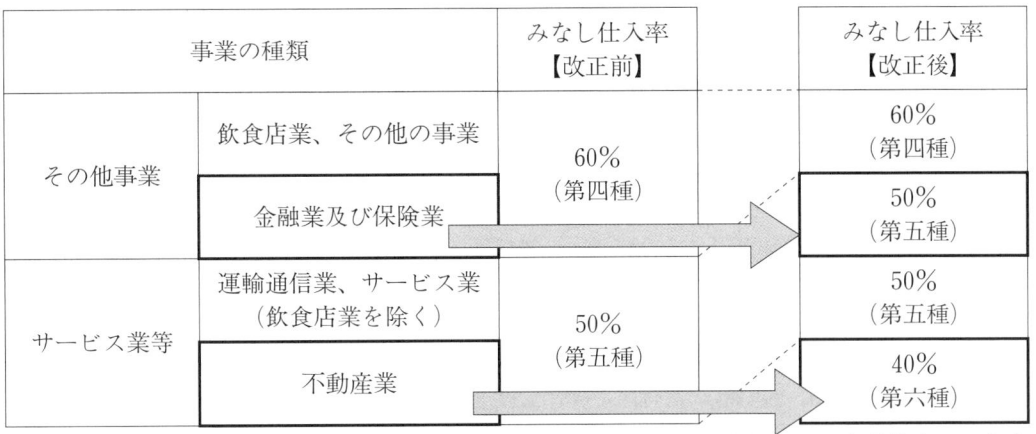

なお、特定の一事業に係る売上高の占める割合が75%以上である場合には、当該特定の一事業に係るみなし仕入率を適用できることとする、いわゆる「75%ルール」などについては、第六種事業が加わったことに伴う所要の改正が行われています。

この改正は、原則として、平成27年4月1日以後に開始する課税期間から適用されますが、次の経過措置が設けられています。

平成26年9月30日までに「消費税簡易課税制度選択届出書」を提出した事業者は、平成27年4月1日以後に開始する課税期間であっても当該届出書に記載した「適用開始課税期間」の初日から2年を経過する日までの間に開始する課税期間については、改正前のみなし仕入率が適用されます。

【経過措置の適用例】

不動産業（第六種事業）を営む3月末決算法人の場合

▲＝「消費税簡易課税制度選択届出書」の提出年月日

「消費税簡易課税制度選択届出書」の提出年月日	課　　税　　期　　間				
	自25. 4. 1 至26. 3. 31	自26. 4. 1 至27. 3. 31	自27. 4. 1 至28. 3. 31	自28. 4. 1 至29. 3. 31	自29. 4. 1 至30. 3. 31
①25. 3. 31以前	第五種で計算	第五種で計算	第六種で計算	第六種で計算	第六種で計算
②26. 3. 27	（一般課税）	第五種で計算	第五種で計算	第六種で計算	第六種で計算
③26. 9. 26	（一般課税）	（一般課税）	第五種で計算	第五種で計算	第六種で計算
④26. 10. 6	（一般課税）	（一般課税）	第六種で計算	第六種で計算	第六種で計算

2　課税売上割合の計算における金銭債権の譲渡に係る対価の額の算入割合の見直し

課税売上割合の計算上、貸付金、預金、売掛金、その他の金銭債権（資産の譲渡等の対価として取得したものを除きます。）の譲渡に係る対価の額は、これまで当該対価の額の全額を資産の譲渡等の対価の額（分母）に算入することとされていましたが、改正により、当該対価の額の5%相当額を資産の譲渡等の対価の額（分母）に算入することとされました。

この改正は、平成26年4月1日以後に行われる金銭債権の譲渡について適用されます。

3 輸出物品販売場制度の見直し

輸出物品販売場制度について、以下の(1)から(3)の改正が行われました。

なお、これらの改正は、平成26年10月1日以後に行う課税資産の譲渡等について適用されます。

(1) 免税対象物品の範囲の拡大

食品類、飲料類、薬品類、化粧品類その他の消耗品については、これまで、輸出物品販売場における免税販売の対象外とされていましたが、その非居住者に対する同一店舗における1日の販売額の合計が5,000円超50万円までの範囲内の消耗品について、次の方法で販売する場合に限り免税販売の対象とされました。

《販売方法》

① 非居住者が、旅券等を輸出物品販売場に提示し、当該旅券等に購入記録票（免税物品の購入の事実を記載した書類）の貼付けを受け、旅券等と購入記録票との間に割印を受けること。

② 非居住者が、「消耗品を購入した日から30日以内に輸出する旨を誓約する書類」を輸出物品販売場に提出すること。

③ 指定された方法（※）により包装されていること。

※ 消費税法施行令第18条第2項第2号ロの規定に基づき、国土交通大臣及び経済産業大臣が指定する方法（平成26年3月31日経済産業省・国土交通省告示第6号）

○ 輸出物品販売場を経営する事業者が、消耗品を譲渡する際に、次に掲げる要件の全てを満たす袋に入れ、かつ、封印（開封された場合に、開封されたものであることを示す文字が表示されるシールの貼付けによる封印をいいます。）する方法。

　ただし、当該消耗品の鮮度の保持に必要な大きさであり、かつ、当該消耗品を取り出せない大きさの穴を設けることを妨げない。

① プラスチック製であり、使用される状況に照らして十分な強度を有するものであること。

② 無色透明又はほとんど無色透明であること。

③ 本邦から出国するまで開封してはならない旨及び消費税が免除された物品を消費した場合には消費税が徴収される旨が日本語及び外国語により記載されたもの又は記載された書面が貼り付けられたものであること。

④ 内容物の品名及び数量を外側から確認できない場合にあっては、内容物の品名及び品名ごとの数量が記載されたもの又は記載された書面が貼り付けられたものであること。

○ 輸出物品販売場を経営する事業者が、消耗品を譲渡する際に、次に掲げる要件の全てを満たす箱に入れ、かつ、封印する方法。

　ただし、当該消耗品の鮮度の保持に必要な大きさであり、かつ、当該消耗品を取り出せない大きさの穴を設けることを妨げない。

① 段ボール製、発泡スチロール製等であり、使用される状況に照らして、十分な強度を有するものであること。

② 内容物の品名及び品名ごとの数量が記載されたもの又は記載された書面が貼り付けられたものであること。

③ 本邦から出国するまで開封してはならない旨及び消費税が免除された物品を消費した場合には消費税が徴収される旨が日本語及び外国語により記載されたもの又は記載された書面が貼り付けられたものであること。

---

(2) 輸出物品販売場を経営する事業者が保存すべき書類の追加

同一の輸出物品販売場において、その非居住者に対して1日に販売する一般物品（消耗品以外

の通常生活の用に供する物品をいいます。）の額が100万円を超える場合には、その非居住者の旅券等の写し（パスポートの場合、パスポートの番号、一般物品を購入する非居住者の氏名、生年月日、性別及び国籍が印字された部分の写し）を、輸出物品販売場を経営する事業者の納税地又は販売場の所在地に保存しなければならないこととされました。

保存期間は、輸出物品販売場を経営する事業者が免税対象物品を免税で販売した日の属する課税期間の末日の翌日から2月を経過した日から7年間です。

(3) **購入記録票等の様式の弾力化及び記載事項の簡素化**

免税販売に当たっては、輸出物品販売場を経営する事業者は「輸出免税物品購入記録票」を作成して非居住者の旅券等に貼付けて割印することとされており、非居住者は「最終的に輸出となる物品の消費税免税購入についての購入者誓約書」を当該事業者に提出することとされています。

これら購入記録票及び購入者誓約書については、これまで法令に様式が定められていましたが、改正により、特定の様式ではなく、法令に定められた事項が記載された書類であればよいこととされました。

また、記載すべき事項の全部又は一部が記載された明細書等（購入者に対し交付する領収書の写し等）を購入記録票等に貼付け、かつ、当該明細書等と購入記録票等との間に割印した場合には、当該明細書等に記載された事項の購入記録票等への記載を省略できることとされました。

第1章

各取引の課否判定

　消費税は、事業者が事業として対価を得て行う資産の譲渡及び貸付け並びに役務の提供が課税の対象となりますが、この章は、一つ一つの取引が消費税の課税の対象になるかどうかを判定するために設けたものです。
　課否判定を行うに当たっては、次表の課否判定フローから不明な部分を探し出し、その部分について、各フローに掲げる該当のページを参照してください。

第1章　各取引の課否判定

(課否判定フロー)

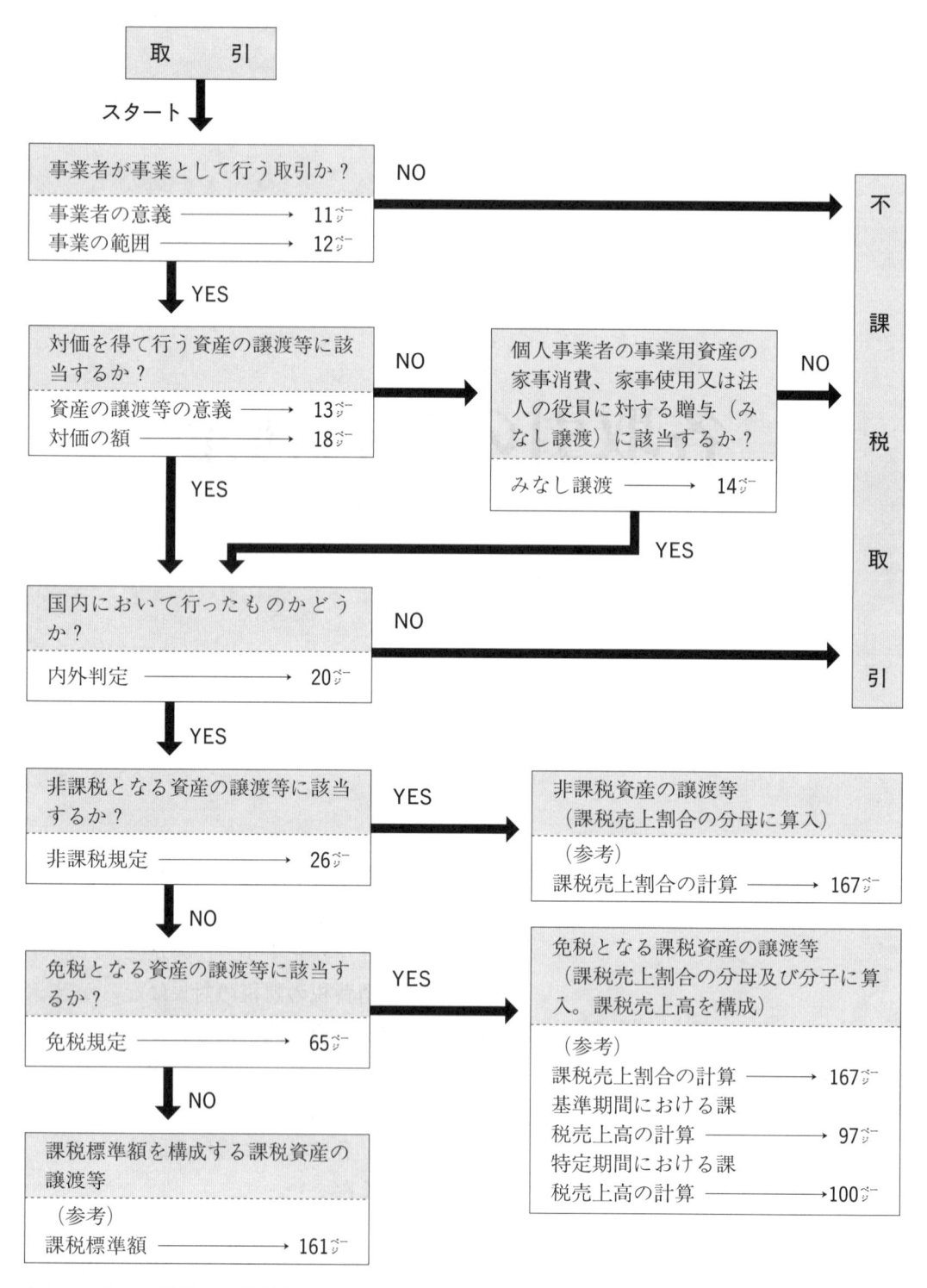

```
           取　引
            │
         スタート
            ▼
┌─────────────────────────┐
│事業者が事業として行う取引か？│──NO──┐
├─────────────────────────┤      │
│  事業者の意義 ──→ 11ページ  │      │
│  事業の範囲  ──→ 12ページ  │      │
└─────────────────────────┘      │
         │YES                    │
         ▼                       │
┌─────────────────────────┐   ┌─────────────────────┐      │
│対価を得て行う資産の譲渡等に該│   │個人事業者の事業用資産の│      │
│当するか？                │──NO→│家事消費、家事使用又は法│──NO──┤
├─────────────────────────┤   │人の役員に対する贈与（み│      │
│  資産の譲渡等の意義 ─→ 13ページ│   │なし譲渡）に該当するか？│      │
│  対価の額        ─→ 18ページ│   ├─────────────────────┤      │
└─────────────────────────┘   │  みなし譲渡 ─→ 14ページ│      │
         │YES                  └─────────────────────┘      │
         │                                │YES              │
         ▼◄───────────────────────────────┘                 │
┌─────────────────────────┐                                 │不
│国内において行ったものかどう │                                 │課
│か？                      │──NO─────────────────────────────┤税
├─────────────────────────┤                                 │取
│  内外判定 ──→ 20ページ    │                                 │引
└─────────────────────────┘                                 │
         │YES                                               │
         ▼                                                   │
┌─────────────────────────┐   ┌─────────────────────────┐  │
│非課税となる資産の譲渡等に該 │   │非課税資産の譲渡等         │  │
│当するか？               │──YES→│（課税売上割合の分母に算入）│  │
├─────────────────────────┤   ├─────────────────────────┤  │
│  非課税規定 ──→ 26ページ   │   │（参考）                 │  │
└─────────────────────────┘   │  課税売上割合の計算 → 167ページ│  │
         │NO                   └─────────────────────────┘  │
         ▼                                                   │
┌─────────────────────────┐   ┌─────────────────────────┐  │
│免税となる資産の譲渡等に該当す│   │免税となる課税資産の譲渡等  │  │
│るか？                    │──YES→│（課税売上割合の分母及び分子に算│  │
├─────────────────────────┤   │入。課税売上高を構成）     │  │
│  免税規定 ──→ 65ページ    │   ├─────────────────────────┤  │
└─────────────────────────┘   │（参考）                 │  │
         │NO                   │  課税売上割合の計算 → 167ページ│  │
         ▼                    │  基準期間における課       │  │
┌─────────────────────────┐   │  税売上高の計算   → 97ページ│  │
│課税標準額を構成する課税資産 │   │  特定期間における課       │  │
│の譲渡等                  │   │  税売上高の計算   → 100ページ│  │
├─────────────────────────┤   └─────────────────────────┘  │
│（参考）                  │
│  課税標準額 ──→ 161ページ │
└─────────────────────────┘
```

なお、支出面の取引が、課税仕入れに該当するかどうかについては、**第7節**を参照してください。

第1節　事業者の意義及び事業の範囲

消費税は、事業者が事業として行う資産の譲渡及び貸付け並びに役務の提供（資産の譲渡等）を課税の対象としています。
つまり、消費税の納税義務者は、「事業者」ということになるのですが、この節は「事業者の意義」及び「事業の範囲」について図解しています。

1　事業者の意義（法2①三、四、3）

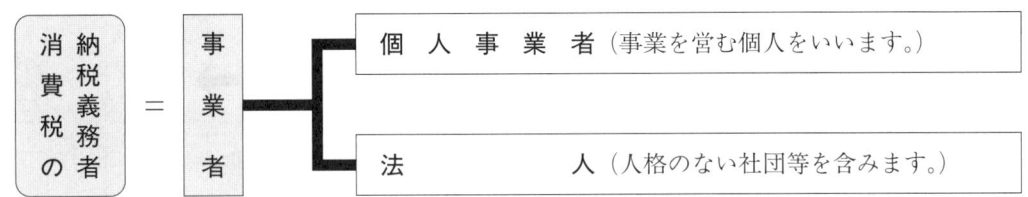

消費税の納税義務者 ＝ 事業者
- 個人事業者（事業を営む個人をいいます。）
- 法人（人格のない社団等を含みます。）

(1) 法人格のない団体の態様別課税関係（法2①七、3、基通1-3-1、1-3-2）

団体の態様	納税義務者	課税関係
① 人格のない社団等（法人でない社団又は財団で代表者又は管理人の定めがあるものをいいます。）	人格のない社団等	人格のない社団等を法人とみなして消費税法の規定を適用します。
② 民法第667条（組合契約）の規定による組合、ジョイントベンチャー等の共同事業（①③に該当するものを除きます。）	共同事業に係る各構成員たる事業者	共同事業の構成員が、当該共同事業の持分の割合又は利益の分配割合に対応する部分につき、それぞれ取引を行ったことになります。
③ 商法第535条（匿名組合契約）に規定する匿名組合	営業者たる事業者	商法第535条に規定する営業者が単独で取引を行ったことになります。

(2) 「人格のない社団等」とは？（法2①七、基通1-2-1、1-2-2）

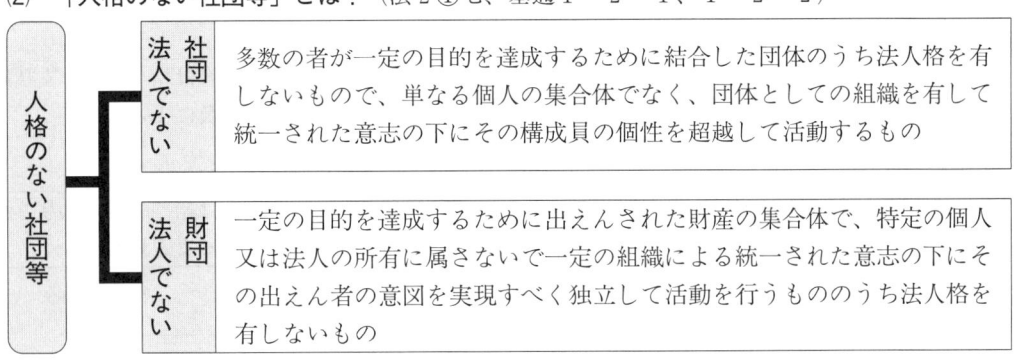

人格のない社団等
- 社団（法人でない）：多数の者が一定の目的を達成するために結合した団体のうち法人格を有しないもので、単なる個人の集合体でなく、団体としての組織を有して統一された意志の下にその構成員の個性を超越して活動するもの
- 財団（法人でない）：一定の目的を達成するために出えんされた財産の集合体で、特定の個人又は法人の所有に属さないで一定の組織による統一された意志の下にその出えん者の意図を実現すべく独立して活動を行うもののうち法人格を有しないもの

2　事業の範囲

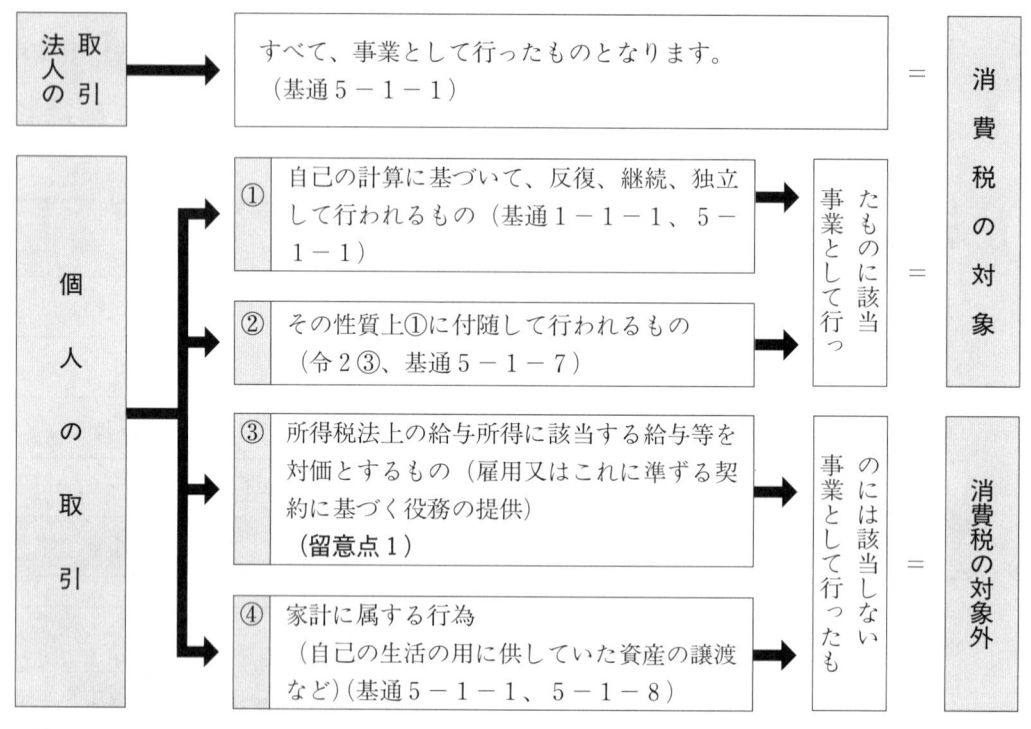

取引区分	内容	判定	消費税の区分
法人の取引	すべて、事業として行ったものとなります。（基通5－1－1）		＝ 消費税の対象
個人の取引 ①	自己の計算に基づいて、反復、継続、独立して行われるもの（基通1－1－1、5－1－1）	たものに該当し事業として行った	＝ 消費税の対象
個人の取引 ②	その性質上①に付随して行われるもの（令2③、基通5－1－7）		
個人の取引 ③	所得税法上の給与所得に該当する給与等を対価とするもの（雇用又はこれに準ずる契約に基づく役務の提供）（留意点1）	のには該当しない事業として行ったも	＝ 消費税の対象外
個人の取引 ④	家計に属する行為（自己の生活の用に供していた資産の譲渡など）（基通5－1－1、5－1－8）		

留意点1　個人事業者と給与所得者の区分（基通1－1－1）

　雇用契約又はこれに準ずる契約による出来高払の給与を対価とする役務の提供は事業に該当せず消費税の課税対象になりませんが、請負による報酬を対価とする役務の提供は事業に該当し、消費税の課税対象になります。

　この区分は、雇用契約又はこれに準ずる契約に基づくものかどうかにより判定するのですが、その区分が明らかでない場合は、例えば、次の事項を総合勘案して判定します。

	判　定　項　目	判　定　の　指　標
①	その契約に係る役務の提供の内容が他人の代替を容れるかどうか。	代替可能な場合は請負による報酬、代替不可の場合は給与所得
②	役務の提供に当たり事業者の指揮監督を受けるかどうか。	指揮監督を受けない場合は請負による報酬、指揮監督を受ける場合は給与所得
③	まだ引渡しを了しない完成品が不可抗力のため滅失した場合等においても、権利として既に提供した役務に係る報酬の請求をなすことができるかどうか。	支払請求権がある場合は給与所得、支払請求権がない場合は請負による報酬
④	役務の提供に係る材料又は用具等を供与されているかどうか。	供与されている場合は給与所得、供与されていない場合は請負による報酬

第2節　資産の譲渡等の意義

　消費税は、事業として対価を得て行われる資産の譲渡及び貸付け並びに役務の提供を課税の対象としています。したがって、無償による資産の譲渡及び貸付け並びに役務の提供の場合は、原則として課税の対象とはなりません。ただし、例外として、無償による資産の譲渡であっても、対価を得たものとみなして課税関係を発生させる場合があります。
　この節では、「資産の譲渡等」の意義及び「みなし譲渡」の規定について図解しています。

| 資産の譲渡等 | → | 事業として対価を得て行われる資産の譲渡及び貸付け並びに役務の提供 |

1　資産の譲渡等に含まれるもの（法2①八、4④、令2）

資産の譲渡等に含まれるもの

① 代物弁済による資産の譲渡
　※「代物弁済による資産の譲渡」とは、債務者が債権者の承諾を得て、約定されていた弁済の手段に代えて他の給付をもって弁済する場合の資産の譲渡をいいます。(基通5-1-4)

② 負担付き贈与による資産の譲渡
　※「負担付き贈与」とは、その贈与に係る受贈者に一定の給付をする義務を負担させる資産の贈与をいいます。(基通5-1-5)

③ 金銭以外の資産の出資（特別の法律に基づく承継に係るものを除きます。）

④ 法人税法（昭和40年法律第34号）第2条29号ハ（定義）に規定する特定受益証券発行信託又は同条第29号のニに規定する法人課税信託（同号ロに掲げる信託を除く。以下この号において「法人課税信託」という。）の委託者がその有する資産（金銭以外の資産に限る。）の信託をした場合における当該資産の移転及び法第14条第1項の規定により同項に規定する受益者（同条第2項の規定により同条第1項に規定する受益者とみなされる者を含む。）がその信託財産に属する資産を有するものとみなされる信託が法人課税信託に該当することとなった場合につき法人税法第4条の7第9号（受託法人等に関するこの法律の適用）の規定により出資があったものとみなされるもの（金銭以外の資産につき出資があったものとみなされるものに限る。）

⑤ 貸付金その他の金銭債権の譲受けその他の承継（包括承継を除きます。）

⑥ 不特定かつ多数の者によって直接受信されることを目的とする無線通信の送信で、法律により受信者がその締結を行わなければならないこととされている契約に基づき受信料を徴収して行われるもの

⑦ 事業者が、土地収用法その他の法律の規定に基づいてその所有権その他の権利を収用され、かつ、当該権利を取得する者から当該権利の消滅に係る補償金を取得した場合（**留意点2**）

⑧ 事業付随行為（その性質上事業に付随して対価を得て行われる資産の譲渡及び貸付け並びに役務の提供）（**留意点3、事例1**）

⑨ みなし譲渡

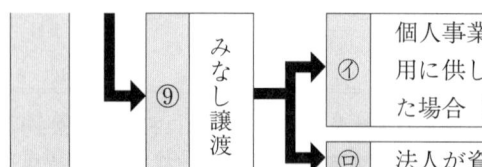

イ 個人事業者が棚卸資産又は棚卸資産以外の資産で事業の用に供していたものを家事のために消費し、又は使用した場合（一時的な家事使用は除きます。）

ロ 法人が資産をその役員に対して贈与した場合（**留意点4**）

留意点2 不課税となる補償金（基通5－2－10）

次に掲げる補償金を収受しても、ここでいう対価を得て資産の譲渡を行ったものとはならず、消費税法上は不課税となります。

イ 事業について減少することとなる収益又は生ずることとなる損失の補填に充てるものとして交付を受ける補償金

ロ 休廃業等により生ずる事業上の費用の補填又は収用等による譲渡の目的となった資産以外の資産について実現した損失の補填に充てるものとして交付を受ける補償金

ハ 資産の移転に要する費用の補填に充てるものとして交付を受ける補償金

ニ その他対価補償金たる実質を有しない補償金

留意点3 事業付随行為（基通5－1－7）

事業に付随する行為として、資産の譲渡等に含まれるものには、例えば次のものがあります。

イ 職業運動家、作家、映画・演劇等の出演者等で事業者に該当するものが対価を得て行う他の事業者の広告宣伝のための役務の提供

ロ 職業運動家、作家等で事業者に該当するものが対価を得て行う催物への参加又はラジオ放送若しくはテレビ放送等に係る出演その他これらに類するもののための役務の提供

ハ 事業の用に供している建物、機械等の売却

ニ 利子を対価とする事業資金の預入れ

ホ 事業の遂行のための取引先又は使用人に対する利子を対価とする金銭等の貸付け

ヘ 新聞販売店における折込広告

ト 浴場業、飲食業等における広告の掲示

事例1 〈個人事業者の資産譲渡に係る課否判定〉

1	個人事業者の生活用資産の譲渡 個人事業者が事業用資金を取得するために自己の生活の用に供していた資産を売却した。
判定	自己の生活の用に供していた資産の売却は、事業用資金を取得するために行われるとしても、事業として行われるものではなく、また、「その性質上事業に付随して」行われるものにも該当しません。 したがって、消費税は不課税となります。
2	個人事業者の事業用資産の譲渡 個人事業者が生活資金を得るために事業の用に供していた機械を売却した。
判定	事業用固定資産の売却は、「その性質上事業に付随して」行われるものとして資産の譲渡等に該当しますから、消費税の課税の対象となります。

留意点4 役員の範囲（基通5－3－3）

「役員」とは、法人税法第2条第15号の役員をいいますから、「使用人以外の者でその法人の経営に従事しているもの」として、相談役、顧問その他これらに類する者でその法人内における地位、その行う職務等からみて他の役員と同様に実質的に法人の経営に従事していると認められるものが含まれることになります。

2 資産の譲渡の範囲（基通5-2-1、5-1-3）

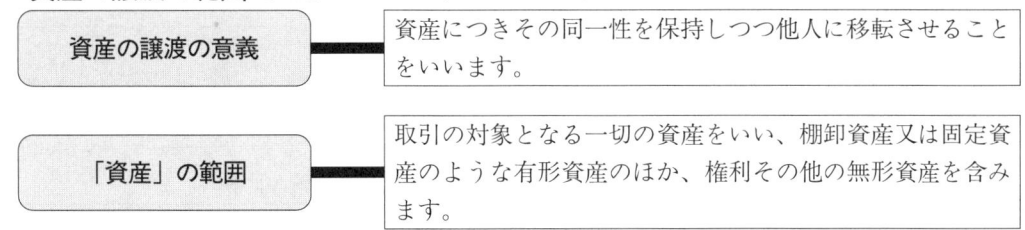

資産の譲渡の意義	資産につきその同一性を保持しつつ他人に移転させることをいいます。
「資産」の範囲	取引の対象となる一切の資産をいい、棚卸資産又は固定資産のような有形資産のほか、権利その他の無形資産を含みます。

留意点5 資産の譲渡に該当する取引の例（基通5-2-1、5-2-2）

　例えば、次の取引は資産の譲渡に該当します。
イ　資産の交換
ロ　他の者の債務の保証を履行するための資産の譲渡
ハ　強制換価手続により換価された場合の資産の譲渡

3 資産の貸付けの範囲（法2②、令1③）

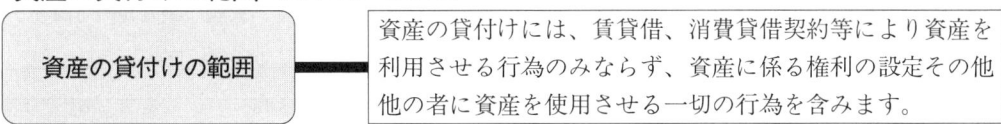

資産の貸付けの範囲	資産の貸付けには、賃貸借、消費貸借契約等により資産を利用させる行為のみならず、資産に係る権利の設定その他他の者に資産を使用させる一切の行為を含みます。

留意点6

1　「資産に係る権利の設定」の例（基通5-4-1）

　「資産に係る権利の設定」とは、例えば、土地に係る地上権若しくは地役権、特許権等の工業所有権に係る実施権若しくは使用権又は著作物に係る出版権の設定をいいます。

2　「資産を使用させる一切の行為」の例（基通5-4-2）

　「資産を使用させる一切の行為」とは、例えば、次のものをいいます。
イ　工業所有権等（特許権等の工業所有権並びにこれらの権利に係る出願権及び実施権をいう。）の使用、提供又は伝授
ロ　著作物の複製、上演、放送、展示、上映、翻訳、編曲、脚色、映画化その他著作物を利用させる行為
ハ　工業所有権等の目的になっていないが、生産その他業務に関し繰り返し使用し得るまでに形成された創作（特別の原料、処方、機械、器具、工程によるなど独自の考案又は方法についての方式、これに準ずる秘けつ、秘伝その他特別に技術的価値を有する知識及び意匠等をいう。）の使用、提供又は伝授

4 役務の提供の範囲（基通5-5-1）

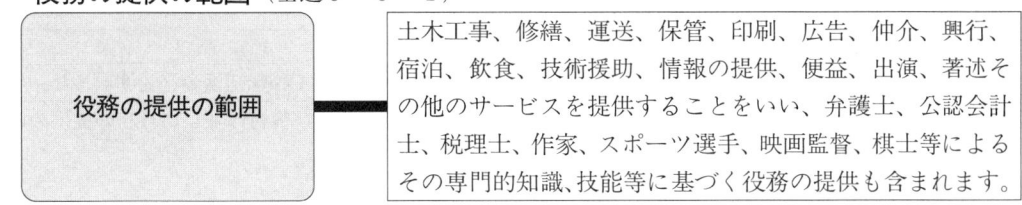

役務の提供の範囲	土木工事、修繕、運送、保管、印刷、広告、仲介、興行、宿泊、飲食、技術援助、情報の提供、便益、出演、著述その他のサービスを提供することをいい、弁護士、公認会計士、税理士、作家、スポーツ選手、映画監督、棋士等によるその専門的知識、技能等に基づく役務の提供も含まれます。

事例2 〈誤りやすい課否判定の具体的事例〉

1	保証債務の履行に伴う資産の譲渡 他の者の債務の保証を履行するために事業用資産を譲渡した。
判定	たとえ、その対価の額を他の者の債務の保証の履行に充てるためのものであっても、対価を得て資産を譲渡したものですから、資産の譲渡等に該当します。 また、強制換価手続により資産が換価された場合も資産の譲渡等に該当します。
2	広告宣伝用資産の贈与 他の事業者に対して広告宣伝用資産を贈与した。
判定	対価を伴わない資産の譲渡は、みなし譲渡の規定が適用される場合を除いて、消費税の課税の対象とはなりません。 また、広告宣伝用資産を単に贈与しただけであれば、負担付き贈与にも該当せず、消費税は不課税となります。
3	保険金収入 事業用資産が火災に遭い、このため火災保険収入が発生した。
判定	保険金又は共済金は、保険事故の発生に伴い受けるものであり、資産の譲渡等の対価として受け取るものではありません。 したがって、消費税は不課税となります。
4	損害賠償金 事業用資産が損害を受けたので、加害者から損害賠償金を受け取った。
判定	心身又は資産につき加えられた損害の発生に伴い受ける損害賠償金は、資産の譲渡等の対価として受け取るものではありません。 したがって、消費税は不課税となります。 ただし、次のような場合は、資産の譲渡等の対価に該当することになり、消費税の課税の対象となります。 イ 損害を受けた棚卸資産等が加害者（加害者に代わって損害賠償金を支払う者を含む。）に引き渡される場合で当該棚卸資産等がそのまま又は軽微な修理を加えることにより使用できるときの譲渡代金に相当する損害賠償金を受け取った。 ロ 無体財産権を侵害されたので権利の使用料に相当する損害賠償金を受け取った。 ハ 貸し付けていた不動産等の明渡しの遅滞により、賃貸料に相当する損害賠償金を受け取った。
5	株式配当 株式を保有しているので、その配当を受け取った。
判定	利益の配当又は出資に係る剰余金の分配は、株主又は出資者たる地位に基づき、出資に対する配当又は分配として受け取るものですから、資産の譲渡等の対価として受け取るものではありません。 したがって、消費税は不課税となります。
6	移転補償金 土地の収用に伴い、自社の工場用建物を取り壊したことに関して移転補償金を受け取った。
判定	工場用建物は、自ら取り壊したわけですから、資産の譲渡及び貸付け並びに役務の提供のいずれにも該当しません。 したがって、消費税は不課税となります。 なお、土地が収用されたことに伴い対価補償金を収受する場合は、その土地の収用が資産の譲渡に該当し、対価補償金がその対価ということになります。 その場合は、消費税は非課税となります。

7	譲渡担保 債務の弁済の担保としてその有する資産を債権者に譲渡するが、引き続き賃借し今までどおり使用することにした。
判定	債務の弁済の担保としてその有する資産を譲渡した場合であっても イ　担保に係る資産をその事業者が従来どおり使用収益すること ロ　通常支払うと認められるその債務に係る利子又はこれに相当する使用料の支払に関する定めがあること の2点が契約書上明らかになっており、自己の資産として経理している場合は、その資産の譲渡はなかったものとして取り扱われます。 なお、この場合、上記イ又はロのいずれかの要件を欠くに至ったとき又は債務不履行によりその弁済に充てられたときに資産の譲渡等があったものとして取り扱われます。
8	祝い金等の収受 新社屋の落成記念に際し、関係会社より祝い金を受け取った。
判定	寄附金、祝い金、見舞金等は、通常、資産の譲渡、資産の貸付け又は役務の提供を行ったことに対する対価として受け取るものではありませんから、消費税は、不課税となります。 ただし、名目は寄附金等であっても、資産の譲渡や貸付け又は役務の提供に基因して受領されたものと認められるときは、資産の譲渡等に該当することになります。
9	借家保証金、権利金等 建物を賃貸するに当たり、権利金を収受した。
判定	資産を賃貸する際に収受する保証金、権利金、敷金又は更改料のうち、賃貸借期間の経過その他賃貸借契約等の終了前における一定の事由の発生により返還しないこととなるものは、資産に係る権利の設定の対価として資産の譲渡等の対価に該当します。
10	出向に係る給与負担金 使用人を子会社に出向させたので、その出向した使用人に対する給与相当額を当該子会社から受け取った。
判定	使用人を他の事業者に出向させた場合において、その出向した使用人に対する給与を出向元事業者が支給することとしているため、出向先事業者が自己の負担すべき給与に相当する金額を出向元事業者に支出したときは、当該給与負担金は、当該出向先事業者におけるその出向者に対する給与として取り扱うこととされていますので、資産の譲渡等の対価には該当しません。 したがって、消費税は不課税となります。
11	労働者派遣事業に係る派遣料 労働者派遣事業を行うことにより、派遣先から派遣料を収受した。
判定	労働者の派遣（自己の雇用する労働者を、当該雇用関係の下に、かつ、他の者の指揮命令を受けて、当該他の者のために労働に従事させるもので、当該他の者と当該労働者との間に雇用関係のない場合をいいます。）を行った事業者が当該他の者から収受する派遣料等の金銭は、資産の譲渡等の対価に該当します。 したがって、消費税の課税の対象となります。

第3節　資産の譲渡等の対価の額

　消費税は、事業者が国内において行った資産の譲渡等を課税の対象とし、その対価の額を課税標準として課税するものです。
　この節では、資産の譲渡等の態様とその「対価の額」について図解しています。

1　資産の譲渡等の態様と対価の額

資産の譲渡等の態様		対　価　の　額
通常の資産の譲渡及び貸付け並びに役務の提供	＝	対価として収受し、又は収受すべき一切の金銭又は金銭以外の物若しくは権利その他経済的な利益の額（法28①）
代物弁済	＝	代物弁済により消滅する債務の額（当該代物弁済により譲渡される資産の価額が当該債務の額を超える場合にその超える額に相当する金額につき支払を受ける場合は、当該支払を受ける金額を加算した金額）に相当する金額（令45②一）
負担付き贈与	＝	当該負担付き贈与に係る負担の価額に相当する金額（令45②二）
金銭以外の資産の出資（特別の法律に基づく承継に係るものを除きます。）	＝	当該出資により取得する株式（出資を含みます。）の取得の時における価額に相当する金額（令45②三）
資産の交換	＝	当該交換により取得する資産の取得の時における価額（当該交換により譲渡する資産の価額と当該交換により取得する資産の価額との差額を補うための金銭を取得する場合は当該取得する金銭の額を加算した金額とし、当該差額を補うための金銭を支払う場合は当該支払う金銭の額を控除した金額とします。）に相当する金額（令45②四）
資産の移転	＝	当該資産の移転時における当該資産の価額に相当する金額（令45②五）
貸付金その他の金銭債権の譲受けその他の承継（包括承継を除きます。）	＝	利子（償還差益、譲り受けた金銭債権の弁済を受けた金額とその取得価額との差額その他経済的な性質が利子に準ずるものを含みます。）（令48④）
法人が資産をその役員に当該資産の価額に比し著しく低い対価の額で譲渡	＝	その価額に相当する金額（法28①ただし書）
みなし譲渡　個人事業者が棚卸資産又は棚卸資産以外の資産で事業の用に供していたものを家事のために消費し、又は使用した場合	＝	当該消費又は使用の時における当該消費し、又は使用した資産の価額に相当する金額（法28②一）

課税資産の譲渡等につき課されるべき消費税額及び当該消費税額を課税標準として課されるべき地方消費税額に相当する額は含まれません。

| 法人が資産をその役員（法人税法第2条第15号に規定する役員をいいます。）に対して贈与した場合 | ＝ | 当該贈与の時における当該贈与をした資産の価額に相当する金額（法28②二） |

留意点7 著しく低い対価（基通10－1－2）

「法人が資産をその役員に当該資産の価額に比し著しく低い対価の額で譲渡した場合」でいう著しく低い対価の額とは、法人のその役員に対する資産の譲渡金額が、当該譲渡の時における資産の価額に相当する金額のおおむね50％に相当する金額に満たない場合をいいます。

なお、当該譲渡に係る資産が棚卸資産である場合において、その資産の譲渡金額が、次の要件のいずれをも満たすときは、著しく低い対価の額に該当しないものとして取り扱います。

　イ　当該資産の課税仕入れの金額以上であること
　ロ　通常他に販売する価額のおおむね50％に相当する金額以上であること

ただし、法人が資産を役員に対し著しく低い対価の額で譲渡した場合においても、当該資産の譲渡が、役員及び使用人の全部につき一律に又は勤続年数等に応ずる合理的な基準により普遍的に定められた値引率に基づいて行われた場合は、この限りではありません。

2　課税資産と非課税資産の一括譲渡等の場合の対価の区分（令45③）

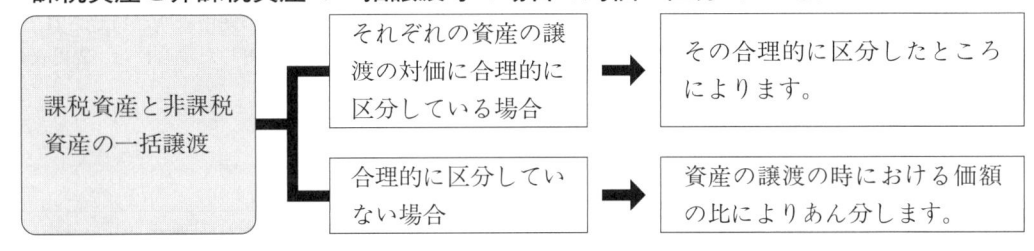

課税資産と非課税資産の一括譲渡
- それぞれの資産の譲渡の対価に合理的に区分している場合 → その合理的に区分したところによります。
- 合理的に区分していない場合 → 資産の譲渡の時における価額の比によりあん分します。

留意点8 建物と土地の一括譲渡（基通10－1－5）

建物、土地等を同一の者に対し同時に譲渡した場合において、それぞれの対価につき、所得税又は法人税の土地の譲渡等に係る課税の特例の計算における取扱いにより区分しているときは、その区分したところによります。

3　個別消費税と対価の関係（基通10－1－11）

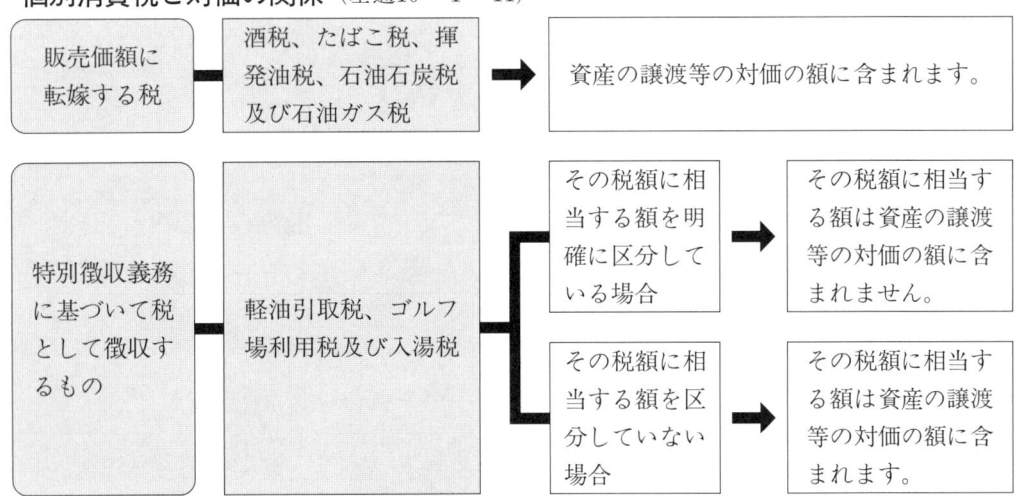

販売価額に転嫁する税
- 酒税、たばこ税、揮発油税、石油石炭税及び石油ガス税 → 資産の譲渡等の対価の額に含まれます。

特別徴収義務に基づいて税として徴収するもの
- 軽油引取税、ゴルフ場利用税及び入湯税
  - その税額に相当する額を明確に区分している場合 → その税額に相当する額は資産の譲渡等の対価の額に含まれません。
  - その税額に相当する額を区分していない場合 → その税額に相当する額は資産の譲渡等の対価の額に含まれます。

第4節 内 外 判 定

　消費税は、国内において事業者が行った資産の譲渡等を課税の対象としていますが、この資産の譲渡等が「国内において」行われたかどうかについては、それぞれの資産の譲渡等の態様に応じて一定の場所により判定することになります。
　この節では、資産の譲渡等の内外判定の場所について、図解しています。

1　内外判定の原則（法4③）

資産の譲渡等の態様	判定の場所
資産の譲渡又は貸付け	当該譲渡又は貸付けが行われる時において当該資産が所在していた場所
役務の提供	当該役務の提供が行われた場所

留意点9　貸付けに係る資産の所在場所が変わった場合の取扱い（基通5－7－12）
　賃貸借に関する契約において貸付けに係る資産（無形資産を除きます。）の使用場所が特定されている場合で、当該契約に係る当事者間の合意に基づき、当該資産の使用場所を変更した場合には、変更後の当該資産の使用場所が国内にあるかどうかにより改めて内外判定を行います。

2　内外判定の特例（令6）

　次の左欄に掲げる資産の譲渡等については、上記1にかかわらずそれぞれ右欄の場所が国内であるかどうかによって内外判定することになります。

(1) 資産の譲渡又は貸付けの場合の内外判定の特例（令6①）

譲渡又は貸付けに係る資産			判定の場所
①	登録（外国の登録を含みます。）を受けた船舶	イ	居住者が行う日本船舶以外の船舶の貸付け及び非居住者が行う日本船舶の譲渡又は貸付け	当該譲渡又は貸付けを行う者の住所又は本店若しくは主たる事務所の所在地（住所地）
		ロ	イ以外の場合	船舶の登録をした機関の所在地（同一の船舶について二以上の国において登録している場合には、いずれかの機関の所在地）
②	①の船舶以外の船舶			その譲渡又は貸付けを行う者の当該譲渡又は貸付けに係る事務所、事業所その他これらに準ずるもの（事務所等）の所在地
③	航空機	イ	登録のある航空機	航空機の登録をした機関の所在地
		ロ	登録を受けていない航空機	当該譲渡又は貸付けを行う者の譲渡又は貸付けに係る事務所等の所在地
④	鉱業権若しくは租鉱権又は採石権その他土石を採掘し、若しくは採取する権利（採石権等）			鉱業権に係る鉱区若しくは租鉱権に係る租鉱区又は採石権等に係る採石場の所在地
⑤	特許権、実用新案権、意匠権、商標権、回路配置利用権、育成者権（これらの権利を利用する権利を含みます。）			これらの権利の登録をした機関の所在地 ただし、同一の権利について2以上の国において登録をしている場合には、これらの権利の譲渡又は貸付けを行う者の住所地
⑥	公共施設等運営権			公共施設等運営権に係る民間資金等の活用による公共施設等の整備等の促進に関する法律第2条第1項（定義）に規定する公共施設等の所在地
⑦	著作権（出版権及び著作隣接権その他これに準ずる権利を含みます。）又は特別の技術による生産方式及びこれに準ずるもの（著作権等）			著作権等の譲渡又は貸付けを行う者の住所地
⑧	営業権又は漁業権若しくは入漁権			これらの権利に係る事業を行う者の住所地
⑨	有価証券等	イ	金融商品取引法第2条第1項に規定する有価証券（ゴルフ場利用株式等に該当するものを除きます。）	当該有価証券が所在していた場所
		ロ	登録国債	登録国債の登録をした機関の所在地
		ハ	合名会社、合資会社又は合同会社の社員の持分、法人税法第2条第7号(定義)に規定する協同組合等の組合員又は会員の持分その他法人の出資者の持分	当該持分に係る法人の本店又は主たる事務所の所在地
		ニ	貸付金、預金、売掛金その他の金銭債権（ゴルフ場その他の施設を利用する権利に係るものを除きます。）	当該金銭債権に係る債権者の譲渡に係る事務所等の所在地
		ホ	ゴルフ場利用株式等又はゴルフ場その他の施設を利用する権利に係る金銭債権（ゴルフ会員権など）	ゴルフ場その他の施設の所在地
⑩	①から⑨までに掲げる資産以外の資産でその所在していた場所が明らかでないもの			その資産の譲渡又は貸付けを行う者の当該譲渡又は貸付けに係る事務所等の所在地

事例3 〈内外判定の事例〉

1	海外支店での資産の譲渡 国外の支店で保管している生糸を現地法人に売却した。
判定	譲渡が行われるときに、当該譲渡資産である生糸が所在していた場所は、国内以外の地域であるため、この資産の譲渡等は国内において行われたものには該当しません。 この場合、売買契約締結の場所や、売却相手が居住者であるか非居住者であるかにより判定が左右されることはありません。
2	船荷証券の譲渡 輸入貨物に係る船荷証券を売却した。
判定	船荷証券の譲渡は、当該船荷証券に表彰されている貨物の譲渡ですから、当該船荷証券の譲渡時にその貨物が所在している場所が国内であるかどうかにより内外判定を行います。 ただし、船荷証券に表示されている「荷揚地」（PORT OF DISCHARGE）が国内である場合の当該船荷証券の譲渡については、その写しの保存を要件として、国内において行われた資産の譲渡等として取り扱っても差し支えありません。
3	国外における役務の提供① 国外における発電設備の建設工事を完成引渡しまで請け負った。
判定	完成したプラントの譲渡の際に、そのプラントは国外に所在していたため、その資産の譲渡等は国内において行われたものには該当しません。
4	国外における役務の提供② 3の発電設備建設工事のうち組立業務を請け負った。
判定	建設工事に係る役務の提供が行われた場所が国外ですから、当該役務の提供は、国内において行われたものには該当しません。
5	国外における役務の提供③ 3の発電設備建設に先立って、当該設備に関する企画及び現地におけるボーリング調査を請け負った。
判定	生産設備等の建設又は製造に関する専門的な科学技術に関する知識を必要とする調査、企画、立案、助言、監督、検査などの監理業務に係る役務の提供が、国内において行われたかどうかの判定は、当該生産設備等の建設又は製造に必要な資材の大部分が調達される場所が国内かどうかにより行います。 したがって、発電設備の建設に関する企画、ボーリング調査については、当該発電設備の建設に係る資材の大部分を国内で調達するのであれば、国内において行われた資産の譲渡等に該当し、そうでない場合は、国内において行われたものには該当しないことになります。
6	貨物船の譲渡 パナマ船籍の貨物船を国内の海運業者に譲渡した。
判定	登録船舶の譲渡に係る内外判定は、その船舶の登録をした機関の所在地で行うことになっています。 したがって、パナマ船籍の貨物船の譲渡の場合は、譲渡時の所在場所にかかわらず、パナマにおいて行われた資産の譲渡等に該当し、国内において行われたものには該当しないことになります。

(2) 役務の提供の場合の内外判定の特例（令6②、規2）

役務の提供の内容	判定の場所
① 国内及び国内以外の地域にわたって行われる旅客又は貨物の輸送	当該旅客又は貨物の出発地若しくは発送地又は到着地
② 国内及び国内以外の地域にわたって行われる通信	発信地又は受信地
③ 国内及び国内以外の地域にわたって行われる郵便又は信書便（民間事業者による信書の送達に関する法律第2条第2項（定義）に規定する信書便）	差出地又は配達地
④ 保険	保険に係る事業を営む者（保険の契約の締結の代理をする者を除きます。）の保険の契約の締結に係る事務所等の所在地
⑤ 情報の提供又は設計	情報の提供又は設計を行う者の情報の提供又は設計に係る事務所等の所在地
⑥ 専門的な科学技術に関する知識を必要とする調査、企画、立案、助言、監督又は検査に係る役務の提供で次に掲げるもの（生産設備等）の建設又は製造に関するもの 　イ　建物（その附属設備を含みます。）又は構築物（ロに掲げるものを除きます。） 　ロ　鉱工業生産施設、発電及び送電施設、鉄道、道路、港湾設備その他の運輸施設又は漁業生産施設 　ハ　変電及び配電施設、ガス貯蔵及び供給施設、石油貯蔵施設、通信施設、放送施設、工業用水道施設、上水道施設、下水道施設、汚水処理施設、農業生産施設、林業生産施設、ヒートポンプ施設、ばい煙処理施設、窒素酸化物抑制施設、粉じん処理施設、廃棄物処理施設、船舶、鉄道用車両又は航空機	当該生産設備等の建設又は製造に必要な資材の大部分が調達される場所
⑦ ①から⑥までの役務の提供以外のもので国内及び国内以外の地域にわたって行われる役務の提供その他の役務の提供が行われた場所が明らかでないもの	役務の提供を行う者の役務の提供に係る事務所等の所在地

事例4　〈誤りやすい内外判定の具体的事例〉

1	特許権の貸付け 　内国法人が、日本、アメリカその他の国々で登録している特許権について他社に対して実施権を設定した。
判定	2以上の国において登録をしている特許権の譲渡や貸付けの内外判定は、その特許権の譲渡又は貸付けを行う者の住所地で判定します。 　したがって、内国法人が所有している特許権の他社に対する実施許諾は、国内における資産の貸付けに該当します。
2	国内外の貨物輸送 　国内と国外の間の貨物輸送を請け負った。
判定	旅客又は貨物の輸送については、当該旅客又は貨物の出発地又は到着地のいずれかが国内であるかどうかにより内外判定を行います。 　したがって、国外から国内、国内から国外への旅客や貨物の輸送はいずれも、国内において行われた資産の譲渡等に該当します。 　なお、この場合、消費税は輸出免税の対象となります。
3	国外における広告 　国外における広告とその広告の国内での制作を一括して請け負った。
判定	国内において行う広告の企画、立案等と国外で行う広告の掲載とを一括して請け負ったものですから、国内及び国内以外の地域にわたって行われる役務の提供に該当するため、その広告に関する役務の提供に係る事務所等の所在地により内外判定を行うことになります。
4	催物の海外公演 　催物の海外公演を請け負った。
判定	契約に係る役務の提供が完了することとなる当該催物の開催場所が国外であるため、当該役務の提供は国内において行われたものには該当しません。 　その企画、立案等開催のための一連の準備作業を国内で行ったかどうかにより判定が左右されることはありません。

(3) 利子を対価とする金銭の貸付け等の内外判定の特例（令6③）

利子を対価とする金銭の貸付け等の内容	判　定　の　場　所
① 利子を対価とする金銭の貸付け（利子を対価とする国債等の取得及び国際通貨基金協定第15条に規定する特別引出権の保有に伴うものを含みます。）	当該貸付け又は行為を行う者の当該貸付け又は行為に係る事務所等の所在地
② 預金又は貯金の預入れ（金融商品取引法施行令第1条第1号に規定する譲渡性預金証書に係るものを含みます。）	
③ 収益の分配金を対価とする法人税法第2条に規定する集団投資信託、法人課税信託、同法第12条に規定する退職年金等信託、特定公益信託等	
④ 所得税法第174条第3号又は第4号に掲げる給付補てん金を対価とする掛金の払込み	
⑤ 無尽業法第1条に規定する無尽に係る契約に基づく掛金の払込み	
⑥ 利息を対価とする抵当証券法第1条第1項に規定する抵当証券（これに類する外国の証券を含む。）の取得	
⑦ 償還差益を対価とする国債等又は約束手形の取得	
⑧ 手形（金融商品取引法第2条第1項第15号に掲げる約束手形を除きます。）の割引	
⑨ 金銭債権の譲受けその他の承継（包括承継を除く。）	

事例5　〈利子を対価とする金銭の貸付け等の内外判定〉

外貨預金の内外判定	
内国法人が、外貨預金を行った。	
判定	預金又は貯金の預入れの内外判定は、当該預入れを行う者の預入れに係る事務所等の所在地で行います。 　したがって、内国法人が行った外貨預金の預入れについても、預入れに係る事務所等の所在地が国内である限り、国内における資産の譲渡等に該当することになります。

第5節　非課税となる資産の譲渡等

　事業者が、国内において行った資産の譲渡等のうち、①消費という概念になじまない土地や有価証券の譲渡等、②政策的見地から消費税を課さないことが望ましい社会福祉事業など一定の資産の譲渡等については、消費税は非課税としています。
　この節では、消費税が非課税となる資産の譲渡等について図解しています。

1　土地関係（法別表第一第1号）

土地に係る資産の譲渡等で非課税になるものは次のとおりです。

| 土地（土地の上に存する権利を含みます。）の譲渡及び貸付け | → | 非課税 |

※　ただし、次のものは非課税とはなりません。（令8）

| ① | 土地の貸付けに係る期間が1か月に満たない場合 | → | 課税 |
| ② | 駐車場その他の施設の利用に伴って土地が使用される場合 | | |

事例6　〈土地等に係る課否判定〉

1	土地の賃借権の譲渡 土地の賃借権を第三者に譲渡した。
判定	地上権、土地の賃借権、地役権、永小作権などは土地の使用収益に関する権利ですから「土地の上に存する権利」として、その譲渡や貸付けは非課税となります。
2	鉱業権の譲渡 鉱業権を第三者に譲渡した。
判定	鉱業権、土石採取権、温泉利用権などは、土地そのものの使用収益に関する権利ではないため、「土地の上に存する権利」には該当せず、その譲渡や貸付けは課税となります。
3	借地権に係る更新料 借地権に係る更新料を受け取った。
判定	借地権に係る更新料、更改料又は名義書換料は、他の者に土地を使用させる行為の対価として収受するものですから、土地の貸付けに係る対価として非課税となります。
4	土地の貸付けに係る仲介料 土地の貸付けの仲介を行ったので仲介手数料を受け取った。
判定	土地等の譲渡又は貸付けに係る仲介料を対価とする役務の提供は土地等の譲渡や貸付けそのものではありませんから、課税となります。
5	建物の貸付け 建物を貸し付けるに当たり、建物部分の賃料と底地部分の賃料を区分して領収することにした。
判定	施設の利用に伴って土地が使用される場合のその土地の使用は、土地の貸付けには含まれません。したがって、建物の貸付けに伴って土地を使用させた場合において、建物の貸付け等に係る対価と土地の貸付けに係る対価とに区分しているときであっても、その対価の額の合計額がその建物の貸付けに係る対価として全体が課税となります。ただし、この場合においても、13の「住宅の貸付け」として非課税となるものであれば、全体が非課税となります。

6	借地権付建物の譲渡
	借地権付建物を売却した。
判定	借地権の譲渡は、土地の上に存する権利の譲渡として非課税となり、建物の譲渡は課税となります。対価の区分は、**第3節2**（19ページ）を参照してください。

2　有価証券等及び支払手段関係（法別表第一第2号、令9、基通6－2－1、6－2－3）

有価証券等及び支払手段関係で非課税となるものは次のとおりです。

有価証券等

① 金融商品取引法に規定するもの

- イ　国債証券
- ロ　地方債証券
- ハ　農林中央金庫の発行する農林債券その他の特別の法律により法人の発行する債券（ニ及びルに掲げるものを除きます。）
- ニ　資産の流動化に関する法律（以下「資産流動化法」といいます。）に規定する特定社債券
- ホ　社債券（相互会社の社債券を含みます。）
- ヘ　日本銀行その他の特別の法律により設立された法人の発行する出資証券（ト、チ及びルに掲げるものを除きます。）
- ト　協同組織金融機関の優先出資に関する法律（以下「優先出資法」といいます。）に規定する優先出資証券
- チ　資産流動化法に規定する優先出資証券又は新優先出資引受権を表示する証券
- リ　株券又は新株予約権証券
- ヌ　投資信託及び投資法人に関する法律（以下「投資信託法」といいます。）に規定する投資信託又は外国投資信託の受益証券
- ル　投資信託法に規定する投資証券若しくは投資法人債券又は外国投資証券
- ヲ　貸付信託の受益証券
- ワ　資産流動化法に規定する特定目的信託の受益証券
- カ　信託法に規定する受益証券発行信託の受益証券
- ヨ　コマーシャルペーパー（金融商品取引法第2条に規定する定義に関する内閣府令第1条（定義）に規定するコマーシャルペーパー（以下「CP」といいます。））
- タ　抵当証券法に規定する抵当証券
- レ　外国債、海外CPなど外国又は外国の者の発行する証券又は証書でイからリまで又はヲからタまでの性質を有するもの
- ソ　外国の者の発行する証券又は証書で銀行業を営む者その他の金銭の貸付けを業として行う者の貸付債権を信託する信託の受益権又はこれに類する権利を表示するもの
- ツ　オプションを表示する証券又は証書
- ネ　預託証券
- ナ　譲渡性預金（払戻しについて期限の定めがある預金で、指名債権でないもの）の預金証書のうち外国法人が発行するもの（海外CD）

→ 非課税

② ①に類するもの

- イ　①イからヨまで及びレ（タに掲げる有価証券の性質を有するものを除きます。）に掲げる有価証券に表示されるべき権利で有価証券が発行されていないもの
  - （例）　登録国債、社債、株式等の振替に関する法律の規定による振替口座簿の記載又は記録により定まるものとされるもの、株券の発行がない株式、新株予約権、優先出資法又は資産流動化法に規定する優先出資証券の発行がない優先出資及び投資信託法に規定する投資証券の発行がない投資口
- ロ　合名会社、合資会社又は合同会社の社員の持分、協同組合等の組合員又は会員の持分その他法人（人格のない社団等、匿名組合及び民法上の組合を含みます。）の出資者の持分

→

分類	項目	内容	課否
有価証券等		ハ 株主又は投資主（投資信託法第2条第16項に規定する投資主をいいます。）となる権利、優先出資者（優先出資法第13条の優先出資者をいいます。）となる権利、特定社員（資産流動化法第2条第5項に規定する特定社員をいいます。）又は優先出資社員（同法第26条に規定する優先出資社員をいいます。）となる権利その他法人の出資者となる権利 ニ 貸付金、預金、売掛金その他の金銭債権	非課税
	③ ゴルフ場利用株式等	①及び②のうちゴルフ場その他の施設の所有若しくは経営に係る法人の株式若しくは出資を所有すること又は当該法人に対し金銭の預託をすることが当該ゴルフ場その他の施設を一般の利用者に比して有利な条件で継続的に利用する権利を有する者となるための要件とされている場合における当該株式若しくは出資に係る有価証券（ゴルフ場利用株式等）又は当該預託に係る金銭債権の譲渡（令9②）	課税
支払手段等	① 外国為替及び外国貿易法に規定するもの	イ 銀行券、政府紙幣、小額紙幣及び硬貨 ロ 小切手（旅行小切手を含みます。）、為替手形、郵便為替及び信用状 ハ 約束手形 ニ 証票、電子機器その他の物に電磁的方法（電子的方法、磁気的方法その他の人の知覚によって認識することができない方法をいいます。）により入力されている財産的価値であって、不特定又は多数の者相互間でその支払のために使用することができるもの（その使用の状況が通貨のそれと近似しているものに限ります。） ホ イ～ハに掲げるもののいずれかに類するもので支払いのために使用することができるもの	非課税
	② ①に類するもの	国際通貨基金協定第15条に規定する特別引出権の譲渡（令9④）	非課税
	③ 収集品等	①のうち収集品及び販売用の支払手段の譲渡（令9③）	課税

3 利子を対価とする貸付金等（法別表第一第3号、令10、基通6-3-1）

利子を対価とする貸付金その他これに類する資産の譲渡等で非課税となるものには、次のものがあります。

利子を対価とする貸付金等の対価

①	国債、地方債、社債、新株予約権付社債、投資法人債券、貸付金、預金、貯金又は国際通貨基金協定第15条に規定する特別引出権の利子	
②	信用の保証料	
③	所得税法第2条第1項第11号《定義》に規定する合同運用信託、同項第15号に規定する公社債投資信託又は同項第15号の2に規定する公社債等運用投資信託の信託報酬	
④	保険料　　　厚生年金基金契約等に係る事務費用部分 → 課税	
⑤	法人税法第2条第29号《定義》に規定する集団投資信託、同条第29号の2に規定する法人課税信託又は同法第12条第4項第1号《信託財産に属する資産及び負債並びに信託財産に帰せられる収益及び費用の帰属》に規定する退職年金信託若しくは同項第2号に規定する特定公益信託等の収益の分配金	非課税
⑥	相互掛金又は定期積金の給付補塡金及び無尽契約の掛金差益	
⑦	抵当証券（これに類する外国の証券を含みます。）の利息	
⑧	割引債（利付債を含みます。）の償還差益	
⑨	手形の割引料	
⑩	金銭債権の買取又は立替払に係る差益	
⑪	割賦販売法第2条第1項《割賦販売の定義》に規定する割賦販売、同法第2条第2項《ローン提携販売の定義》に規定するローン提携販売、同条第3項《包括信用購入あっせんの定義》に規定する包括信用購入あっせん又は同条第4項《個別信用購入あっせん》に規定する個別信用購入あっせんの手数料（契約においてその額が明示されているものに限ります。）	
⑫	割賦販売等に準ずる方法により資産の譲渡等を行う場合の利子又は保証料相当額（その額が契約において明示されている部分に限ります。）	
⑬	有価証券（その権利の帰属が社債等振替法の規定による振替口座簿の記載又は記録により定まるものとされるもの及び登録国債を含み、ゴルフ場利用株式等を除きます。）の貸付料	
⑭	物上保証料	
⑮	共済掛金　　　事務費用部分 → 課税	
⑯	動産又は不動産の貸付けを行う信託で、貸付期間の終了時に未償却残額で譲渡する旨の特約が付けられたものの利子又は保険料相当額（契約において明示されている部分に限ります。）	

| ⑰ | 所得税法第67条の2第3項（リース取引の範囲）又は法人税法第64条の2第3項（リース取引の範囲）に規定するリース取引でその契約に係るリース料のうち、利子又は保険料相当額（契約において利子又は保険料の額として明示されている部分に限ります。） |

事例7 〈利子等に係る課否判定〉

1	前渡金に係る利子 前渡金について、その利子を受け取った。
判定	前渡金等に係る利子のようにその経済的実質が貸付金であるものに係る利子は、「利子を対価とする金銭の貸付け」に係る対価として消費税は非課税となります。
2	保険代理店手数料 保険代理店が保険会社から代理店手数料を収受した。
判定	保険料を対価とする役務の提供は、非課税となりますが、保険代理店が収受する代理店手数料に係る役務の提供は、保険代理店として保険会社に対する役務の提供の対価ですから消費税は非課税とはならず、課税の対象となります。
3	仕入割引 買掛金を支払期日前に支払ったため、実際に支払った日から支払期日までの日数に応じた仕入割引を収受した。
判定	仕入割引は、たとえ利息計算の方法によって算定されたとしても、仕入値引きや返品と同じように仕入れに係る対価の返還等として取り扱うことになります。したがって、仕入れに係る控除税額を計算する際に**第4章第4節** 手順2 （175ページ）の調整が必要になります。
4	金融機関以外の企業の貸付利子 金融機関以外の企業が行う金融取引に伴う利子を受け取った。
判定	貸付金等の利子は非課税とされており、金融機関以外の企業が行うものであっても同様に消費税は非課税となります。

4 郵便切手類等の譲渡関係 (法別表第一第4号、令11、基通6-4-1、6-4-2、6-4-4)

郵便切手類等の譲渡で非課税となるものは、次のとおりです。

郵便切手類等の譲渡			
	① 郵便切手類販売所等に関する法律第1条《定義》に規定する郵便切手類(郵便切手を保存用の冊子に収めたものその他郵便に関する料金を示す証票に関し周知し、又は啓発を図るための物を除きます。)	日本郵便株式会社が行う譲渡及び簡易郵便局法第7条第1項《簡易郵便局の設置及び受託者の呼称》に規定する委託業務を行う施設若しくは郵便切手類販売所等に関する法律第3条《郵便切手類販売所等の設置》に規定する郵便切手類販売所、印紙をもってする歳入金納付に関する法律第3条第1項各号《印紙の売渡し場所》に定める一定の場所等における譲渡	→ 非課税
	② 印紙をもってする歳入金納付に関する法律第3条第1項各号《印紙の売渡し場所》及び第4条第1項《自動車検査登録印紙の売渡し場所》に掲げる印紙	その他の場所における譲渡 → 課税	
	③ 地方自治法第231条の2第1項《証紙による収入の方法等》に規定する使用料又は手数料の徴収に係る証紙並びに地方税法第1条第1項第13号に規定する証紙徴収に係る証紙及び同法第124条第1項(同法第1条第2項において準用する場合を含みます。)に規定する証紙	地方公共団体又は地方自治法第231条の2第1項《証紙による収入の方法等》に規定する条例に基づき指定された売りさばき人が行う譲渡	→ 非課税
		その他の者が行う譲渡 → 課税	
	④ 物品切手(商品券その他名称のいかんを問わず、物品の給付請求権を表彰する証書をいい、郵便切手類に該当するものを除きます。)その他役務の提供又は物品の貸付けに係る請求権を表彰する証書及び資金決済に関する法律第3条第1項《定義》に規定する前払式支払手段に該当する同項各号に規定する番号、記号その他の符号の譲渡		→ 非課税

事例8 〈郵便切手類等に係る課否判定〉

1	金券ショップにおける郵便切手等の譲渡 いわゆる金券ショップにおいて郵便切手や商品券を販売した。
判定	郵便切手をはじめとする郵便切手類及び印紙の譲渡が非課税となるのは、日本郵便株式会社が行う譲渡及び簡易郵便局法第7条第1項《簡易郵便局の設置及び受託者の呼称》に規定する委託業務を行う施設若しくは郵便切手類販売所等に関する法律第3条《郵便切手類販売所等の設置》に規定する郵便切手類販売所、印紙をもってする歳入金納付に関する法律第3条第1項各号《印紙の売渡し場所》に定める一定の場所等における譲渡に限られますから、これ以外の場所における譲渡は消費税が課税されることになります。 これに対して商品券をはじめとする物品切手の譲渡は、譲渡する場所に関係なく非課税となります。
2	郵便切手販売所における現金封筒の譲渡 郵便切手類販売所において現金封筒を販売した。
判定	郵便切手類販売所における郵便切手類の販売は非課税となりますが、この場合の郵便切手類とは、①郵便切手、②郵便葉書及び③郵便書簡をいいます。 したがって、郵便切手類販売所における現金封筒の販売は課税となります。
3	物品切手に係る受託販売手数料 物品切手等の受託販売を行ったので、取扱手数料を受け取った。
判定	物品切手等の譲渡は非課税ですが、委託販売の場合に受託者が受け取る取扱手数料を対価とする委託者に対する役務の提供は非課税とはならず、消費税は課税されます。

5 国、地方公共団体等の手数料及び外国為替業務等

(法別表第一第5号、令12、13、基通6−5−1、6−5−2、6−5−3)

国、地方公共団体等の手数料、国際郵便為替及び外国為替業務に関しては、次のものが非課税となります。

国・地方公共団体等の手数料

① 法令(法律、政令、省令又は大臣告示のほか条例及び規則を含み、業務方法書又は定款等は含みません。以下同じ。)に基づいて行われる次に掲げる事務の手数料、特許料、申立料その他の料金(以下「手数料等」といいます。)で、その徴収について法令に根拠となる規定があるもの
　イ　登記、登録、特許、免許、許可、認可、承認、認定、確認及び指定
　ロ　検査、検定、試験、審査及び講習(⑤の(1)のイからニまでに掲げる事務のいずれにも該当しないものを除きます。)
　ハ　証明(⑤の(2)に掲げるものを除きます。)
　ニ　公文書の交付(再交付及び書換交付を含みます。)、更新、訂正、閲覧及び謄写(⑤の(2)に掲げるものを除きます。)
　ホ　裁判その他の紛争の処理
　ヘ　旅券の発給(旅券法第20条第1項《手数料》に掲げる渡航先の追加、記載事項の訂正、再発給、旅券の合冊又は査証欄の増補及び渡航書の発給を含みます。)
　ト　裁定、裁決、判定及び決定
　チ　公文書に類するもの(記章、標識その他これらに類するものを含みます。以下同じ。)の交付(再交付及び書換交付を含みます。)、更新、訂正、閲覧及び謄写(⑤の(1)に掲げる事務に係るものを除きます。)

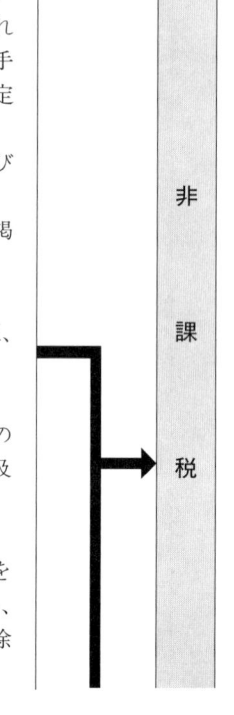

→ 非課税

国・地方公共団体等の手数料			判定
		リ　異議申立て、審査請求その他これらに類するものの処理	
	②	(1)　法令に基づいて行われる登録、認定、確認、指定、検査、検定、試験、審査及び講習（以下「登録等」といいます。）で法令に手数料等の徴収の根拠となる規定がないもののうち、次に掲げる登録等の手数料等 　イ　法令において、弁護士その他の法令に基づく資格を取得し、若しくは維持し、又は当該資格に係る業務若しくは行為を行うための要件とされている登録等 　ロ　法令において、輸出その他の行為を行う場合にはその対象となる資産又は使用する資産について登録等を受けることが要件とされている登録等 　ハ　法令において、登録等により一定の規格に該当するものとされた資産でなければ一定の規格についての表示を付し、又は一定の名称を使用することができないこととされている登録等 　ニ　法令において、登録等を受けることが義務付けられている登録等 (2)　証明、公文書及び公文書に類するものの交付（再交付及び書換交付を含みます。）、更新、訂正、閲覧及び謄写（イからニまでに該当しない登録等に係るものを除きます。）	非課税
	③	国又は地方公共団体が、法令に基づき行う他の者の徴収すべき料金、賦課金その他これらに類するものの滞納処分について、法令に基づき当該他の者から徴収する手数料等	
	④	裁判所法第62条第4項（執行官）又は公証人法第7条第1項（手数料等）の手数料を対価とする役務の提供	
	⑤	①に掲げる役務の提供のうち次の(1)及び(2)に掲げる事務に係るもの (1)　検査、検定、試験、審査及び講習（以下(1)において「特定事務」といいます。）のうち次のいずれにも該当しないもの 　イ　法令において、医師その他の法令に基づく資格（法令において当該資格を有しない者は当該資格に係る業務若しくは行為を行い、若しくは当該資格に係る名称を使用することができないこととされているもの又は法令において一定の場合には当該資格を有する者を使用し、若しくは当該資格を有する者に当該資格に係る行為を依頼することが義務づけられているものをいいます。）を取得し、若しくは維持し、又は当該資格に係る業務若しくは行為を行うにつき、当該特定事務に係る役務の提供を受けることが要件とされているもの 　ロ　法令において、一定の食品の販売その他の行為を行う場合にその対象となる資産又は使用する資産について当該特定事務に係る役務の提供を受けることが要件とされているもの 　ハ　農業機械化促進法第6条第1項（検査）の検査その他の特定事務で、法令において、当該特定事務により一定の型式又は規格に該当するものとされた資産以外の資産は当該型式又は規格に係る表示を付し、又は名称を使用することができないこととされているもの 　ニ　電気事業法第54条第1項（定期検査）の検査その他の特定事	課税

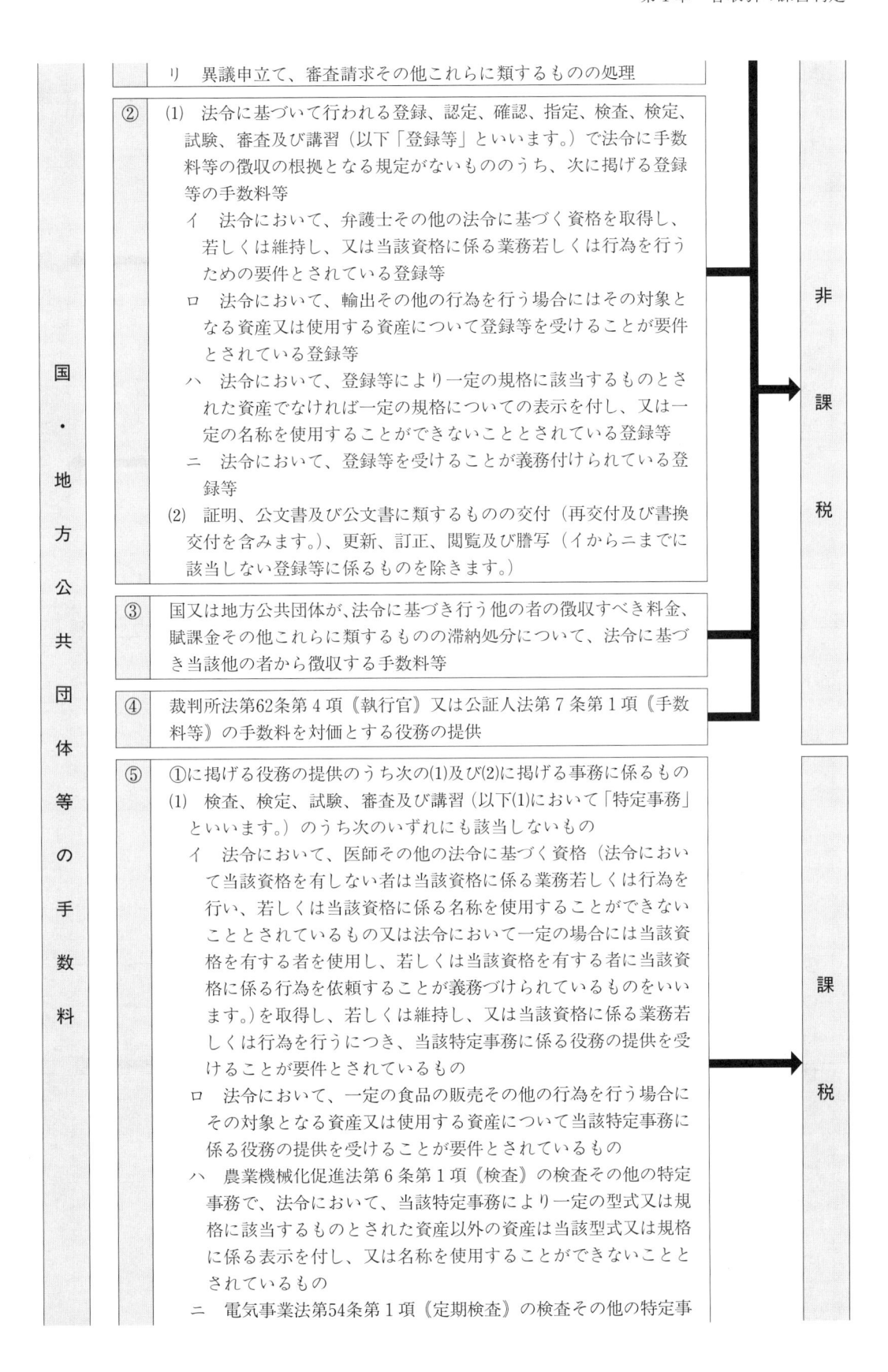

分類	内容	課否
国・地方公共団体等の手数料	務で法令において当該特定事務に係る役務の提供を受けることが義務づけられているもの (2) (1)に掲げる事務に係る証明並びに公文書の交付（再交付及び書換交付を含みます。）、更新、訂正、閲覧及び謄写	課税
外国為替業務	外国為替及び外国貿易法第55条の7《外国為替業務に関する事項の報告》に規定する外国為替業務に係る役務の提供 (1) 外国為替取引 (2) 対外支払手段の発行 (3) 対外支払手段の売買又は債権の売買（本邦通貨をもって支払われる債権の居住者間の売買を除きます。）	非課税
	(1) 銀行法第10条第2項第5号《業務の範囲》に規定する譲渡性預金証書（金融商品取引法施行令第1条に規定するものに限ります。）の居住者による非居住者からの取得又は居住者による非居住者に対する譲渡に係る媒介、取次ぎ又は代理に係る業務 (2) 外国為替令第18条の7第1項第7号《外国為替業務》に規定する証券（(1)に掲げる譲渡性預金証書を除きます。）の居住者による非居住者からの取得又は居住者による非居住者に対する譲渡に係る媒介、取次ぎ又は代理に係る業務	課税

6 医療の給付等 （法別表第一第6号、令14、基通6－6－1、6－6－2、6－6－3、平成元年大蔵省告示第7号）

医療給付関係の資産の譲渡等で非課税となるものは次のとおりです。

医療の給付等	①	健康保険法、国民健康保険法、船員保険法、国家公務員共済組合法（防衛省の職員の給与等に関する法律第22条第1項《療養等》においてその例によるものとされる場合を含みます。）、地方公務員等共済組合法又は私立学校教職員共済法の規定に基づく療養の給付及び入院時食事療養費、入院時生活療養費、保険外併用療養費、療養費、家族療養費又は特別療養費の支給に係る療養並びに訪問看護療養費又は家族訪問看護療養費の支給に係る指定訪問看護	非課税（※）
	②	高齢者の医療確保に関する法律の規定に基づく療養の給付及び入院時食事療養費、入院時生活療養費、保険外併用療養費、療養費又は特別療養費の支給に係る療養並びに訪問看護療養費の支給に係る指定訪問看護	
	③	精神保健及び精神障害者福祉に関する法律の規定に基づく医療、生活保護法の規定に基づく医療扶助のための医療の給付及び医療扶助のための金銭給付に係る医療、原子爆弾被爆者に対する援護に関する法律の規定に基づく医療の給付及び医療費又は一般疾病医療費の支給に係る医療並びに障害者の日常生活及び社会生活を総合的に支援するための法律の規定に基づく自立支援医療費、療養介護医療費又は基準該当療養介護医療費の支給に係る医療	
	④	公害健康被害の補償等に関する法律の規定に基づく療養の給付及び療養費の支給に係る療養	
	⑤	労働者災害補償保険法の規定に基づく療養の給付及び療養の費用の支給に係る療養並びに同法の規定による社会復帰促進等事業として行われる医療の措置及び医療に要する費用の支給に係る医療	

医療の給付等	⑥	自動車損害賠償保障法の規定による損害賠償額の支払（同法第72条第1項《業務》の規定による損害をてん補するための支払を含みます。）を受けるべき被害者に対する当該支払に係る療養	非課税（※）
	⑦	戦傷病者特別援護法の規定に基づく療養の給付又は療養費の支給に係る療養及び更生医療の給付又は更生医療に要する費用の支給に係る医療	
	⑧	中国残留邦人等の円滑な帰国の促進及び永住帰国後の自立の支援に関する法律（中国残留邦人等の円滑な帰国の促進及び永住帰国後の自立の支援に関する法律の一部を改正する法律附則第4条第2項《施行前死亡者の配偶者に対する支援給付の実施》において準用する場合を含みます。）の規定に基づく医療支援給付のための医療の給付及び医療支援給付のための金銭給付に係る医療	
	⑨	予防接種法又は新型インフルエンザ予防接種による健康被害の救済に関する特別措置法の規定に基づく医療費の支給に係る医療	
	⑩	麻薬及び向精神薬取締法又は感染症の予防及び感染症の患者に対する医療に関する法律の規定に基づく医療	
	⑪	検疫法の規定に基づく入院に係る医療	
	⑫	沖縄の復帰に伴う厚生省関係法令の適用の特別措置等に関する政令第3条《精神障害者の医療に関する特別措置》又は第4条《結核患者の医療に関する特別措置》の規定に基づく医療費の支給に係る医療	
	⑬	学校保健安全法第24条《地方公共団体の援助》の規定に基づく医療に要する費用の援助に係る医療	
	⑭	児童福祉法の規定に基づく療育の給付に係る医療並びに肢体不自由児通所医療費及び障害児入所医療費の支給に係る医療、同法第21条の5《慢性疾患の治療方法に関する研究等に資する事業》の規定に基づく事業に係る医療の給付又は医療に要する費用の支給に係る医療並びに同法第22条第1項《助産の実施》の規定による助産の実施、同法第27条第1項第3号《都道府県のとるべき措置》に規定する措置、同条第2項に規定する指定医療機関への委託措置又は同法第33条《児童の一時保護》に規定する一時保護に係る医療	
	⑮	身体障害者福祉法第18条第2項《障害福祉サービス、障害者支援施設等への入所等の措置》に規定する厚生労働省令で定める施設への入所又は同項に規定する指定医療機関への入院に係る医療	
	⑯	心神喪失等の状態で重大な他害行為を行った者の医療及び観察等に関する法律の規定に基づく医療	
	⑰	母子保健法の規定に基づく養育医療の給付又は養育医療に要する費用の支給に係る医療	
	⑱	行旅病人及行旅死亡人取扱法の規定に基づく救護に係る医療	
	⑲	刑事収容施設及び被収容者等の処遇に関する法律第2条第1号《定義》に規定する被収容者、同条第2号に規定する被留置者、同条第3号に規定する海上保安被留置者、同法第288条《労役場留置者の処遇》に規定する労役場留置者若しくは同法第289条第1項《被監置者の処遇》に規定する監置場留置者又は少年院法第1条《少年院》に規定する少年院の在院者（同法第16条《少年鑑別所》に規定する少年鑑別所に収容されている少年を含みます。）若しくは婦人補導院法第1条《婦人補導院》に規定する婦人補導院の在院者に係る医療	

医療の給付等	⑳	更生保護法第62条第2項（応急の救護）（売春防止法第26条第2項（仮退院中の保護観察）において準用する場合を含みます。）の規定に基づく救護又は更生保護法第85条《更生緊急保護》の規定に基づく更生緊急保護に係る医療	非課税（※）
	㉑	公立学校の学校医、学校歯科医及び学校薬剤師の公務災害補償に関する法律の規定に基づく療養補償に係る療養	
	㉒	国家公務員災害補償法（特別職の職員の給与に関する法律第15条《災害補償》若しくは裁判官の災害補償に関する法律においてその例によるものとされる場合又は防衛省の職員の給与等に関する法律第27条第1項《国家公務員災害補償法の準用》若しくは裁判所職員臨時措置法において準用する場合を含む。以下この号において同じです。）の規定に基づく療養補償に係る療養の給付又は療養の費用の支給に係る療養及び国家公務員災害補償法の規定に基づき福祉事業として行われる医療の措置又は医療に要する費用の支給に係る医療	
	㉓	国会議員の歳費、旅費及び手当等に関する法律第12条の3《公務上の災害に対する補償等》、国会議員の秘書の給与等に関する法律第18条《災害補償》又は国会職員法第26条の2《公務上の災害又は通勤による災害に対する補償等》に規定する補償等に係る療養及び医療で、㉒に掲げる療養及び医療に相当するもの	
	㉔	地方公務員災害補償法の規定に基づく療養補償に係る療養の給付又は療養の費用の支給に係る療養及び同法の規定に基づき福祉事業として行われる医療の措置又は医療に要する費用の支給に係る医療並びに同法第69条《非常勤の地方公務員に係る補償の制度》の規定に基づき定められた補償の制度に基づく療養及び医療	
	㉕	消防組織法第24条《非常勤消防団員に対する公務災害補償》又は水防法第6条の2《公務災害補償》の規定に基づく損害の補償に係る療養の給付又は療養の費用の支給に係る療養及びこれらの規定に基づき福祉事業として行われる医療の措置又は医療に要する費用の支給に係る医療並びに消防法第36条の3《消防作業に従事した者等に対する損害補償》、水防法第45条（第24条の規定により水防に従事した者に対する災害補償）、災害対策基本法第84条《応急措置の業務に従事した者に対する損害補償》又は武力攻撃事態等における国民の保護のための措置に関する法律第160条《損害補償》（同法第183条《準用》において準用する場合を含みます。）の規定に基づく損害の補償に係る療養の給付又は療養の費用の支給に係る療養並びに新型インフルエンザ等対策特別措置法第63条《損害補償》の規定に基づく損害の補償に係る療養の費用の支給に係る療養	
	㉖	警察官の職務に協力援助した者の災害給付に関する法律、海上保安官に協力援助した者等の災害給付に関する法律又は証人等の被害についての給付に関する法律の規定に基づく療養の給付又は療養に要する費用の給付に係る療養	
	㉗	石綿による健康被害の救済に関する法律の規定に基づく医療費の支給に係る医療	
	㉘	水俣病被害者の救済及び水俣病問題の解決に関する特別措置法第5条第7項《救済措置の方針》又は第6条第2項《水俣病被害者手帳》の規定により支給するものとされる療養費の支給に係る療養	

| 医療の給付等 | ㉙ | ①から㉘に掲げるもののほか、国又は地方公共団体の施策に基づきその要する費用の全部又は一部が国又は地方公共団体により負担される医療及び療養 | → | 非課税（※） |

（注） 1　平成26年3月の消費税法施行令の改正により「難病の患者に対する医療等に関する法律の規定に基づく特定医療費の支給に係る医療」が非課税の対象とされました。この改正は、平成27年1月1日から施行されます。
　　　 2　平成26年3月の消費税法施行令の改正により上表の⑭は、平成27年1月1日から以下のとおりとなります。

| ⑭ | 児童福祉法の規定に基づく小児慢性特定疾病医療費の支給に係る医療、療育の給付に係る医療並びに肢体不自由児通所医療費及び障害児入所医療費の支給に係る医療並びに同法第22条第1項《助産の実施》の規定による助産の実施、同法第27条第1項第3号《都道府県のとるべき措置》に規定する措置、同条第2項に規定する指定医療機関への委託措置又は同法第33条《児童の一時保護》に規定する一時保護に係る医療 |

※　ただし、①から㉙までの資産の譲渡等のうち次の表の左欄に掲げるものについては、それぞれ右欄に掲げる金額に相当する部分のみが非課税となり、当該金額を超える部分は、非課税とはなりません。

資産の譲渡等	非課税となる部分の金額	
健康保険法第63条第2項第1号《療養の給付》の規定に基づく食事療養に該当するもの（以下「入院時食事療養」といいます。）	同法第85条第2項《入院時食事療養費》の規定に基づき厚生労働大臣が定める基準により算定される金額（高齢者の医療の確保に関する法律その他の法令に基づき、入院時食事療養に要する費用につき、当該基準と異なる基準が定められている場合にあっては、当該法令に基づき定められている基準により算定される金額）	右欄の金額又は費用を超える部分は課税
健康保険法第63条第2項第2号の規定に基づく生活療養に該当するもの（以下「入院時生活療養」といいます。）	同法第85条の2第2項《入院時生活療養費》の規定に基づき厚生労働大臣が定める基準により算定される金額（高齢者の医療の確保に関する法律その他の法令に基づき、入院時生活療養に要する費用につき、当該基準と異なる基準が定められている場合にあっては、当該法令に基づき定められている基準により算定される金額）	

| 資産の譲渡等を受ける者の選定に係る次に掲げる資産の譲渡等（平成18年厚生労働省告示第495号第2条（選定療養））
① 特別の療養環境の提供
② 予約に基づく診察
③ 保険医療機関が表示する診療時間以外の時間における診察
④ 病床数が200以上の病院について受けた初診（他の病院又は診療所からの文書による紹介がある場合及び緊急その他やむを得ない事情がある場合に受けたものを除きます。）
⑤ 病床数が200以上の病院について受けた再診（当該病院が他の病院（病床数が200未満のものに限ります。）又は診療所に対して文書による紹介を行う旨の申出を行っていない場合及び緊急その他やむを得ない事情がある場合に受けたものを除きます。）
⑥ 診療報酬の算定方法（平成20年厚生労働省告示第59号）に規定する回数を超えて受けた診療であって別に厚生労働大臣が定めるもの
⑦ 別に厚生労働大臣が定める方法により計算した入院期間が180日を超えた日以後の入院及びその療養に伴う世話その他の看護（別に厚生労働大臣が定める状態等にある者の入院及びその療養に伴う世話その他の看護を除きます。）
⑧ 前歯部の鋳造歯冠修復に使用する金合金又は白金加金の支給
⑨ 金属床による総義歯の提供
⑩ 齲蝕に罹患している患者（齲蝕多発傾向を有しないものに限ります。）であって継続的な指導管理を要するものに対する指導管理 | 健康保険法第86条第2項第1号（保険外併用療養費）の規定に基づき厚生労働大臣が定めるところにより算定される金額（高齢者の医療の確保に関する法律の規定に基づく保険外併用療養費の支給に係る療養にあっては同法第76条第2項第1号（保険外併用療養費）の規定に基づき厚生労働大臣が定める基準により算定される金額、公害健康被害の補償等に関する法律の規定に基づく療養の給付及び療養費の支給に係る療養にあっては当該療養に要する費用の額として同法第22条の規定に基づき環境大臣が定めるところにより算定される金額） | → |

事例9 〈医療の給付等に係る課否判定〉

1	医薬品等の給付 医薬品又は医療用具の給付を行った。
判定	医薬品又は医療用具の給付であっても健康保険法、国民健康保険法等の規定に基づく療養、医療若しくは施設療養又はこれらに類するものとしての資産の譲渡等であれば非課税となりますが、それ以外の場合は消費税は課税となります。
2	健康保険法に基づく一部負担金 健康保険法に基づく療養に関して、被保険者から一部負担金を受け取った。
判定	健康保険法等の規定に基づく入院時生活療養費、保険外併用療養費、医療費等の支給に係る療養は非課税となりますが、これには被保険者又は被保険者の家族の療養に際し、被保険者が負担する一部負担金に係る療養費も含まれますから、当該一部負担金も非課税となります。 ただし、差額ベッド料など健康保険法第85条第2項の規定に基づき厚生労働大臣が定めるところにより算定される金額を超える部分に該当するものは消費税の課税の対象となります。

7　社会福祉事業等

（法別表第一第7号、令14の2、令14の3、基通6-7-1、基通6-7-10）

社会福祉事業等に関する資産の譲渡等で非課税になるものは次のとおりです。
ただし、6の「医療の給付等」に該当するものは6によります。

| 介護保険法に基づく居宅サービス・施設サービス | 介護保険法の規定に基づく居宅介護サービス費の支給に係る居宅サービス、施設介護サービス費の支給に係る施設サービスその他次に掲げる資産の譲渡等
イ　介護保険法第8条第2項から第11項まで《定義》に規定する訪問介護、訪問入浴介護、訪問看護、訪問リハビリテーション、居宅療養管理指導、通所介護、通所リハビリテーション、短期入所生活介護、短期入所療養介護及び特定施設入居者生活介護（以下において「訪問介護等」といい、特別の居室の提供その他の財務大臣が指定する資産の譲渡等を除きます。）
ロ　介護保険法の規定に基づく特例居宅介護サービス費の支給に係る訪問介護等又はこれに相当するサービス
ハ　介護保険法の規定に基づく地域密着型介護サービス費の支給に係る同法第8条第15項から第22項までに規定する定期巡回・随時対応型訪問介護看護、夜間対応型訪問介護、認知症対応型通所介護、小規模多機能型居宅介護、認知症対応型共同生活介護、地域密着型特定施設入居者生活介護、地域密着型介護老人福祉施設入所者生活介護及び複合型サービス（ニ及びカにおいて「定期巡回・随時対応型訪問介護看護等」といいます。）
ニ　介護保険法の規定に基づく特例地域密着型介護サービス費の支給に係る定期巡回・随時対応型訪問介護看護等又はこれに相当するサービス
ホ　介護保険法の規定に基づく特例施設介護サービス費の支給に係る施設サービス及び健康保険法等の一部を改正する法律附則第130条の2第1項《健康保険法等の一部改正に伴う経過措置》の規定によりなおその効力を有するものとされる同法第26条の規定による改正前の介護保険法の規定に基づく施設介護サービス費又は特例施設介護サービス費の支給に係る介護療養施設サービス
ヘ　介護保険法の規定に基づく介護予防サービス費の支給に係る同法第8条の2第2項から第11項まで《定義》に規定する介護予防訪問介護、介護予防訪問入浴介護、介護予防訪問看護、介護予防訪問リハビリテーション、介護予防居宅療養管理指導、介護予防通所介護、介護予防通所リハビリテーション、介護予防短期入所生活介護、介護予防短期入所療養介護及び介護予防特定施設入居者生活介護（ト及びカにおいて「介護予防訪問介護等」といいます。）
ト　介護保険法の規定に基づく特例介護予防サービス費の支給に係る介護予防訪問介護等又はこれに相当するサービス
チ　介護保険法の規定に基づく地域密着型介護予防サービス費の支給に係る同法第8条の2第15項から第17項までに規定する介護予防認知症対応型通所介護、介護予防小規模多機能型居宅介護及び介護予防認知症対応型共同生活介護（リ及びカにおいて「介護予防認知症対応型通所介護等」といいます。） | 非課税 |

| 介護保険法に基づく居宅サービス・施設サービス | リ　介護保険法の規定に基づく特例地域密着型介護予防サービス費の支給に係る介護予防認知症対応型通所介護等又はこれに相当するサービス
ヌ　介護保険法の規定に基づく居宅介護サービス計画費の支給に係る居宅介護支援及び同法の規定に基づく介護予防サービス計画費の支給に係る介護予防支援
ル　介護保険法の規定に基づく特例居宅介護サービス計画費の支給に係る居宅介護支援又はこれに相当するサービス及び同法の規定に基づく特例介護予防サービス計画費の支給に係る介護予防支援又はこれに相当するサービス
ヲ　介護保険法の規定に基づく市町村特別給付として行われる資産の譲渡等（訪問介護等に類するものとして厚生労働大臣が財務大臣と協議して指定するものに限ります。）
ワ　介護保険法の規定に基づく地域支援事業として要支援者又はこれに類する者に対して行われる介護予防・日常生活支援総合事業に係る資産の譲渡等（介護予防サービス又は地域密着型介護予防サービスのうち市町村が定めるものその他の厚生労働大臣が財務大臣と協議して指定するものに限ります。）
カ　生活保護法又は中国残留邦人等の円滑な帰国の促進及び永住帰国後の自立の支援に関する法律（中国残留邦人等の円滑な帰国の促進及び永住帰国後の自立の支援に関する法律の一部を改正する法律附則第4条第2項《施行前死亡者の配偶者に対する支援給付の実施》において準用する場合を含みます。）の規定に基づく介護扶助又は介護支援給付のための居宅介護（訪問介護等及び定期巡回・随時対応型訪問介護看護等（ハに規定する地域密着型介護老人福祉施設入所者生活介護を除きます。）並びにこれらに相当するサービス（厚生労働大臣が財務大臣と協議して指定するものに限ります。）に限ります。）、施設介護及び介護予防（介護予防訪問介護等及び介護予防認知症対応型通所介護等並びにこれらに相当するサービス（厚生労働大臣が財務大臣と協議して指定するものに限ります。）に限ります。）並びに健康保険法等の一部を改正する法律附則第130条の2第1項の規定によりなおその効力を有するものとされる同法附則第91条《生活保護法の一部改正》の規定による改正前の生活保護法の規定に基づく介護扶助のための介護（同条の規定による改正前の生活保護法第15条の2第1項第4号《介護扶助》に掲げる施設介護のうち同条第4項に規定する介護療養施設サービスに限ります。） | 非課税 |
| | 居宅サービスのうち次に掲げるもの（平成12年大蔵省告示第27号）
イ　介護保険法に規定する訪問介護のうち指定居宅サービス等の事業の人員、設備及び運営に関する基準(平成11年厚生省令第37号。以下「基準省令」といいます。)第20条第3項《利用料等の受領》に規定する交通費を対価とする資産の譲渡等
ロ　介護保険法に規定する訪問入浴介護のうち基準省令第48条第3項第1号《利用料等の受領》に規定する交通費を対価とする資産の譲渡等及び同項第2号に掲げる特別な浴槽水等の提供
ハ　介護保険法に規定する訪問看護のうち基準省令第66条第3項《利用 | 課税 |

介護保険法に基づく居宅サービス・施設サービス	料等の受領）に規定する交通費を対価とする資産の譲渡等 ニ　介護保険法に規定する訪問リハビリテーションのうち基準省令第78条第3項《利用料等の受領》に規定する交通費を対価とする資産の譲渡等 ホ　介護保険法に規定する通所介護のうち基準省令第96条第3項第1号《利用料等の受領》に掲げる送迎 ヘ　介護保険法に規定する通所リハビリテーションのうち基準省令第119条《準用》の規定により準用される同令第96条第3項第1号に掲げる送迎 ト　介護保険法に規定する短期入所生活介護のうち基準省令第127条第3項第3号から第5号まで《利用料等の受領》に掲げる特別な居室の提供、特別な食事の提供及び送迎並びに第140条の6第3項第3号から5号まで《利用料等の受領》に掲げる特別な居室の提供、特別な食事の提供及び送迎 チ　介護保険法に規定する短期入所療養介護のうち基準省令第145条第3項第3号から5号まで《利用料等の受領》に掲げる特別な療養室等の提供、特別な食事の提供及び送迎並びに第155条の5第3項第3号から第5号まで《利用料等の受領》に掲げる特別な療養室等の提供、特別な食事の提供及び送迎 リ　介護保険法に規定する特定施設入居者生活介護のうち基準省令第182条第3項第1号《利用料等の受領》に掲げる費用を対価とする資産の譲渡等 施設サービスのうち次に掲げるもの（同告示） イ　介護保険法に規定する介護福祉施設サービスのうち指定介護老人福祉施設の人員、設備及び運営に関する基準（平成11年厚生省令第39号）第9条第3項第3号及び第4号《利用料等の受領》に掲げる特別な居室の提供及び特別な食事の提供並びに第41条第3項第3号及び第4号《利用料等の受領》に掲げる特別な居室の提供及び特別な食事の提供 ロ　介護保険法に規定する介護保健施設サービスのうち介護老人保健施設の人員、施設及び設備並びに運営に関する基準（平成11年厚生省令第40号）第11条第3項第3号及び第4号《利用料等の受領》に掲げる特別な療養室の提供及び特別な食事の提供並びに第42条第3項第3号及び第4号《利用料等の受領》に掲げる特別な療養室の提供及び特別な食事の提供 ハ　介護保険法に規定する介護療養施設サービスのうち指定介護療養型医療施設の人員、設備及び運営に関する基準（平成11年厚生省令第41号）第12条第3項第3号及び第4号《利用料等の受領》に掲げる特別な病室の提供及び特別な食事の提供並びに第42条第3項第3号及び第4号《利用料等の受領》に掲げる特別な療養室の提供及び特別な食事の提供	課税
その他の社会福祉事業等	①　社会福祉法第2条《定義》に規定する社会福祉事業及び更生保護事業法第2条第1項《定義》に規定する更生保護事業として行われる資産の譲渡等 　　※　社会福祉法第2条に規定する社会福祉事業の内容については48ページ「《参考》社会福祉法上の社会福祉関係の非課税範囲」を参照	非課税

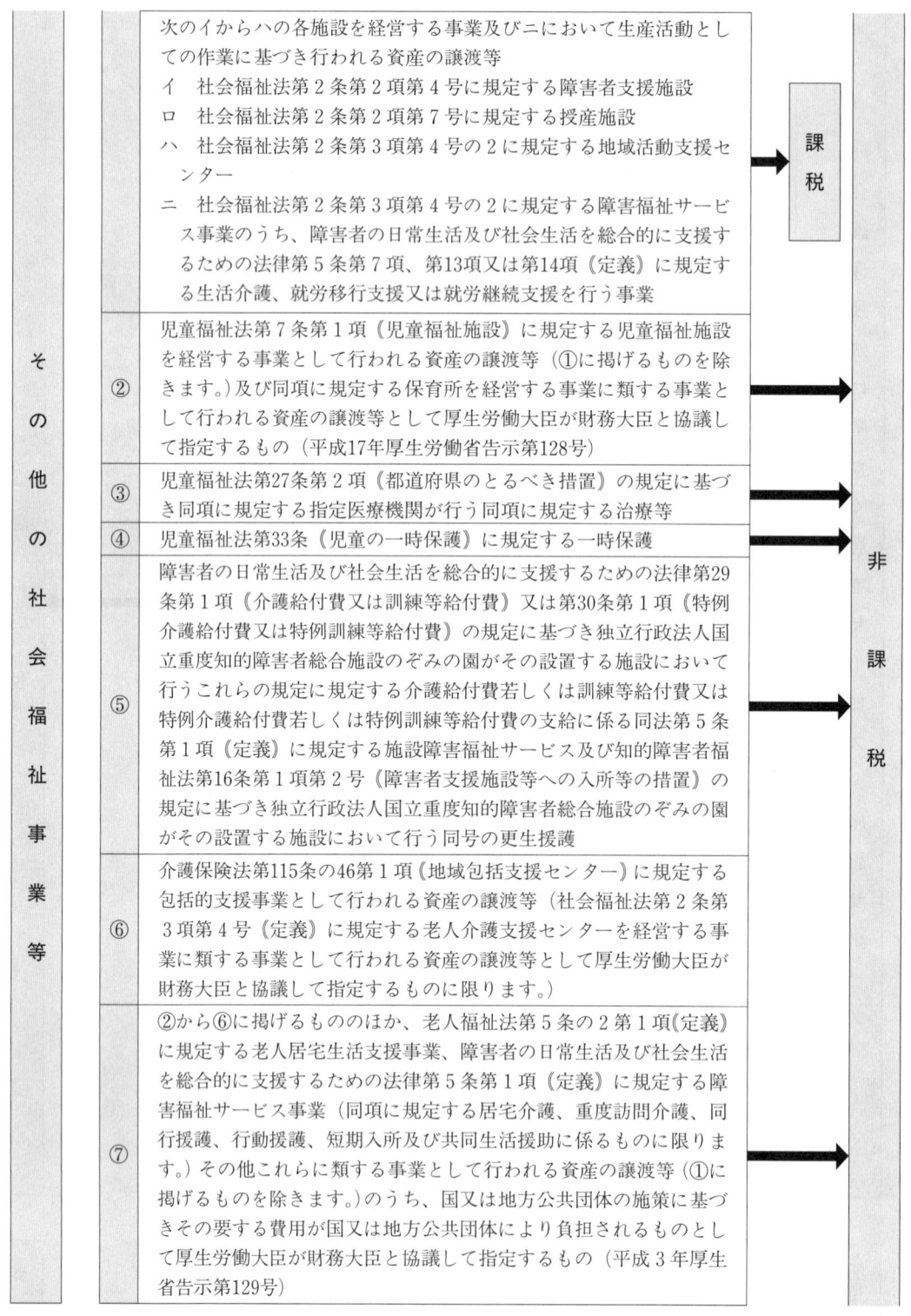

そ の 他 の 社 会 福 祉 事 業 等	①	次のイからハの各施設を経営する事業及びニにおいて生産活動としての作業に基づき行われる資産の譲渡等 イ 社会福祉法第2条第2項第4号に規定する障害者支援施設 ロ 社会福祉法第2条第2項第7号に規定する授産施設 ハ 社会福祉法第2条第3項第4号の2に規定する地域活動支援センター ニ 社会福祉法第2条第3項第4号の2に規定する障害福祉サービス事業のうち、障害者の日常生活及び社会生活を総合的に支援するための法律第5条第7項、第13項又は第14項（定義）に規定する生活介護、就労移行支援又は就労継続支援を行う事業	課税
	②	児童福祉法第7条第1項（児童福祉施設）に規定する児童福祉施設を経営する事業として行われる資産の譲渡等（①に掲げるものを除きます。）及び同項に規定する保育所を経営する事業に類する事業として行われる資産の譲渡等として厚生労働大臣が財務大臣と協議して指定するもの（平成17年厚生労働省告示第128号）	非課税
	③	児童福祉法第27条第2項（都道府県のとるべき措置）の規定に基づき同項に規定する指定医療機関が行う同項に規定する治療等	
	④	児童福祉法第33条（児童の一時保護）に規定する一時保護	
	⑤	障害者の日常生活及び社会生活を総合的に支援するための法律第29条第1項（介護給付費又は訓練等給付費）又は第30条第1項（特例介護給付費又は特例訓練等給付費）の規定に基づき独立行政法人国立重度知的障害者総合施設のぞみの園がその設置する施設において行うこれらの規定に規定する介護給付費若しくは訓練等給付費又は特例介護給付費若しくは特例訓練等給付費の支給に係る同法第5条第1項（定義）に規定する施設障害福祉サービス及び知的障害者福祉法第16条第1項第2号（障害者支援施設等への入所等の措置）の規定に基づき独立行政法人国立重度知的障害者総合施設のぞみの園がその設置する施設において行う同号の更生援護	
	⑥	介護保険法第115条の46第1項（地域包括支援センター）に規定する包括的支援事業として行われる資産の譲渡等（社会福祉法第2条第3項第4号（定義）に規定する老人介護支援センターを経営する事業に類する事業として行われる資産の譲渡等として厚生労働大臣が財務大臣と協議して指定するものに限ります。）	
	⑦	②から⑥に掲げるもののほか、老人福祉法第5条の2第1項（定義）に規定する老人居宅生活支援事業、障害者の日常生活及び社会生活を総合的に支援するための法律第5条第1項（定義）に規定する障害福祉サービス事業（同項に規定する居宅介護、重度訪問介護、同行援護、行動援護、短期入所及び共同生活援助に係るものに限ります。）その他これらに類する事業として行われる資産の譲渡等（①に掲げるものを除きます。）のうち、国又は地方公共団体の施策に基づきその要する費用が国又は地方公共団体により負担されるものとして厚生労働大臣が財務大臣と協議して指定するもの（平成3年厚生省告示第129号）	

※ 平成26年3月の消費税法施行令の改正により「子ども・子育て支援法の規定に基づく施設型給付費、特例施設型給付費、地域型保育給付費又は特例地域型保育給付費の支給に係る事業として行われる資産の譲渡等（消費税法別表第一第7号ロ及び第11号イ並びに消費税法施行令第14条の3第1号に掲げるも

のを除きます。)」が非課税の対象となります。
　この改正は、「社会保障の安定財源の確保等を図る税制の抜本的な改革を行うための消費税法の一部を改正する等の法律」附則第1条第2号に掲げる規定の施行日の属する年の翌年4月1日までの間において政令で定める日から施行されます。

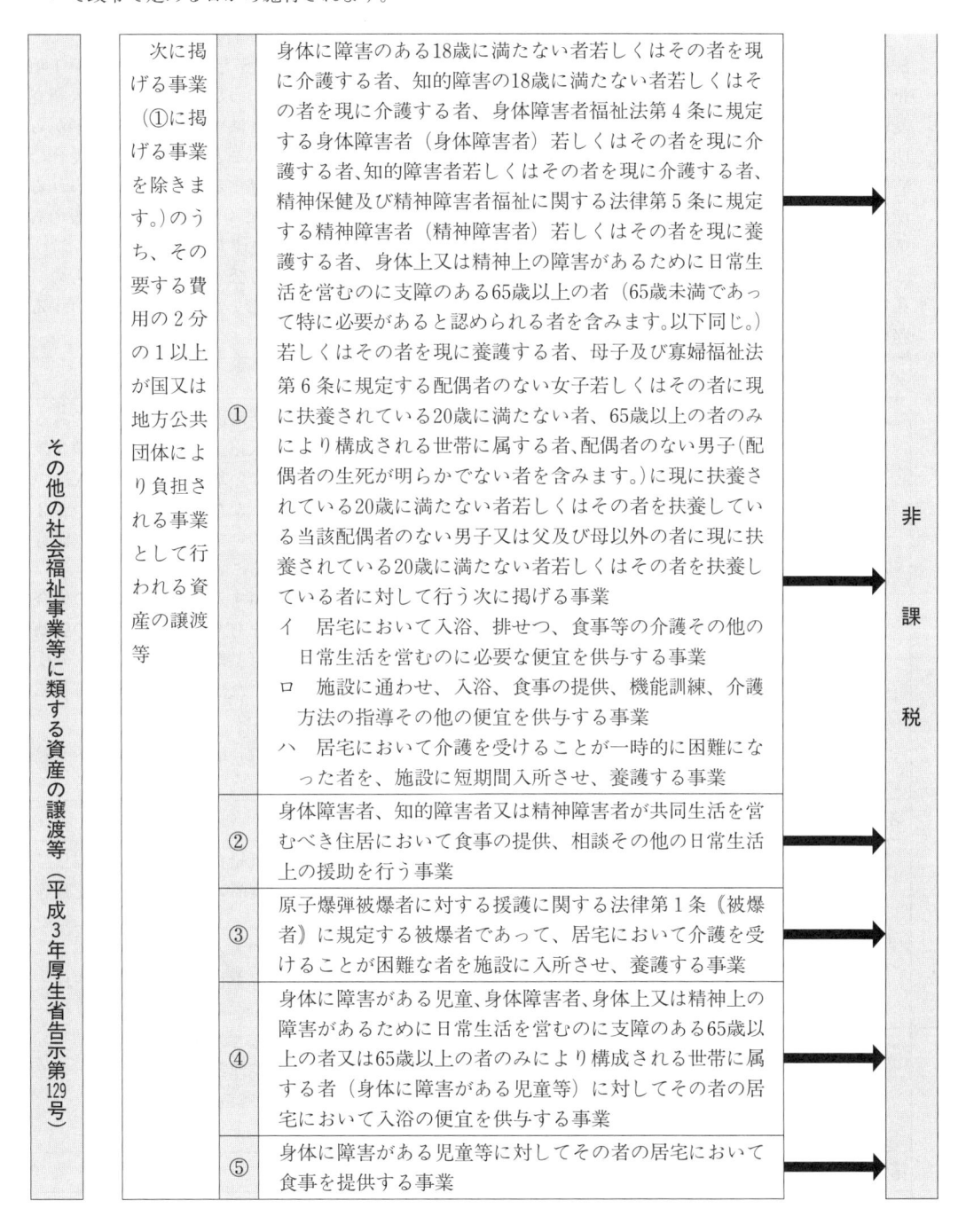

その他の社会福祉事業等に類する資産の譲渡等（平成3年厚生省告示第129号）	次に掲げる事業（①に掲げる事業を除きます。)のうち、その要する費用の2分の1以上が国又は地方公共団体により負担される事業として行われる資産の譲渡等	①	身体に障害のある18歳に満たない者若しくはその者を現に介護する者、知的障害の18歳に満たない者若しくはその者を現に介護する者、身体障害者福祉法第4条に規定する身体障害者（身体障害者）若しくはその者を現に介護する者、知的障害者若しくはその者を現に介護する者、精神保健及び精神障害者福祉に関する法律第5条に規定する精神障害者（精神障害者）若しくはその者を現に養護する者、身体上又は精神上の障害があるために日常生活を営むのに支障のある65歳以上の者（65歳未満であって特に必要があると認められる者を含みます。以下同じ。）若しくはその者を現に養護する者、母子及び寡婦福祉法第6条に規定する配偶者のない女子若しくはその者に現に扶養されている20歳に満たない者、65歳以上の者のみにより構成される世帯に属する者、配偶者のない男子（配偶者の生死が明らかでない者を含みます。）に現に扶養されている20歳に満たない者若しくはその者を扶養している当該配偶者のない男子又は父及び母以外の者に現に扶養されている20歳に満たない者若しくはその者を扶養している者に対して行う次に掲げる事業 イ　居宅において入浴、排せつ、食事等の介護その他の日常生活を営むのに必要な便宜を供与する事業 ロ　施設に通わせ、入浴、食事の提供、機能訓練、介護方法の指導その他の便宜を供与する事業 ハ　居宅において介護を受けることが一時的に困難になった者を、施設に短期間入所させ、養護する事業	非課税
		②	身体障害者、知的障害者又は精神障害者が共同生活を営むべき住居において食事の提供、相談その他の日常生活上の援助を行う事業	
		③	原子爆弾被爆者に対する援護に関する法律第1条《被爆者》に規定する被爆者であって、居宅において介護を受けることが困難な者を施設に入所させ、養護する事業	
		④	身体に障害がある児童、身体障害者、身体上又は精神上の障害があるために日常生活を営むのに支障のある65歳以上の者又は65歳以上の者のみにより構成される世帯に属する者（身体に障害がある児童等）に対してその者の居宅において入浴の便宜を供与する事業	
		⑤	身体に障害がある児童等に対してその者の居宅において食事を提供する事業	

＜参考＞　保育所を経営する事業に類する事業として行われる資産の譲渡等を指定する告示
（平成17年厚生労働省告示第128号）
　消費税法施行令第14条の３第１号の規定に基づき厚生労働大臣が指定する保育所を経営する事業に類する事業として行われる資産の譲渡等

　児童福祉法（昭和22年法律第164号）第59条の２第１項の規定による届出が行われた施設であって、同法第59条第１項の規定に基づく都道府県知事（地方自治法（昭和22年法律第67号）第252条の19第１項の指定都市又は同法第252条の22第１項の中核市にあっては、それぞれその長。以下同じ。）の立入調査を受け、次の第一から第九までに掲げる事項を満たし、当該満たしていることにつき都道府県知事から証明書の交付を受けているもの（当該都道府県知事から当該証明書を返還することを求められた場合の当該施設を除く。）において、乳児又は幼児（以下「乳幼児」という。）を保育する業務として行われる資産の譲渡等及び児童福祉法施行規則（昭和23年厚生省令第11号）第49条の２第４号に規定する施設であって、就学前の子どもに関する教育、保育等の総合的な提供の推進に関する法律（平成18年法律第77号）第３条第３項の規定による認定を受けているもの又は同条第５項の規定による公示がされているもの（同条第１項の条例で定める要件に適合していると認められるものを除く。）において、乳幼児を保育する業務として行われる資産の譲渡等

第一　保育に従事する者の数及び資格
１　保育に従事する者の数は、施設の主たる開所時間である11時間（開所時間が11時間以内である場合にあっては、当該開所時間）について、乳児おおむね３人につき１人以上、満１歳以上満３歳に満たない幼児おおむね６人につき１人以上、満３歳以上満４歳に満たない幼児おおむね20人につき１人以上、満４歳以上の幼児おおむね30人につき１人以上であること。ただし、施設１につき２人以上であること。また、主たる開所時間である11時間以外の時間帯については、常時２人（保育されている乳幼児の数が１人である時間帯にあっては、１人）以上であること。 　２　保育に従事する者のうち、その総数のおおむね３分の１（保育に従事する者が２人以下の場合にあっては、１人）以上に相当する数の者が、保育士又は看護師の資格を有する者（少人数の乳幼児を保育する施設等にあっては、幼稚園教諭免許状を有する者又は都道府県等が実施する研修の受講者等で、都道府県知事が当該施設の保育の実態を勘案して保育士に準じた専門性や経験を有していると認めた場合のこれらの者を含む。）であること。 　３　保育士でない者について、保育士、保母、保父その他これらに紛らわしい名称が用いられていないこと。
第二　保育室等の構造、設備及び面積
１　乳幼児の保育を行う部屋（以下「保育室」という。）のほか、調理室（給食を施設外で調理している場合、乳幼児が家庭からの弁当の持参している場合等にあっては、食品の加熱、保存、配膳等のために必要な調理機能を有する設備。以下同じ。）及び便所があること。 　２　保育室の面積は、乳幼児１人当たりおおむね1.65平方メートル以上であること。 　３　おおむね１歳未満の乳幼児の保育を行う場所は、その他の幼児の保育を行う場所と区画され、かつ、安全性が確保されていること。 　４　保育室は、採光及び換気が確保され、かつ、安全性が確保されていること。 　５　便所用の手洗設備が設けられているとともに、便所は、保育室及び調理室と区画され、かつ、乳幼児が安全に使用できるものであること。 　６　便器の数は、幼児おおむね20人につき１以上であること。
第三　非常災害に対する措置
１　消火用具、非常口その他非常災害に際して必要な設備が設けられていること。 　２　非常災害に対する具体的計画が立てられているとともに、非常災害に備えた定期的な訓練が実施されていること。

第四 保育室を2階以上に設ける場合の設備等

1 保育室を2階に設ける建物は、保育室その他の乳幼児が出入りし又は通行する場所に乳幼児の転落事故を防止する設備が設けられていること。なお、当該建物が次のイ及びロのいずれも満たさないものである場合にあっては、第三に掲げる設備の設置及び訓練の実施を行うことに特に留意されていること。

イ 建築基準法(昭和25年法律第201号)第2条第9号の2に規定する耐火建築物又は同条第9号の3に規定する準耐火建築物(同号ロに該当するものを除く。)であること。

ロ 次の表の左欄の(い)及び(ろ)の別に、同表の右欄に掲げる設備(乳幼児の避難に適した構造のものに限る。)のいずれかが、1以上設けられていること。

(い)	1 屋内階段 2 屋外階段
(ろ)	1 建築基準法施行令(昭和25年政令第338号)第123条第1項に規定する構造の屋内避難階段又は同条第3項に規定する構造の屋内特別避難階段 2 待避上有効なバルコニー 3 建築基準法第2条第7号の2に規定する準耐火構造の屋外傾斜路又はこれに準ずる設備 4 屋外階段

2 保育室を3階以上に設ける建物は、次のイからトまでに該当するものであること。

イ 建築基準法第2条第9号の2に規定する耐火建築物であること。

ロ 次の表の左欄に掲げる保育室の階の区分に応じ、同表の中欄の(い)及び(ろ)の別に、同表の右欄に掲げる設備(乳幼児の避難に適した構造のものに限る。)のいずれかが、1以上設けられていること。この場合において、当該設備は、いずれも避難上有効な位置に保育室の各部分から当該設備までの歩行距離が30メートル以内となるように設けられていること。

3階	(い)	1 建築基準法施行令第123条第1項に規定する構造の屋内避難階段又は同条第3項に規定する構造の屋内特別避難階段 2 屋外階段
	(ろ)	1 建築基準法施行令第123条第1項に規定する構造の屋内避難階段又は同条第3項に規定する構造の屋内特別避難階段 2 建築基準法第2条第7号に規定する耐火構造の屋外傾斜路又はこれに準ずる設備 3 屋外階段
4階以上	(い)	1 建築基準法施行令第123条第1項に規定する構造の屋内避難階段又は同条第3項に規定する構造の屋内特別避難階段 2 建築基準法施行令第123条第2項に規定する構造の屋外階段
	(ろ)	建築基準法施行令第123条第2項に規定する構造の屋外階段

ハ 調理室と調理室以外の部分とが建築基準法第2条第7号に規定する耐火構造の床若しくは壁又は建築基準法施行令第112条第1項に規定する特定防火設備によって区画されており、また、換気、暖房又は冷房の設備の風道の当該床若しくは壁を貫通する部分がある場合には、当該部分又はこれに近接する部分に防火上有効なダンパー(煙の排出量及び空気の流量を調節するための装置をいう。)が設けられていること。ただし、次のいずれかに該当する場合においては、この限りでない。

(1) 調理室にスプリンクラー設備その他これに類するもので自動式のものが設けられていること。

(2) 調理室に調理用器具の種類に応じた有効な自動消火装置が設けられ、かつ、当該調理室の外

部への延焼を防止するために必要な措置が講じられていること。
　ニ　壁及び天井の室内に面する部分の仕上げが不燃材料でなされていること。
　ホ　保育室その他乳幼児が出入りし又は通行する場所に乳幼児の転落事故を防止する設備が設けられていること。
　ヘ　非常警報器具又は非常警報設備及び消防機関へ火災を通報する設備が設けられていること。
　ト　カーテン、敷物、建具等で可燃性のものについて防炎処理が施されていること。

| 第五 | 保育の内容等 |

1　保育の内容
　イ　乳幼児1人1人の心身の発育や発達の状況を把握し、保育内容が工夫されていること。
　ロ　乳幼児が安全で清潔な環境の中で、遊び、運動、睡眠等がバランスよく組み合わされた健康的な生活リズムが保たれるように、十分に配慮がなされた保育の計画が定められていること。
　ハ　乳幼児の生活リズムに沿ったカリキュラムが設定され、かつ、それが実施されていること。
　ニ　乳幼児に対し漫然とテレビやビデオを見せ続ける等、乳幼児への関わりが少ない放任的な保育内容でないこと。
　ホ　必要な遊具、保育用品等が備えられていること。
2　保育に従事する者の保育姿勢等
　イ　乳幼児の最善の利益を考慮し、保育サービスを実施する者として適切な姿勢であること。特に、施設の運営管理の任にあたる施設長については、その職責にかんがみ、資質の向上及び適格性の確保が図られていること。
　ロ　保育に従事する者が厚生労働省雇用均等・児童家庭局長の定める保育所保育指針を理解する機会を設ける等、保育に従事する者の人間性及び専門性の向上が図られていること。
　ハ　乳幼児に身体的苦痛を与えること、人格を辱めること等がないよう、乳幼児の人権に十分配慮されていること。
　ニ　乳幼児の身体、保育中の様子又は家族の態度等から虐待等不適切な養育が行われていることが疑われる場合には児童相談所その他の専門的機関と連携する等の体制がとられていること。
3　保護者との連絡等
　イ　保護者と密接な連絡を取り、その意向を考慮した保育が行われていること。
　ロ　緊急時における保護者との連絡体制が整備されていること。
　ハ　保護者や施設において提供されるサービスを利用しようとする者等から保育の様子や施設の状況を確認したい旨の要望があった場合には、乳幼児の安全確保等に配慮しつつ、保育室等の見学に応じる等適切に対応されていること。

| 第六 | 給食 |

1　衛生管理の状況
　調理室、調理器具、配膳器具、食器等の衛生管理が適切に行われていること。
2　食事内容等の状況
　イ　乳幼児の年齢や発達、健康状態（アレルギー疾患等の状態を含む。）等に配慮した食事内容とされていること。
　ロ　調理があらかじめ作成した献立に従って行われていること。

| 第七 | 健康管理及び安全確保 |

1　乳幼児の健康状態の観察
　乳幼児1人1人の健康状態の観察が乳幼児の登園及び降園の際に行われていること。
2　乳幼児の発育状態の観察
　身長及び体重の測定等基本的な発育状態の観察が毎月定期的に行われていること。
3　乳幼児の健康診断
　継続して保育している乳幼児の健康診断が入所時及び1年に2回実施されていること。

	4　職員の健康診断 　イ　職員の健康診断が採用時及び１年に１回実施されていること。 　ロ　調理に携わる職員の検便が、おおむね１月に１回実施されていること。 5　医薬品等の整備 　必要な医薬品、医療用品等が備えられていること。 6　感染症への対応 　乳幼児が感染症にかかっていることが分かった場合には、かかりつけ医の指示に従うよう保護者に対し指示が行われていること。 7　乳幼児突然死症候群の予防 　イ　睡眠中の児童の顔色や呼吸の状態のきめ細かい観察が行われていること。 　ロ　乳児を寝かせる場合には仰向けに寝かせることとされていること。 　ハ　保育室での禁煙が厳守されていること。 8　安全確保 　イ　乳幼児の安全確保に配慮した保育の実施が行われていること。 　ロ　事故防止の観点から、施設内の危険な場所、設備等について適切な安全管理が図られていること。 　ハ　不審者の施設への立入防止等の対策や緊急時における乳幼児の安全を確保する体制が整備されていること。
第八　利用者への情報提供	
	1　施設において提供される保育サービスの内容が、当該保育サービスを利用しようとする者の見やすいところに掲示されていること。 2　施設において提供される保育サービスの利用に関する契約が成立したときは、その利用者に対し、当該契約の内容を記載した書面の交付が行われていること。 3　施設において提供される保育サービスを利用しようとする者から利用の申込みがあったときは、その者に対し、当該保育サービスの利用に関する契約の内容等についての説明が行われていること。
第九　帳簿の備付け	
	職員及び保育している乳幼児の状況を明らかにする帳簿が整備されていること。

<参考> 社会福祉法上の社会福祉関係の非課税範囲（基通6－7－5）

	第一種社会福祉事業	第二種社会福祉事業
生活保護法	救護施設、更生施設その他生計困難者を無料又は低額な料金で入所させて生活の扶助を行うことを目的とする施設を経営する事業及び生計困難者に対して助葬を行う事業	————
児童福祉法	乳児院、母子生活支援施設、児童養護施設、障害児入所施設、情緒障害児短期治療施設又は児童自立支援施設を経営する事業	障害児通所支援事業、障害児相談支援事業、児童自立生活援助事業、放課後児童健全育成事業、子育て短期支援事業、乳児家庭全戸訪問事業、養育支援訪問事業、地域子育て支援拠点事業、一時預かり事業又は小規模住居型児童養育事業、助産施設、保育所、児童厚生施設又は児童家庭支援センターを経営する事業及び児童の福祉の増進について相談に応ずる事業
老人福祉法	養護老人ホーム、特別養護老人ホーム又は軽費老人ホームを経営する事業	老人居宅介護等事業、老人デイサービス事業、老人短期入所事業、小規模多機能型居宅介護事業、認知症対応型老人共同生活援助事業又は複合型サービス福祉事業及び老人デイサービスセンター、老人短期入所施設、老人福祉センター又は老人介護支援センターを経営する事業
障害者の日常生活及び社会生活を総合的に支援するための法律	障害者支援施設を経営する事業（障害者支援施設を経営する事業において生産活動としての作業に基づき行われる資産の譲渡等を除きます。）	障害福祉サービス事業、一般相談支援事業、特定相談支援事業又は移動支援事業及び地域活動支援センター又は福祉ホームを経営する事業（障害福祉サービス事業（生活介護、就労移行支援又は就労継続支援を行う事業に限ります。）又は地域活動支援センターを経営する事業において生産活動としての作業に基づき行われる資産の譲渡等を除きます。）
身体障害者福祉法	————	身体障害者生活訓練等事業、手話通訳事業又は介助犬訓練事業若しくは聴導犬訓練事業、身体障害者福祉センター、補装具製作施設、盲導犬訓練施設又は視聴覚障害者情報提供施設を経営する事業及び身体障害者の更生相談に応ずる事業

知的障害者福祉法	――――――	知的障害者の更生相談に応ずる事業
売春防止法	婦人保護施設を経営する事業	――――――
母子及び寡婦福祉法	――――――	母子家庭等日常生活支援事業又は寡婦日常生活支援事業及び母子福祉施設を経営する事業
その他	授産施設を経営する事業及び生計困難者に対して無利子又は低利で資金を融通する事業（授産施設を経営する事業において生産活動としての作業に基づき行われる資産の譲渡等を除きます。）	・生計困難者に対して、その住居で衣食その他日常の生活必需品若しくはこれに要する金銭を与え、又は生活に関する相談に応ずる事業 ・生計困難者のために、無料又は低額な料金で、簡易住宅を貸し付け、又は宿泊所その他の施設を利用させる事業 ・生計困難者のために、無料又は低額な料金で診療を行う事業 ・生計困難者に対して、無料又は低額な費用で介護保険法に規定する介護老人保健施設を利用させる事業 ・隣保事業 ・福祉サービス利用援助事業 ・第一種及び第二種社会福祉事業に関する連絡又は助成を行う事業

8　助産関係（法別表第一第8号）

助産に係る役務の提供に関して非課税となるものは、次のとおりです。

ただし、6の「医療の給付等」又は7の「社会福祉事業等」の①の規定に該当するものは、それぞれ、6及び7によることになります。

| 助産関係 | ・医師、助産師その他医療に関する施設の開設者による助産に係る資産の譲渡等
イ　妊娠しているか否かの検査
ロ　妊娠していることが判明した時以降の検診、入院
ハ　分娩の介助
ニ　出産の日以後2か月以内に行われる母体の回復検診
ホ　新生児に係る検診及び入院 | ➡ | 非課税 |

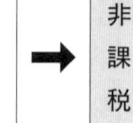

事例10　〈助産に係る課否判定〉

1	助産に係る差額ベッド料① 妊娠中毒症や切迫流産等のための妊娠中の入院について、差額ベッド料を収受した。
判定	妊娠中の入院については、妊娠中毒症や切迫流産などで産婦人科医が必要と認めたもの及びその他の疾病（骨折等）による入院のうち産婦人科医が共同して管理する間の入院は、助産に係る資産の譲渡等に該当します。 　ところで、助産に係る非課税規定は「6　医療の給付等」に係る非課税規定のように、いわゆる差額ベッド料や特別給食費、大学病院等の初診料などを非課税から除外することにはなっていませんから、助産に係る差額ベッド料なども非課税となります。
2	助産に係る差額ベッド料② 異常分娩のための出産後の入院について、差額ベッド料を収受した。
判定	出産後の入院のうち、産婦人科医が必要と認めた入院及び他の疾病による入院のうち産婦人科医が共同して管理する間については、出産の日から1か月を限度として、助産に係る資産の譲渡等に該当しますので差額ベッド料は非課税となります。

9　埋葬、火葬関係（法別表第一第9号）

埋葬、火葬に関して非課税となるものは次のとおりです。

| 埋葬、火葬関係 | 墓地、埋葬等に関する法律第2条第1項に規定する埋葬に係る埋葬料又は同条第2項に規定する火葬に係る火葬料を対価とする役務の提供 | ➡ | 非課税 |

事例11　〈埋葬・火葬に係る課否判定〉

葬儀業者が収受する葬儀代 　葬儀業者が収受する葬儀代は非課税となるか。
判定　　埋葬及び火葬に関しての埋葬料及び火葬料は非課税となりますが、葬儀業に係る役務の提供は非課税とはなりません。 　なお、葬儀業者が火葬場等に支払う「火葬料」や「埋葬料」を葬儀代金とは区分して領収し、預り金、仮受金等として処理している場合は、その区分した火葬料等は、葬儀業者においては資産の譲渡等の対価には該当しないことになります。

10　身体障害者用物品（法別表第一第10号、令14の4、平成3年厚生省告示第130号・最終改正平成26年3月31日厚生労働省告示第162号）

身体障害者用物品に関して非課税となるものは次のとおりです。

| 身体障害者用物品 | ① 次表各号の身体障害者用物品の譲渡、貸付け及び製作の請負
② 次表第1号から第20号までに掲げるものに係る修理、第37号に掲げる補助手段に係る修理及び第38号に掲げる車椅子等昇降装置及び必要な手段に係る修理 | ➡ | 非課税 |

身体障害者用物品の表（平成3年厚生省告示第130号・最終改正平成26年3月31日厚生労働省告示第162号）

号	物品名	非課税物品の要件
1	義肢	
2	装具	上肢、下肢又は体幹の機能に障害のある者に装着することにより、当該機能の低下を抑制し、又は当該機能を補完するためのものであって、補装具の種目、購入又は修理に要する費用の額の算定等に関する基準（平成18年厚生労働省告示第528号、第8号において「補装具告示」という。）の別表の1の(3)の基本構造欄に掲げる構造を有し、使用材料・部品及び工作法欄に掲げる部品を用い、かつ、個別に採寸等を行い製作されるものに限る。
3	座位保持装置	機能障害の状況に適合させるため、体幹、股関節等を固定するためのパッド等の付属装置を装備し、安定した座位姿勢の保持を可能にする機能を有するもの
4	盲人安全つえ	
5	義眼	
6	眼鏡	弱視眼鏡及び遮光眼鏡に限る。
7	点字器	
8	補聴器	補装具告示の別表の1の(5)の補聴器の項の基本構造欄に掲げる構造を有するものに限る。
9	人工喉頭	
10	車椅子	
11	電動車椅子	
12	歩行器	歩行が困難な者の歩行を補助する機能を有し、歩行時に体重を支える構造を有するものであって、四脚を有するものにあっては上肢で保持して移動させることが可能なもの、車輪を有するものにあっては使用時に体の前又は後ろ及び左右の把手等が体を囲む形状を有し、かつ、歩行の障害となる構造物を有しないもの
13	頭部保護帽	ヘルメット型で、歩行が困難な者が転倒の際に頭部を保護できる機能を有するものであって、スポンジ及び革又はプラスチックを主材料にして、個別に採寸等を行い製作されるものに限る。
14	装着式収尿器	
15	ストマ用装具	
16	歩行補助つえ	松葉づえ、カナディアン・クラッチ、ロフストランド・クラッチ及び多点杖に限る。
17	起立保持具	足首、膝関節、大腿等をベルト等により固定することにより、起立困難な児童の起立を補助する機能を有するもの

18	頭部保持具	車椅子等に装着し、身体に障害を有する児童の頭部を固定する機能を有するもの
19	座位保持椅子	児童の機能障害の状況に適合させるため、体幹、股関節等を固定するためのパッド等の付属装置を装備し、座位を保持することを可能にする機能を有する椅子
20	排便補助具	身体に障害を有する児童の排便を補助するものであって、パッド等を装着することにより、又は背もたれ及び肘掛けを有する椅子状のものであることにより、座位を保持しつつ、排便することを可能にする機能を有するもので、移動可能なものに限る。
21	視覚障害者用ポータブルレコーダー	音声により操作ボタン及び操作方法に関する案内を行う機能を有し、かつ、ＤＡＩＳＹ方式による録音又は再生が可能な機能を有する製品であって、別表第一に掲げるものに限る。
22	盲人用時計	腕時計又は懐中時計であって、文字盤に点字等があり、文字盤及び針に直接触れることができる構造を有するものに限る。
23	盲人用カナタイプライター	専ら片仮名又は平仮名で印字する機能を有するものであって、キーの位置を確認できる凸線等の印がついているもの
24	点字タイプライター	点字の6点に対応したレバーを叩き、点字のみで印字する機能を有するもの
25	盲人用電卓	入力結果及び計算結果を音声により伝える機能を有するもの
26	盲人用体温計	検温結果を、音声により伝える機能を有するもの
27	盲人用秤	家庭用上皿秤であって、文字盤に点字等があり、文字盤及び針に直接触れることができる構造を有するもの
28	点字図書（消費税法別表第一第12号に規定する教科用図書に該当するものを除く。）	
28の2	盲人用体重計	計測結果を音声により伝える機能を有するもの又は文字盤に点字等があり、静止させた文字盤及び針に直接触れることができる構造を有するもの
28の3	視覚障害者用拡大読書器	視力に障害を有する者の読書等を容易にする製品であって、文字等を撮像し、モニター画面に拡大して映し出すための映像信号に変換して出力する機能を有するもので、別表第二に掲げるものに限る。
28の4	歩行時間延長信号機用小型送信機	電波を利用して、符号を送り、歩行者の前方の信号機の表示する信号が青色である時間を延長することができるもの
28の5	点字ディスプレイ	文字等のコンピュータの画面情報を点字等により示す機能を有するもの
28の6	視覚障害者用活字文書読上げ装置	視力に障害を有する者の情報の入手を容易にする製品であって、文字情報と同一紙面上に記載された当該文字情報を暗号化した情報を読み取り、音声信号に変換して出力する機能を有するもの
28の7	視覚障害者用音声ＩＣタグレコーダー	視力に障害を有する者の物の識別を容易にする製品であって、点字、凸線等により操作ボタンが知覚でき、かつ、ＩＣタグその他の集積回路とアンテナを内蔵する物品の持つ識別情報を無線により読み取り、当該識別情報と音声データを関連付け、音声データを音声信号に変換して出力する機能及び音声により操作方法に関する案内を行う機能を有するもので、別表第二の二に掲げるものに限る。
28の8	視覚障害者用音声方位磁石	視力に障害を有する者の方角に関する情報の入手を容易にすることのみを目的とする製品であって、点字、凸線等により操作ボタンが知覚でき、かつ、触覚や音声信号により情報を確認できる機能を有するものに限る。

28の9	視覚障害者用音声色彩識別装置	視力に障害を有する者の色に関する情報の入手を容易にすることのみを目的とする製品であって、点字、凸線等により操作ボタンが知覚でき、かつ、触覚や音声信号により情報を確認できる機能を有するものに限る。		
28の10	視覚障害者用携帯型歩行支援装置	視力に障害を有する者の歩行に必要な情報の入手を容易にする製品であって、点字、凸線等により操作ボタンが知覚でき、かつ、触覚や音声信号のみにより情報を確認できる機能を有し、人工衛星を利用した情報通信ネットワーク等を通じて地図情報及び位置情報を受信する機能又は超音波を利用して障害物を検知する機能を有するものに限る。		
29	聴覚障害者用屋内信号装置	音声等による信号を感知し、光や振動に変換して、伝達する機能を有する持ち運び可能な器具であって、別表第三に掲げる製品に限る。		
29の2	聴覚障害者用情報受信装置	字幕及び手話通訳付きの聴覚障害者用番組並びにテレビ番組に字幕及び手話通訳の映像を合成したものを画面に出力する機能を有し、かつ、災害時の聴覚障害者向け緊急信号を受信する製品であって、別表第三の二に掲げるものに限る。		
30	特殊寝台	身体に障害を有する者が家庭において使用する寝台であって、身体に障害を有する者の頭部及び脚部の傾斜角度が調整できる機能を有するもので、次に掲げる条件の全てを満たすものに限る。 イ　本体の側板の外縁と側板の外縁との幅が100センチメートル以下のもの ロ　サイドレールが取り付けてあるもの又は取り付け可能なもの ハ　キャスターを装着していないもの		
31	特殊尿器	排尿を感知し、尿を自動的に吸入する機能を有するものに限る。		
32	体位変換器	空気パッドにロッドを差し込んだものを身体の下に挿入することにより、又は身体の下にあらかじめ空気パッドを挿入し膨らませることにより、身体に障害を有する者の体位を容易に変換できる機能を有するもの		
33	重度障害者用意思伝達装置	両上下肢の機能を全廃し、かつ、言語機能を喪失した者のまばたき等の残存機能による反応を、センサーにより感知して、ディスプレー等に表示すること等により、その者の意思を伝達する機能を有する製品であって、別表第四に掲げるものに限る。		
33の2	携帯用会話補助装置	発声、発語に著しい障害を有する者の意思を音声又は文字に変換して伝達する機能を有する製品であって、別表第五に掲げるものに限る。		
33の3	移動用リフト	床走行式、固定式又は据置式であり、かつ、身体をつり具でつり上げ又は体重を支える構造を有するものであって、その構造により、自力での移動が困難な者の寝台と車椅子との間等の移動を補助する機能を有するもの		
34	透析液加温器	透析液を41度を上限として加温し、一定の温度に保つ機能を有するものであって、持ち運び可能なもの		
35	福祉電話器	音声を振動により骨に伝える機能、上肢機能に障害を有する者が足等を使用して利用できる機能、又は聴覚障害者が筆談できる機能等を有する特殊な電話器であって、別表第六に掲げる製品に限る。		
36	視覚障害者用ワードプロセッサー	点字方式により入力する機能、入力結果が音声により確認できる機能、入力結果が点字変換される機能、又は入力結果が点字で印字される機能を有する製品であって、別表第七に掲げるものに限る。		
37	身体に障害を有する者による運転に支障がないよう、道路交通法第91条の規定により付される	イ	手動装置	車両本体に設けられたアクセルペダルとブレーキペダルを直接下肢で操作できない場合、下肢に替えて上肢で操作できるように設置されるもの
		ロ	左足用アクセル	右下肢に障害があり既存のアクセルペダルが操作できない場合、左下肢で操作できるように設置されるもの

	運転免許の条件の趣旨に従い、当該身体に障害を有する者の身体の状態に応じた、右に掲げる補助手段が講じられている自動車	ハ	足踏式方向指示器	右上肢に障害がありステアリングホイルの右側に設けられている既存の方向指示器が操作できない場合、下肢で操作できるように設置されるもの
		ニ	右駐車ブレーキレバー	左上肢に障害があり運転座席の左側に設けられている既存の駐車ブレーキレバーが操作できない場合、右上肢で操作できるよう運転者席の右側に設置されるもの
		ホ	足動装置	両上肢に障害があり既存の車では運転操作ができない場合、上肢に替えて両下肢で運転操作ができるようにするもの
		ヘ	運転用改造座席	身体に障害があり、安定した運転姿勢が確保できない場合、サイドボードを付加した座席に交換することにより、安定した運転姿勢が確保できるよう設置されるもの
38	車椅子及び電動車椅子（車椅子等）を使用する者を車椅子等とともに搬送できるよう、車椅子等昇降装置を装備し、かつ、車椅子等の固定等に必要な手段を施した自動車（乗車定員11人以上の普通自動車については、車椅子等を使用する者を専ら搬送するものに限る。）			

別表第一 視覚障害者用ポータブルレコーダー（第21号関係）

製 品 名（品番）	販　売　元	販売元の住所又は所在地
プレクストークポータブルレコーダＰＴＲ２	シナノケンシ株式会社	長野県上田市上丸子1078番地
プレクストークPTN２		

別表第二 視覚障害者拡大読書器（第28号の３関係）

製 品 名（品番）	販　売　元	販売元の住所又は所在地
センスビューP430	ケージーエス株式会社	埼玉県比企郡小川町小川1004
センスビュー M430 デュオ	株式会社タイムズコーポレーション	兵庫県宝塚市高司一丁目６番11号
クリアビュープラス19型LCDモニタモデル		
マノ MANO		
AV－100CP 19型LCDモニタモデル		
ルッキープラス		
Eye-C		
アイ・ラビュー		
コンパクト　５HD		
コンパクト　７HD		
ズーマックス スノー		
Crystal XL		
アオキー		
HD730 22型 LCD モニタモデル		

製品名（品番）	販売元	販売元の住所又は所在地
HD730 24型 LCD モニタモデル	株式会社タイムズコーポレーション	兵庫県宝塚市高司一丁目6番11号
クリアビュープラス HD Twin View 24型 LCD モニタモデル		
クリアビュープラス HD 22型 LCD モニタモデル		
クリアビュープラス HD 24型 LCD モニタモデル		
コンパクトミニ		
コンパクト 4 HD		
クリアビュー 3 HD24 スピーチ		
クリアビューC HD24		
クリアビュープラス HD24 スピーチ		
クリアリーダープラス		
コンパクトプラス 4.3HD		
ズーマックス オーロラHD24		
ズーマックス スノー 7 HD		
ズーマックス マーズHD		
センスビュー P430		
センスビューライト P350		
タイムズ ワークステーション プロ		
ビズム イーケア 3.5		
ビズム イーケア 4.3		
ビズム マイビュー HD 24		
ベオ フルHD 19 ハイマグ		
ベオ フルHD 19 ローマグ		
ベオ フルHDプラス24		
BRIGHT	ウンメルスプロダクツ株式会社	東京都品川区東五反田一丁目9番10号神野ビル6階601号
SPECTRUM		
STAR		
TRAVELLER		
CLEARVIEW COMPACT		
SPECTRUM VGA		
TRAVELLER FARVIEW		
CLEARVIEW BRIGHT		
CLEARVIEW SPECTRUM		
CLEARVIEW SPECTRUM VGA		
CLEARVIEW STAR		

第1章　各取引の課否判定

製　品　名（品番）	販　　売　　元	販売元の住所又は所在地
DOMINO SPECTRUM	ウンメルスプロダクツ株式会社	東京都品川区東五反田一丁目9番10号神野ビル6階601号
SENTRY		
CLEARNOTE		
SPARK		
NOTE VISION		
CLEAR-Z		
TRAVELLER-Z		
スパークビュワー		
CLEAR-Z/2		
スパーク MK2		
イージーアイポケット	株式会社おんでこ	東京都豊島区西池袋三丁目22番13号
イージーアイポケット "TYPE−L"		
ポケットMAX		
アイビジョンデジタル5N-NOTE	アイネットワーク有限会社	東京都日野市西平山五丁目23番地の12
アイビジョンデジタル5N-NOTE-VOICE		
アイビジョンアナログ7Z-LCD		
アイビジョンデジタルビデオ12KLCD		
アイビジョンカメラムーブ		
アイビジョンデジタルマイテレビHDMIで		
ポケットビューワー	株式会社ユーフレックス	宮崎県宮崎市清水三丁目9番12号
モノマウス		
カラーマウス		
モノマウス−RM		
カラーマウス−RM		
カラーマウス−RM	株式会社ビュジュアルウェア	東京都港区南青山二丁目4番15号
モノマウス−USB	株式会社ユーフレックス	宮崎県宮崎市清水三丁目9番12号
ズーム−EX		
ポータバイザー		
カラーマウス−USB-RM		
ジュニア		
パワード・アイ	有限会社パワードアイ	東京都世田谷区千歳台三丁目3番12号
パワードアイ　ビューカム		
パワードアイ　ビューカム／2		
Assist Master	株式会社インフォメーションヒーローズ	栃木県宇都宮市中今泉三丁目13番13号

製　品　名（品番）	販　売　元	販売元の住所又は所在地
Merlin LCD Limited	株式会社日本テレソフト	東京都千代田区麹町一丁目8番1号半蔵門MKビル1階
amigo		
transformer		
DaVinci HD		
DaVinci HD OCR		
transformer（VGA&USB）		
Pebble－mini		
Merlin HD elite		
Merlin HD OCR elite		
Merlin HD 22 インチ		
Merlin HD 24 インチ		
acrobat HD		
acrobat HD アームタイプモニター付き		
smart reader		
pebble HD		
オニキス	有限会社エクストラ	静岡市駿河区谷田44番15号セントラルヒルズ101号室
サファイア		
ルビー		
オニキスデスクセット17インチタイプ		
オニキスデスクセット19インチタイプ		
オニキスデスクセット22インチタイプ		
トパーズ		
トパーズスイベルモニタ19インチタイプ		
トパーズスイベルモニタ22インチタイプ		
オニキスフレキシブルアーム		
トパーズ XL HD プレミアム20インチタイプ		
トパーズ XL HD プレミアム22インチタイプ		
ルビー HD 5インチ		
拡大読書器 VS-5000LCD	株式会社西澤電機計器製作所	長野県埴科郡坂城町大字坂城6249番地
シナジーSI		
シナジーPI 20		
シナジーPI 23		
バーサ		
バーサプラス		

製　品　名（品番）	販　売　元	販売元の住所又は所在地
360	株式会社西澤電機計器製作所	長野県埴科郡坂城町大字坂城6249番地
NVS-X1		
プロデジ タブレット		
プロデジ デュオ20		
プロデジ デュオ24		
携帯型拡大読書器 EJ-VM01NP	パナソニックヘルスケア株式会社	愛媛県東温市南方2131番地1
オーキー	株式会社アメディア	東京都練馬区豊玉上一丁目15番地6号第10秋山ビル1階
キャプチャー		
ミニマックス		
バタフライ		
よむべえスマイル		
アイ―ラビュースーパーHD		
アイ―ラビュー7フルHD		
テレルーペ		
デジルーペ		
文星		
音声拡大読書器 とうくんライト	株式会社アイフレンズ	大阪市此花区西九条一丁目33番13号
Visio Book	ケージーエス株式会社	埼玉県比企郡小川町小川1004

別表第二の二　視覚障害者用音声ICタグレコーダー（第28号の7関係）

製　品　名（品番）	販　売　元	販売元の住所又は所在地
ものしりトーク ＺＥＲ-868Ｖ	パナソニックシステムネットワークス株式会社	福岡市博多区美野島四丁目1番62号
タッチメモ	株式会社タイムズコーポレーション	兵庫県宝塚市高司一丁目6番11号

別表第三　聴覚障害者用屋内信号装置（第29号関係）

製　品　名（品番）	販　売　元	販売元の住所又は所在地
おしらせらんぷBA－05	リオン株式会社	東京都国分寺市東元町三丁目20番41号
回転呼び出し灯	株式会社アシスト	東京都杉並区下井草五丁目18番14号
守護神		
ベルマンビジットシステム	株式会社自立コム	東京都渋谷区円山町28番地4
セントラルアラート		
シルウォッチTYPE1	株式会社東京信友	東京都新宿区新宿一丁目14番5号
シルウォッチTYPE1 キューブライト		
シルウォッチ給付セット		
ブルブルセンスBS－50	株式会社コニック	東京都渋谷区恵比寿南三丁目1番20号
ロードケア	ウェルフェア株式会社	山梨県甲府市飯田三丁目1番2号

別表第三の二 聴覚障害者用情報受信装置（第29号の２関係）

製品名（品番）	販売元	販売元の住所又は所在地
アイ・ドラゴン３	株式会社アステム	大阪府大阪市北区東天満二丁目７番12号

別表第四 重度障害者用意思伝達装置（第33号関係）

製品名（品番）	販売元	販売元の住所又は所在地
コミュニケーション「愛」	社会福祉法人クピド・フェア	北海道岩見沢市志文町301番地３
伝の心	株式会社日立ケーイーシステムズ	千葉県習志野市東習志野七丁目１番１号
LUCY	ダブル技研株式会社	神奈川県藤沢市長後903番地の３
「心語り」YN－501	エクセル・オブ・メカトロニクス株式会社	東京都練馬区関町東二丁目14番４号
EMOS PX	株式会社テクノスジャパン	兵庫県姫路市北条一丁目266番地
MCTOS Model WX		
レッツ・チャット	パナソニックエイジフリーライフテック株式会社	大阪府門真市大字門真1048番地
意思伝VC	株式会社ボイスキャン	岡山県岡山市東区古都南方2893番地123
話想	企業組合S.R.D	群馬県前橋市日吉町四丁目32番地12
トビーPCEye コミュニケーション・パッケージ	株式会社クレアクト	東京都品川区東五反田一丁目８番13号
マイトビーC12Eye		
マイトビーC15Eye		
トビーアイモバイル		
マイトビー I－15		
視線入力意思伝達装置 Spring 絆	アイ・エム・アイ株式会社	埼玉県越谷市流通団地三丁目３番12号

別表第五 携帯用会話補助装置（第33号の２関係）

製品名（品番）	販売元	販売元の住所又は所在地
ビバボイス	公益社団法人銀鈴会（昭和40年１月23日に社団法人銀鈴会という名称で設立された法人をいう。）	東京都港区新橋五丁目７番13号ビューロー新橋901
ハートチャット	国際電業株式会社	愛知県名古屋市昭和区円上町27番14号
スーパートーカー	パシフィックサプライ株式会社	大阪府大阪市北区天神橋一丁目18番18号
VoiceCarry PECHARA		
アイトーク		
アイトークウィズレベル		
トーキングブリックス		
クイックトーカー７		

製　品　名（品番）	販　売　元	販売元の住所又は所在地
クイックトーカー12	パシフィックサプライ株式会社	大阪府大阪市北区天神橋一丁目18番18号
クイックトーカー23		
トークトラック		
カーディナル	株式会社コムフレンド	京都府京都市南区上鳥羽卯ノ花69番2
読み上げペン サトシくん シールセット		
テック／トーク６×８	株式会社アクセスインターナショナル	東京都練馬区羽沢三丁目40番７号
テック／スピーク２×32		
テック／スピーク６×32		
パートナー／フォープラス		
ゴートーク４＋	宮崎美和子（こころ工房）	徳島県徳島市方上町馬場の上28－3
ゴートーク９＋		
チャットボックスDX		
ゴートーク20＋		
ゴートークポケット		
トビーＳ32スキャン	株式会社クレアクト	東京都品川区東五反田一丁目８番13号
トビーＳ32タッチ		

別表第六　福祉電話器（第35号関係）

製　品　名（品番）	販　売　元	販売元の住所又は所在地
シルバーホンひびき	東日本電信電話株式会社	東京都新宿区西新宿三丁目19番２号
	西日本電信電話株式会社	大阪府大阪市中央区馬場町３番15号
シルバーホンひびきＳ	東日本電信電話株式会社	東京都新宿区西新宿三丁目19番２号
	西日本電信電話株式会社	大阪府大阪市中央区馬場町３番15号
シルバーホンふれあい	東日本電信電話株式会社	東京都新宿区西新宿三丁目19番２号
	西日本電信電話株式会社	大阪府大阪市中央区馬場町３番15号
シルバーホンふれあいＳ	東日本電信電話株式会社	東京都新宿区西新宿三丁目19番２号
	西日本電信電話株式会社	大阪府大阪市中央区馬場町３番15号
シルバーホンひびきＳⅡ	東日本電信電話株式会社	東京都新宿区西新宿三丁目19番２号
	西日本電信電話株式会社	大阪府大阪市中央区馬場町３番15号
シルバーホン・ひびきＳⅢ	東日本電信電話株式会社	東京都新宿区西新宿三丁目19番２号
	西日本電信電話株式会社	大阪府大阪市中央区馬場町３番15号
シルバーホン・ふれあいＳⅡ	東日本電信電話株式会社	東京都新宿区西新宿三丁目19番２号
	西日本電信電話株式会社	大阪府大阪市中央区馬場町３番15号

別表第七　視覚障害者用ワードプロセッサー（第36号関係）

製　品　名（品番）	販　売　元	販売元の住所又は所在地
ブレイルライト	株式会社インターリンク	横浜市港北区太尾町100番地１
ブレイル スタディ BS1	ケージーエス株式会社	埼玉県比企郡小川町小川1004
ブレイルメモスマート 16		

製　品　名（品番）	販　売　元	販売元の住所又は所在地
ブレイルセンス日本語版	有限会社エクストラ	静岡市駿河区谷田44番15号セントラルヒルズ101号室
ボイスセンス		
ブレイルセンスプラス日本語版		
ブレイルセンスオンハンド日本語版		
ブレイルセンス U2 日本語版		

事例12　〈身体障害者用物品に係る課否判定〉

1	身体障害者用物品の範囲 　下肢が不自由なため運転免許証に条件が付されている人に、オートマチック車を販売した。
判定	身体障害者用物品として非課税となるのは、平成3年厚生省告示第130号により指定された物品に限られます。 　自動車については、左下肢でアクセルが操作できるように設置されるものなどが同告示において身体障害者用物品に該当することとされていますが、単に変速装置がオートマチックになっているだけの自動車は身体障害者用物品として指定されたものではありませんから、課税となります。
2	身体障害者用物品の譲渡等 　身体障害者用物品を販売するときは、例えば、身体障害者手帳を提示させる必要はあるか。
判定	その販売する物品が、身体障害者用物品として平成3年厚生省告示第130号で指定されたものであれば、相手方の障害の程度を問わず非課税となります。 　したがって、非課税として販売するための特別な手続は必要ありません。

11　学校教育関係 （法別表第一第11号、令14の5、15、16、規4、基通6－11－1）

学校教育関係で非課税になるものは次のとおりです。

学校教育関係	右欄に掲げる教育に関する役務の提供のうち次の料金を対価として行われる部分 イ　授業料 ロ　入学金及び入園料 ハ　施設設備費 ニ　入学又は入園のための試験に係る検定料 ホ　在学証明、成績証明その他学生、生徒、児童又は幼児の記録に係る証明に係る手数料及びこれに類する手数料	①	学校教育法第1条（学校の範囲）に規定する学校を設置する者が当該学校における教育として行う役務の提供	→	非課税
		②	学校教育法第124条（専修学校）に規定する専修学校を設置する者が当該専修学校の高等課程、専門課程又は一般課程における教育として行う役務の提供		
		③	学校教育法第134条第1項（各種学校）に規定する各種学校を設置する者が、当該各種学校における教育として行う役務の提供のうち、次に掲げる要件に該当するもの イ　修業期間が1年以上であること ロ　1年の授業時間数（普通科、専攻科その他これらに準ずる区別された課程がある場合には、それぞれの課程の授業時間数）が680時間以上であること ハ　施設（教員数を含みます。）が同時に授業を受ける生徒数に比し十分であると認められること ニ　授業が年2回を超えない一定の時期に開始され、かつ、その終期が明確に定められていること ホ　生徒について学年又は学期ごとにその成績の評価が行われ、その結果が成績考査に関する表簿その他の書類に登載されていること ヘ　生徒について所定の技術を修得したかどうかの成績の評価が行われ、その評価に基づいて卒業証書又は修了証書が授与されていること		

| 学校教育関係 | ④ 次に掲げる施設を設置する者が当該施設における教育（職業訓練を含みます。）として行う役務の提供で、③のイからへまでの要件に該当するもの
(1) 独立行政法人水産大学校法に規定する独立行政法人水産大学校、独立行政法人農業・食品産業技術総合研究機構法に規定する独立行政法人農業・食品産業技術総合研究機構の施設、独立行政法人海技教育機構法に規定する独立行政法人海技教育機構の施設及び独立行政法人航空大学校法に規定する独立行政法人航空大学校及び高度専門医療に関する研究等を行う独立行政法人に関する法律に規定する独立行政法人国立国際医療研究センターの施設
(2) 職業能力開発促進法に規定する職業能力開発総合大学校、職業能力開発大学校、職業能力開発短期大学校及び職業能力開発校（職業能力開発大学校、職業能力開発短期大学校及び職業能力開発校にあっては、国若しくは地方公共団体又は職業訓練法人が設置するものに限ります。）
(注) (1)に掲げる施設にあっては、③のニの「年2回」は「年4回」とされています。 | → 非課税 |

留意点10 施設設備費等の範囲（基通6-11-2、6-11-3）

上表の左欄のハの「施設設備費」とは、学校等の施設設備の整備・維持を目的として学生等から徴収するものをいい、例えば、次の名称で徴収するものがこれに該当します。

施設設備費（料）、施設設備資金、施設費、設備費、施設拡充費、設備更新費、拡充設備費、図書館整備費、施設充実費、設備充実費、維持整備資金、施設維持費、維持費、図書費、図書拡充費、図書室整備費、暖房費

また、ホの「在学証明、成績証明その他学生、生徒、児童又は幼児の記録に係る証明に係る手数料及びこれに類する手数料」とは、指導要録、健康診断票等に記録されている学生、生徒、児童又は幼児の記録に係る証明書の発行手数料及びこれに類する手数料をいい、例えば、次の証明書の発行手数料等がこれに該当します。

在学証明書、卒業証明書、卒業見込証明書、成績証明書、健康診断書、転学部・転学科に係る検定手数料、推薦手数料

事例13 〈学校教育に係る課否判定〉

1	学生から徴するコピー代 大学において、学生からコピーの使用料を徴した。
判定	機器の使用の対価又は調査・研究の対価として徴収される複写機使用料、受託研究手数料等を対価とする資産の譲渡等は非課税とはなりません。 したがって、コピーの使用料は、消費税の課税の対象となります。
2	カルチャースクールの授業料 学校教育法第134条第1項の各種学校として認可を受けたカルチャースクールにおける授業料
判定	各種学校における教育については、修業期間が1年以上、1年の授業時間数が680時間以上であるなど、表③のイ～へのすべての要件を満たすもののみが非課税となります。 したがって、例えば、修業期間が1年未満の短期養成コースなど非課税要件を一つでも満たさないものに係る授業料などは、非課税となりません。

12 教科用図書 （法別表第一第12号）

教科用図書に関しては、次のものが非課税となります。

| 教科用図書 | 学校教育法第34条第1項（小学校の教科用図書）（同法第49条（中学校）、第62条（高等学校）及び第70条第1項（中等教育学校）において準用する場合並びに同法第82条（特別支援学校）においてこれらの規定を準用する場合を含みます。）に規定する教科用図書の譲渡 | ➡ 非課税 |

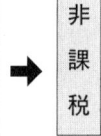

留意点11 教科用図書の範囲（基通6－12－1）

教科用図書の譲渡として非課税となるのは、文部科学大臣の検定を経た文部科学省検定済教科書と文部科学省が著作の名義を有する教科用図書に限られます。

事例14 〈教科用図書に係る課否判定〉

1	教科用図書の範囲① 学校に対し、授業に使用するための市販の問題集を納入した。
判定	問題集は、文部科学省検定済教科書及び文部科学省著作教科書のいずれにも該当しませんので、非課税とはなりません。
2	教科用図書の範囲② 教科書（文部科学省検定済）を学習塾など学校の生徒以外の者に対して販売した。
判定	消費税法上、その譲渡が非課税となる教科書は、学校教育法に規定する教科用図書、つまり、文部科学省検定済教科書又は文部科学省が著作の名義を有する教科書であると定めており、譲渡相手を指定しているものではありませんので、非課税となります。
3	教科用図書の取次ぎ手数料 教科書の取次ぎを行い、取次ぎ手数料を収受した。
判定	教科用図書に関しては、その譲渡のみが非課税となりますので、取次ぎ手数料や配送手数料を対価とする役務の提供などは非課税とはなりません。

13　住宅の貸付け（法別表第一第13号、令16の2）

住宅の貸付けに関しては、次のものが非課税となります。

住宅の貸付け	住宅（人の居住の用に供する家屋又は家屋のうち人の居住の用に供する部分をいいます。）の貸付けで、当該貸付けに係る契約において人の居住の用に供することが明らかにされているもの	→ 非課税
	・貸付けに係る期間が1か月に満たない場合 ・旅館業法第2条第1項に規定する旅館業に係る施設の貸付けに該当する場合	→ 課税

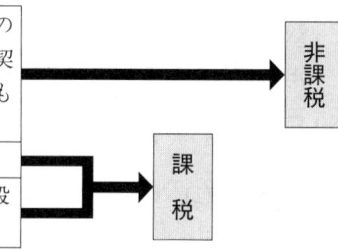

事例15　〈住宅の貸付けに係る課否判定〉

1	家具、エアコン付きのワンルームマンションの貸付け 　家具、エアコン付きのワンルームマンションの貸付け
判定	家具、じゅうたん、照明設備、冷暖房設備その他これらに類するもので住宅の附属設備として住宅と一体となって貸し付けられると認められるものについては、それらの附属設備を含めた全体が住宅の貸付けとして非課税になりますが、この場合においても当事者において住宅とは別の賃貸借の目的物として、住宅の貸付けとは別に使用料を収受している場合には、その使用料部分は消費税が課税となります。
2	店舗併設住宅の貸付け 　店舗併設住宅の貸付け
判定	住宅と店舗又は事務所等の事業用施設が併設されている建物を一括して貸し付ける場合には、住宅の部分のみが非課税となります。 　したがって、建物の貸付けに係る対価の額を住宅の貸付けに係る対価の額と事業用の施設の貸付けに係る対価の額とに合理的に区分した上で、事業用の施設に係る部分は消費税が課税となります。
3	住宅の貸付けに伴う保証金 　住宅の貸付けに伴い保証金を収受した。
判定	預かり保証金は、単に預かるだけですから、消費税の課税関係は発生しませんが、返還しない部分は、家賃と同じく住宅の貸付けに係る対価として非課税となります。

第6節　免税となる資産の譲渡等

　国内において行った資産の譲渡等のうち非課税となるもの以外のものは、課税資産の譲渡等として、消費税の課税標準を構成することになるのですが、国内において行った課税資産の譲渡等の中でも、最終的な消費が国内以外の地域において行われるような輸出取引など一定のものについては、消費税は免除されることになっています。
　この節では、国内において行った課税資産の譲渡等のうち消費税が免税とされるものについて図解しています。

1　消費税における免税制度一覧

消費税における免税制度
- 消費税法による免税
  - 輸出取引等に係る免税（法7）
  - 輸出物品販売場における免税（法8）
- 租税特別措置法による免税
  - 外航船等に積み込む物品の譲渡等に係る免税（措法85）
  - 外国公館等に対する課税資産の譲渡等に係る免税（措法86）
  - 海軍販売所等に係る免税（措法86の2）
- 輸徴法の規定による免税
  - 保税運送等の場合の免税（輸徴法11）
  - 船用品又は機用品の積込み等の場合の免税（輸徴法12）
  - 無条件免税等（輸徴法13）
- 条約及び関連法による免税
  - 合衆国軍隊等に対する資産の譲渡等に係る免税（所得臨時法7）
  - 合衆国軍隊等が保税地域から引き取る物品の免税（関税臨時法7）
  - 国連軍に対する資産の譲渡等に係る免税（国連軍に係る所得臨時法3、4）
  - ピー・エックス等に係る免税（日米地位協定15）
  - 日米防衛援助協定又はアメリカ合衆国政府と他の被援助国との間の同種の協定に基づいて日本国の領域に輸入する場合及び日本国の領域から輸出する場合の免税（日米防衛援助協定6）
  - 外交関係に関するウィーン条約による免税（ウィーン条約23、34）

＜参考＞非課税と免税の違い

国内において行った資産の譲渡等のうち、**第5節**で非課税となるものと、この節で免税となるものは、いずれも消費税が課されない点は同じですが、次表のような相違点があります。

比較項目	非課税となるもの	免税となるもの
課税売上割合の計算 （167ページ参照）	資産の譲渡等であり、分母にのみ算入する	課税資産の譲渡等であり、分母及び分子に算入する
仕入控除税額の計算を個別対応方式で行う場合 （171ページ参照）	非課税資産の譲渡等にのみ要する課税仕入れ等に係る消費税額は控除できない	免税となる課税資産の譲渡等にのみ要する課税仕入れ等に係る消費税額は控除できる

※ なお、非課税資産の譲渡等で輸出取引等に該当する場合は、仕入控除税額の計算について、**第4章第4節** 手順1 （173ページ）の特例があります。

2　輸出取引等に係る免税 （法7、令17、規5、基通7−2−23）

輸出免税の対象になるのは、次表の左欄に掲げるものですが、それぞれ次表右欄の証明書類等の保存が要件とされており、その保存がない場合は免税とはなりません。

取引の態様			保存すべき証明書類等
本邦からの輸出として行われる資産の譲渡又は貸付け	①	関税法第67条（輸出又は輸入の許可）により輸出の許可を受ける貨物（船舶又は航空機の貸付けを除きます。）	輸出許可書（電子情報処理組織による輸出入等関連業務の処理等に関する法律第3条に基づき、電子情報処理組織を使用して輸出申告し、輸出の許可があったものにあっては、「輸出許可通知書（輸出申告控）」又は「輸出申告控」及び「輸出許可通知書」が輸出許可書に相当するものとなります。）
	郵便又は信書便による輸出	輸出時における価額が20万円以下	次の事項を記載した帳簿 イ　当該資産の輸出の年月日 ロ　当該資産の品名並びに品名ごとの数量及び価額 ハ　当該郵便物の受取人の氏名又は名称及び住所若しくは居所又は事務所等の所在地（住所等） 又は、 当該郵便物の受取人から交付を受けた物品受領書等で次の事項が記載されたもの イ　当該資産を輸出した事業者の氏名又は名称及び住所等 ロ　当該資産の品名並びに品名ごとの数量及び価額

			ハ 当該郵便物の受取人の氏名又は名称及び住所等 ニ 当該郵便物の受取りの年月日
		輸出時における価額が20万円超	輸出の事実を証明した税関長発行の書類で次の事項が記載されたもの イ 当該資産を輸出した事業者の氏名又は名称及び住所等 ロ 当該資産の輸出の年月日 ハ 当該資産の品名並びに品名ごとの数量及び価額 ニ 当該資産の仕向地（郵便物の場合は、当該郵便物の受取人の氏名又は名称及び住所等）
		出入国管理及び難民認定法第25条《出国の手続》又は第60条《日本人の出国》の規定により出国の確認を受けた者（出国者）が出国に際し携帯輸出する物品を、関税法第42条《保税蔵置場の許可》の規定により蔵置場の許可を受けた者が当該出国者に譲渡する場合	
		輸出物品販売場において海外旅行のために出国する居住者に対し、渡航先において贈答用に供するものとして出国に際して携帯する物品で、帰国若しくは再入国に際して携帯しないことの明らかなもの又は渡航先において使用若しくは消費をするもの（その物品の1個当たりの対価の額が1万円を超えるものに限ります。）を譲渡する場合	
		外国籍の船舶又は航空機への内国貨物の積込み	船（機）用品積込承認書
		船舶又は航空機の貸付け	当該資産の譲渡等を行った相手方との契約書その他の書類で次の事項が記載されているもの イ 当該資産の譲渡等を行った事業者の氏名又は名称及び事業者のその取引に係る住所等 ロ 当該資産の譲渡等を行った年月日 ハ 当該資産の譲渡等に係る資産又は役務の内容 ニ 当該資産の譲渡等の対価の額 ホ 当該資産の譲渡等の相手方の氏名又は名称及び当該相手方のその取引に係る住所等
②		外国貨物の譲渡又は貸付け（①に掲げる資産の譲渡又は貸付けに該当するもの及び輸入品に対する内国消費税の徴収等に関する法律第8条第1項第3号《公売又は売却等の場合における内国消費税の徴収》に掲げる場合に該当することとなった外国貨物の譲渡を除きます。）	
③		国内及び国内以外の地域にわたって行われる旅客若しくは貨物の輸送又は通信	役務の提供をした事業者が次に掲げる事項を記載した帳簿又は書類 イ 当該役務の提供をした年月日（課税期

		間の範囲内で一定の期間内に行った役務の提供につきまとめて当該帳簿又は書類を作成する場合には、当該一定の期間) ロ　当該提供した役務の内容 ハ　当該役務の提供の対価の額 ニ　当該役務の提供の相手方の氏名又は名称及び住所等
④	外航船舶等（専ら国内及び国内以外の地域にわたって又は国内以外の地域間で行われる旅客又は貨物の輸送の用に供される船舶又は航空機をいいます。）の譲渡又は貸付けで船舶運航事業者等（船舶運航事業者、船舶貸渡業者、航空運送事業者をいいます。）に対して行われるもの	当該資産の譲渡等を行った相手方との契約書その他の書類で次の事項が記載されたもの イ　当該資産の譲渡等を行った事業者の氏名又は名称及び当該事業者のその取引に係る住所等 ロ　当該資産の譲渡等を行った年月日 ハ　当該資産の譲渡等に係る資産又は役務の内容 ニ　当該資産の譲渡等の対価の額 ホ　当該資産の譲渡等の相手方の氏名又は名称及び当該相手方のその取引に係る住所等
⑤	④の外航船舶等の修理で、船舶運航事業者等の求めに応じて行われるもの	
⑥	専ら国内及び国内以外の地域にわたって又は国内以外の地域間で行われる貨物の輸送の用に供されるコンテナーの譲渡若しくは貸付けで船舶運航事業者等に対して行われるもの又は当該コンテナーの修理で船舶運航事業者等の求めに応じて行われるもの	
⑦	外航船舶等の水先、誘導その他入出港若しくは離着陸の補助又は入出港、離着陸、停泊、駐機のための施設の提供に係る役務の提供その他これらに類する役務の提供（当該施設の貸付けを含みます。）で船舶運航事業者等に対して行われるもの	
⑧	外国貨物の荷役、運送、保管、検数、鑑定その他これらに類する外国貨物に係る役務の提供（関税法第29条に規定する指定保税地域、保税蔵置場、保税展示場及び総合保税地域における輸出しようとする貨物及び輸入の許可を受けた貨物に係るこれらの役務の提供を含み、同法第30条第１項第５号（外国貨物を置く場所の制限）に規定する特例輸出貨物に係るこ	

	れらの役務の提供にあっては、指定保税地域等及び当該特例輸出貨物の輸出のための船舶又は航空機への積込みの場所におけるもの並びに指定保税地域等相互間の運送に限ります。)	
⑨	国内及び国内以外の地域にわたって行われる郵便又は信書便	③と同様
⑩	非居住者に対して行われる次に掲げる資産の譲渡又は貸付け イ　鉱業権、租鉱権、採石権、土石採取・採掘権 ロ　特許権、実用新案権、意匠権、商標権、回路配置利用権、育成者権（これらの権利を利用する権利を含みます。） ハ　著作権（出版権、著作隣接権その他これに準ずる権利を含みます。）、特別の技術による生産方式及びこれに準ずるもの ニ　営業権、漁業権、入漁権	当該資産の譲渡等を行った相手方との契約書その他の書類で次の事項が記載されたもの イ　当該資産の譲渡等を行った事業者の氏名又は名称及び当該事業者のその取引に係る住所等 ロ　当該資産の譲渡等を行った年月日 ハ　当該資産の譲渡等に係る資産又は役務の内容 ニ　当該資産の譲渡等の対価の額 ホ　当該資産の譲渡等の相手方の氏名又は名称及び当該相手方のその取引に係る住所等
⑪	③、⑤から⑨までに掲げるもののほか、非居住者に対して行われる役務の提供で次に掲げるもの以外のもの イ　国内に所在する資産に係る運送又は保管 ロ　国内における飲食又は宿泊 ハ　イ及びロに準ずるもので、国内において直接便益を享受するもの	

第1章　各取引の課否判定

> 留意点12　外国貨物・非居住者

②の「外国貨物」とは、輸出の許可を受けた貨物及び外国から本邦に到着した貨物（外国の船舶により公海で採捕された水産物を含みます。）で輸入が許可される前のものをいいます。（法2①十、関税法2①三）

また、⑩⑪の「非居住者」とは、本邦内に住所及び居所のいずれも有しない自然人及び本邦内に主たる事務所を有しない法人をいいます。ただし、非居住者の本邦内の支店、出張所その他の事務所は、法律上代理権があると否とにかかわらず、その主たる事務所が外国にある場合においても居住者とみなされます。（外国為替及び外国貿易法6①五、六）

| 証明書類等の保存 | → | 当該課税資産の譲渡等を行った日の属する課税期間の末日の翌日から2か月（清算中の法人について残余財産が確定した場合には、1か月）を経過した日から7年間、納税地又は取引に係る事務所等の所在地に保存します。
※　個人事業者の各年の12月31日の属する課税期間については、その申告期限の翌日から起算して7年間保存が必要です。 |

↓

5年経過後は、日本工業規格B七一八六に規定する基準を満たすマイクロフィルムリーダ又はマイクロフィルムリーダプリンタを設置し、かつ、証明書類等が撮影された次に掲げる要件を満たすマイクロフィルムを保存する方法でもよい。（昭和63年大蔵省告示第187号）
① 日本工業規格K七五五八2《安全性》に規定する安全性の基準を満たす材質であること
② 日本工業規格B七一八七附属書一2《マイクロフォームの実用品位数》に規定する方法により求めた実用品位数の値が11以上であること
③ 日本工業規格B七一八七8《処理、品質及び保存方法》の背景濃度の値が0.7以上1.5以下であること
④ 日本工業規格Z六〇〇八4《解像力の試験》の規定により求めた解像力の値が1ミリメートルにつき110本以上であること
⑤ 次に掲げる事項が記載された書面が撮影されていること
　イ　事業者の帳簿等の保存に関する事務の責任者の当該帳簿等が真正に撮影された旨を証する記載及び記名押印
　ロ　撮影者の記名押印
　ハ　撮影年月日

事例16 〈輸出免税に係る具体的事例〉

1	輸出用商品の国内販売 　輸出用の商品を国内の輸出業者に対して販売した。
判定	たとえ最終的に輸出されることになる資産の譲渡であっても、譲渡する事業者が自ら輸出するものでないと免税とはなりません。
2	外国船舶等の修理の下請け 　外国貿易船の運航事業者から当該外国貿易船の修理を引き受けた事業者の依頼により、その修理の一部を下請けした。
判定	外国船舶等の修理で消費税が免税になるのは、船舶運航事業者の求めに応じて行われるものに限られ、その下請けは、元請業者の求めに応じて行われるものですから免税とはなりません。
3	外国貨物の保税運送 　国内地域間で外国貨物の保税運送を行った。
判定	外国貨物の運送は、それ自体が免税となります。この場合は、依頼者がだれであるかにかかわりません。したがって、外国貨物の運送の元請業者からの下請けの場合でも免税となります。
4	国際輸送の一環として行われる国内輸送 　貨物の国際輸送を引き受けたが、その一部に国内輸送が含まれている。
判定	当該国内輸送が、国際輸送の一環としてのものであることが国際輸送に係る契約において明らかにされているときは、当該国内輸送は国際輸送に該当するものとして取り扱われます。 　したがって、この場合は国内輸送を含む全体が免税となります。
5	外航船舶に積み込む船用品 　外航船舶に対し積み込む船用品で、税関長の積込承認を受けたものの外航船舶までの搬送を請け負った。
判定	搬送した船用品が内国貨物である場合は、免税とはなりませんが、外国貨物である場合は、外国貨物の運送として免税となります。 　しかしながら、税関長の積込承認は、輸出の許可とは別のものですから、内国貨物については積込承認を受けた後も引き続き内国貨物に該当するため、その運送は免税とはなりません。
6	保税蔵置場での譲渡 　外国から保税蔵置場に搬入し、輸入の許可を受ける前の貨物を国内の商社に売却した。
判定	外国から本邦に到着した貨物で輸入の許可を受ける前の貨物は外国貨物に該当しますから、外国貨物の譲渡として免税となります。
7	外国法人に対する役務の提供 　外国法人から、国内における商品の広告宣伝を請け負った。なお、当該外国法人は、日本国内に支店を有している。
判定	国内における課税資産の譲渡等のうち、非居住者に対する役務の提供は免税となりますが、日本国内の支店が居住者とみなされ、非居住者に対する役務の提供には該当しなくなるため、免税とはなりません。
8	外国人観光客に対する治療 　非居住者である外国人観光客に対し、病気の治療を行った。
判定	非居住者に対して行う役務の提供であっても、病気の治療のように国内において直接便益を享受するものは、免税とはなりません。

3 輸出物品販売場における免税（法8、令18、規6、7）

<table>
<tr><td rowspan="5">輸出物品販売場における免税販売の要件</td><td>① 輸出物品販売場として、納税地を所轄する税務署長の許可を受けた販売場における販売であること</td></tr>
<tr><td>② 外国為替及び外国貿易法第6条第1項第6号に規定する非居住者（本邦内に住所及び居所のいずれも有しない自然人）に対する販売であること</td></tr>
<tr><td>③ 販売する物品は、通常生活の用に供する物品であり、かつ、食品類、飲料類、たばこ、薬品類及び化粧品類並びにフィルム、電池その他の消耗品でないこと</td></tr>
<tr><td>④ 対価の額の合計額が1万円を超えていること</td></tr>
<tr><td>⑤ 次の手続をとること
　イ　購入者である非居住者に対し、旅券、乗員上陸許可書、緊急上陸許可書、遭難による上陸許可書のいずれかを提示させる
　ロ　「輸出免税物品購入記録票」を作成する
　ハ　購入者からは「最終的に輸出となる物品の消費税免税購入についての購入者誓約書」を提出させる
　ニ　ロの購入記録票をイの旅券等に貼り付け割印する
　ホ　ハの購入者誓約書を免税販売した日の属する課税期間の末日の翌日から2か月（清算中の法人について残余財産が確定した場合には1か月）を経過した日から7年間、納税地又は、輸出物品販売場の所在地に保存する</td></tr>
</table>

（注）　平成26年3月の消費税法施行令の改正により、輸出物品販売場制度において、非居住者に対して同一の店舗で1日に販売する額が5,000円超50万円までの消耗品につき、指定された方法により包装されていること等一定の方法で販売する場合に限り、免税販売の対象となるなどの改正が行われました。この改正は、平成26年10月1日以後に行われる課税資産の譲渡等（消耗品の販売）について適用されます。（詳細は**序章第3節3**を参照）

※　上記①から⑤のいずれの要件とも満たす販売であれば消費税は免除されますが、この場合においても購入者が当該物品を輸出しない場合などは、その免除された消費税相当額は購入者等から直ちに徴収されます。

≪参考≫　徴収の方法等

①　本邦から出国する日までにその物品を輸出しない場合	出港地所轄税関長が、消費税及び地方消費税相当額を購入者より直ちに徴収
②　購入者が居住者となる日までにその物品を輸出しない場合	居住者となる時の購入者の住所又は居所の所在地を所轄する税務署長が消費税及び地方消費税相当額を購入者より直ちに徴収
③　国内においてその物品を譲渡又は譲り受けた場合（これらの委託を受け、若しくは媒介のために所持し、又は譲渡のためその受託者、媒介者に所持させることを含みます。） ※　免税で購入した物品は、やむを得ない事情がある場合において、当該物品の所在場所を所轄する税務署長の承認を受けた場合以外は譲渡又は譲受けが禁止されています。	当該物品の所在場所を所轄する税務署長は、次の者から消費税及び地方消費税相当額を直ちに徴収 イ　譲渡又は譲受けの承認を受けた者があるときは、その承認を受けた者 ロ　無承認のまま譲り渡したときはその譲り渡した者（所持させた者を含みます。） ハ　譲渡した者が不明な場合は、譲り受けた者又は所持した者

(注)　①②の場合でも、災害その他やむを得ない事情により亡失したため輸出しないことにつき税関長の承認を受けた場合は、消費税及び地方消費税相当額は追徴されません。

第1章　各取引の課否判定

事例17　〈輸出物品販売場における免税の具体的事例〉

1	輸出物品販売場（新たに支店を開設した場合） 　本店が輸出物品販売場の許可を受けている場合、新たに支店を開設したときは、その支店も当然に輸出物品販売場となるか。
判定	輸出物品販売場の許可は、販売場ごとに受ける必要があります。 　したがって、新たに支店を開設した場合は、その支店について輸出物品販売場の許可を受ける必要があります。 　なお、輸出物品販売場の許可は、納税地を所轄する税務署長から受けることになります。
2	輸出物品販売場（販売場を移転した場合） 　輸出物品販売場を移転した場合、その移転後の販売場での販売も免税になるか。
判定	移転後の販売場について、新たに輸出物品販売場の許可を受けなければ免税とはなりません。 　なお、移転前の輸出物品販売場については、「輸出物品販売場廃止届出書」を提出することになります。
3	旅券等を所持していない外国人への譲渡 　旅券等を所持していない外国人に対して免税販売できるか。
判定	輸出物品販売場における免税販売の要件の一つとして、旅券、乗員上陸許可書、緊急上陸許可書、遭難による上陸許可書のいずれかを提示させ、その裏面に「輸出免税物品購入記録票」をはり付けることとされています。 　したがって、いずれの提示もない場合は、たとえ非居住者であることが明らかであっても、免税で販売することはできません。
4	通常生活の用に供する物品 　輸出物品販売場における免税で販売できる物品は「通常生活の用に供する物品」に限られるが、例えば、CD付ラジオカセットなども免税販売ができるのか。
判定	免税販売できる物品を「通常生活の用に供する物品」に限ったのは、事業用や販売用に購入するものを排除するためであり、生活必需品に限るということではありません。 　したがって、CD付ラジオカセットであっても、事業用や販売用に購入するものでない限り、免税となります。

※　平成26年10月1日以後に適用される輸出物品販売場制度の改正については、**序章第3節3**を参照してください。

4 外航船等に積み込む物品の譲渡に係る免税 (措法85、措令45、45の2、45の3、措規32、36)

<table>
<tr><td rowspan="4">外航船等に積み込む物品の譲渡に係る免税の要件</td><td>① 譲渡する物品は次のいずれかであること（指定物品）
イ 酒類及び製造たばこ
ロ 関税法第2条第1項第9号及び第10号に規定する船用品及び機用品（イに掲げるものを除きます。）</td></tr>
<tr><td>② 次のいずれかの船舶又は航空機（外航船等）に積み込むための譲渡であること
イ 本邦と外国との間を往来する本邦の船舶
ロ 漁業法第52条第1項《指定漁業の許可》の指定漁業を定める政令第1項に規定する母船式捕鯨業に従事する船舶のうち、東経118度及び東経159度の線並びに北緯20度及び北緯45度の線で囲まれた海域を除く海域において行う母船式捕鯨業に従事する母船、独航船、運搬船及び補給船
ハ 本邦と外国との間を往来する本邦の航空機</td></tr>
<tr><td>③ ②の積込みについて、その積み込もうとする港（開港、税関空港、不開港）の所在地の所轄税関長の承認を受けること</td></tr>
<tr><td>④ ③の承認を受けた事実を証する書類を②の譲渡をした日の属する課税期間の末日の翌日から2か月（清算中の法人について残余財産が確定した場合には1か月）を経過した日から7年間、納税地又は当該指定物品の譲渡に係る事務所、事業所その他これらに準ずるものの所在地に保存する。</td></tr>
</table>

※ 上記①から④のいずれの要件も満たして積み込まれた指定物品が本邦において陸揚げされることになった場合等は、消費税額及び地方消費税額が徴収されることになります。

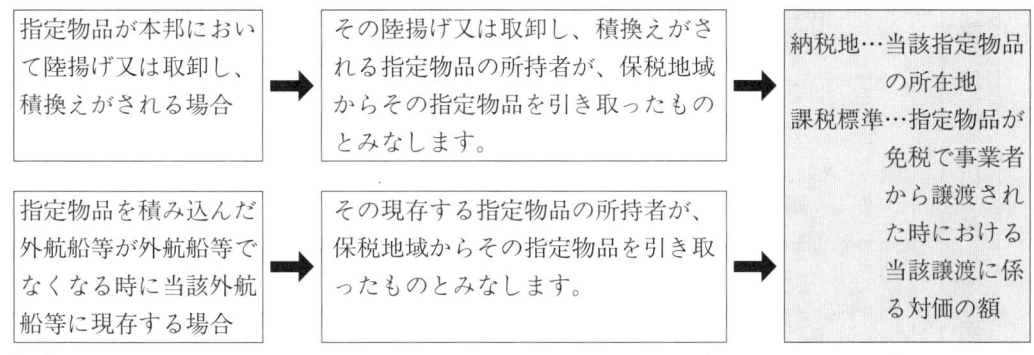

指定物品が本邦において陸揚げ又は取卸し、積換えがされる場合	→ その陸揚げ又は取卸し、積換えがされる指定物品の所持者が、保税地域からその指定物品を引き取ったものとみなします。	→ 納税地…当該指定物品の所在地 課税標準…指定物品が免税で事業者から譲渡された時における当該譲渡に係る対価の額
指定物品を積み込んだ外航船等が外航船等でなくなる時に当該外航船等に現存する場合	→ その現存する指定物品の所持者が、保税地域からその指定物品を引き取ったものとみなします。	

(注) 他の外航船等に積み換える場合や外航船等でなくなった船舶等が、再び外航船等となることが確実な場合で入港地所轄税関長の承認を受けた場合は、消費税及び地方消費税は徴収されません。

第1章　各取引の課否判定

5　外国公館等に対する課税資産の譲渡等に係る免税

(措法86、措令45の4、措規36の2、外通6)

<table>
<tr><td rowspan="4">外国公館等に対する課税資産の譲渡等に係る免税の要件</td><td>

① 外国公館等に対して免税で課税資産の譲渡等を行うことについて国税庁長官の指定を受けた事業者の指定を受けた店舗における課税資産の譲渡等であること

② 本邦にある外国の大使館、公使館、領事館その他これらに準ずる機関(大使館等)又は本邦に派遣された外国の大使、公使、領事その他これらに準ずる者(大使等)に対する課税資産の譲渡等であること

③ 次の手続をとること
　㈠ 揮発油の譲渡
　　イ 揮発油の製造場から譲渡を受ける場合
　　　(イ) 大使館等又は大使等は、「外交官等用揮発油購入証明書」の交付申請を外務省に対して行い、当該証明書の交付を受ける。
　　　(ロ) 大使館等又は大使等は、「外交官等用揮発油購入証明書」を免税指定店舗に提示するとともに、「外国公館等用免税購入表」に必要事項を記載して、当該免税指定店舗に提出した上で、免税で揮発油を購入する。
　　　(ハ) 免税指定店舗は、大使館等又は大使等から提出された「外国公館等用免税購入表」を受領し、これを保存する。
　　ロ 租税特別措置法第90条の3第1項第3号《指定給油所》に規定する指定給油所が譲渡をする場合
　　　(イ) 大使館等又は大使等は、外務省に対して「外交官等用揮発油購入証明書」及び「外交官等用揮発油購入票」の交付申請を行い、当該証明書等の交付を受ける。
　　　(ロ) 大使館等又は大使等は、「外交官等用揮発油購入証明書」を指定給油所である免税指定店舗に提示するとともに、「外交官等用揮発油購入票」に必要事項を記載して、当該購入票を当該免税指定店舗に提出した上で、免税で揮発油を購入する。
　　　(ハ) 免税指定店舗は、大使館等又は大使等から提出された「外交官等用揮発油購入票」を受領し、これを保存する。
　　　(注) イ及びロに掲げる「外交官等用揮発油購入証明書」並びにロに掲げる「外交官等用揮発油購入票」については、揮発油税法及び地方道路税法についても同一の証明書等で免税購入手続を行うのであるから留意する。
　㈡ 自動車の譲渡
　　(イ) 大使館等又は大使等は、外務省に対して「外国公館等用消費税免除証明書」の交付申請を行い、当該証明書の交付を受ける。
　　(ロ) 大使館等又は大使等は、「外国公館等用消費税免除証明書」に必要事項を記載し、当該証明書を当該免税指定店舗に提出した上で、免税で自動車を購入する。
　　(ハ) 免税指定店舗は、大使館等又は大使等から提出された「外国公館等用消費税免除証明書」を受領し、当該証明書を証明書兼書類として保存する。
　㈢ 電気、ガス、水道水又は電気通信役務の供給又は提供
　　(イ) 大使館等又は大使等は外務省に対して、電気、ガス、水道水又は電気通信

</td></tr>
</table>

　　　　　役務の供給又は提供に係る免税に関する申請を行う。
　　　(ロ)　免税指定店舗は、外務省から「外国公館等用免税（電気・ガス・電話・水道）申請表」の交付を受け、これを保存する。
　　　(ハ)　大使館等又は大使等は、電気、ガス、水道水及び電気通信役務の供給又は提供につき免税による給付を受け、「外国公館等用免税購入表」に必要事項を記載して、免税指定店舗に提出する。
　　　(ニ)　免税指定店舗は、大使館等又は大使等から提出された「外国公館等用免税購入表」を受領し、これを保存する。
　(四)　その他の課税資産の譲渡等
　　　(イ)　大使館等又は大使等は、外務省に対して「免税カード」の交付申請を行い、当該免税カードの交付を受ける。
　　　(ロ)　大使館等又は大使等は、免税指定店舗に「免税カード」を提示するとともに、「外国公館等用免税購入表」に必要事項を記載して、当該購入表を免税指定店舗に提出した上で、免税で課税資産の譲渡等を受ける。
　　　(ハ)　免税指定店舗は、大使館等又は大使等から提出された「外国公館等用免税購入表」を受領し、これを保存する。

6　海軍販売所等に対する物品の譲渡に係る免税　(措法86の2、措令46)

免税となる要件

① 日本国とアメリカ合衆国との間の相互協力及び安全保障条約第6条に基づく施設及び区域並びに日本国における合衆国軍隊の地位に関する協定第15条第1項(a)に規定する海軍販売所又はピー・エックスに対する物品の譲渡であること

② 譲渡する物品は、通常生活の用に供する物品（食品類、飲料類、たばこ、薬品類及び化粧品類並びにフィルム、電池その他の消耗品を除きます。）であること

③ 海軍販売所又はピー・エックスにおいて物品を購入する合衆国軍隊の構成員及び軍属並びにこれらの家族が、購入に際して当該物品を購入後において輸出するものであることを記載した書類を海軍販売所等に提出するので、当該書類を譲渡した事業者において保存すること

第7節　課税仕入れに該当するかどうかの判定

　消費税は、事業者が国内において行った課税資産の譲渡等（免税となるものを除きます。）を課税標準額とし、その6.3％相当額を課税標準額に対する消費税額として計算しますが、一方、国内において行った課税仕入れに係る消費税額及び保税地域から引き取る課税貨物に係る消費税額は控除することになっています。

　この節は、各取引が国内における課税仕入れに該当するかどうかを判定するために設けたものです。

1　課税仕入れの意義（法2①十二）

　仕入税額控除の対象となる「課税仕入れ」とは、次のいずれにも該当する取引をいいます。

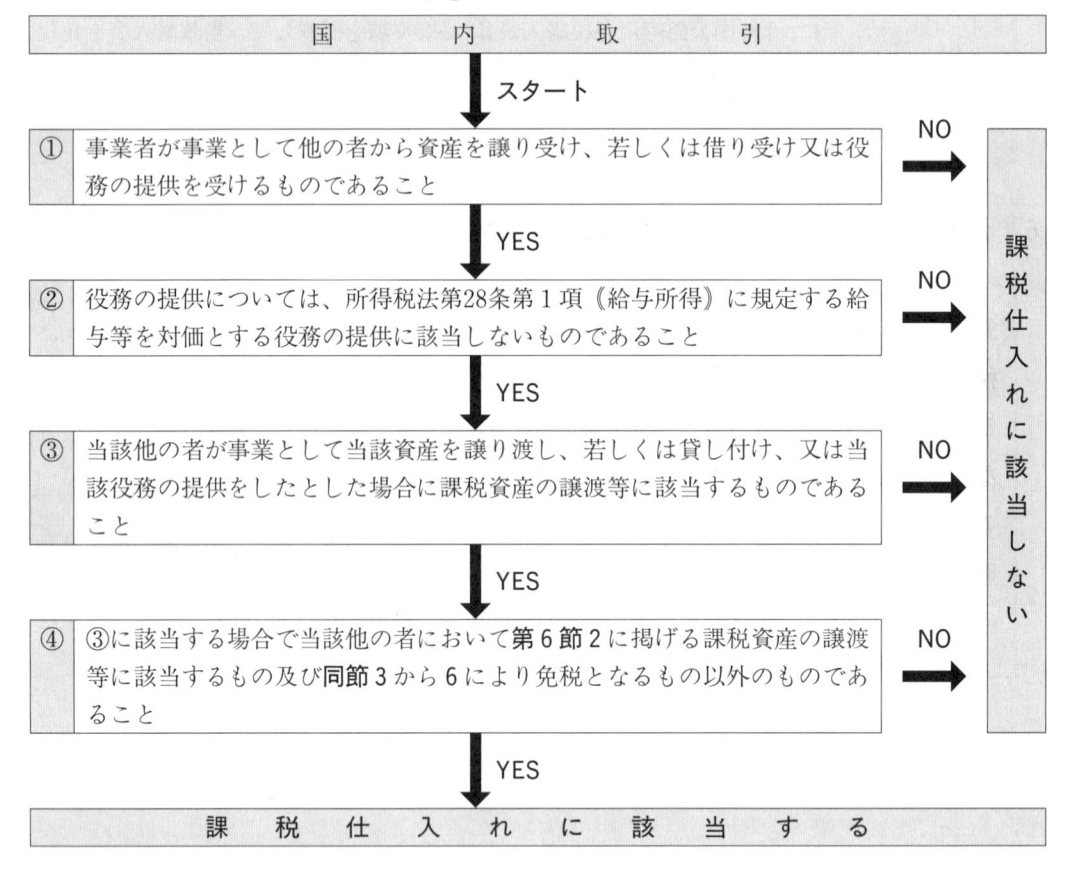

```
┌─────────── 国　　内　　取　　引 ───────────┐
                        ↓ スタート

① 事業者が事業として他の者から資産を譲り受け、若しくは借り受け又は役  →NO→ ┐
   務の提供を受けるものであること                                          │
                        ↓ YES                                              │
                                                                           │
② 役務の提供については、所得税法第28条第1項（給与所得）に規定する給    →NO→ │ 課
   与等を対価とする役務の提供に該当しないものであること                      │ 税
                        ↓ YES                                              │ 仕
                                                                           │ 入
③ 当該他の者が事業として当該資産を譲り渡し、若しくは貸し付け、又は当    →NO→ │ れ
   該役務の提供をしたとした場合に課税資産の譲渡等に該当するものである        │ に
   こと                                                                    │ 該
                        ↓ YES                                              │ 当
                                                                           │ し
④ ③に該当する場合で当該他の者において第6節2に掲げる課税資産の譲渡   →NO→ │ な
   等に該当するもの及び同節3から6により免税となるもの以外のものであ        │ い
   ること                                                                  │
                        ↓ YES                                              ┘
┌─────────── 課　税　仕　入　れ　に　該　当　す　る ───────────┐
```

> **留意点13**　課税仕入れの範囲

　仕入れに係る消費税額の控除の対象となる取引は、国内における課税仕入れ及び保税地域からの課税貨物の引取りです。

　したがって、上記の①から④までのいずれにも該当する場合であっても、国内において行ったものでない課税仕入れ（例えば国外での仕入れ）は、仕入れに係る消費税額の控除の対象にはなりません。

　以下、課税仕入れの条件を個別に説明します。

2 家事用資産、家事共用資産の取得（基通11－1－1、11－1－4）

個人事業者が家事消費又は家事使用をするために資産を譲り受け、若しくは借り受け、又は役務の提供を受けること		事業として行ったものではない	→	非該当
事業と家事の用途に共通して消費又は使用する資産の購入	当該資産の消費又は使用の実態に基づく使用率、使用面積割合等の合理的な基準による計算により、家事消費又は家事使用部分と事業の用に供する部分とに分けます。	家事消費又は家事使用に係る部分	→	非該当
		事業のために使用又は消費する部分	→	該当

3 給与等を対価とする役務の提供

給与等を対価とする役務の提供 （基通11－1－2）	俸給、給料、賃金、歳費及び賞与並びにこれらの性質を有する給与を対価として、雇用契約又はこれに準ずる契約に基づき労務を提供することをいい、過去の労務の提供を給付原因とする退職金、年金等も含みます。		→	非該当
通勤手当（定期券等の支給など現物による支給を含みます。）のうち、当該通勤者がその通勤に必要な交通機関の利用又は交通用具の使用のために支出する費用に充てるものとした場合に、その通勤に通常必要であると認められる部分（所得税法上の非課税限度額を超える部分を含みます。）（基通11－2－2）			→	該当
役員又は使用人（使用人等）が勤務する場所を離れてその職務を遂行するため旅行をし、若しくは転任に伴う転居のための旅行をした場合又は就職若しくは退職をした者若しくは死亡による退職をした者の遺族（退職者等）がこれらに伴う転居のための旅行をした場合に、事業者がその使用人等又はその退職者等に支給する出張旅費、宿泊費、日当等 （基通11－2－1）	その旅行に通常必要であると認められる部分の金額	国内出張等に係る部分の金額	→	該当
		海外出張等に係る部分の金額	→	非該当
	その旅行に通常必要であると認められる部分を超える部分の金額		→	非該当
外交員、集金人、電力量計等の検針人その他これらに類する者に対して支払う報酬料金等 （基通11－2－5）	所得税法第28条第1項により給与所得に該当する部分		→	非該当
	給与所得に該当しない部分		→	該当

4　資産の譲受け等の範囲

課税事業者及び免税事業者のほか消費者から事業として課税資産を譲り受け、若しくは借り受け又は役務の提供を受ける場合 （基通11−1−3）		→	課税仕入れに該当
ゴルフクラブ、宿泊施設、体育施設、遊戯施設その他レジャー施設の利用又は一定の割引率で商品等を販売するなど会員に対する役務の提供を目的とする団体の会員資格を得るための入会金 （基通11−2−7）	脱退等に際し、返還されないもの	→	
	脱退等に際し、返還されるもの	→	非該当

事例18　〈誤りやすい課税仕入れに係る具体的事例〉

1	餞別の支出 得意先役員の退任に際し、餞別を渡した。
判定	祝い金、見舞金などの現金の支出、また、寄附としての現金の支出は、資産の譲受け等の対価として支払ったものではありませんから、課税仕入れには該当しません。
2	贈答品の購入 得意先訪問に際して、贈答品を購入した。
判定	物品の贈与等を行う場合のその物品の購入は、課税仕入れに該当します。
3	収入印紙の購入 契約書や領収書などに貼り付ける収入印紙を郵便局で購入した。
判定	収入印紙の購入は、印紙税納付のために行われるものであり、いわば租税公課の支払のためのものですから、課税仕入れには該当しません。
4	電話代の支払 電話代を支払った。
判定	電話代や郵便代なども、通信や郵便という役務の提供の対価として支払うものですから、課税仕入れに該当します。ただし、国際電話や国際郵便の場合は、役務の提供者側で免税規定が適用されるものですから、課税仕入れには該当しません。
5	出向料の支払 親会社から出向社員として受け入れた使用人に対する給与相当額を親会社に支払った。
判定	出向の場合は、出向先事業者と当該出向者との間は雇用契約又はこれに準ずる契約によるものであるため、親会社に支払う給与相当額は、当該出向者からの給与等を対価としての役務の提供に係るその対価の支払となりますから、課税仕入れには該当しません。
6	派遣料の支払 人材派遣業者から技術スタッフの派遣を受けたので派遣料を支払った。
判定	人材派遣業者との派遣契約により人材派遣を受けることは、雇用契約又はこれに準ずる契約により役務の提供を受けるものではないため、給与等を対価とする役務の提供に該当せず、課税仕入れに該当することになります。

7	配膳人に対する報酬等 有料職業紹介所より紹介された配膳人に対する報酬等を当該有料職業紹介所を経由して支払った。
判定	有料職業紹介に基づくものは、求人者と求職者との間に雇用関係が発生するため、給与等を対価とする役務の提供として、課税仕入れの対象にはなりません。 ただし、有料職業紹介所への紹介手数料の支払に係るものは課税仕入れに該当します。
8	講演の謝礼 職場研修を開催するに当たり、某大学教授に講演を依頼し、謝礼を支払った。
判定	講演という役務の提供は、給与等を対価とする役務の提供ではありませんから、課税仕入れに該当します。 なお、この場合、その教授が事業として行ったかどうかは問いません。
9	産業医の報酬 個人の開業医を産業医として迎え入れ、報酬を支払った。
判定	その個人開業医が受ける産業医報酬は、給与所得に係る収入に該当するため、その支払に係るものは課税仕入れには該当しません。
10	車椅子の購入 自社が建設した老人ホームの開館に当たり、車椅子を購入しこれを寄贈した。
判定	車椅子は、身体障害者用物品として譲渡した側で非課税になるものですから、その購入は課税仕入れには該当しません。
11	プリペイドカードの購入 プリペイドカードを購入した。
判定	プリペイドカードの譲渡は、物品切手等の譲渡として非課税となりますから、その購入は課税仕入れには該当しません。 しかし、そのプリペイドカードを購入した事業者が自ら物品や役務の引換給付を受けるのであれば、その引換給付を受けた時点で課税仕入れに該当することになります。 なお、自ら引換給付を受けるものにつき、継続してそのプリペイドカード代金を支払ったときの課税仕入れとしているときは、これを認めることとされています。
12	外国貨物の購入 保税地域において保管されている外国貨物を購入した。
判定	外国貨物は譲渡した側で、免税規定が適用されるものですから、その購入は、課税仕入れには該当しません。 なお、相手方が、実際に免税規定を適用したかどうかは問いません。

第8節　勘定科目別課否判定

　この節は、各勘定科目に属する取引が消費税の課税対象に該当するのかどうかの判定の目安を掲げました。
　なお、消費税における課否判定は取引ごとに行うものであり、勘定科目で行うのではありませんので、この節の表はあくまでも「目安」である点に御留意ください。

課……国内における課税資産の譲渡等（免税分を除きます。）又は国内における課税仕入れ
非……国内における非課税資産の譲渡等又は非課税仕入れ
免……国内における課税資産の譲渡等のうち免税となるもの又は免税仕入れ
不……消費税が不課税となるもの
※　なお、取引例の中で国内、国外の区別を書いていないものは、すべて国内におけるものという前提で作成しています。

1　売上高

勘定科目	取引例	課否	備考
売上高	国内向け商品販売	課	ただし、身体障害者用物品の販売などは**非**
	輸出売上げ	免	
	国外に所在する資産の販売	不	
	土地の販売	非	
	土地の賃貸料	非	賃貸期間1か月未満の場合は**課**
	駐車場、テニスコート等使用料	課	
	事務所用建物の賃貸料	課	
	居住用住宅の賃貸料	非	賃貸期間1か月未満の場合は**課**
	不動産仲介手数料	課	
	運送料収入	課	ただし、外国貨物の運送は**免**
	人材派遣料収入	課	
	請負収入	課	
売上値引、返品、割戻し	課税売上げに係るもの	課	税額控除の対象になります。
	免税売上げに係るもの	免	
	非課税売上げに係るもの	非	

2 売上原価

勘定科目	取引例	課否	備考
期首棚卸高	────	──	ただし、免税事業者から課税事業者に該当することとなった場合は、調整要
商品仕入高	販売用商品の仕入れ	課	
	土地の仕入れ	非	
製造原価	（販売費及び一般管理費の勘定科目別課否を参考にしてください。）		
仕入返品、値引、割戻し	課税仕入れに係るもの	課	仕入控除税額の減額調整を行います。
	非課税仕入れに係るもの	非	
期末棚卸高	────	──	ただし、課税事業者から免税事業者に該当することとなった場合は、調整要

3 販売費及び一般管理費

勘定科目	取引例	課否	備考
役員報酬		不	
役員賞与			
役員退職金			
従業員給与			
従業員賞与			
従業員退職金			
外交員報酬		課	ただし、給与に該当する部分は**不**
法定福利費	健康保険料の支払	非	
福利厚生費	祝い金、香典等	不	
	福利厚生用物品の購入	課	
研修費	外部講師に対する講演料	課	
通勤費	通常要する通勤費	課	通常要する部分は、所得税法上の非課税限度額を超えても**課**
	通常要する額を超える部分	不	
旅費交通費	国内出張分	課	通常要する額を超える部分は**不**
	海外出張分	免	
通信費	国内間電話、郵便代	課	
	国際電話、国際郵便	免	
交際費	祝い金、見舞金	不	使途不明金も**不**
	贈答品の購入	課	
寄附金	寄附としての現金の支出	不	ただし、寄附のための物品の購入は**課**
減価償却費		──	減価償却資産の購入代金は**課**
繰延資産償却費		──	課税資産の取得などは**課**

賃借料	土地の賃借料	非課	
	事務所建物の賃借料	課	
	従業員宿舎の借上げ料	非課	
修繕費		課	
租税公課		不	
保険料		非課	
水道光熱費		課	
試験研究費		課	ただし、給与の支払は**不**
荷造運送費	国内間運送	課	
	国内国外間運送	免	
消耗品費		課	
広告宣伝費		課	
特許権使用料		課	ただし、2国以上で登録された特許権で非居住者に支払うものは**不**
税理士報酬等		課	
会費	ゴルフクラブの会費	課	アスレチッククラブなどの会費なども**課**
	同業者団体の会費	不	
倉庫料		課	ただし、外国貨物の保管料は**免**
貸倒引当金繰入損		—	
債権償却特別勘定繰入損		—	
賞与引当金繰入損		—	
退職給与引当金繰入損		—	
返品調整引当金繰入損		—	
製品保証引当金繰入損		—	
貸倒損失	貸付金の貸倒れ	不	
	課税売上げに係る債権の貸倒れ	課	貸倒れに係る控除の対象

4　営業外収益及び特別利益

勘定科目	取引例	課否	備考
受取利息		非	
受取保険金		不	
有価証券売却益	株式の売却	非	課税売上割合の計算においては、譲渡対価の総額の5％を分母に加算
	ゴルフ場等利用株式の売却	課	譲渡対価の総額が課税
固定資産売却益	土地売却益	非	
	建物売却益	課	譲渡対価の総額が課税
仕入割引	課税仕入れに係るもの	課	課税仕入れに係る消費税額から減額調整
	非課税仕入れに係るもの	非	
	免税仕入れに係るもの	免	例えば国内における外国貨物の仕入れに係る割引など
受取地代	更地の貸付け	非	契約期間が1か月未満の場合は**課**
	駐車場施設の貸付け	課	
受取家賃	事務所等の貸付け	課	
	従業員宿舎、寮の貸付け	非	食事提供の場合の食事代は**課**
為替差益		—	
受取配当金		不	
事業分量配当金		課	課税仕入れに係る消費税額から減額調整
貸倒引当金戻入益		—	
賞与引当金戻入益		—	
退職給与引当金取崩益		—	
償却債権取立益		課	貸倒れに係る消費税額の控除の対象としたものの回収分を課税標準額に対する消費税額に加算処理
債務免除益		—	
対価補償金	土地の収用の場合	非	
	建物の収用の場合	課	
移転補償金		不	⎫
損害賠償金		不	⎬ 対価性のあるものは**課**
違約金		不	⎭

5　営業外費用及び特別損失

勘定科目	取引例	課否	備考
支払利息割引料		非	
有価証券売却損	株式の売却	非	課税売上割合の計算においては、譲渡対価の総額の5％を分母に加算
	ゴルフ場等利用株式の売却	課	譲渡対価の総額が課税
有価証券評価損		—	
固定資産売却損	土地売却損	非	
	建物売却損	課	譲渡対価の総額が課税
売上割引	課税売上げに係るもの	課	課税標準額に対する消費税額から控除
	非課税売上げに係るもの	非	
	免税売上げに係るもの	免	例えば外国貨物の売上げに係る割引など
為替差損		—	
現金過不足		—	
棚卸評価損		—	
損害賠償金		不	対価性のあるものは**課**
違約金		不	

6　資産の部

(1) 流動資産

勘定科目	取引例	課否	備考
受取手形	手形の譲渡	非	
売掛金	売掛債権の譲渡	非	
有価証券	有価証券の譲渡	非	
商品	課税商品の国内販売	課	
	課税商品の輸出販売	免	
	非課税商品の購入	非	例えば身体障害者用物品の購入など
	課税商品の購入	課	購入時に課税仕入れ
立替金		—	
前渡金		—	
仮払金		—	経費等へ振り替える段階で個別判定
前払費用		—	
未収利息	受取利息の計上	非	受取利息計上時に非
敷金・差入保証金	返還される敷金等の差入れ	—	
	敷金等の返還	—	
	不返還部分（居住用建物）	非	返還されないことが確定した段階で判定
	不返還部分（事務所用建物）	課	

(2) 固定資産
　イ　有形固定資産

勘定科目	取引例	課否	備考
建物 建物附属設備 機械装置 器具備品 車両運搬具	購入 売却 除却	課 課 —	購入時に課税仕入れ 譲渡対価の総額が課税
船舶 航空機	内航船舶等の購入 内航船舶等の売却 外航船舶等の船舶運航事業者等への売却 外航船舶等を船舶運航事業者等が購入 除却	課 課 免 免 —	購入時に課税仕入れ 譲渡対価の総額が課税
土地	土地の購入 土地の譲渡 土地の造成費支出	非 非 課	
建設仮勘定		—	支出内容により課否判定を行う。引渡しを受けた時に税額控除を行うが、完成時に一括して税額控除も可

　ロ　無形固定資産

勘定科目	取引例	課否	備考
営業権	営業権の取得	課	
借地権 地上権 地役権	取得 譲渡	非 非	
水道施設利用権 工業用水道施設利用権 電気ガス供給施設利用権 熱供給施設利用権	取得 譲渡	課 課	取得時の課税仕入れ 対価の総額が課税対象

ハ　投資等

勘定科目	取引例	課否	備考
投資有価証券	有価証券の譲渡	非	課税売上割合の計算においては、譲渡対価の総額の5％を分母に加算
出資金	出資	不	
ゴルフ会員権	新設ゴルフ場に対する預託金の払込み	不	
	購入	課	
	譲渡	課	

ニ　繰延資産

勘定科目	取引例	課否	備考
創業費		課	
開業費		課	
試験研究費		課	
開発費		課	
新株発行費		課	
社債発行費		課	
建設利息		非	
社債発行差金		非	

7　負債の部

勘定科目	取引例	課否	備考
前受金		—	清算時で判定
仮受金		—	
受入保証金・敷金	返還される敷金等の差入れ	—	
	敷金等の返還	—	
	不返還部分（居住用建物、土地）	非	返還されないことが確定した段階で判定
	不返還部分（事務所用建物）	課	
債権償却特別勘定		—	

留意点14 仕入税額控除の留意点

　課税売上高が5億円を超える課税期間又は課税売上割合が95％未満である課税期間（簡易課税制度による課税期間を除きます。）は、**第4章第3節**の（**手順4**）（170ページ）により仕入控除税額を計算しますので、国内における課税仕入れに係る消費税額であっても課税売上げに対応する部分しか税額控除ができないことになります。

第2章
納税義務が免除されるかどうかの判定

　事業者は、国内において行った課税資産の譲渡等について、課税期間ごとに消費税の申告及び納税義務を負うわけですが、基準期間における課税売上高及び特定期間における課税売上高等が1,000万円以下である年又は事業年度については、その申告及び納税義務が免除されるという制度があるほか、様々な特例があります。
　この章は、ある年又は事業年度に係る課税期間について、消費税の納税義務が免除されるかどうかについて判定するために設けたものです。
　次表のフローには概略を示していますので、くわしくは、各フローに掲げる該当のページを参照してください。

第2章 納税義務が免除されるかどうかの判定

(判定フロー)

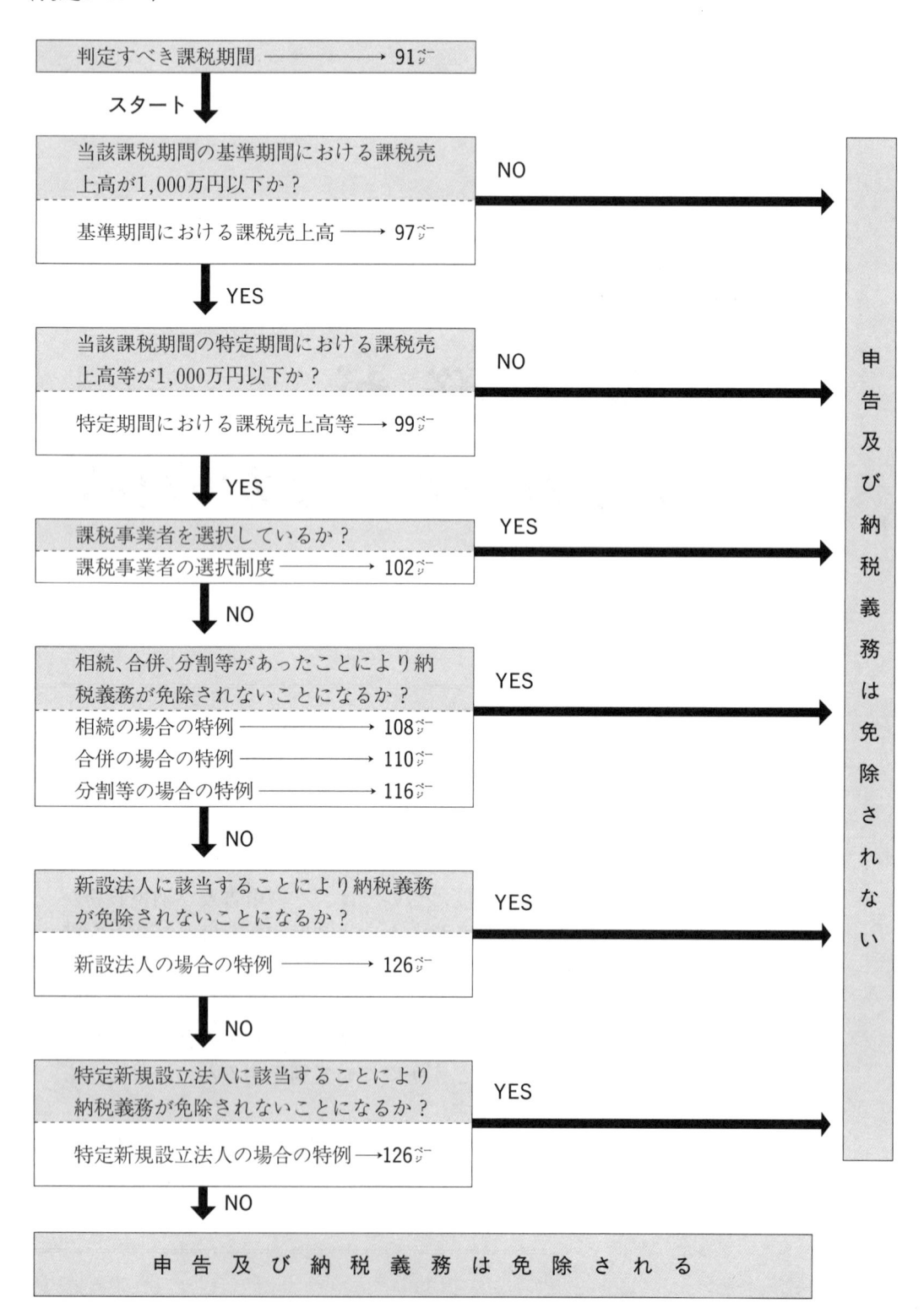

```
           判定すべき課税期間 ──→ 91ページ
              スタート ↓
    ┌──────────────────────────┐
    │ 当該課税期間の基準期間における課税売  │   NO
    │ 上高が1,000万円以下か？           │ ─────→
    │──────────────────────────│
    │ 基準期間における課税売上高 ──→ 97ページ│
    └──────────────────────────┘
              ↓ YES
    ┌──────────────────────────┐
    │ 当該課税期間の特定期間における課税売  │   NO
    │ 上高等が1,000万円以下か？          │ ─────→
    │──────────────────────────│
    │ 特定期間における課税売上高等 → 99ページ│
    └──────────────────────────┘
              ↓ YES
    ┌──────────────────────────┐
    │ 課税事業者を選択しているか？         │   YES
    │──────────────────────────│ ─────→
    │ 課税事業者の選択制度 ──→ 102ページ  │
    └──────────────────────────┘
              ↓ NO
    ┌──────────────────────────┐
    │ 相続、合併、分割等があったことにより納 │   YES
    │ 税義務が免除されないことになるか？    │ ─────→
    │──────────────────────────│
    │ 相続の場合の特例 ──→ 108ページ    │
    │ 合併の場合の特例 ──→ 110ページ    │
    │ 分割等の場合の特例 ──→ 116ページ   │
    └──────────────────────────┘
              ↓ NO
    ┌──────────────────────────┐
    │ 新設法人に該当することにより納税義務  │   YES
    │ が免除されないことになるか？         │ ─────→
    │──────────────────────────│
    │ 新設法人の場合の特例 ──→ 126ページ │
    └──────────────────────────┘
              ↓ NO
    ┌──────────────────────────┐
    │ 特定新規設立法人に該当することにより  │   YES
    │ 納税義務が免除されないことになるか？  │ ─────→
    │──────────────────────────│
    │ 特定新規設立法人の場合の特例→126ページ│
    └──────────────────────────┘
              ↓ NO
    ┌──────────────────────────┐
    │    申 告 及 び 納 税 義 務 は 免 除 さ れ る    │
    └──────────────────────────┘
```

（右側：申告及び納税義務は免除されない）

第1節　課税期間

　消費税の納税額は、事業者が国内において行った課税資産の譲渡等に係る消費税額から仕入れに係る消費税額等を控除して計算しますが、その計算は課税期間ごとに行います。
　つまり、課税期間ごとに納付すべき消費税額を計算し、確定申告及び納付を行うことになっています。
　この節では、この「課税期間」について説明します。

1　原則的課税期間（法19①、2①十三、令3）

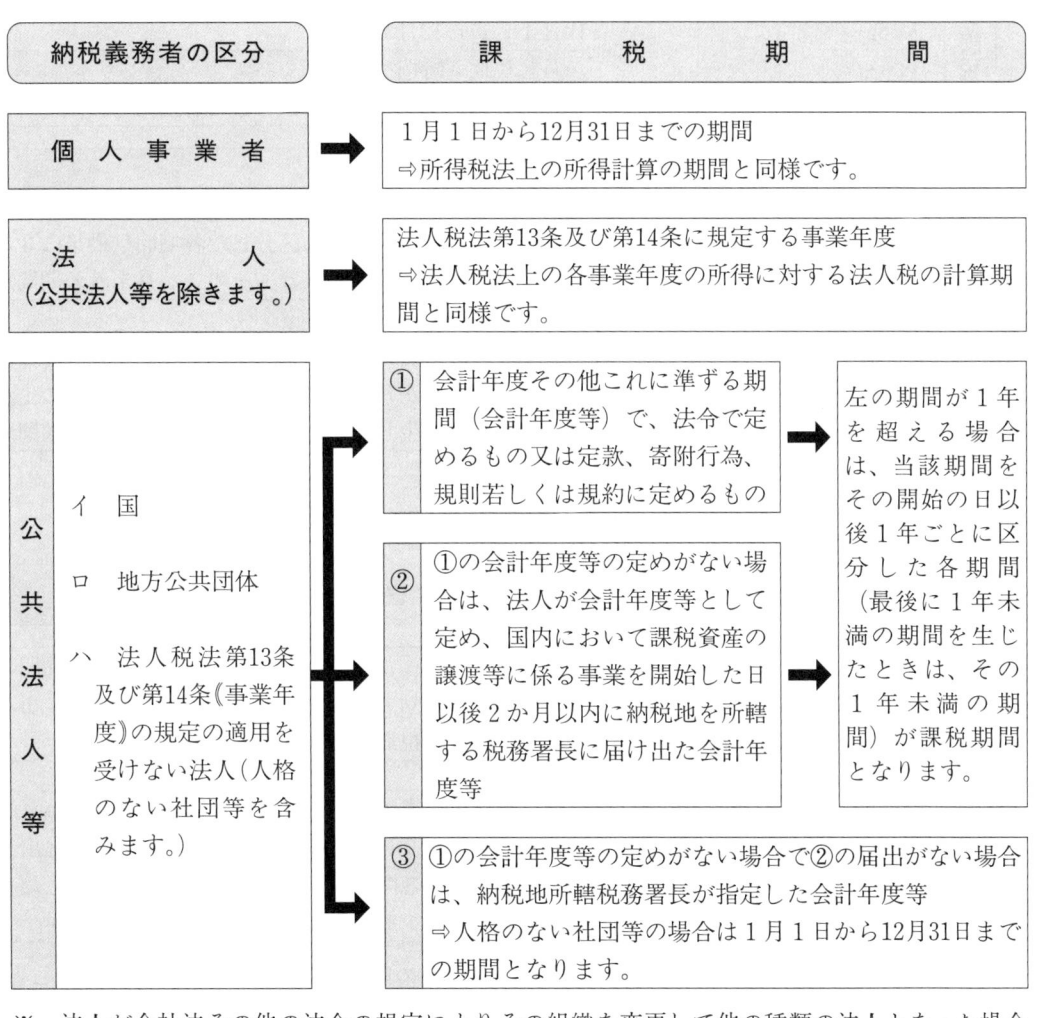

納税義務者の区分	課税期間
個人事業者	1月1日から12月31日までの期間 ⇒所得税法上の所得計算の期間と同様です。
法人（公共法人等を除きます。）	法人税法第13条及び第14条に規定する事業年度 ⇒法人税法上の各事業年度の所得に対する法人税の計算期間と同様です。

公共法人等
イ　国
ロ　地方公共団体
ハ　法人税法第13条及び第14条《事業年度》の規定の適用を受けない法人（人格のない社団等を含みます。）

① 会計年度その他これに準ずる期間（会計年度等）で、法令で定めるもの又は定款、寄附行為、規則若しくは規約に定めるもの

② ①の会計年度等の定めがない場合は、法人が会計年度等として定め、国内において課税資産の譲渡等に係る事業を開始した日以後2か月以内に納税地を所轄する税務署長に届け出た会計年度等

③ ①の会計年度等の定めがない場合で②の届出がない場合は、納税地所轄税務署長が指定した会計年度等
⇒人格のない社団等の場合は1月1日から12月31日までの期間となります。

左の期間が1年を超える場合は、当該期間をその開始の日以後1年ごとに区分した各期間（最後に1年未満の期間を生じたときは、その1年未満の期間）が課税期間となります。

※　法人が会社法その他の法令の規定によりその組織を変更して他の種類の法人となった場合には、組織変更前の法人の解散の登記、組織変更後の法人の設立の登記にかかわらず、その解散又は設立はなかったものとして取り扱われます。したがって、このような場合の法人の課税期間は、その組織変更によって区分されず継続することになります。なお、基準期間ができた以後の課税期間において組織変更した法人については、消費税法第12条の2第1項《新設法人の納税義務の免除の特例》又は第12条の3第1項《特定新規設立法人の納税義務の免除の特例》の規定の適用はありません（基通3－2－2）。

2　課税期間の特例 （法19①三、三の二、四、四の二）

「消費税課税期間特例選択・変更届出書」の提出により、課税期間の短縮の特例を選択した場合は、課税期間は次のようになります。

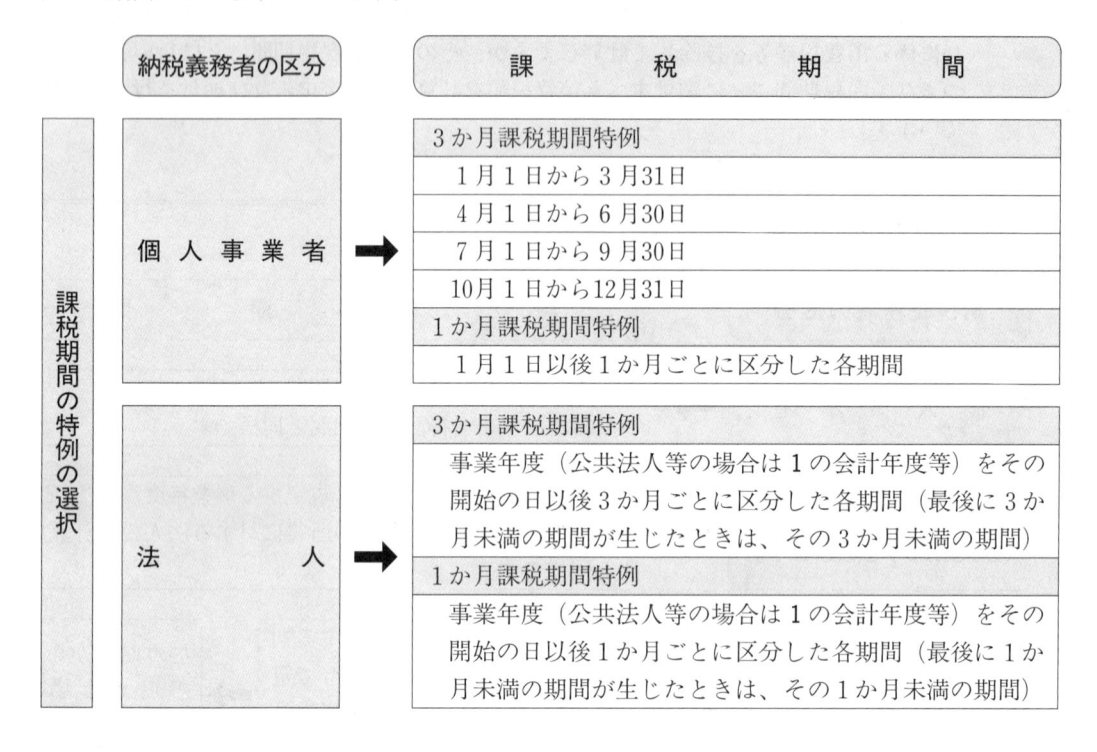

納税義務者の区分	課税期間
個人事業者	3か月課税期間特例 　1月1日から3月31日 　4月1日から6月30日 　7月1日から9月30日 　10月1日から12月31日 1か月課税期間特例 　1月1日以後1か月ごとに区分した各期間
法人	3か月課税期間特例 　事業年度（公共法人等の場合は1の会計年度等）をその開始の日以後3か月ごとに区分した各期間（最後に3か月未満の期間が生じたときは、その3か月未満の期間） 1か月課税期間特例 　事業年度（公共法人等の場合は1の会計年度等）をその開始の日以後1か月ごとに区分した各期間（最後に1か月未満の期間が生じたときは、その1か月未満の期間）

（課税期間の特例の選択）

3　課税期間の特例選択の方法及びその効力の発生 （法19②一、二）

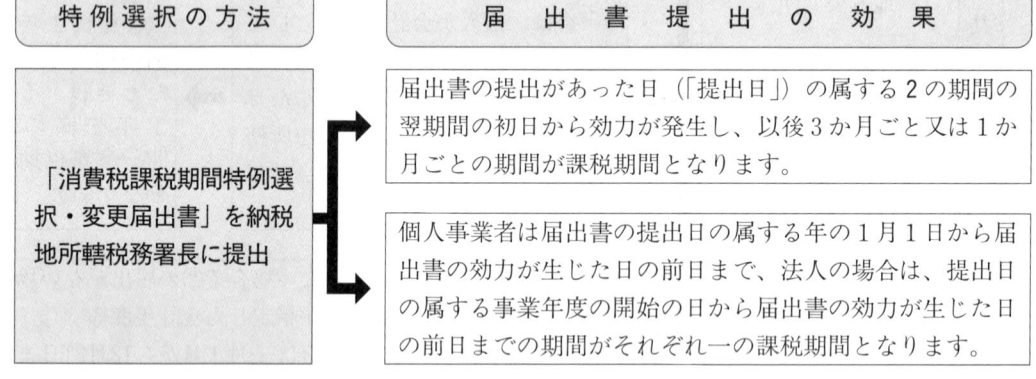

特例選択の方法	届出書提出の効果
「消費税課税期間特例選択・変更届出書」を納税地所轄税務署長に提出	届出書の提出があった日（「提出日」）の属する2の期間の翌期間の初日から効力が発生し、以後3か月ごと又は1か月ごとの期間が課税期間となります。 個人事業者は届出書の提出日の属する年の1月1日から届出書の効力が生じた日の前日まで、法人の場合は、提出日の属する事業年度の開始の日から届出書の効力が生じた日の前日までの期間がそれぞれ一の課税期間となります。

※　届出書を提出した期間が次の期間であるときは、その期間の初日から課税期間は3か月ごと又は1か月ごとに短縮されます。（令41）
(1)　国内において課税資産の譲渡等に係る事業を開始した日の属する期間
(2)　個人事業者が相続により課税期間の特例規定の適用を受けていた被相続人の事業を承継した場合における当該相続があった日の属する期間
(3)　法人が合併（新設合併の場合を除きます。）により課税期間の特例規定の適用を受けていた被合併法人の事業を承継した場合における当該合併があった日の属する期間
(4)　法人が吸収分割により課税期間の特例規定の適用を受けていた分割法人の事業を承継した場合における当該分割があった日の属する期間

4　課税期間の特例を変更する方法及びその効力の発生（法19②三、四、⑤）

特例変更の方法	届　出　書　提　出　の　効　力
「消費税課税期間特例選択・変更届出書」を納税地所轄税務署長に提出	届出書の提出があった日（「提出日」）の属する2の期間の翌期間の初日以後効力が発生し、以後3か月ごと又は1か月ごとの期間が課税期間となります。
提出期限：事業を廃止した場合を除き、課税期間特例選択・変更届出書の効力が生ずる日から2年を経過する日の属する課税期間の初日以後でなければ、提出することはできません。	次の場合それぞれ一の課税期間とみなします。 (1)　3か月課税期間特例の適用を受けている個人事業者が1か月課税期間特例の変更届出書を提出した場合、提出日の属する3か月課税期間開始の日から届出書の効力が生じた日の前日までの期間 (2)　3か月課税期間特例の適用を受けている法人が1か月課税期間特例の変更届出書を提出した場合、提出日の属する3か月課税期間開始の日から届出書の効力が生じた日の前日までの期間

事例19　〈消費税課税期間特例選択・変更届出書の効力〉

1	個人事業者が、平成26年8月10日に3か月の「消費税課税期間特例選択・変更届出書」を納税地を所轄する税務署長に提出した場合
	(1)　届出書の効力は、平成26年10月1日に発生します。 (2)　平成26年は、次のそれぞれの期間が課税期間となります。 　　イ　平成26年1月1日～平成26年9月30日 　　ロ　平成26年10月1日～平成26年12月31日
2	法人が、平成26年4月1日～平成27年3月31日事業年度中の平成26年8月10日に3か月の「消費税課税期間特例選択・変更届出書」を納税地を所轄する税務署長に提出した場合
	(1)　届出書の効力は、平成26年10月1日に発生します。 (2)　平成26年4月1日～平成27年3月31日事業年度は、次のそれぞれの期間が、課税期間となります。 　　イ　平成26年4月1日～平成26年9月30日 　　ロ　平成26年10月1日～平成26年12月31日 　　ハ　平成27年1月1日～平成27年3月31日
3	3か月の課税期間特例の適用を受けている個人事業者が、平成26年4月13日に1か月の「消費税課税期間特例選択・変更届出書」を納税地を所轄する税務署長に提出した場合
	(1)　届出書の効力は、平成26年5月1日に発生します。 (2)　平成26年は、次のそれぞれの期間が課税期間となります。 　　イ　平成26年1月1日～平成26年3月31日 　　ロ　平成26年4月1日～平成26年4月30日 　　ハ　平成26年5月1日から、1か月ごとに区分した各期間

5　課税期間の特例の選択を取りやめる場合の手続 （法19③④⑤）

特例選択の取りやめの方法	届出書提出の効果
「消費税課税期間特例選択不適用届出書」を納税地所轄税務署長に提出	届出書の提出があった日の属する課税期間の末日の翌日以後は、先に提出した「消費税課税期間特例選択・変更届出書」の効力は消滅します。
	個人事業者は届出書の提出日の属する課税期間の末日の翌日から12月31日までの期間、法人の場合は、届出書の提出日の属する課税期間の末日の翌日からその事業年度の末日までの期間がそれぞれ一の課税期間となります。

提出制限：事業を廃止した場合を除き、課税期間特例選択・変更届出書の効力が生ずる日から2年を経過する日の属する課税期間の初日以後でなければ、提出することはできません。

・「届出書の効力が生ずる日から2年を経過する日の属する課税期間の初日以後」とは
（個人事業者及び12月決算法人の場合）

```
平25.12.2  平26.1.1              平27.1.1              平27.10.1  平28.1.1
    |         |                      |                      |         |────▶
    ①        ②                                              ③        ④
```

① 「消費税課税期間特例選択・変更届出書（3か月）」提出……………平成25年12月2日
② ①の効力が生ずる日……………………………………………………平成26年1月1日
③ ②から2年を経過する日（平27.12.31）の属する課税期間の初日……平成27年10月1日
　（「消費税課税期間特例選択不適用届出書」提出可能）
④ ③の効力が生ずる日……………………………………………………平成28年1月1日
　（平27.10.1～平27.12.31の間に不適用届出書を提出した場合）

第2章 納税義務が免除されるかどうかの判定

事例20 〈消費税課税期間特例選択不適用届出書の効力〉

1	3か月の課税期間の特例を適用していた個人事業者が、平成26年4月1日〜平成26年6月30日課税期間中に「消費税課税期間特例選択不適用届出書」を納税地を所轄する税務署長に提出した場合
	(1) 先に提出した課税期間特例選択届出書の効力は、平成26年7月1日以後は失われます。
	(2) 平成26年は次の各期間が課税期間となります。 　イ　平成26年1月1日〜平成26年3月31日 　ロ　平成26年4月1日〜平成26年6月30日 　ハ　平成26年7月1日〜平成26年12月31日
2	3か月の課税期間の特例を適用していた法人が、平成26年4月1日〜平成27年3月31日事業年度内の平成26年7月1日〜平成26年9月30日課税期間中に「消費税課税期間特例選択不適用届出書」を納税地を所轄する税務署長に提出した場合
	(1) 先に提出した課税期間特例選択届出書の効力は、平成26年10月1日以後失われます。
	(2) 平成26年4月1日〜平成27年3月31日事業年度は、次の各期間が課税期間となります。 　イ　平成26年4月1日〜平成26年6月30日 　ロ　平成26年7月1日〜平成26年9月30日 　ハ　平成26年10月1日〜平成27年3月31日

第2章　納税義務が免除されるかどうかの判定

事例21　〈新設、解散等の場合の課税期間〉

1	個人事業者の課税期間 個人事業者が、平成26年10月5日に事業を開始又は事業を廃止した。(課税期間の特例は適用しない。)
判定	個人事業者の場合は、中途で開業又は廃業があっても、1月1日から12月31日までの期間が課税期間となります。 　事例の場合は、平成26年1月1日～12月31日が一の課税期間となります。
2	法人設立1期目の課税期間 平成26年6月15日に会社を設立した。 事業年度は、4月1日から翌年3月31日と定めた。(課税期間の特例は適用しない。)
判定	法人の設立後最初の課税期間開始の日は法人の設立の日となります。 　事例の場合は、平成26年6月15日～平成27年3月31日が最初の課税期間となり、以後4月1日～翌年3月31日がそれぞれの課税期間となります。
3	人格のない社団の課税期間 定款を定め、人格のない社団を設立し、1月1日から12月31日を会計年度とした。 国内において課税資産の譲渡等に係る事業を開始したのは、平成26年6月17日である。(課税期間の特例は適用しない。)
判定	人格のない社団等を含め、公共法人等の場合は、会計年度の中途で国内において課税資産の譲渡等に係る事業を開始した場合は、当該事業を開始した日の属する会計年度の初日は、当該事業を開始した日となります。 　事例の場合は、平成26年6月17日～平成26年12月31日が課税期間となり、以後1月1日から12月31日までの間がそれぞれの課税期間となります。
4	法人が解散した場合の課税期間 会社が平成26年4月1日～平成27年3月31日事業年度の中途である平成26年12月12日に解散した。(課税期間の特例は適用しない。)
判定	会社は法人税法上の普通法人ですから、その事業年度開始の日から解散の日までの期間及び解散の日の翌日からその事業年度の末日までの期間がそれぞれの事業年度となります。 　事例の場合は、平成26年4月1日～平成26年12月12日の期間及び平成26年12月13日～平成27年12月12日の期間がそれぞれの課税期間となります。
5	法人が解散した場合の課税期間（3か月の課税期間の特例を選択している場合） 　4の場合で課税期間の特例を選択している場合
判定	課税期間は、各事業年度をその開始の日以後3か月ごとに区分した各期間となります。 　事例の場合の課税期間は次のようになります。 　　イ　平成26年4月1日から平成26年6月30日 　　ロ　平成26年7月1日から平成26年9月30日 　　ハ　平成26年10月1日から平成26年12月12日 　　ニ　平成26年12月13日から平成27年3月12日 　　ホ　平成27年3月13日から平成27年6月12日

第2節　基準期間における課税売上高と免税事業者制度

　基準期間における課税売上高が1,000万円以下である課税期間については、様々な特例に該当する場合を除き、原則として消費税の納税義務が免除されています。（法9①）
　なお、基準期間における課税売上高が1,000万円以下であっても、特定期間における課税売上高等が1,000万円超の場合はその申告及び納税義務は免除されません。（**次節**参照）
　この節では、基準期間及び基準期間における課税売上高について図解しています。

1　基準期間の意義（法2①十四）

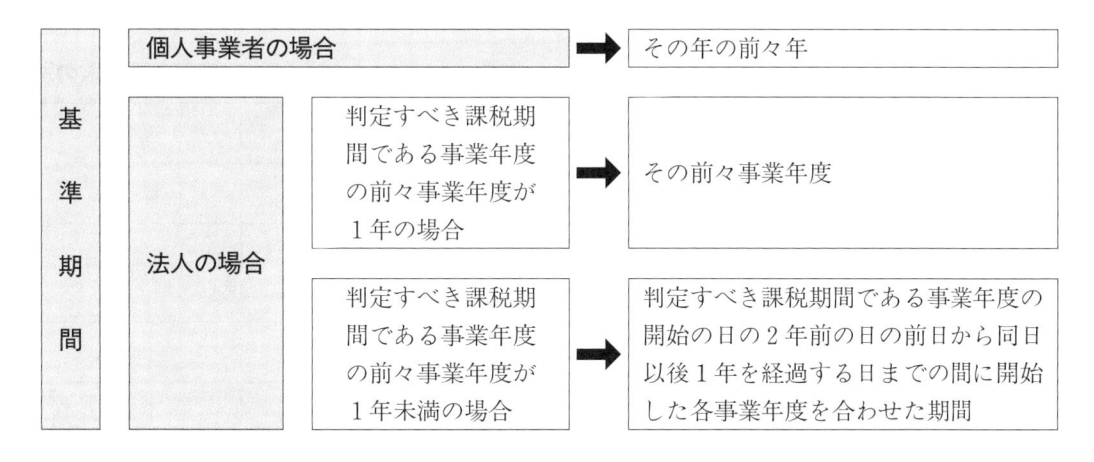

基準期間	個人事業者の場合	→	その年の前々年
	法人の場合　判定すべき課税期間である事業年度の前々事業年度が1年の場合	→	その前々事業年度
	法人の場合　判定すべき課税期間である事業年度の前々事業年度が1年未満の場合	→	判定すべき課税期間である事業年度の開始の日の2年前の日の前日から同日以後1年を経過する日までの間に開始した各事業年度を合わせた期間

2　基準期間における課税売上高の意義（法9②）

① 個人事業者及び基準期間が1年である法人

基準期間における課税売上高 ＝ 基準期間中に国内において行った課税資産の譲渡等の対価の額の合計額 － 基準期間中に行った売上げに係る税抜対価の返還等の金額の合計額

② 基準期間が1年でない法人

基準期間における課税売上高 ＝ （基準期間中に国内において行った課税資産の譲渡等の対価の額の合計額 － 基準期間中に行った売上げに係る税抜対価の返還等の金額の合計額） × $\dfrac{12}{\text{基準期間に含まれる事業年度の月数の合計数}}$

第2章　納税義務が免除されるかどうかの判定

> **留意点15**　基準期間の留意点
> 1　「基準期間に含まれる月数」は、暦に従って計算し、1か月に満たない端数は、これを1か月とします。（法9③）
> 2　算式中、「課税資産の譲渡等の対価の額」は、**第1章第3節**(18ページ)の対価の額をいいますから、課されるべき消費税額及び当該消費税額を課税標準として課されるべき地方消費税額に相当する額を含まないことになります。
> 　したがって、通常、税込対価の額に100/108を乗じて計算した金額をいいますが、基準期間自体が免税事業者であった場合は、この税抜計算をする前の金額がここでいう対価の額となります。

3　基準期間における課税売上高に算入されるもの、算入されないもの

(基通1-4-2)

取　引　内　容	算入・不算入の別
法人のその役員に対する資産の贈与	算　入
国内向け商品の売上げ	算　入
事業用減価償却資産、事業用資産として保有している書画、骨とうなどの国内における売却	算　入
国外において所有する資産の売却	不算入
個人事業者の家事用資産の売却	不算入
輸出免税扱いとなる商品の売却や役務の提供	算　入
非課税資産の売却	不算入
国内向け商品の売上げで、後日、貸倒れとなったもの	算　入

> **事例22**　〈基準期間の課税売上高〉
>
> **法人の場合**
> 　平成24年6月10日に設立登記を行った3月決算の法人の平成24年6月10日～平成25年3月31日事業年度の課税売上高は8,600,000円であった。平成26年4月1日～平成27年3月31日事業年度は、課税事業者となるか。
>
> **判定**
> 　平成26年4月1日～平成27年3月31日事業年度の前々事業年度が1年に満たないので、事業年度開始の日（平成26年4月1日）の2年前の日の前日（平成24年4月1日）から同日以後1年を経過する日（平成25年3月31日）までの間に開始した各事業年度を合わせた期間（平成24年6月10日～平成25年3月31日）が基準期間となります。
> 　基準期間における課税売上高は10,320,000円（＝8,600,000円÷10か月×12）となりますから、平成26年4月1日～平成27年3月31日事業年度は、課税事業者となります。

第3節　特定期間における課税売上高等と免税事業者制度

　前節で計算した基準期間における課税売上高が1,000万円以下となる場合であっても、特定期間における課税売上高（又は給与等支払額）が、1,000万円を超えた場合には、その課税期間における納税義務は免除されません。（法9の2）
　この節では、特定期間及び特定期間における課税売上高等について図解しています。

1　特定期間の意義　（法9の2④⑤）

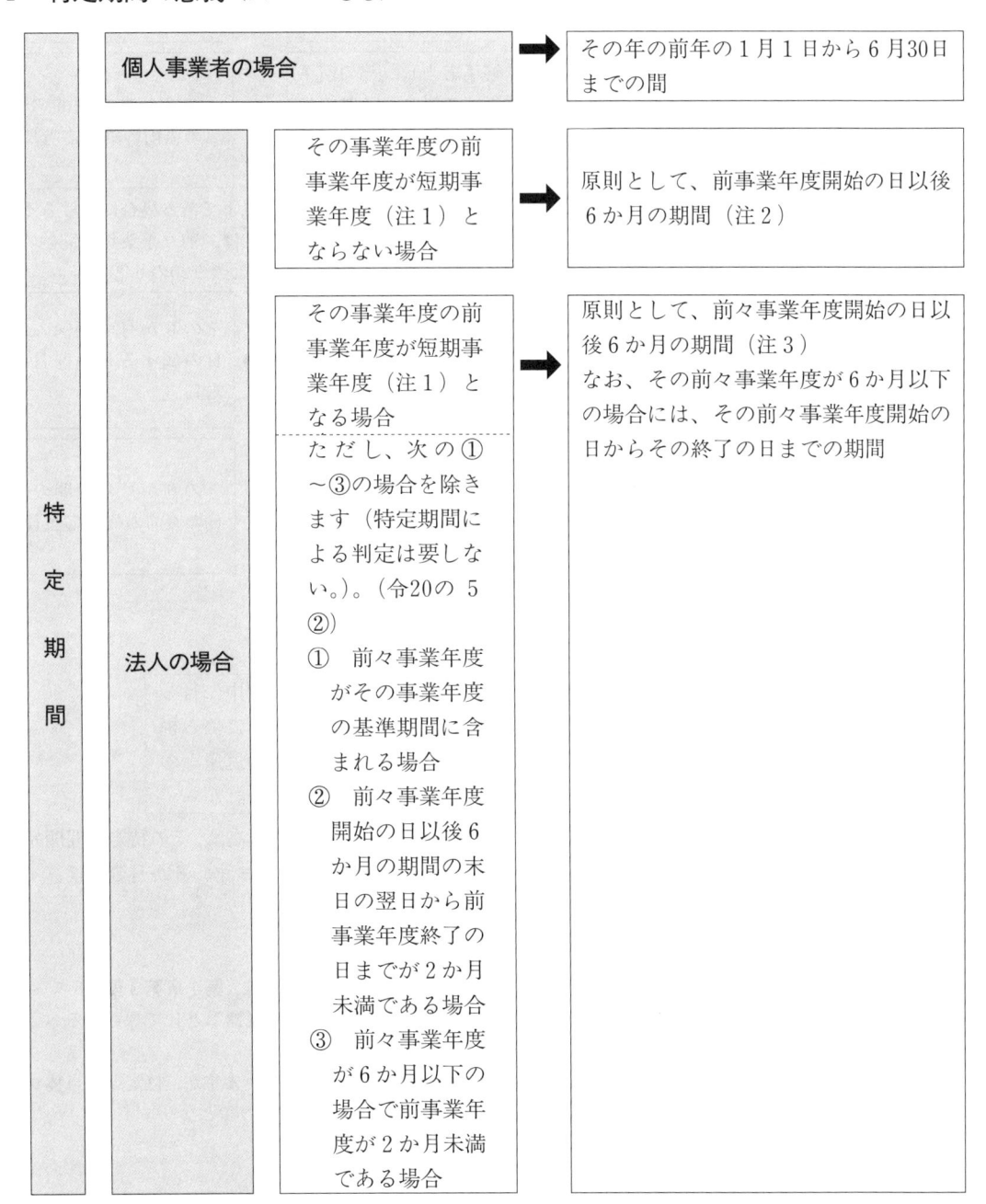

特定期間			
	個人事業者の場合		→ その年の前年の1月1日から6月30日までの間
	法人の場合	その事業年度の前事業年度が短期事業年度（注1）とならない場合	→ 原則として、前事業年度開始の日以後6か月の期間（注2）
		その事業年度の前事業年度が短期事業年度（注1）となる場合	→ 原則として、前々事業年度開始の日以後6か月の期間（注3） なお、その前々事業年度が6か月以下の場合には、その前々事業年度開始の日からその終了の日までの期間
		ただし、次の①〜③の場合を除きます（特定期間による判定は要しない。）。（令20の5②） ①　前々事業年度がその事業年度の基準期間に含まれる場合 ②　前々事業年度開始の日以後6か月の期間の末日の翌日から前事業年度終了の日までが2か月未満である場合 ③　前々事業年度が6か月以下の場合で前事業年度が2か月未満である場合	

(注) 1　短期事業年度とは、次に掲げるものをいいます。(法9の2④二かっこ書、令20の5①)
　　　① その事業年度の前事業年度で7か月以下であるもの
　　　② その事業年度の前事業年度（7か月以下であるものを除きます。）で、前事業年度開始の日以後6か月の期間の末日の翌日からその前事業年度終了の日までの期間が2か月未満であるもの
　　2　前事業年度開始の日以後6か月の期間の末日が次に掲げる場合に該当するときは、前事業年度開始の日からそれぞれ次の日までの期間がその6か月の期間とみなされます。(令20の6①)

その月の末日でない場合（その前事業年度終了の日（その6か月の期間の末日後にその終了の日の変更があった場合には、その変更前の終了の日となります。以下同じ。）が月の末日である場合に限ります。）	→ その6か月の期間の末日の属する月の前月の末日
その日の属する月のその前事業年度の終了応当日（その前事業年度終了の日に応当するその前事業年度に属する各月の日をいいます。以下同じ。）でない場合（その前事業年度終了の日が月の末日である場合を除きます。）	→ その6か月の期間の末日の直前の終了応当日

　　3　前々事業年度開始の日以後6か月の期間（前々事業年度が6か月以下である場合におけるその6か月の期間を除きます。）の末日が次に掲げる場合に該当するときは、前々事業年度開始の日からそれぞれ次の日までの期間がその6か月の期間とみなされます。(令20の6②)

その月の末日でない場合（その前々事業年度終了の日（その6か月の期間の末日後にその終了の日の変更があった場合には、その変更前の終了の日とします。以下同じ。）が月の末日である場合に限ります。）	→ その6か月の期間の末日の属する月の前月の末日
その日の属する月のその前々事業年度の終了応当日（その前々事業年度終了の日に応当するその前々事業年度に属する各月の日をいいます。）でない場合（その前々事業年度終了の日が月の末日である場合を除きます。以下同じ。）	→ その6か月の期間の末日の直前の終了応当日

2　特定期間における課税売上高の意義 (法9の2②)

特定期間における課税売上高 ＝ 特定期間中に国内において行った課税資産の譲渡等の対価の額の合計 － 特定期間中に行った売上げに係る税抜対価の返還等の金額の合計額

※　特定期間が6か月以下となる場合、その特定期間における課税売上高は、その特定期間開始の日から終了の日までの期間の課税売上高（又は給与等支払額）になります。6か月分に換算する必要はありません。

留意点16　特定期間の留意点

　上記の算式中、「課税資産の譲渡等の対価の額」は、基準期間の場合と同様、**第1章第3節**(18ページ)の対価の額をいいますから、課されるべき消費税額及び当該消費税額を課税標準として課されるべき地方消費税額を含まないことになります。
　したがって、通常、税込対価の額に100／108を乗じて計算した金額をいいますが、特定期間自体が免税事業者であった場合は、この税抜計算をする前の金額がここでいう対価の額となります。

|留意点17| 特定期間の給与等支払額

特定期間における課税売上高については、特定期間の給与等支払額により判定することができます。（法9の2③）課税売上高と給与等支払額のいずれの基準で判断するかは納税者の任意です。

給与等支払額 （基通1−5−23）	特定期間中に支払った所得税法第231条第1項（給与等、退職手当等又は公的年金等の支払明細書）に規定する支払明細書に記載すべき所得税法施行規則第100条第1項第1号に規定する給与等の金額の合計額 ⇒　特定期間中に支払った所得税の課税対象とされる給与、賞与等が該当します。
	該当しないもの： ①　所得税が非課税とされる通勤手当、旅費等 ②　給与、賞与等の未払額 ③　退職手当 ④　使用者が使用人に対して無償又は低額の賃貸料で社宅、寮等を貸与することにより供与した経済的利益で給与所得とされたもの

3　特定期間における課税売上高に算入されるもの、されないもの

（法9の2②、基通1−4−2）

特定期間における課税売上高に含まれる範囲は、基準期間における課税売上高に含まれる範囲と同じです。（98ページ参照）

第4節　課税事業者の選択制度

　第2節、第3節で計算した基準期間における課税売上高及び特定期間における課税売上高等が1,000万円以下となる課税期間は、**次節**から**第8節**までに掲げた特例がある場合を除いて、消費税の申告、納税義務は免除されますが、一方、各種の税額控除もできないため、控除税額が課税売上げに係る消費税額を上回る場合であっても、還付申告はできません。

　そこで、このような場合のために免税事業者となる課税期間であっても、課税事業者を選択することにより、申告及び納税義務が免除されないこととなる制度があります。

　この節では、課税事業者の選択制度について図解します。

1　課税事業者の選択手続（法9④、令20）

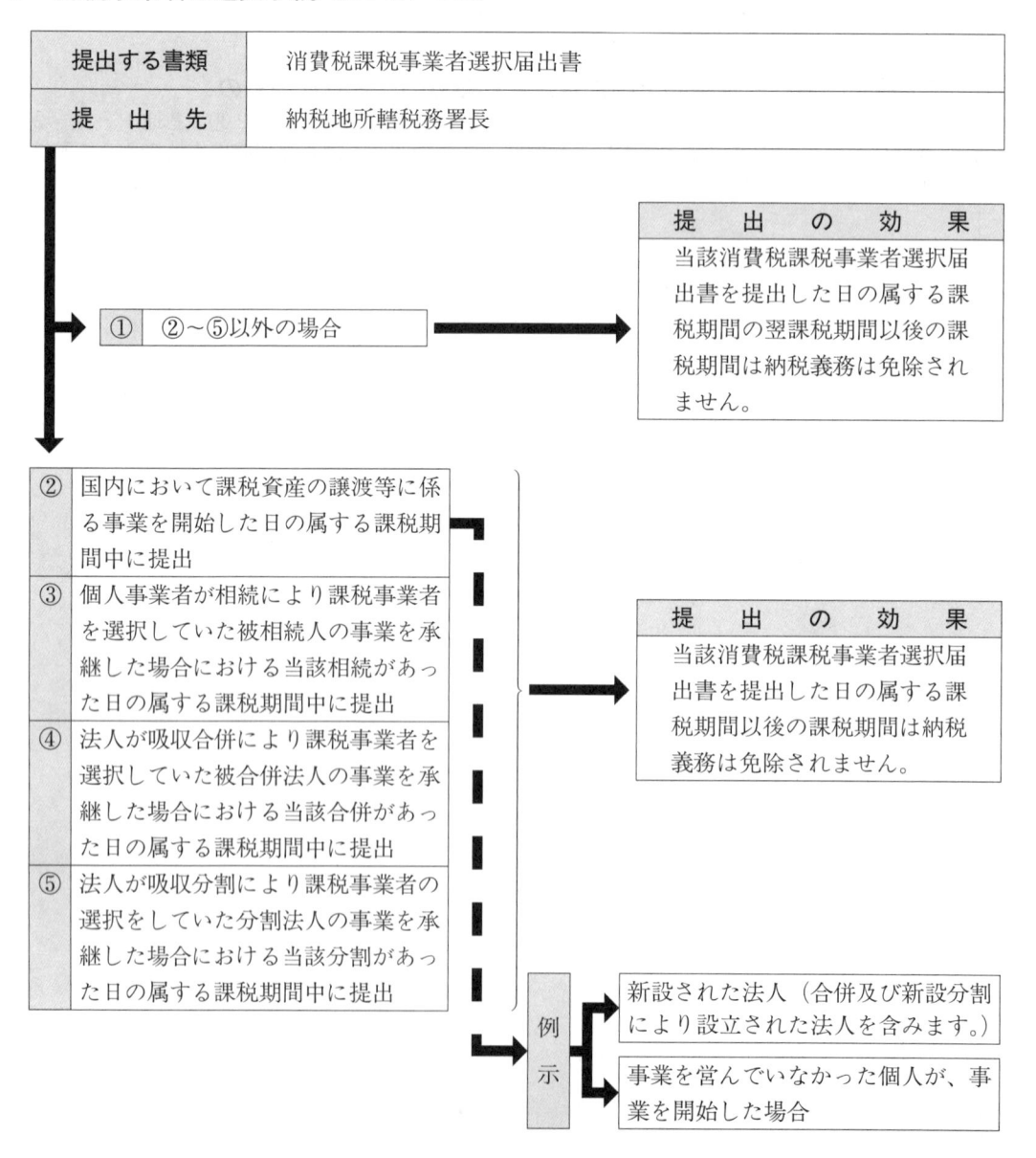

提出する書類	消費税課税事業者選択届出書
提 出 先	納税地所轄税務署長

① ②～⑤以外の場合

提出の効果
当該消費税課税事業者選択届出書を提出した日の属する課税期間の翌課税期間以後の課税期間は納税義務は免除されません。

② 国内において課税資産の譲渡等に係る事業を開始した日の属する課税期間中に提出

③ 個人事業者が相続により課税事業者を選択していた被相続人の事業を承継した場合における当該相続があった日の属する課税期間中に提出

④ 法人が吸収合併により課税事業者を選択していた被合併法人の事業を承継した場合における当該合併があった日の属する課税期間中に提出

⑤ 法人が吸収分割により課税事業者の選択をしていた分割法人の事業を承継した場合における当該分割があった日の属する課税期間中に提出

提出の効果
当該消費税課税事業者選択届出書を提出した日の属する課税期間以後の課税期間は納税義務は免除されません。

例示
- 新設された法人（合併及び新設分割により設立された法人を含みます。）
- 事業を営んでいなかった個人が、事業を開始した場合

2 課税事業者選択の取りやめ（法9⑤⑥⑦）

提出する書類	消費税課税事業者選択不適用届出書
提 出 先	納税地所轄税務署長

提 出 の 制 限
1の消費税課税事業者選択届出書の効力が発生した課税期間の初日以後2年を経過する日の属する課税期間の初日以後でなければ提出できません。

提 出 の 効 果
当該消費税課税事業者選択不適用届出書を提出した課税期間の末日の翌日以後は先に提出した消費税課税事業者選択届出書の効力はなくなります。

《「消費税課税事業者選択不適用届出書」の提出に当たっての留意点》
・「2年を経過する日の属する課税期間の初日以後」とは
（個人事業者）

平24.12.24	平25.1.1	平26.1.1	平26.12.31（平25.1.1から2年を経過する日）
①「消費税課税事業者選択届出書」提出	（効力が発生した課税期間）		平27.1.1
	①の効力発生	2年を経過する日が属する課税期間の初日	②の効力発生（平26.12.31までに提出）
			（①の効力失効）
			②「消費税課税事業者選択不適用届出書」提出可能

事例23 〈課税事業者の選択〉

1 法人で平成25年10月1日～平成26年9月30日課税期間から課税事業者を選択する場合
(1) 消費税課税事業者選択届出書は、平成25年9月30日までに納税地所轄税務署長に提出する必要があります。
(2) (1)の届出があった課税事業者の選択を取りやめる場合は、平成26年10月1日以後に消費税課税事業者選択不適用届出書を納税地所轄税務署長に提出します。（平成26年9月30日以前は提出することができません。）
(3) (2)の届出を平成27年9月30日までに提出すれば平成27年10月1日から(1)の選択届出書の効力はなくなります。

2 平成25年10月1日に設立した3月決算の法人で、設立1期目から課税事業者を選択する場合
(1) 消費税課税事業者選択届出書は、平成26年3月31日までに納税地所轄税務署長に提出する必要があります。
(2) (1)の届出があった課税事業者の選択を取りやめる場合は、平成27年4月1日（(1)の届出書の効力が発生する課税期間の初日（平成25年10月1日）以後2年を経過する日（平成27年9月30日）の属する課税期間の初日）以後消費税課税事業者選択不適用届出書を納税地所轄税務署長に提出します。（平成27年3月30日以前は提出することができません。）
(3) (2)の届出書を平成28年3月31日までに提出すれば、平成28年4月1日から(1)の選択届出書の効力はなくなります。

第2章 納税義務が免除されるかどうかの判定

3 調整対象固定資産の仕入れ等を行った場合の課税事業者選択不適用届出の制限（法9⑦）

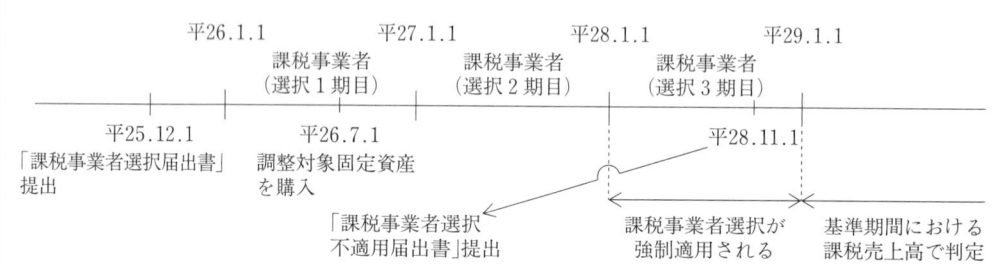

課税事業者選択届出書を提出し、平成22年4月1日以後開始する課税期間から課税事業者となる場合

①～③のすべてに該当すれば

① 課税事業者となった課税期間の初日から2年を経過する日までの間に開始した各課税期間中（原則として2年間）
② 調整対象固定資産の仕入れ等を行った場合
③ その調整対象固定資産の仕入れ等を行った課税期間につき簡易課税制限の適用を受けない場合（一般課税で申告する場合）

当該調整対象固定資産の仕入れ等を行った課税期間の初日から3年を経過する日の属する課税期間の初日以降でなければ、課税事業者選択不適用届出書を提出することができません。
また、簡易課税を選択して適用することもできません。

《調整対象固定資産の仕入れ等を行った場合の課税事業者選択不適用届出の制限の留意点》

```
            平26.1.1      平27.1.1      平28.1.1      平29.1.1
              課税事業者    課税事業者    課税事業者
              (選択1期目)  (選択2期目)  (選択3期目)
  平25.12.1    平26.7.1                   平28.11.1
  「課税事業者  調整対象固定資産
  選択届出書」  を購入
  提出                    「課税事業者選択   課税事業者選択が   基準期間における
                          不適用届出書」提出  強制適用される    課税売上高で判定
```

（注）選択2期目に調整対象固定資産の仕入れ等をした場合には、平成29年12月期（選択4期目）まで課税事業者選択が強制適用されます。この場合、平成29年1月1日以後でなければ課税事業者選択不適用届出書を提出できません。
　　なお、選択2期目において課税事業者選択不適用届出書の提出後に調整対象固定資産の仕入れ等をした場合には、同不適用届出書の提出はなかったものとみなされます。

調整対象固定資産の範囲（法2①十六、令5）

　調整対象固定資産とは、棚卸資産以外の資産で次に掲げるもののうち、当該資産に係る課税仕入れに係る支払対価の額の108分の100に相当する金額又は保税地域から引き取られる当該資産の課税標準である金額が、一の取引の単位（通常1組又は1式をもって取引の単位とされるものにあっては、1組又は1式とする。）につき100万円以上のものをいいます。

(一)	建物及びその附属設備（暖冷房設備、照明設備、通風設備、昇降機その他建物に附属する設備をいいます。）
(二)	構築物（ドック、橋、岸壁、桟橋、軌道、貯水池、坑道、煙突その他土地に定着する土木設備又は工作物をいいます。）
(三)	機械及び装置

(四)	船舶
(五)	航空機
(六)	車両及び運搬具
(七)	工具、器具及び備品(観賞用、興行用その他これらに準ずる用に供する生物を含みます。)
(八)	次に掲げる無形固定資産

	イ	鉱業権(租鉱権及び採石権その他土石を採掘し、又は採取する権利を含みます。)
	ロ	漁業権(入漁権を含みます。)
	ハ	ダム使用権
	ニ	水利権
	ホ	特許権
	ヘ	実用新案権
	ト	意匠権
	チ	商標権
	リ	育成者権
	ヌ	営業権
	ル	専用側線利用権(鉄道事業法第2条第1項《定義》に規定する鉄道事業又は軌道法第1条第1項《軌道法の適用対象》に規定する軌道を敷設して行う運輸事業を営む者(鉄道事業者等)に対して鉄道又は軌道の敷設に要する費用を負担し、その鉄道又は軌道を専用する権利をいいます。)
	ヲ	鉄道軌道連絡通行施設利用権(鉄道事業者等が、他の鉄道事業者等、独立行政法人鉄道建設・運輸施設整備支援機構、独立行政法人日本高速道路保有・債務返済機構又は国若しくは地方公共団体に対して当該他の鉄道事業者等、独立行政法人鉄道建設・運輸施設整備支援機構若しくは独立行政法人日本高速道路保有・債務返済機構の鉄道若しくは軌道との連絡に必要な橋、地下道その他の施設又は鉄道若しくは軌道の敷設に必要な施設を設けるために要する費用を負担し、これらの施設を利用する権利をいいます。)
	ワ	電気ガス供給施設利用権(電気事業法第2条第1項第1号《定義》に規定する一般電気事業若しくは同項第5号に規定する特定電気事業又はガス事業法第2条第1項《定義》に規定する一般ガス事業若しくは同条第3項に規定する簡易ガス事業を営む者に対して電気又はガスの供給施設(同条第6項に規定する大口ガス事業の用に供するものを除く。)を設けるために要する費用を負担し、その施設を利用して電気又はガスの供給を受ける権利をいいます。)
	カ	熱供給施設利用権(熱供給事業法第2条第3項《定義》に規定する熱供給事業者に対して同条第4項に規定する熱供給施設を設けるために要する費用を負担し、その施設を利用して同条第1項に規定する熱供給を受ける権利をいいます。)
	ヨ	水道施設利用権(水道法第3条第5項《用語の定義》に規定する水道事業者に対して水道施設を設けるために要する費用を負担し、その施設を利用して水の供給を受ける権利をいいます。)
	タ	工業用水道施設利用権(工業用水道事業法第2条第5項《定義》に規定する工業用水道事業者に対して工業用水道施設を設けるために要する費用を負担し、その施設を利用して工業用水の供給を受ける権利をいいます。)

	レ	電気通信施設利用権（電気通信事業法第9条第1号（電気通信事業の登録）に規定する電気通信回線設備を設置する同法第2条第5号（定義）に規定する電気通信事業者に対して同条第4号に規定する電気通信事業の用に供する同条第2号に規定する電気通信設備の設置に要する費用を負担し、その設備を利用して同条第3号に規定する電気通信役務の提供を受ける権利をいいます。）
(九)	**第1章第5節2により非課税とはならないゴルフ場利用株式等**	
(十)	次に掲げる生物（(七)に掲げるものに該当するものを除きます。） イ　牛、馬、豚、綿羊及びやぎ ロ　かんきつ樹、りんご樹、ぶどう樹、梨樹、桃樹、桜桃樹、びわ樹、くり樹、梅樹、柿樹、あんず樹、すもも樹、いちじく樹、キウイフルーツ樹、ブルーベリー樹及びパイナップル ハ　茶樹、オリーブ樹、つばき樹、桑樹、こりやなぎ、みつまた、こうぞ、もう宗竹、アスパラガス、ラミー、まおらん及びホップ	
(土)	(一)から(十)までに掲げる資産に準ずるもの	

4 やむを得ない事情により届出書の提出が遅れた場合の特例

(法9⑧、令20の2、基通1－4－16、1－4－17)

やむを得ない事情により	→	①	「消費税課税事業者選択届出書」をその適用を受けようとする課税期間の初日の前日（1の②③④の場合は当該課税期間の末日）までに提出できなかった場合
		②	「消費税課税事業者選択不適用届出書」をその適用を受けることをやめようとする課税期間の初日の前日までに提出できなかった場合

↓

提出する書類	消費税課税事業者選択（不適用）届出に係る特例承認申請書
提　出　先	納税地所轄税務署長
提　出　期　限	「やむを得ない事情」がやんだ日から2か月以内

↓

納税地所轄税務署長の承認

↓

	①	「消費税課税事業者選択届出書」をその適用を受けようとする課税期間の初日の前日（1の②③④の場合は当該課税期間の末日）に納税地所轄税務署長に提出したものとみなされます。
	②	「消費税課税事業者選択不適用届出書」をその適用を受けることをやめようとする課税期間の初日の前日に納税地所轄税務署長に提出したものとみなされます。

「やむを得ない事情」の範囲	→	①	震災、風水害、雪害、凍害、落雷、雪崩、がけ崩れ、地滑り、火山の噴火等の天災又は火災その他の人的災害で自己の責任によらないものに基因する災害が発生したことにより、届出書の提出ができない状態になったと認められる場合
		②	①に規定する災害に準ずるような状況又は当該事業者の責めに帰することができない状態にあることにより届出書の提出ができない状態になったと認められる場合
		③	その課税期間の末日前おおむね1か月以内に相続があったことにより、当該相続に係る相続人が新たに「消費税課税事業者選択届出書」を提出できる個人事業者となった場合（1の③の場合） ※　この場合には、その課税期間の末日にやむを得ない事情がやんだものとして取り扱われます。
		④	①から③までに準ずる事情がある場合で、税務署長がやむを得ないと認めた場合

第5節　相続があった場合の納税義務の免除の特例

　基準期間における課税売上高及び特定期間における課税売上高等が1,000万円以下である場合は、原則として消費税の納税義務は免除されますが、相続により他の事業者の事業を承継した場合については、特例として、納税義務が免除されないことがあります。
　この節では、相続の場合の納税義務の免除の特例について図解しています。

1　相続した年の納税義務の免除の特例（法10①）

```
┌─────────────────────────────┐
│相続人の基準期間における課税売上高及│
│び特定期間における課税売上高等が    │
│1,000万円以下である年               │
└─────────────────────────────┘
           ↓ スタート
┌─────────────────────────────┐            ┌─────────────────────────────┐
│当該基準期間における課税売上高が1,000│   NO      │消費税の納税義務は免除されます。│
│万円を超える被相続人の事業を承継した ├──────→│（ただし、課税事業者を選択して│
│か。（留意点18）                    │            │いる課税期間及び2により納税義 │
└─────────────────────────────┘            │務が免除されない課税期間を除き│
           ↓ YES                                  │ます。）                      │
┌─────────────────────────────┐            └─────────────────────────────┘
│相続のあった日の翌日からその年の12月│
│31日までの間の課税資産の譲渡等につい│
│ては、納税義務は免除されません。    │
└─────────────────────────────┘
```

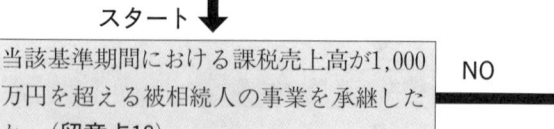

　留意点18　相続人が事業場ごとに分割して承継した場合における基準期間の課税売上高の判定
　被相続人が2以上の事業場を有していた場合で、2以上の相続人が、事業場ごとに分割して承継した場合における被相続人の基準期間における課税売上高は、判定すべき相続人が相続した事業場に係る部分の金額とされています。（令21）

　事例24　〈相続があった場合の納税義務の免除の特例1〉

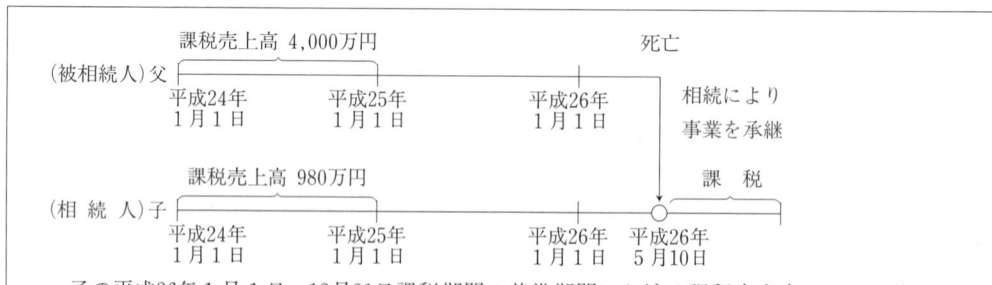

```
              課税売上高 4,000万円                死亡
（被相続人）父 ├──────────────────┤
              平成24年    平成25年    平成26年    相続により
              1月1日      1月1日      1月1日      事業を承継

              課税売上高 980万円                   課　税
（相 続 人）子 ├──────────────────┤────┤
              平成24年    平成25年    平成26年  平成26年
              1月1日      1月1日      1月1日    5月10日
```

　子の平成26年1月1日〜12月31日課税期間の基準期間における課税売上高は1,000万円以下（980万円）ですが、平成26年5月10日に当該基準期間における課税売上高が4,000万円（1,000万円超）である父の事業を相続により承継しましたから、平成26年5月11日〜同年12月31日までの間の課税資産の譲渡等については、納税義務は免除されません。

2　相続した年の翌年又は翌々年の納税義務の免除の特例（法10②）

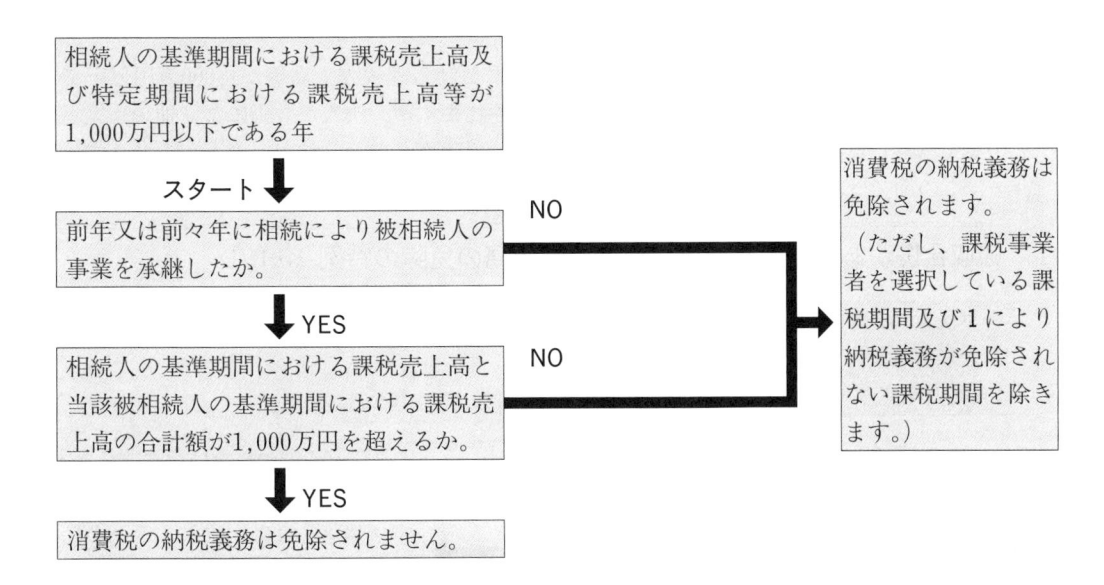

```
相続人の基準期間における課税売上高及
び特定期間における課税売上高等が
1,000万円以下である年
        ↓ スタート
前年又は前々年に相続により被相続人の   ──NO──→┐
事業を承継したか。                              │
        ↓ YES                                   │
相続人の基準期間における課税売上高と   ──NO──→┤
当該被相続人の基準期間における課税売              │
上高の合計額が1,000万円を超えるか。              ↓
        ↓ YES                           消費税の納税義務は
消費税の納税義務は免除されません。       免除されます。
                                        （ただし、課税事業
                                        者を選択している課
                                        税期間及び1により
                                        納税義務が免除され
                                        ない課税期間を除き
                                        ます。）
```

事例25　〈相続があった場合の納税義務の免除の特例2〉

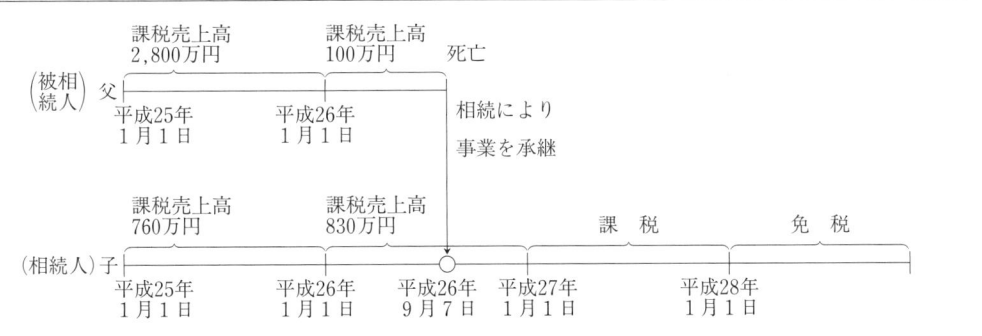

```
              課税売上高      課税売上高
              2,800万円       100万円       死亡
(被相続人)父├──────────┼──────────┤
              平成25年         平成26年      相続により
              1月1日          1月1日       事業を承継

              課税売上高      課税売上高
              760万円         830万円                課　税        免　税
(相続人)子 ├──────────┼──────────┼○─────┼────────┼─────
              平成25年         平成26年       平成26年   平成27年         平成28年
              1月1日          1月1日       9月7日    1月1日          1月1日
```

1　子の平成27年1月1日～12月31日課税期間の基準期間における課税売上高は760万円で1,000万円以下ですが、平成26年9月7日に相続により当該基準期間における課税売上高が2,800万円である父の事業を承継していますから、760万円と2,800万円の合計が1,000万円を超えますので、平成27年は納税義務は免除されません。

2　子の平成28年1月1日～12月31日課税期間の基準期間における課税売上高は830万円と、1,000万円以下で、しかも、父の当該基準期間における課税売上高100万円を加算しても1,000万円以下ですから、平成28年は免税事業者となります。

第6節　合併があった場合の納税義務の免除の特例

基準期間における課税売上高及び特定期間における課税売上高等が1,000万円以下である場合は、原則として消費税の納税義務は免除されますが、法人が合併により他の事業者の事業を承継した場合については、特例として、納税義務が免除されないことがあります。
この節では、合併の場合の納税義務の免除の特例について図解しています。

1　吸収合併があった事業年度に係る納税義務の免除の特例（法11①）

```
┌─────────────────────────────┐
│ 合併法人の基準期間における課税売上高 │
│ 及び特定期間における課税売上高等が   │
│ 1,000万円以下である事業年度          │
└─────────────┬───────────────┘
          スタート ↓
┌─────────────────────────────┐         ┌─────────────────────────────┐
│ 合併法人の合併があった日の属する事業 │         │ 消費税の納税義務は免除されます。│
│ 年度の基準期間に対応する期間における │   NO    │（ただし、課税事業者を選択して   │
│ 被合併法人の課税売上高（被合併法人が ├────────→│ いる課税期間及び2、3、4及び     │
│ 2以上ある場合には、いずれかの被合併 │         │ 第7節並びに第8節により納税義   │
│ 法人の課税売上高）が1,000万円を超える│         │ 務が免除されない課税期間を除き │
│ か。（留意点20）                     │         │ ます。）                        │
└─────────────┬───────────────┘         └─────────────────────────────┘
            YES ↓
┌─────────────────────────────┐
│ 合併法人の合併があった日からその事業 │
│ 年度終了の日までの間の課税資産の譲渡 │
│ 等については、納税義務は免除されませ │
│ ん。                                 │
└─────────────────────────────┘
```

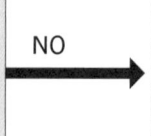

留意点19　合併があった日

1において「合併があった日」とは、合併契約において合併期日として定めた日をいい、3において「合併があった日」とは、法人の設立の登記をした日をいいます。（基通1-5-7）

留意点20　被合併法人の課税売上高1

合併法人の基準期間に対応する期間における被合併法人の課税売上高は、次の算式により計算します。（令22①）

$$\left(\begin{array}{l}\text{合併法人の基準期間に対}\\\text{応する期間における被合}\\\text{併法人の課税売上高}\end{array}\right) = \left(\begin{array}{l}\text{合併法人の合併があった日の属する事業年度}\\\text{開始の日の2年前の日の前日から同日以後1}\\\text{年を経過する日までの間に終了した被合併法}\\\text{人の各事業年度における課税売上高の合計額}\end{array}\right) \div \left(\begin{array}{l}\text{被合併法人の各}\\\text{事業年度の月数}\\\text{の合計数}\end{array}\right) \times 12$$

（注）　月数は暦に従って計算し、1か月に満たない端数を生じたときは、これを1か月とします。（令22⑦）

事例26 〈吸収合併があった場合の納税義務の免除の特例1〉

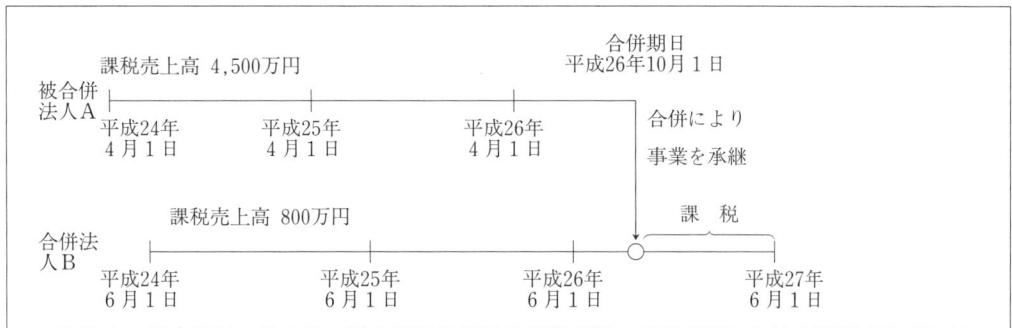

```
被合併           課税売上高 4,500万円              合併期日
法人A                                          平成26年10月1日
        平成24年    平成25年    平成26年         │
        4月1日    4月1日    4月1日         │合併により
                                            │事業を承継
合併法              課税売上高 800万円                課税
人B
        平成24年    平成25年    平成26年    平成27年
        6月1日    6月1日    6月1日    6月1日
```

B法人の平成26年6月1日～平成27年5月31日課税期間の基準期間における課税売上高は800万円で1,000万円以下ですが、B法人の基準期間に対応する期間におけるA法人の課税売上高が4,500万円で1,000万円を超えますから、平成26年10月1日～平成27年5月31日までの間の課税資産の譲渡等については、納税義務は免除されません。

2 吸収合併があった事業年度の翌事業年度又は翌々事業年度の納税義務の免除の特例（法11②）

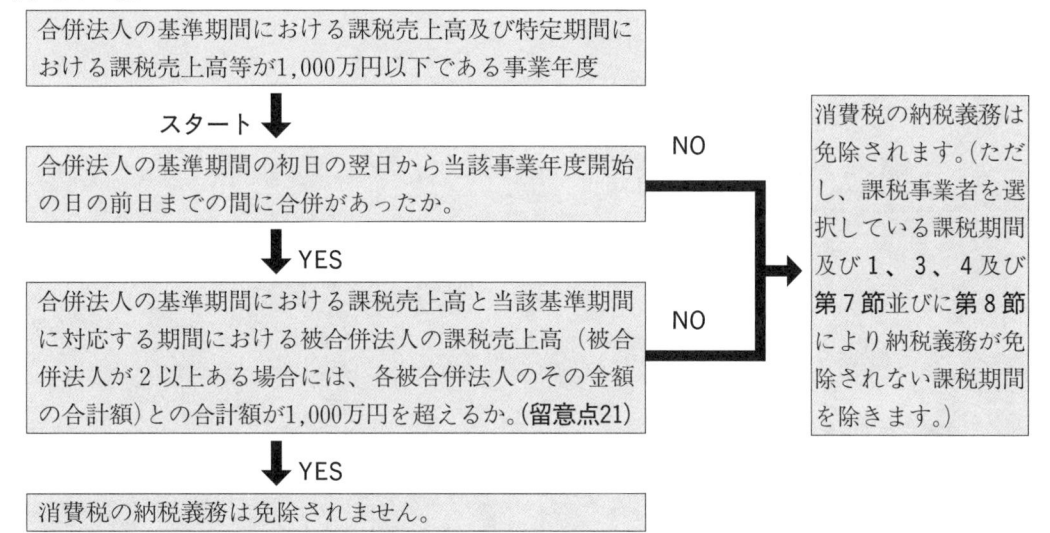

```
┌─────────────────────────────────────┐
│合併法人の基準期間における課税売上高及び特定期間における│
│課税売上高等が1,000万円以下である事業年度        │
└─────────────────────────────────────┘
            スタート ↓
┌─────────────────────────────────────┐        ┌──────────────┐
│合併法人の基準期間の初日の翌日から当該事業年度開始     │   NO   │消費税の納税義務は│
│の日の前日までの間に合併があったか。            │───────→│免除されます。（ただ│
└─────────────────────────────────────┘        │し、課税事業者を選│
            ↓ YES                                        │択している課税期間│
┌─────────────────────────────────────┐        │及び1、3、4及び│
│合併法人の基準期間における課税売上高と当該基準期間     │   NO   │第7節並びに第8節│
│に対応する期間における被合併法人の課税売上高（被合     │───────→│により納税義務が免│
│併法人が2以上ある場合には、各被合併法人のその金額     │        │除されない課税期間│
│の合計額）との合計額が1,000万円を超えるか。（留意点21）│        │を除きます。）   │
└─────────────────────────────────────┘        └──────────────┘
            ↓ YES
┌─────────────────────────────────────┐
│消費税の納税義務は免除されません。             │
└─────────────────────────────────────┘
```

留意点21 被合併法人の課税売上高2

合併法人の基準期間に対応する期間における被合併法人の課税売上高は、次の算式により計算します。（令22②）

$$\begin{pmatrix}合併法人の基準期間に対\\応する期間における被合\\併法人の課税売上高\end{pmatrix} = \begin{pmatrix}合併法人の基準期間の初日から同日以後1年を\\経過する日までの間に終了した被合併法人の各\\事業年度における課税売上高の合計額\end{pmatrix} \div \begin{pmatrix}被合併法人の各\\事業年度の月数\\の合計数\end{pmatrix}$$

$$\times 12 \div \underbrace{\begin{pmatrix}合併法人の基準期間に含まれ\\る事業年度の月数の合計数\end{pmatrix} \times \begin{pmatrix}合併法人の基準期間の初日から合併\\があった日の前日までの期間の月数\end{pmatrix}}_{合併法人の基準期間中に合併があった場合のみ}$$

（注） 月数は暦に従って計算し、1か月に満たない端数を生じたときは、これを1か月とします。（令22⑦）

事例27 〈吸収合併があった場合の納税義務の免除の特例2〉

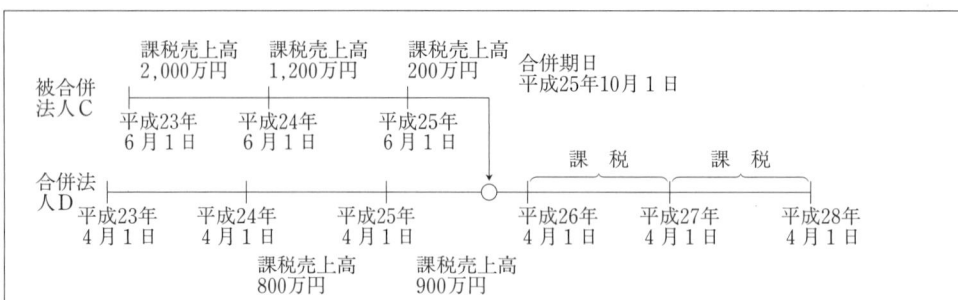

```
被合併          課税売上高    課税売上高    課税売上高
法人C          2,000万円     1,200万円     200万円     合併期日
                                                      平成25年10月1日
               平成23年      平成24年       平成25年
               6月1日       6月1日        6月1日
                                                        課　税       課　税
合併法
人D     平成23年   平成24年   平成25年   平成26年   平成27年   平成28年
        4月1日    4月1日    4月1日    4月1日    4月1日    4月1日
                          課税売上高    課税売上高
                          800万円      900万円
```

1　D法人の平成26年4月1日～平成27年3月31日課税期間の基準期間における課税売上高は800万円ですが、当該基準期間に対応する期間におけるC法人の課税売上高は2,000万円(2,000万円÷12×12)ですから、合計すると2,800万円で1,000万円を超えますので納税義務は免除されません。

2　平成27年4月1日～平成28年3月31日課税期間の基準期間における課税売上高は900万円ですが、当該基準期間に対応する期間におけるC法人の課税売上高は、525万円((1,200万円＋200万円)÷(12＋4)×12÷12×6)ですから、合計1,425万円となり1,000万円を超えますので、納税義務は免除されません。

3　新設合併の場合の設立事業年度における納税義務の免除の特例（法11③）

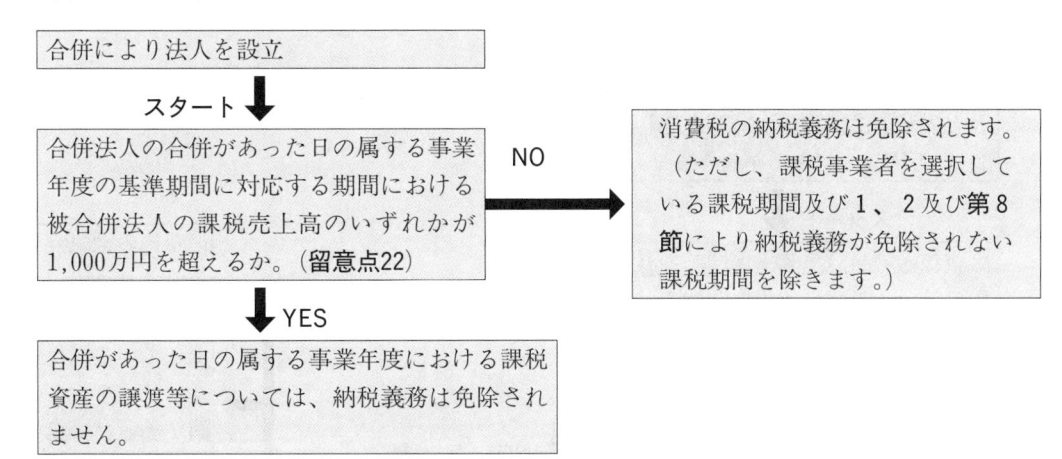

```
合併により法人を設立
    ↓ スタート
合併法人の合併があった日の属する事業
年度の基準期間に対応する期間における    NO →  消費税の納税義務は免除されます。
被合併法人の課税売上高のいずれかが              （ただし、課税事業者を選択して
1,000万円を超えるか。（留意点22）                いる課税期間及び1、2及び第8
    ↓ YES                                        節により納税義務が免除されない
合併があった日の属する事業年度における           課税期間を除きます。）
課税資産の譲渡等については、納税義務は免除され
ません。
```

留意点22　被合併法人の課税売上高3

合併法人の基準期間に対応する期間における被合併法人の課税売上高は、次の算式により計算します。（令22③）

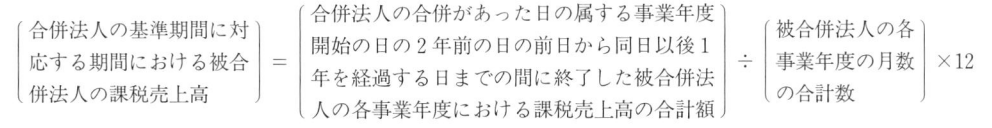

$$\begin{pmatrix}合併法人の基準期間に対\\応する期間における被合\\併法人の課税売上高\end{pmatrix} = \begin{pmatrix}合併法人の合併があった日の属する事業年度\\開始の日の2年前の日の前日から同日以後1\\年を経過する日までの間に終了した被合併法\\人の各事業年度における課税売上高の合計額\end{pmatrix} \div \begin{pmatrix}被合併法人の各\\事業年度の月数\\の合計数\end{pmatrix} \times 12$$

事例28　〈新設合併があった場合の納税義務の免除の特例1〉

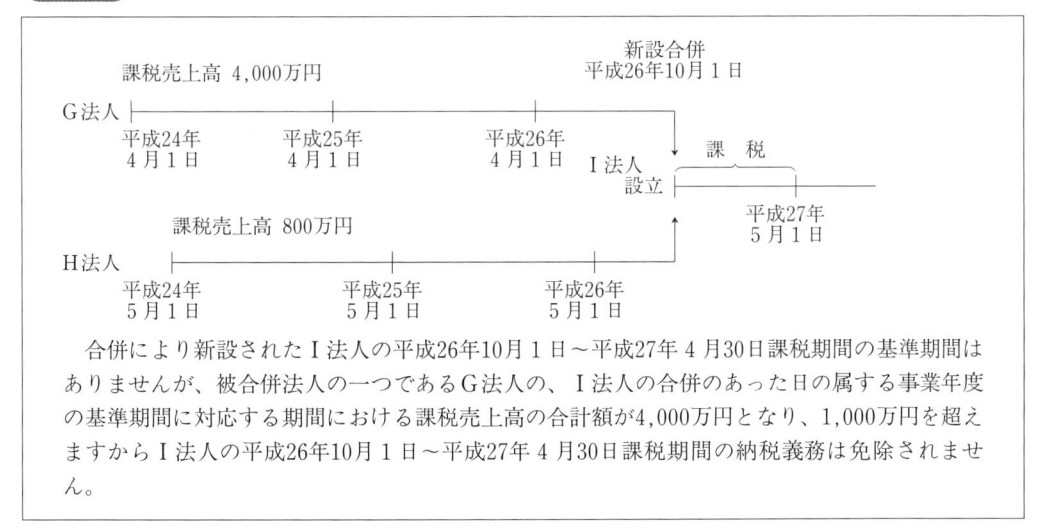

```
                                          新設合併
              課税売上高 4,000万円          平成26年10月1日
G法人 ├──────────┼──────────┼──────────┤
      平成24年      平成25年      平成26年         課　税
      4月1日       4月1日       4月1日    I法人  ├────┤
                                            設立
                                                  平成27年
              課税売上高 800万円                  5月1日
H法人    ├──────────┼──────────┼────┤
         平成24年      平成25年      平成26年
         5月1日       5月1日       5月1日
```

合併により新設されたI法人の平成26年10月1日～平成27年4月30日課税期間の基準期間はありませんが、被合併法人の一つであるG法人の、I法人の合併のあった日の属する事業年度の基準期間に対応する期間における課税売上高の合計額が4,000万円となり、1,000万円を超えますからI法人の平成26年10月1日～平成27年4月30日課税期間の納税義務は免除されません。

4　新設合併があった事業年度の翌事業年度又は翌々事業年度の納税義務の免除の特例（法11④）

```
合併法人の基準期間における課税売上高
及び特定期間における課税売上高等が
1,000万円以下である事業年度
          ↓ スタート
合併法人の当該事業年度開始の日の2年    NO
前の日から当該事業年度開始の日の前日   ───→  消費税の納税義務は
までの間に合併により設立された法人か。         免除されます。（ただ
          ↓ YES                            し、課税事業者を選
合併法人の基準期間における課税売上高            択している課税期間
と当該基準期間に対応する期間における    NO    及び1、2、3及び
各被合併法人の課税売上高の合計額が    ───→  第7節並びに第8節
1,000万円を超えるか。（留意点23）             により納税義務が免
          ↓ YES                            除されない場合を除
消費税の納税義務は免除されません。              きます。）
```

留意点23　被合併法人の課税売上高4

合併法人の基準期間に対応する期間における各被合併法人の課税売上高は、次の算式により計算します。（令22④）

$$\begin{pmatrix}\text{合併法人の基準期間に対}\\\text{応する期間における各被}\\\text{合併法人の課税売上高}\end{pmatrix} = \begin{pmatrix}\text{合併法人の当該事業年度開始の日の2年前の日の前日}\\\text{から同日以後1年を経過する日までの間に終了した被}\\\text{合併法人の各事業年度における課税売上高の合計額}\end{pmatrix}$$

$$\div \begin{pmatrix}\text{被合併法人の各事業}\\\text{年度の月数の合計数}\end{pmatrix} \times \begin{pmatrix}\text{合併法人の当該事業年度開始の日の2年前の日の}\\\text{前日から合併があった日の前日までの期間の月数}\end{pmatrix}$$

（注）　被合併法人ごとに計算します。

なお、次の場合は、それぞれ次の金額が1,000万円を超えるかどうかにより判定します。（令22⑥）

① 合併法人の当該事業年度の基準期間における課税売上高がない場合

$$(\text{判定すべき金額}) = \begin{pmatrix}\text{合併法人の当該事業年度開始の日の2年}\\\text{前の日の前日から同日以後1年を経過す}\\\text{る日までの間に終了した各被合併法人の}\\\text{各事業年度における課税売上高の合計額}\end{pmatrix} \div \begin{pmatrix}\text{被合併法人の各事業}\\\text{年度の月数の合計数}\end{pmatrix} \times 12$$

（注）　被合併法人ごとに計算します。

② 合併法人の当該事業年度の基準期間に含まれる事業年度の月数の合計数が合併の日の翌日から当該合併法人の当該事業年度開始の日の前日の1年前の日の前日までの期間の月数（当期前1年内に含まれない月数）を超える場合

$$（判定すべき金額）=\begin{pmatrix}合併法人の基準\\期間における課\\税売上高\end{pmatrix}\div\begin{pmatrix}当該基準期間に含\\まれる事業年度の\\月数の合計数\end{pmatrix}\times\begin{pmatrix}当期前1年内に\\含まれない月数\\（令22⑤）\end{pmatrix}$$

$$+\begin{pmatrix}合併法人の当該事業年度開始の日の2年\\前の日の前日から同日以後1年を経過す\\る日までの間に終了した各被合併法人の\\各事業年度における課税売上高の合計額\end{pmatrix}\div\begin{pmatrix}各被合併法人\\の当該各事業\\年度の月数の\\合計数\end{pmatrix}\times\begin{pmatrix}合併法人のその事業年度開\\始の日の2年前の日の前日\\からその合併があった日の\\前日までの期間の月数\end{pmatrix}$$

（注）　月数は暦に従って計算し、1か月に満たない端数が生じたときは、これを1か月とします。（令22⑦）

事例29　〈新設合併があった場合の納税義務の免除の特例2〉

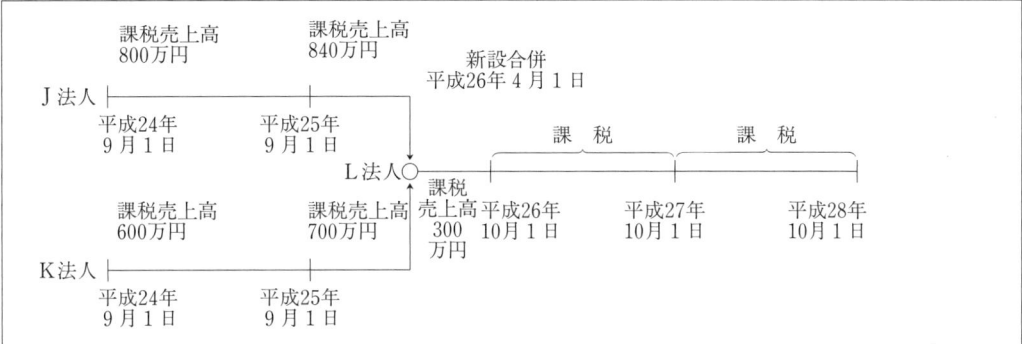

1　L法人の平成26年10月1日～平成27年9月30日課税期間の基準期間はありませんが、J法人の平成24年9月1日～平成25年8月31日事業年度の課税売上高800万円（800万円÷12×12）及びK法人の平成24年9月1日～平成25年8月31日事業年度の課税売上高600万円（600万円÷12×12）の合計額が1,400万円となり1,000万円を超えますので、納税義務は免除されません。

2　平成27年10月1日～平成28年9月30日事業年度の基準期間における課税売上高は600万円（300万円÷6×12）ですが、J法人にかかる720万円（840万円÷7×6）及びK法人にかかる600万円（700万円÷7×6）の合計を加算すると1,920万円となり、1,000万円を超えますので、納税義務は免除されません。

第2章　納税義務が免除されるかどうかの判定

第7節　分割等があった場合の納税義務の免除の特例

　　基準期間における課税売上高及び特定期間における課税売上高等が1,000万円以下である場合は、原則として消費税の納税義務は免除されますが、法人の分割等により新たに法人を設立した場合については、特例として、納税義務が免除されないことがあります。
　　この節では、法人の分割等の場合の納税義務の免除の特例について図解しています。

1　設立初年度における新設分割子法人の納税義務の免除の特例（法12①）

```
┌─────────────────────────────────┐
│分割等により設立された又は資産の譲渡を受けた　│
│法人（以下3まで新設分割子法人といいます。）　│
└─────────────────────────────────┘
　　　　　スタート ↓
┌───────────────────────────┐           ┌─────────────────┐
│新設分割子法人の分割等があった日の属する事業　│           │消費税の納税義務は免除　│
│年度の基準期間に対応する期間における分割等を　│    NO     │されます。（ただし、課税　│
│行った法人（以下3まで新設分割親法人といいま　├──────────→│事業者を選択している場　│
│す。）の課税売上高が1,000万円を超えるか。　　│           │合及び**第6節**並びに**第8**　│
└───────────────────────────┘           │**節**により納税義務が免除　│
　　　　　　　 ↓ YES                              │されない課税期間を除き　│
┌─────────────────────────────┐         │ます。）　　　　　　　　　│
│分割等があった日からその事業年度終了の日まで　│         └─────────────────┘
│については、納税義務は免除されません。　　　　│
└─────────────────────────────┘
```

留意点24　　新設分割親法人の課税売上高1

　　新設分割子法人の分割等があった日の属する事業年度の基準期間に対応する期間における新設分割親法人の課税売上高は、次の算式により計算します。（令23①）

$$\begin{pmatrix}新設分割子法人の分割等\\ があった日の属する事業\\ 年度の基準期間に対応す\\ る期間における新設分割\\ 親法人の課税売上高\end{pmatrix} = \begin{pmatrix}新設分割子法人の分割等があった日の属する事業\\ 年度開始の日の2年前の日の前日から同日以後1\\ 年を経過する日までの間に終了した新設分割親法\\ 人の各事業年度における課税売上高の合計額\end{pmatrix} \div \begin{pmatrix}新設分割親\\ 法人の各事\\ 業年度の月\\ 数の合計数\end{pmatrix} \times 12$$

　（注）　月数は暦に従って計算し、1か月に満たない端数が生じたときは、これを1か月とします。（令23⑧）

事例30　〈新設分割があった場合の納税義務の免除の特例1〉

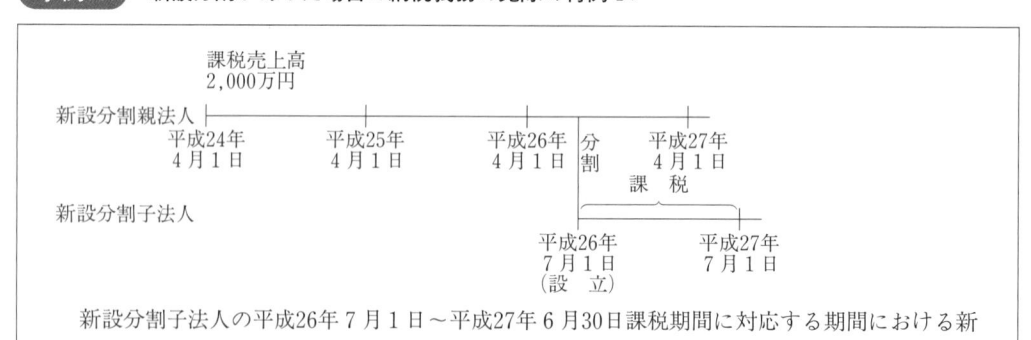

```
　　　　　　　　　　　　課税売上高
　　　　　　　　　　　　2,000万円
新設分割親法人├──────┼──────┼──────┼分┼──────┤
　　　　　　　平成24年　　平成25年　　平成26年　割　平成27年
　　　　　　　4月1日　　　4月1日　　　4月1日　　　　 4月1日
　　　　　　　　　　　　　　　　　　　　　　　　課　　税
新設分割子法人　　　　　　　　　　　　　　　├──────┤
　　　　　　　　　　　　　　　　　　　　　　平成26年　　平成27年
　　　　　　　　　　　　　　　　　　　　　　7月1日　　　7月1日
　　　　　　　　　　　　　　　　　　　　　　（設　立）
```

　　新設分割子法人の平成26年7月1日～平成27年6月30日課税期間に対応する期間における新設分割親法人の課税売上高が2,000万円で1,000万円を超えますから、納税義務は免除されません。

2 事業年度開始前1年以内に分割等があった場合の新設分割子法人の納税義務の免除の特例（法12②）

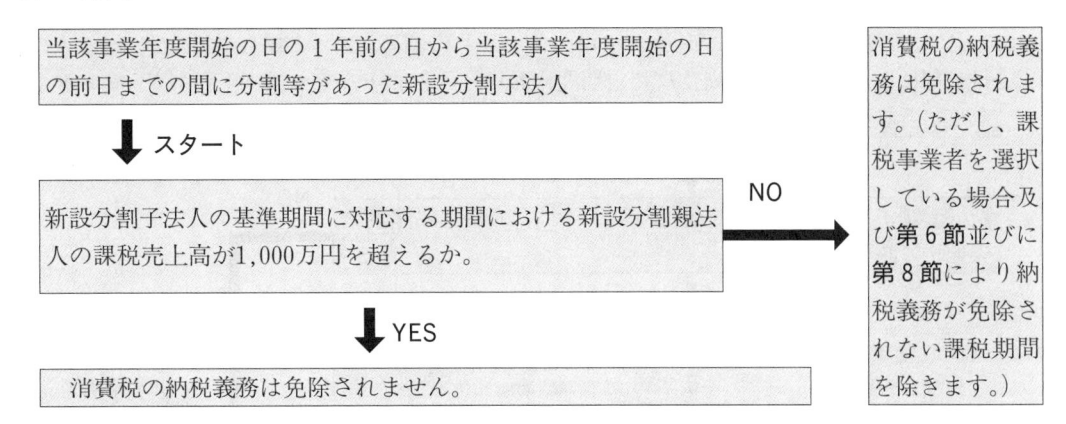

```
当該事業年度開始の日の1年前の日から当該事業年度開始の日
の前日までの間に分割等があった新設分割子法人
        ↓ スタート
新設分割子法人の基準期間に対応する期間における新設分割親法    NO →  消費税の納税義
人の課税売上高が1,000万円を超えるか。                         務は免除されま
        ↓ YES                                                 す。（ただし、課
消費税の納税義務は免除されません。                              税事業者を選択
                                                              している場合及
                                                              び第6節並びに
                                                              第8節により納
                                                              税義務が免除さ
                                                              れない課税期間
                                                              を除きます。）
```

留意点25　新設分割親法人の課税売上高2

新設分割子法人の基準期間に対応する期間における新設分割親法人の課税売上高は、次の算式により計算します。（令23②）

$$\begin{pmatrix}新設分割子法人の基準\\期間に対応する期間に\\おける新設分割親法人\\の課税売上高\end{pmatrix} = \begin{pmatrix}新設分割子法人の当該事業年度開始の日の1年前\\の日の前日から当該事業年度開始の日の前日まで\\の間に分割等があった場合の当該事業年度開始の\\日の2年前の日の前日から同日以後1年を経過す\\る日までの間に終了した新設分割親法人の各事業\\年度における課税売上高の合計額\end{pmatrix} \div \begin{pmatrix}新設分割親法人\\の各事業年度の\\月数の合計数\end{pmatrix} \times 12$$

（注）　月数は暦に従って計算し、1か月に満たない端数が生じたときは、これを1か月とします。（令23⑧）

事例31　〈新設分割があった場合の納税義務の免除の特例2〉

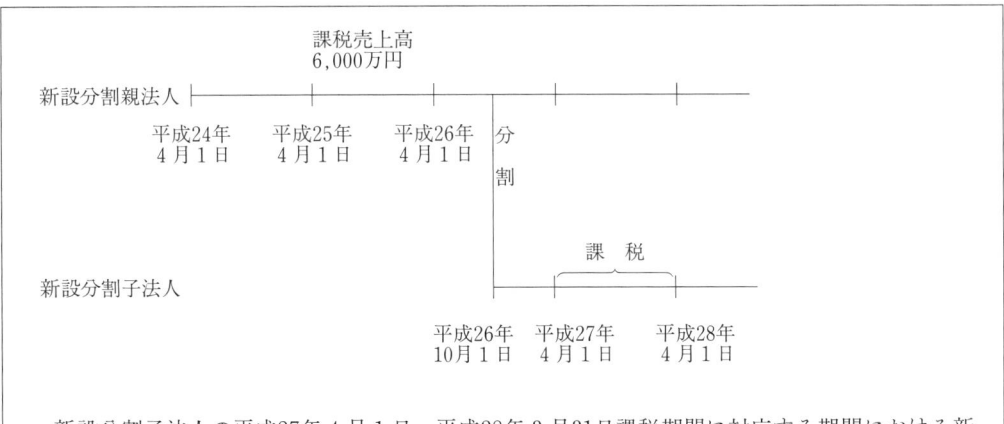

```
                    課税売上高
                    6,000万円
新設分割親法人 ├──────┼──────┼──────┼──────┤
              平成24年  平成25年  平成26年   分
              4月1日   4月1日   4月1日    割
                                              課　税
                                          ├──────┤
新設分割子法人                         ├──────┼──────┤
                                      平成26年  平成27年  平成28年
                                      10月1日  4月1日   4月1日
```

　新設分割子法人の平成27年4月1日～平成28年3月31日課税期間に対応する期間における新設分割親法人の課税売上高が6,000万円となり、1,000万円を超えますから、納税義務は免除されません。

3　事業年度開始の日の1年前の日の前々日以前に分割等があった場合の新設分割子法人の納税義務の免除の特例（法12③、令23③④）

当該事業年度開始の日の1年前の日の前々日以前に分割等があった場合の新設分割子法人の基準期間における課税売上高及び特定期間における課税売上高等が1,000万円以下である事業年度（新設分割親法人が1法人の場合に限る。）

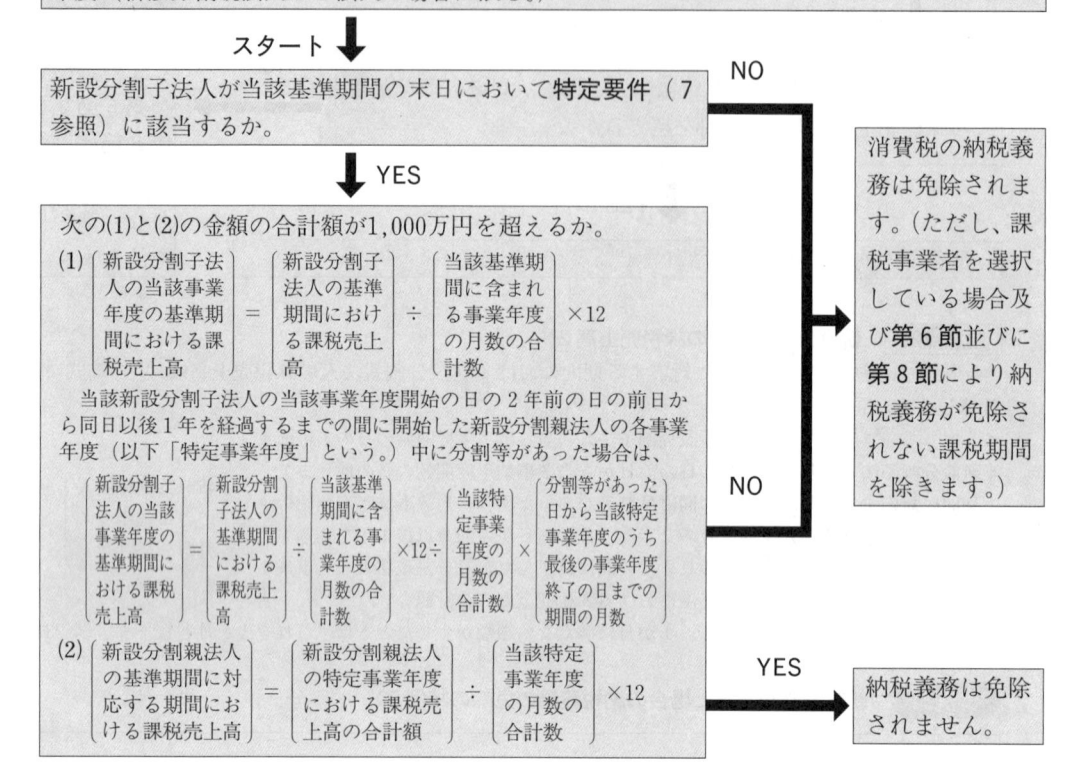

スタート ↓

新設分割子法人が当該基準期間の末日において**特定要件**（7参照）に該当するか。

→ NO → 消費税の納税義務は免除されます。（ただし、課税事業者を選択している場合及び**第6節**並びに**第8節**により納税義務が免除されない課税期間を除きます。）

↓ YES

次の(1)と(2)の金額の合計額が1,000万円を超えるか。

(1) 新設分割子法人の当該事業年度の基準期間における課税売上高 ＝ 新設分割子法人の基準期間における課税売上高 ÷ 当該基準期間に含まれる事業年度の月数の合計数 ×12

当該新設分割子法人の当該事業年度開始の日の2年前の日の前日から同日以後1年を経過するまでの間に開始した新設分割親法人の各事業年度（以下「特定事業年度」という。）中に分割等があった場合は、

新設分割子法人の当該事業年度の基準期間における課税売上高 ＝ 新設分割子法人の基準期間における課税売上高 ÷ 当該基準期間に含まれる事業年度の月数の合計数 ×12 ÷ 当該特定事業年度の月数の合計数 × 分割等があった日から当該特定事業年度のうち最後の事業年度終了の日までの期間の月数

(2) 新設分割親法人の基準期間に対応する期間における課税売上高 ＝ 新設分割親法人の特定事業年度における課税売上高の合計額 ÷ 当該特定事業年度の月数の合計数 ×12

→ NO → （消費税の納税義務は免除されます）

→ YES → 納税義務は免除されません。

事例32 〈新設分割があった場合の納税義務の免除の特例3〉

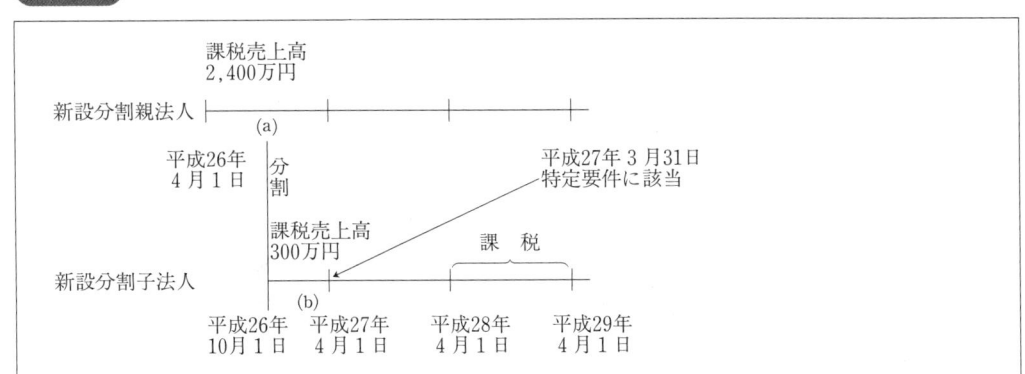

```
                      課税売上高
                      2,400万円
新設分割親法人 ├─────┼─────┼─────┼
                 (a)
      平成26年    分         平成27年3月31日
      4月1日     割         特定要件に該当

                      課税売上高         課　税
                      300万円     ┌──────┐
新設分割子法人         ├─────┼─────┼─────┤
                     (b)
                  平成26年  平成27年  平成28年  平成29年
                  10月1日  4月1日   4月1日   4月1日
```

　新設分割子法人の平成27年4月1日～平成28年3月31日課税期間は、基準期間における課税売上高が600万円で1,000万円以下となりますが、次の算式で計算した金額が1,000万円を超えますので、納税義務は免除されません。

〔算式〕((b)300万円÷(a)6か月×12÷(a)12か月×6か月（平26.10.1～平27.3.31）＋2,400万円
　　　　÷(a)12か月×12か月＝2,700万円

4　事業年度開始の日の1年前の日の前々日以前に分割等があった場合の新設分割親法人の納税義務の免除の特例（法12④、令23⑤）

当該事業年度開始の日の1年前の日の前々日以前に分割等があった場合の分割親法人の基準期間における課税売上高及び特定期間における課税売上高等が1,000万円以下である事業年度

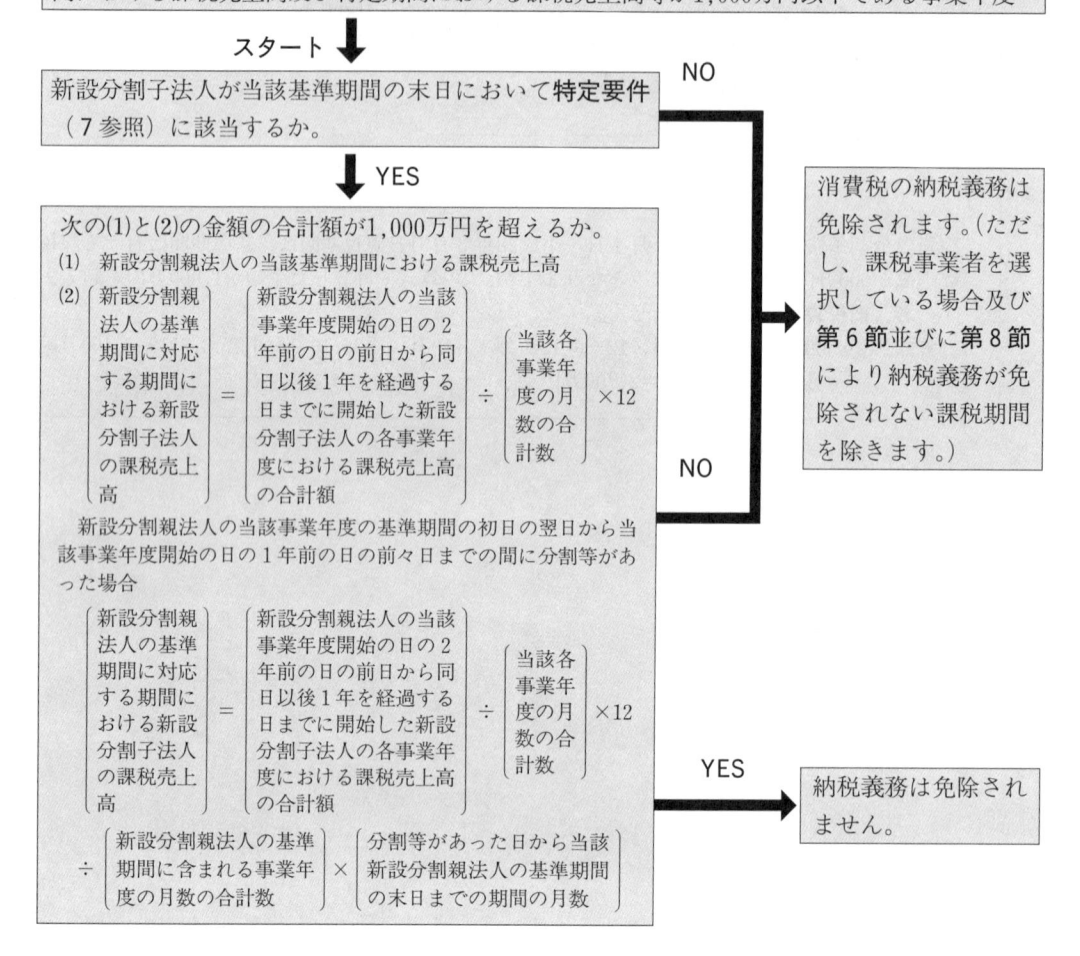

スタート ↓

新設分割子法人が当該基準期間の末日において**特定要件**（7参照）に該当するか。

→ NO → 消費税の納税義務は免除されます。（ただし、課税事業者を選択している場合及び**第6節**並びに**第8節**により納税義務が免除されない課税期間を除きます。）

↓ YES

次の(1)と(2)の金額の合計額が1,000万円を超えるか。

(1) 新設分割親法人の当該基準期間における課税売上高

(2)

| 新設分割親法人の基準期間に対応する期間における新設分割子法人の課税売上高 | ＝ | 新設分割親法人の当該事業年度開始の日の2年前の日の前日から同日以後1年を経過する日までに開始した新設分割子法人の各事業年度における課税売上高の合計額 | ÷ | 当該各事業年度の月数の合計数 | ×12 |

新設分割親法人の当該事業年度の基準期間の初日の翌日から当該事業年度開始の日の1年前の日の前々日までの間に分割等があった場合

| 新設分割親法人の基準期間に対応する期間における新設分割子法人の課税売上高 | ＝ | 新設分割親法人の当該事業年度開始の日の2年前の日の前日から同日以後1年を経過する日までに開始した新設分割子法人の各事業年度における課税売上高の合計額 | ÷ | 当該各事業年度の月数の合計数 | ×12 |

÷ 新設分割親法人の基準期間に含まれる事業年度の月数の合計数 × 分割等があった日から当該新設分割親法人の基準期間の末日までの期間の月数

→ NO → （上記と同じ：消費税の納税義務は免除されます。）

→ YES → 納税義務は免除されません。

事例33 〈新設分割があった場合の納税義務の免除の特例 4 〉

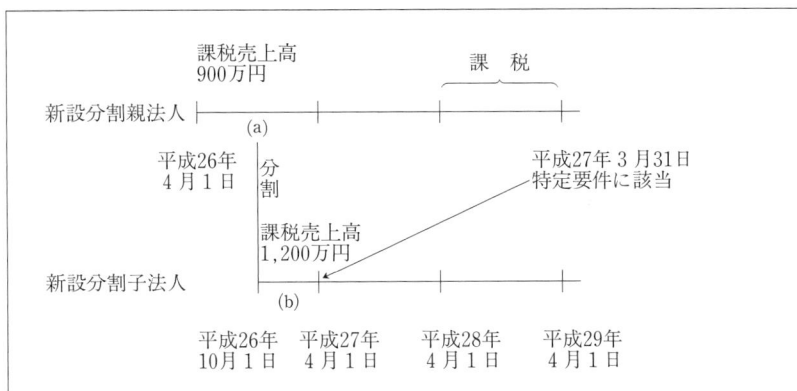

```
                      課税売上高                課　税
                      900万円
新設分割親法人 ├──────┼──────┼──────┤
                      (a)
              平成26年  分                平成27年 3 月31日
              4 月 1 日 割               特定要件に該当
                       │
                       課税売上高
                       1,200万円
新設分割子法人          ├──┼──────┼──────┤
                           (b)
                       平成26年  平成27年  平成28年   平成29年
                       10月 1 日 4 月 1 日 4 月 1 日  4 月 1 日
```

　新設分割親法人の平成28年 4 月 1 日～平成29年 3 月31日課税期間は、基準期間における課税売上高が900万円で1,000万円以下となりますが、当該基準期間における課税売上高と次の算式で計算した金額1,200万円との合計額が2,100万円となり1,000万円を超えますので、納税義務は免除されません。

〔算式〕

　(b)1,200万円÷(b) 6 か月×12）÷(a)12か月× 6 か月（平26.10.1～平27.3.31）＝1,200万円

5　吸収分割があった日の属する事業年度の分割承継法人の納税義務の免除の特例

(法12⑤、令23⑥)

分割承継法人の吸収分割があった日の属する事業年度の基準期間における課税売上高及び特定期間における課税売上高等が1,000万円以下である当該事業年度

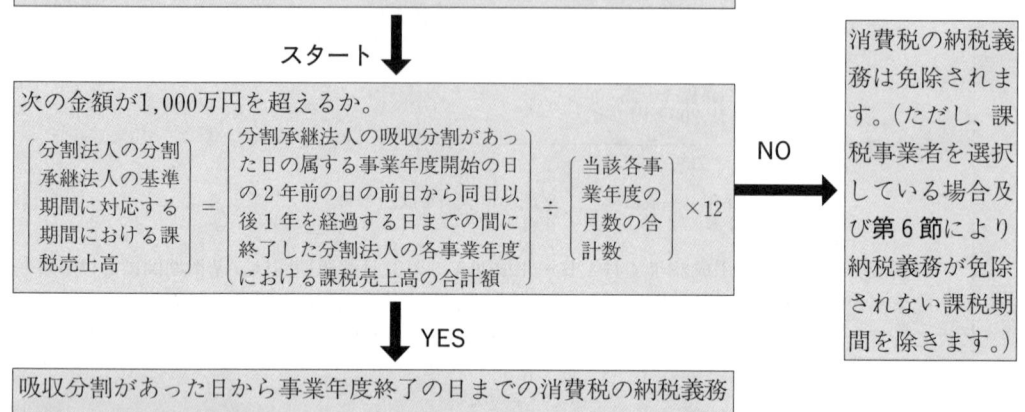

↓ スタート

次の金額が1,000万円を超えるか。

$$\begin{pmatrix}分割法人の分割\\承継法人の基準\\期間に対応する\\期間における課\\税売上高\end{pmatrix} = \begin{pmatrix}分割承継法人の吸収分割があっ\\た日の属する事業年度開始の日\\の2年前の日の前日から同日以\\後1年を経過する日までの間に\\終了した分割法人の各事業年度\\における課税売上高の合計額\end{pmatrix} \div \begin{pmatrix}当該各事\\業年度の\\月数の合\\計数\end{pmatrix} \times 12$$

NO → 消費税の納税義務は免除されます。(ただし、課税事業者を選択している場合及び**第6節**により納税義務が免除されない課税期間を除きます。)

↓ YES

吸収分割があった日から事業年度終了の日までの消費税の納税義務は免除されません。

(注)　「吸収分割があった日」とは、分割の効力が生じる日をいいます。

事例34　〈吸収分割があった場合の納税義務の免除の特例1〉

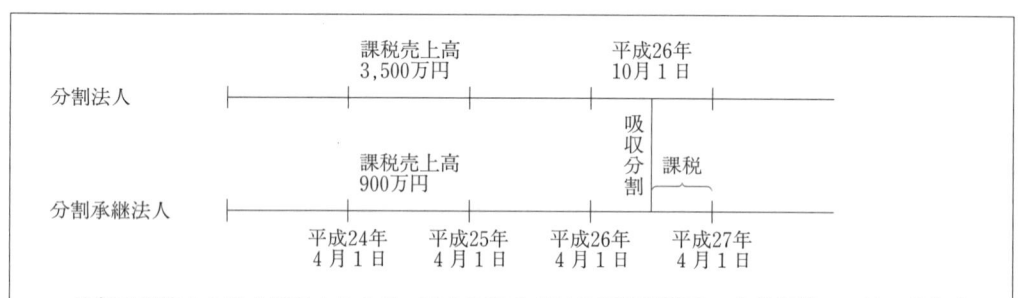

```
                           課税売上高        平成26年
                           3,500万円         10月1日
分割法人      ├────┼────┼────┼──┬──┤
                                             吸
                           課税売上高         収   課税
                           900万円            分   ╲
分割承継法人  ├────┼────┼────┼割─┤
              平成24年   平成25年   平成26年   平成27年
              4月1日    4月1日    4月1日    4月1日
```

　分割承継法人の平成26年4月1日～平成27年3月31日課税期間は、基準期間における課税売上高が900万円で1,000万円以下となりますが、分割法人の分割承継法人の基準期間に対応する期間における課税売上高3,500万円となるため、平成26年10月1日～平成27年3月31日の期間の納税義務は免除されません。

6 吸収分割があった事業年度の翌事業年度の分割承継法人の納税義務の免除の特例
（法12⑥、令23⑦）

> 事業年度開始の日の1年前の日の前日から当該事業年度開始の日の前日までの間に吸収分割を行った場合の分割承継法人の基準期間における課税売上高及び特定期間における課税売上高等が1,000万円以下である事業年度

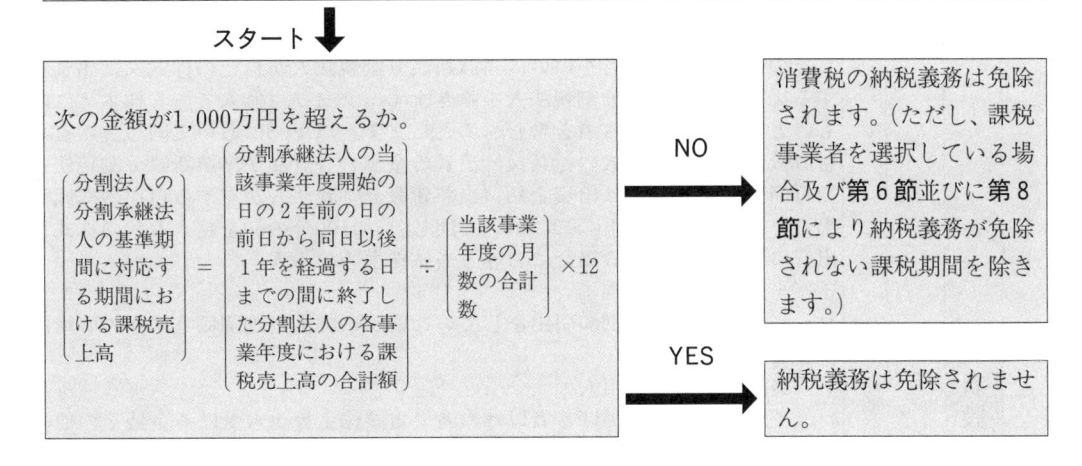

スタート ↓

次の金額が1,000万円を超えるか。

$$\begin{pmatrix}分割法人の\\分割承継法\\人の基準期\\間に対応す\\る期間にお\\ける課税売\\上高\end{pmatrix} = \begin{pmatrix}分割承継法人の当\\該事業年度開始の\\日の2年前の日の\\前日から同日以後\\1年を経過する日\\までの間に終了し\\た分割法人の各事\\業年度における課\\税売上高の合計額\end{pmatrix} \div \begin{pmatrix}当該事業\\年度の月\\数の合計\\数\end{pmatrix} \times 12$$

NO → 消費税の納税義務は免除されます。（ただし、課税事業者を選択している場合及び**第6節**並びに**第8節**により納税義務が免除されない課税期間を除きます。）

YES → 納税義務は免除されません。

事例35 〈吸収分割があった場合の納税義務の免除の特例2〉

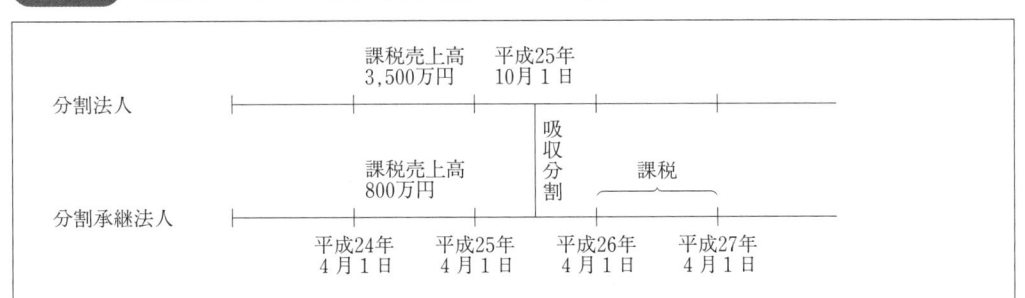

```
分割法人    |――――|――――|―課税売上高―|――――|――――|
                      3,500万円   平成25年
                                  10月1日
                                    吸
                                    収    課税
                                    分  ―――――
                                    割
分割承継法人 |――――|―課税売上高―|――――|――――|
                        800万円
          平成24年   平成25年   平成26年   平成27年
          4月1日    4月1日    4月1日    4月1日
```

分割承継法人の平成26年4月1日～平成27年3月31日課税期間は、基準期間における課税売上高が800万円で1,000万円以下となりますが、分割法人の分割承継法人の基準期間に対応する期間における課税売上高3,500万円となるため、納税義務は免除されません。

7　特定要件 （法12③、令24）

3から4でいう特定要件とは次に掲げる要件をいいます。

> 新設分割子法人の発行済株式又は出資（その新設分割子法人が所有する自己株式を除きます。）の総数又は総額の100分の50を超える数又は金額の株式又は出資が新設分割親法人及びその新設分割親法人と特殊な関係にある者の所有に属すること

「新設分割親法人と特殊な関係にある者」

(一) 新設分割親法人の株主等（株主又は合名会社、合資会社若しくは合同会社の社員その他法人の出資者をいい、当該新設分割親法人が自己の株式又は出資を有する場合の当該新設分割親法人を除きます。）の1人（個人である株主等に限るものとし、次に掲げる者を含むものとします。以下(一)において同じ。）の有する新設分割親法人の株式の総数又は出資の金額の合計額が当該新設分割親法人の発行済株式の総数又は出資金額（当該新設分割親法人が有する自己の株式又は出資を除きます。以下(二)(三)において同じ。）の100分の50を超える数の株式又は出資の金額に相当する場合における当該株主等の1人
　イ　当該株主等の親族
　ロ　当該株主等と婚姻の届出をしていないが事実上婚姻関係と同様の事情にある者
　ハ　当該株主等の使用人
　ニ　イからハまでに掲げる者以外の者で当該株主等から受ける金銭その他の資産によって生計を維持しているもの
　ホ　ロからニまでに掲げる者と生計を一にするこれらの者の親族

(二) 新設分割親法人の株主等の1人（個人である株主等については、その者と(一)のイからホまでに規定する関係のある個人を含みます。以下(二)において同じ。）及び次に掲げる会社の有する新設分割親法人の株式の総数又は出資の金額の合計額が当該新設分割親法人の発行済株式の総数又は出資金額の100分の50を超える数の株式又は出資の金額に相当する場合における当該株主等の1人及び次に掲げる会社
　イ　当該株主等の1人が有する他の会社の株式の総数又は出資の金額の合計額が当該他の会社の発行済株式の総数又は出資金額（その有する自己の株式又は出資を除きます。以下(二)(四)において同じ。）の100分の50を超える数の株式又は出資の金額に相当する場合における当該他の会社
　ロ　当該株主等の1人及びこれとイに規定する関係のある会社が有する他の会社の株式の総数又は出資の金額の合計額が当該他の会社の発行済株式の総数又は出資金額の100分の50を超える数の株式又は出資の金額に相当する場合における当該他の会社
　ハ　当該株主等の1人並びにこれとイ及びロに規定する関係のある会社が有する他の会社の株式の総数又は出資の金額の合計額が当該他の会社の発行済株式の総数又は出資金額の100分の50を超える数の株式又は出資の金額に相当する場合における当該他の会社

(三) 新設分割親法人の二以上の株主等（同一の個人又は法人と(二)のイからハまでに規定する関係のある会社に限ります。）及びそれぞれこれらの株主等と(二)のイからハまでに規定する関係のある会社の有する新設分割親法人の株式の総数又は出資の金額の合計額が当該新設分割親法人の発行済株式の総数又は出資金額の100分の50を超える数の株式又は出資の金額に相当する場合における当該二以上の株主等及び当該関係のある会社

	(四)	次に掲げる会社 イ　新設分割親法人が有する他の会社の株式の総数又は出資の金額の合計額が当該他の会社の発行済株式の総数又は出資金額の100分の50を超える数の株式又は出資の金額に相当する場合における当該他の会社 ロ　新設分割親法人及びこれとイに規定する関係のある会社が有する他の会社の株式の総数又は出資の金額の合計額が当該他の会社の発行済株式の総数又は出資金額の100分の50を超える数の株式又は出資の金額に相当する場合における当該他の会社 ハ　新設分割親法人並びにこれとイ及びロに規定する関係のある会社が有する他の会社の株式の総数又は出資の金額の合計額が当該他の会社の発行済株式の総数又は出資金額の100分の50を超える数の株式又は出資の金額に相当する場合における当該他の会社

8　分割等（法12⑦、令23⑨）

1から4までに掲げる分割等とは、次のとおりです。

(1)	新設分割
(2)	法人が新たな法人を設立するためその有する金銭以外の資産の出資（その新たな法人の設立の時において当該資産の出資その他当該設立のための出資により発行済株式又は出資の全部をその法人が有することとなるものに限ります。）をし、その出資により新たに設立する法人に事業の全部又は一部を引き継ぐ場合における当該新たな法人の設立
(3)	法人が新たな法人を設立するため金銭の出資をし、当該新たな法人と会社法第467条第1項第5号（事業譲渡等の承認等）に掲げる行為に係る契約を締結した場合における当該契約に基づく金銭以外の資産の譲渡のうち、当該新たな法人の設立の時において発行済株式の全部をその法人が有している場合であることその他政令で定める要件に該当するもの

第8節　基準期間がない法人の納税義務の免除の特例

　基準期間における課税売上高及び特定期間における課税売上高等が1,000万円以下である場合は、原則として消費税の納税義務は免除されますが、法人を新規に設立した事業年度及びその翌事業年度など、基準期間自体が存在しない法人については、特例として、納税義務が免除されないことがあります。
　この節では、基準期間がない法人の納税義務の免除の特例について図解しています。

1　特例規定に基づく納税義務の判定　(法12の2①、12の3①、令25)

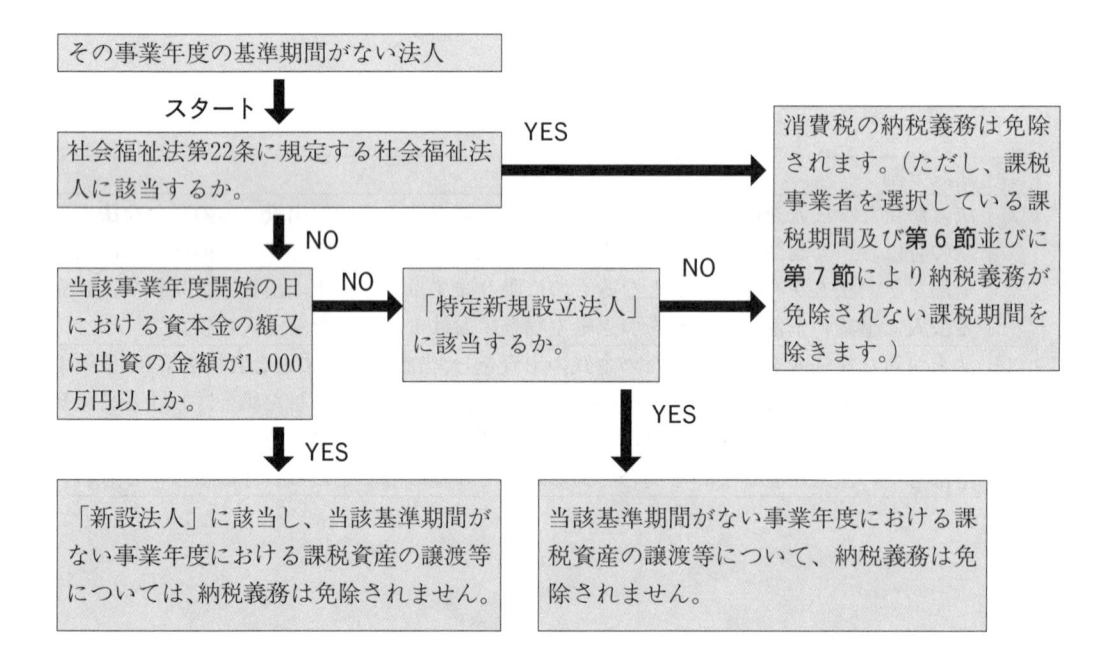

```
        その事業年度の基準期間がない法人
                    │
                 スタート↓
        ┌──────────────────┐        YES        ┌──────────────────┐
        │社会福祉法第22条に規定│──────────────→│消費税の納税義務は免除│
        │する社会福祉法人に該当│                │されます。(ただし、課税│
        │するか。            │                │事業者を選択している課│
        └──────────────────┘                │税期間及び第6節並びに│
                    │NO                      │第7節により納税義務が│
                    ↓                        │免除されない課税期間を│
        ┌──────────────────┐   NO  ┌────────┐NO│除きます。)           │
        │当該事業年度開始の日│─────→│「特定新規│─→└──────────────────┘
        │における資本金の額又│      │設立法人」│
        │は出資の金額が1,000 │      │に該当する│
        │万円以上か。        │      │か。     │
        └──────────────────┘      └────────┘
                    │YES                │YES
                    ↓                    ↓
        ┌──────────────────┐      ┌──────────────────┐
        │「新設法人」に該当し、│      │当該基準期間がない事業│
        │当該基準期間がない事業│      │年度における課税資産の│
        │年度における課税資産の│      │譲渡等について、納税義│
        │譲渡等については、納税│      │務は免除されません。  │
        │義務は免除されません。│      └──────────────────┘
        └──────────────────┘
```

2 「資本金の額又は出資の金額」の範囲（基通1－5－16）

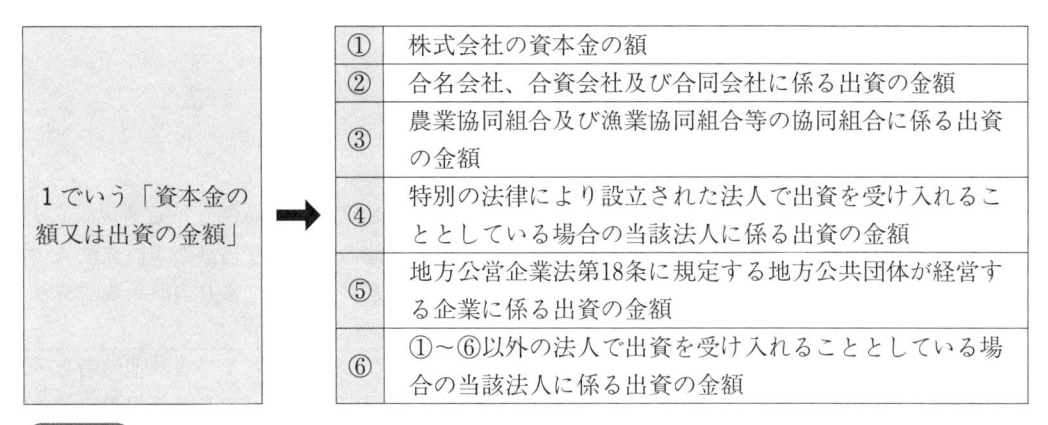

①	株式会社の資本金の額
②	合名会社、合資会社及び合同会社に係る出資の金額
③	農業協同組合及び漁業協同組合等の協同組合に係る出資の金額
④	特別の法律により設立された法人で出資を受け入れることとしている場合の当該法人に係る出資の金額
⑤	地方公営企業法第18条に規定する地方公共団体が経営する企業に係る出資の金額
⑥	①～⑥以外の法人で出資を受け入れることとしている場合の当該法人に係る出資の金額

1でいう「資本金の額又は出資の金額」→

事例36 〈基準期間がない法人（「特定新規設立法人」に該当しない）の納税義務の免除の特例〉

【ケース1】

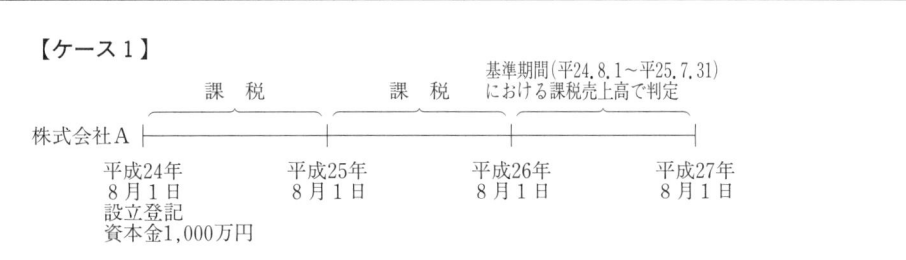

株式会社A

- 平成24年8月1日　設立登記　資本金1,000万円
- 平成25年8月1日
- 平成26年8月1日
- 平成27年8月1日

平成24年8月1日～平成25年7月31日：課税
平成25年8月1日～平成26年7月31日：課税
平成26年8月1日～平成27年7月31日：基準期間(平24.8.1～平25.7.31)における課税売上高で判定

平成24年8月1日～平成25年7月31日課税期間及び平成25年8月1日～平成26年7月31日課税期間は、いずれも「新設法人」に該当するため、納税義務は免除されません。

平成26年8月1日～平成27年7月31日課税期間は、基準期間（平成24年8月1日～平成25年7月31日）における課税売上高が1,000万円を超えるかどうかにより、課税事業者になるかどうかを判定します。

【ケース2】

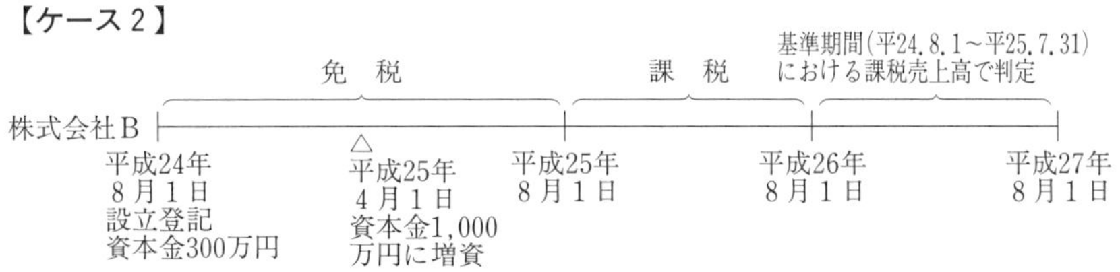

株式会社B

- 平成24年8月1日　設立登記　資本金300万円
- △平成25年4月1日　資本金1,000万円に増資
- 平成25年8月1日
- 平成26年8月1日
- 平成27年8月1日

平成24年8月1日～平成25年7月31日：免税
平成25年8月1日～平成26年7月31日：課税
平成26年8月1日～平成27年7月31日：基準期間(平24.8.1～平25.7.31)における課税売上高で判定

平成24年8月1日～平成25年7月31日課税期間は、その事業年度開始の日（平成24年8月1日）における資本金が1,000万円未満であるため、「新設法人」には該当せず、納税義務は免除されます。

平成25年8月1日～平成26年7月31日課税期間は、基準期間がなく、かつ、その事業年度開始の日（平成25年8月1日）における資本金が1,000万円以上であり、「新設法人」に該当するため、納税義務は免除されません。

平成26年8月1日～平成27年7月31日課税期間は、基準期間（平成24年8月1日～平成25年7月31日）における課税売上高が1,000万円を超えるかどうかにより、課税事業者になるかどうかを判定します。

3 「特定新規設立法人」の納税義務の免除の特例（法12の3、令25の2～25の4）

> 平成26年4月1日以後に、資本金の額又は出資の金額が1,000万円未満の法人（「新規設立法人」）を設立した場合

↓

その基準期間がない事業年度が、次の①～②のいずれにも該当する場合（「特定新規設立法人」）

①	その基準期間がない事業年度開始の日において、他の者により当該新規設立法人の株式等の50％超を直接又は間接に保有される場合など、他の者により当該新規設立法人が支配される一定の場合（特定要件）に該当する
②	①の特定要件に該当するかどうかの判定の基礎となった他の者及び当該他の者と一定の特殊な関係にある法人のうち、いずれかの者（判定対象者）の当該新規設立法人の当該事業年度の基準期間に相当する期間（基準期間相当期間）における課税売上高が5億円を超えている

↓

> 当該「特定新規設立法人」の基準期間がない事業年度に含まれる各課税期間における課税資産の譲渡等については、納税義務が免除されません。

《適用例》

- 新規設立法人A（3月末決算法人）
- ①50％超出資
- 判定対象者B（12月末決算法人）

- 2年前
- 平26.4.1設立
- 2年前の日の前日から同日以後1年を経過する日までに終了
- 平24.1.1～平24.12.31（基準期間相当期間）
- ②課税売上高5億円超
- 平26.4.1～平27.3.31（設立1期目）
- 課税事業者

　平成26年4月1日に設立された法人Aは、①基準期間がない事業年度開始の日（平成26年4月1日）において、法人Bによりその株式等の50％超を保有されており、かつ、②「基準期間相当期間」（平成24年1月1日～平成24年12月31日）における課税売上高が5億円を超えているため、基準期間がない当該事業年度（平成26年4月1日～平成27年3月31日）の納税義務は免除されないことになります。

　なお、基準期間がない事業年度（設立1期目、2期目）について、それぞれ納税義務を判定する必要があります。

4 「特定新規設立法人」に該当する場合の手続

「特定新規設立法人」に該当することとなった場合には、以下の書類を速やかに提出します。

提出する書類	消費税の特定新規設立法人に該当する旨の届出書
提　出　先	納税地所轄税務署長

5 他の者により「新規設立法人」が支配される一定の場合（特定要件）の判定

(令25の2)

「他の者により新規設立法人が支配される場合」とは、次のいずれかの場合をいいます。

	区　　分
①	他の者が、新規設立法人の発行済株式又は出資（当該新規設立法人が有する自己株式又は出資を除きます。②において同じ。）の総数又は総額の50％超の株式又は出資を有する場合
②	他の者及び次に掲げる者が、新規設立法人の発行済株式又は出資の総数又は総額の50％超の株式又は出資を有する場合 イ　他の者の親族等（※1） ロ　他の者（親族等を含みます。）が完全に支配している（※2）他の法人 ハ　他の者（親族を含みます。）及び上記ロの法人が完全に支配している（※2）他の法人 ニ　他の者（親族等を含みます。）並びに上記ロ及びハの法人が完全に支配している（※2）他の法人
③	他の者及び上記②イからニに該当する者が、新規設立法人の次に掲げる議決権のいずれかにつき、その総数（当該議決権を行使することができない株主等が有する議決権の数を除きます。）の50％超を有する場合 イ　事業の全部若しくは重要な部分の譲渡、解散、継続、合併、分割、株式交換、株式移転又は現物出資に関する決議に係る議決権 ロ　役員（法人税法第2条第15号《定義》に規定する役員をいいます。ハにおいて同じ。）の選任及び解任に関する決議に係る議決権 ハ　役員の報酬、賞与その他の職務執行の対価として法人が供与する財産上の利益に関する事項についての決議に係る議決権 ニ　剰余金の配当又は利益の配当に関する決議に係る議決権
④	他の者及び上記②イからニに該当する者が、新規設立法人の株主等（合名会社、合資会社又は合同会社の社員（当該新規設立法人が業務を執行する社員を定めた場合にあっては、業務を執行する社員）に限ります。）の総数の半数を超える数を占める場合

※1　「親族等」とは、次に掲げる者をいいます。

	区　　分
(1)	当該他の者の親族
(2)	当該他の者と婚姻の届出をしていないが、事実上婚姻関係と同様の事情にある者
(3)	当該他の者（個人である場合に限ります。）の使用人
(4)	上記(1)から(3)までに掲げる者以外の者で、当該他の者から受ける金銭その他の資産によって生計を維持しているもの
(5)	上記(2)から(4)までに掲げる者と生計を一にするこれらの者の親族

※2 「完全に支配している」とは、次に掲げる場合をいいます。

	区　分
(1)	他の法人の発行済株式又は出資（その有する自己株式又は出資を除きます。）の全部を有する場合
(2)	他の法人の上記5③のイからニに掲げる議決権のいずれかにつき、その総数（当該議決権を行使することができない株主等が有する当該議決権の数を除きます。）の全部を有する場合
(3)	他の法人の株主等（合名会社、合資会社又は合同会社の社員（当該他の法人が業務を執行する社員を定めた場合にあっては、業務を執行する社員）に限ります。）の全部を占める場合

6　特定要件の判定の基礎となった他の者の特殊関係法人の範囲（令25の3）

特定要件の判定の基礎となる「当該他の者と特殊な関係にある法人」とは、次に掲げるもののうち、非支配特殊関係法人（※）以外の法人をいいます。

	区　分
①	他の者（新規設立法人の株主等である者に限り、当該他の者が個人である場合には当該他の者の親族等を含みます。以下②、③において同じ。）が完全に支配している法人
②	他の者及び上記①の法人が完全に支配している法人
③	他の者並びに上記①及び②の法人が完全に支配している法人

※　非支配特殊関係法人とは、次に掲げる法人をいいます。

	区　分
(1)	他の者（新規設立法人の株主等である者に限ります。）と生計を一にしない親族等（以下「別生計親族等」といいます。）が完全に支配している法人
(2)	別生計親族等及び上記(1)の法人が完全に支配している法人
(3)	別生計親族等並びに上記(1)及び(2)の法人が完全に支配している法人

7　判定対象者の新規設立法人の当該事業年度の基準期間相当期間（令25の4）

特定要件に係る判定対象者の「当該新規設立法人の当該事業年度の基準期間に相当する期間（基準期間相当期間）」とは、次に掲げる期間をいいます。

(1) 判定対象者が個人事業者である場合

	区　分	基準期間相当期間
①	新規設立法人の新設開始日の2年前の日の前日から同日以後1年を経過する日までの間に12月31日が到来する年において、個人事業者であった場合	前々年
②	新規設立法人の新設開始日の1年前の日の前日から当該新設開始日の前日までの間に12月31日が到来する年（当該12月31日の翌日から当該新設開始日の前日までの期間が2月未満であるものを除きます。）において、個人事業者であった場合（上記①に該当し、かつ、上記①に掲げる基準期間相当期間における課税売上高が5億円超の場合を除きます。）	前　　年

	区　　分	基準期間相当期間
③	新規設立法人の新設開始日の1年前の日の前日から当該新設開始日の前日までの間に6月30日が到来する年(当該6月30日の翌日から当該新設開始日の前日までの期間が2月未満であるものを除きます。)において、個人事業者であった場合(上記①又は②に該当し、かつ、上記①又は②に掲げる基準期間相当期間における課税売上高が5億円超の場合を除きます。)	前年の1月1日から6月30日までの期間

(2) 判定対象者が法人である場合

	区　　分	基準期間相当期間
①	新規設立法人の新設開始日の2年前の日の前日から同日以後1年を経過する日までの間に終了した各事業年度がある場合	当該各事業年度を合わせた期間
②	新規設立法人の新設開始日の1年前の日の前日から当該新設開始日の前日までの間に終了した各事業年度(その終了する日の翌日から当該新設開始日の前日までの期間が2月未満であるものを除きます。)がある場合(上記①に該当し、かつ、上記①に掲げる基準期間相当期間における課税売上高が5億円超の場合を除きます。)	当該各事業年度を合わせた期間
③	新規設立法人の新設開始日の1年前の日の前日から当該新設開始日の前日までの間に事業年度(判定対象者が上記①、②に該当するときは、上記①、②の基準期間相当期間に含まれる各事業年度を除きます。)開始の日以後6月の期間(当該6月の期間の末日の翌日から当該新設開始日の前日までの期間が2月未満であるものを除きます。)の末日が到来する場合(上記①又は②に該当し、かつ、上記①又は②に掲げる基準期間相当期間における課税売上高が5億円超の場合を除きます。)	当該6月の期間

8 基準期間がない期間中に調整対象固定資産を取得した新設法人及び特定新規設立法人の納税義務の特例

(法12の2②、12の3③)

平成22年4月1日以後に「新設法人」を設立した場合及び平成26年4月1日以後に「特定新規設立法人」を設立した場合

→ 次の①～③のすべてに該当すれば

①	その基準期間がない事業年度（前々事業年度のない設立当初の事業年度（基本的に2年間）をいいます。）に含まれる各課税期間中
②	調整対象固定資産の仕入れ等を行った場合
③	その調整対象固定資産の仕入れ等を行った課税期間につき簡易課税制度の適用を受けない場合（一般課税で申告する場合）

↓

当該調整対象固定資産の仕入れ等を行った課税期間の初日から3年を経過する日の属する課税期間までの各課税期間については、免税事業者となることはできません。
また、簡易課税を選択して適用することもできません。

（注）上記の新設法人及び特定新規設立法人には、基準期間のない事業年度開始の日における資本金が1,000万円以上の合併、分割により設立された法人も含みます。

《基準期間がない期間中に調整対象固定資産を取得した新設法人の納税義務の特例の留意点》

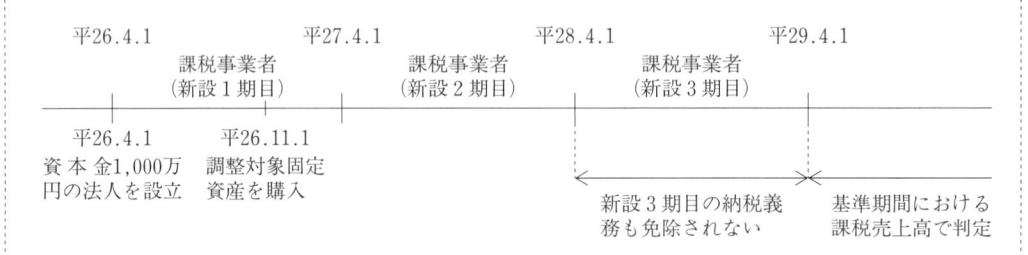

```
        平26.4.1      平27.4.1      平28.4.1      平29.4.1
           │課税事業者  │課税事業者  │課税事業者  │
           │(新設1期目)│(新設2期目)│(新設3期目)│
   平26.4.1  平26.11.1
   資本金1,000万  調整対象固定
   円の法人を設立  資産を購入
                              ←―――――→   ←―――――→
                              新設3期目の納税義  基準期間における
                              務も免除されない   課税売上高で判定
```

（注）新設2期目に調整対象固定資産の仕入れ等をした場合には、平成30年3月期（新設4期目）まで納税義務が免除されません。

第3章
資産の譲渡等及び
　　課税仕入れ等の時期

　消費税は、国内において事業者が行った資産の譲渡等を課税の対象とするのですが、課税期間ごとに納税申告するため、それぞれの取引に係る資産の譲渡等がどの課税期間に属するのか、つまり、各々の資産の譲渡等の納税義務の成立はいつかということが重要になってきます。
　また、課税仕入れについてもどの課税期間に属するのか、言い換えればどの課税期間において、仕入れに係る消費税額の控除が受けられるかという点も問題になってきます。
　この章では、それぞれの資産の譲渡等及び課税仕入れ等の時期について、図解しています。

第1節　棚卸資産の譲渡の時期

資産の譲渡の典型的なものとして、棚卸資産（商品）の譲渡がありますが、この譲渡の時期については、その引渡しのあった日とされています。
この節では、「棚卸資産の譲渡の時期」について図解しています。

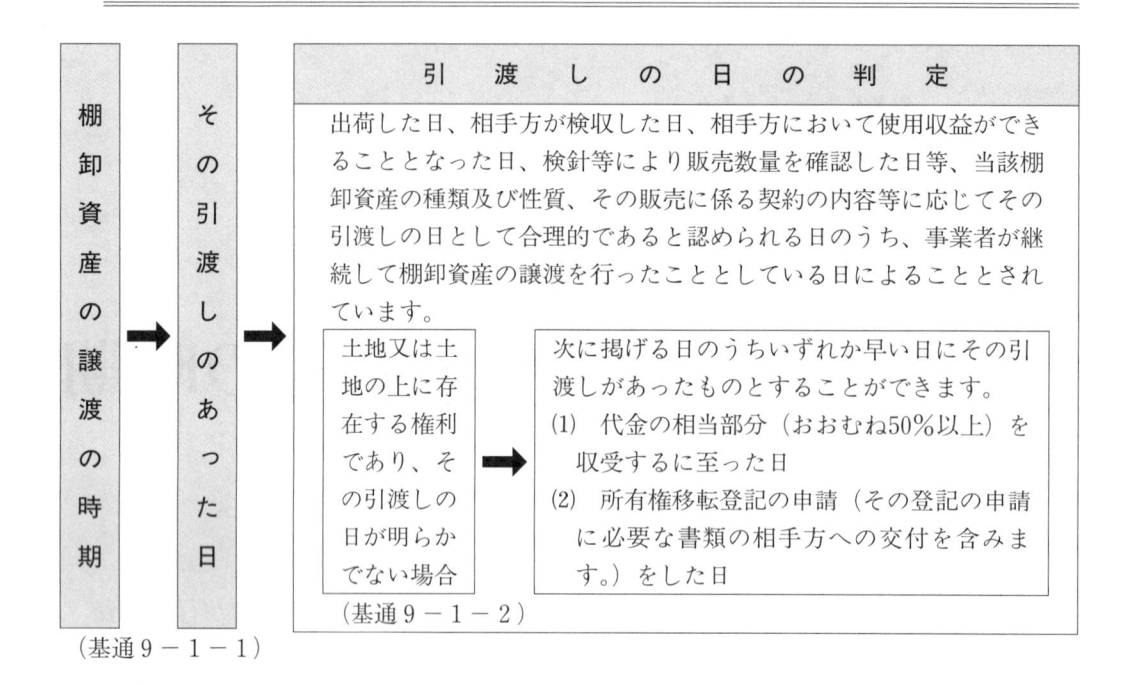

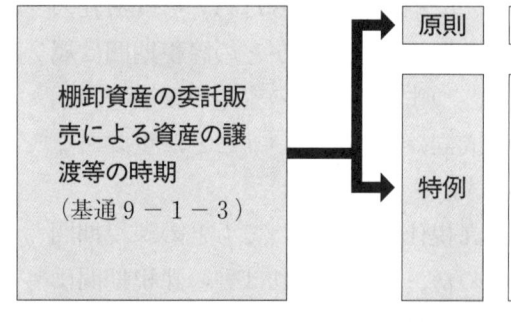

棚卸資産の譲渡の時期（基通9－1－1） → **その引渡しのあった日**

引渡しの日の判定

出荷した日、相手方が検収した日、相手方において使用収益ができることとなった日、検針等により販売数量を確認した日等、当該棚卸資産の種類及び性質、その販売に係る契約の内容等に応じてその引渡しの日として合理的であると認められる日のうち、事業者が継続して棚卸資産の譲渡を行ったこととしている日によることとされています。

土地又は土地の上に存在する権利であり、その引渡しの日が明らかでない場合	次に掲げる日のうちいずれか早い日にその引渡しがあったものとすることができます。 (1) 代金の相当部分（おおむね50%以上）を収受するに至った日 (2) 所有権移転登記の申請（その登記の申請に必要な書類の相手方への交付を含みます。）をした日

（基通9－1－2）

棚卸資産の委託販売による資産の譲渡等の時期（基通9－1－3）

- **原則**：委託品について受託者が譲渡した日
- **特例**：当該委託品の売上計算書が売上げの都度作成されている場合（受託者が週、旬、月を単位として一括して売上計算書を作成しているときを含みます。）において、事業者が継続して当該売上計算書の到着した日を譲渡した日としているときは、これを認めることとされています。

荷受人が行う船荷証券又は貨物引換証の譲渡及び寄託者の行う倉庫証券の譲渡など（基通9－1－4）
→ その引渡しの日に当該船荷証券等に係る資産の譲渡が行われたことになります。

5 機械設備の販売に伴う据付工事による資産の譲渡等の時期（基通9-1-9）

原則	据付工事に係る対価の額を含む全体の販売代金の額について**第1節の棚卸資産の譲渡**の例によります。
特例	機械設備等を販売したことに伴いその据付工事を行った場合で、その据付工事が相当の規模のものであり、その据付工事に係る対価の額を契約その他に基づいて合理的に区分することができるとき

↓

機械設備等に係る販売代金の額と据付工事に係る対価の額とを区分して、それぞれについて資産の譲渡等を行ったものとすることができます。

6 不動産の仲介あっせんに係る譲渡等の時期（基通9-1-10）

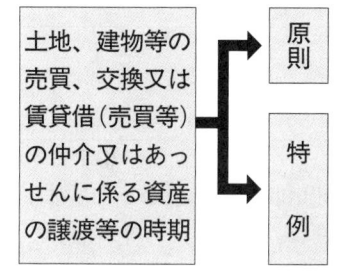

土地、建物等の売買、交換又は賃貸借（売買等）の仲介又はあっせんに係る資産の譲渡等の時期

- 原則 → その売買等に係る契約の効力が発生した日
- 特例 → 売買又は交換の仲介又はあっせんに係る資産の譲渡等の時期を継続して当該契約に係る取引の完了した日（同日前に実際に収受した金額があるときは、当該金額についてはその収受した日）としているときは、これを認めることとされています。

7 技術役務の提供の対価に係る資産の譲渡等の時期（基通9-1-11）

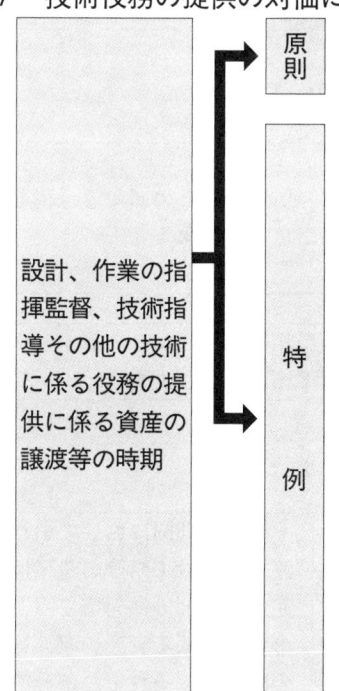

設計、作業の指揮監督、技術指導その他の技術に係る役務の提供に係る資産の譲渡等の時期

- 原則 → その約した役務の全部の提供を完了した日
- 特例 →
  (1) 報酬の額が現地に派遣する技術者等の数及び滞在期間の日数等により算定され、かつ、一定の期間ごとにその金額を確定させて支払を受けることとなっている場合
  (2) 例えば、基本設計に係る報酬の額と部分設計に係る報酬の額が区分されている場合のように、報酬の額が作業の段階ごとに区分され、かつ、それぞれの段階の作業が完了する都度その金額を確定させて支払を受けることとなっている場合

↓

その支払を受けるべき報酬の額が確定した日にその確定した金額に係る役務の提供を行ったものとすることになります。
ただし、その支払を受けることが確定した金額のうち役務の全部の提供が完了するまで又は1年を超える相当の期間が経過するまで支払を受けることができないこととされている部分については、その完了する日とその支払を受ける日とのいずれか早い日を資産の譲渡等の時期とすることができます。

第2節　請負の場合の資産の譲渡等の時期

　請負の場合、物の引渡しを要するものと要しないものとがありますが、資産の譲渡等の時期については、更に、取引の態様に応じて定められています。
　この節では、「請負の場合の資産の譲渡等の時期」について図解しています。

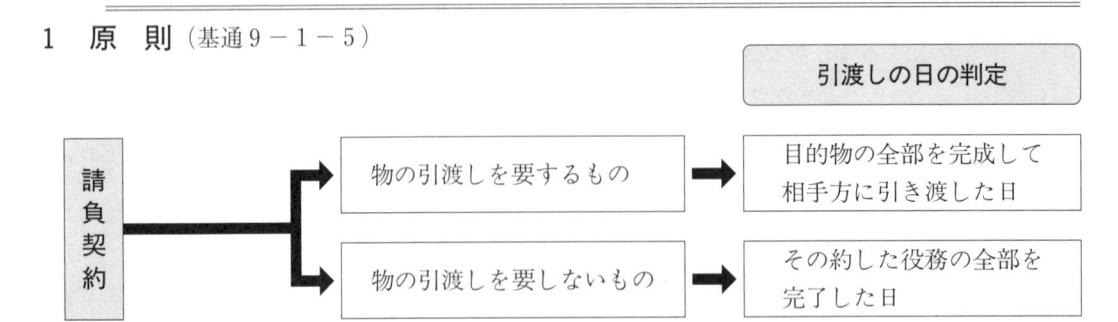

1　原　則（基通9－1－5）

引渡しの日の判定

請負契約 →
- 物の引渡しを要するもの → 目的物の全部を完成して相手方に引き渡した日
- 物の引渡しを要しないもの → その約した役務の全部を完了した日

2　建設工事等の引渡しの日の判定（基通9－1－6）

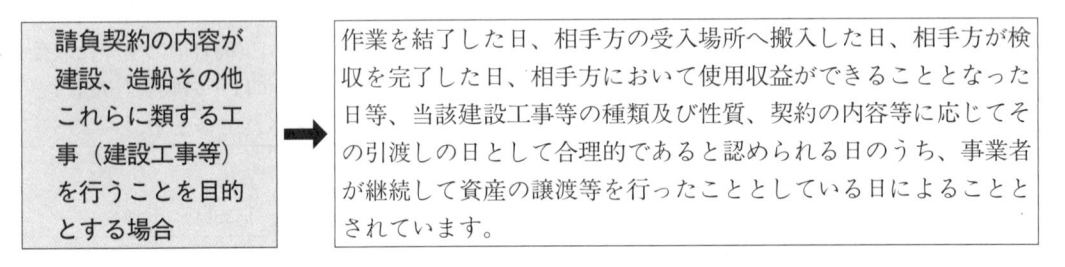

| 請負契約の内容が建設、造船その他これらに類する工事（建設工事等）を行うことを目的とする場合 | → | 作業を結了した日、相手方の受入場所へ搬入した日、相手方が検収を完了した日、相手方において使用収益ができることとなった日等、当該建設工事等の種類及び性質、契約の内容等に応じてその引渡しの日として合理的であると認められる日のうち、事業者が継続して資産の譲渡等を行ったこととしている日によることとされています。 |

3　建設工事等の値増金に係る資産の譲渡等の時期（基通9－1－7）

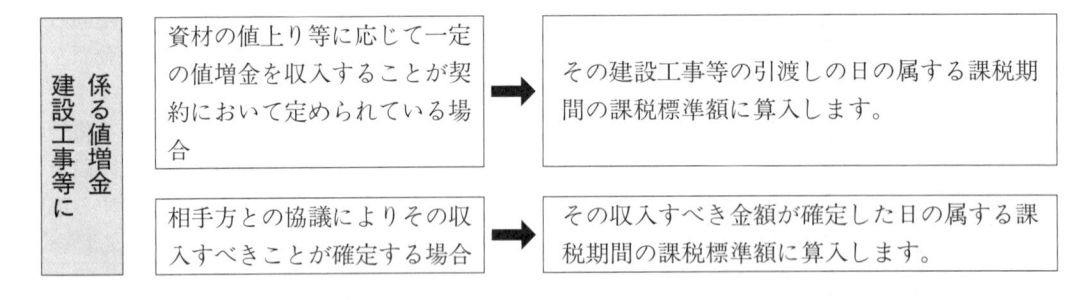

建設工事等に係る値増金
- 資材の値上り等に応じて一定の値増金を収入することが契約において定められている場合 → その建設工事等の引渡しの日の属する課税期間の課税標準額に算入します。
- 相手方との協議によりその収入すべきことが確定する場合 → その収入すべき金額が確定した日の属する課税期間の課税標準額に算入します。

4　部分完成基準による資産の譲渡等の時期（基通9－1－8）

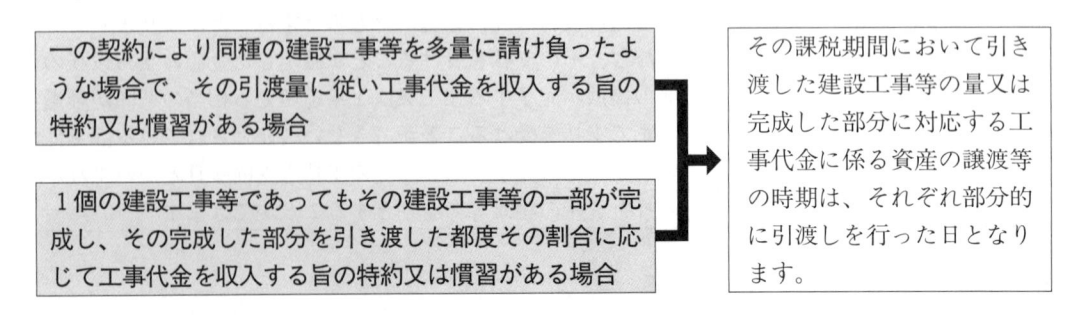

- 一の契約により同種の建設工事等を多量に請け負ったような場合で、その引渡量に従い工事代金を収入する旨の特約又は慣習がある場合
- 1個の建設工事等であってもその建設工事等の一部が完成し、その完成した部分を引き渡した都度その割合に応じて工事代金を収入する旨の特約又は慣習がある場合

→ その課税期間において引き渡した建設工事等の量又は完成した部分に対応する工事代金に係る資産の譲渡等の時期は、それぞれ部分的に引渡しを行った日となります。

8 運送収入に係る資産の譲渡等の時期（基通9−1−12）

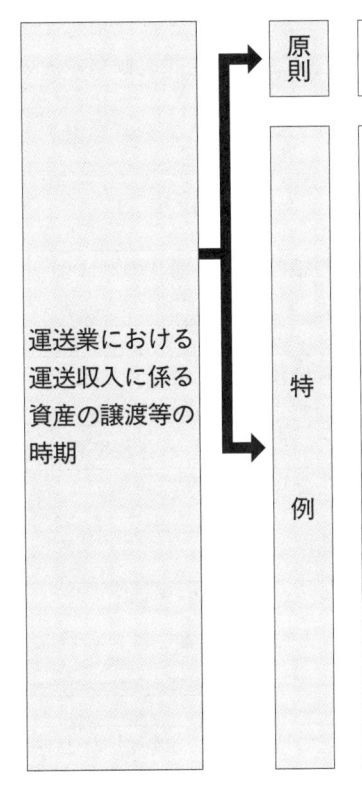

運送業における運送収入に係る資産の譲渡等の時期

- **原則**：その運送に係る役務の提供を完了した日

- **特例**：事業者が運送契約の種類、性質、内容等に応じ、例えば、次に掲げるような方法のうちその運送収入に係る資産の譲渡等の時期として合理的であると認められるものにより継続してその資産の譲渡等を行っている場合には、これを認めることとされています。

  (一) 乗車券、乗船券、搭乗券等を発売した日（自動販売機によるものについては、その集金をした時）にその発売に係る運送収入を対価とする資産の譲渡等を行ったものとする方法

  (二) 船舶、航空機等が積地を出発した日に当該船舶、航空機等に積載した貨物又は乗客に係る運送収入を対価とする資産の譲渡等を行ったものとする方法

  (三) 一航海（船舶が発港地を出発してから帰港地に到着するまでの航海）に通常要する期間がおおむね4か月以内である場合において当該一航海を完了した日に当該一航海に係る運送収入を対価とする資産の譲渡等を行ったものとする方法

  (四) 一の運送に通常要する期間又は運送を約した期間の経過に応じて日割又は月割等により一定の日にその運送収入を対価とする資産の譲渡等を行ったものとする方法

運送業を営む二以上の事業者が運賃の交互計算又は共同計算を行っている場合
→ 当該交互計算又は共同計算により各事業者が配分を受けるべき収益の額を対価とする資産の譲渡等
↓
その配分額が確定した日に資産の譲渡等を行ったものとすることができます。

第3節　固定資産の譲渡の時期

　固定資産の譲渡があった場合、消費税は、その譲渡益に対してではなく譲渡価額の総額に対して課税されます。
　この節では、「固定資産の譲渡の時期」について図解しています。

1　原　則（基通9－1－13）

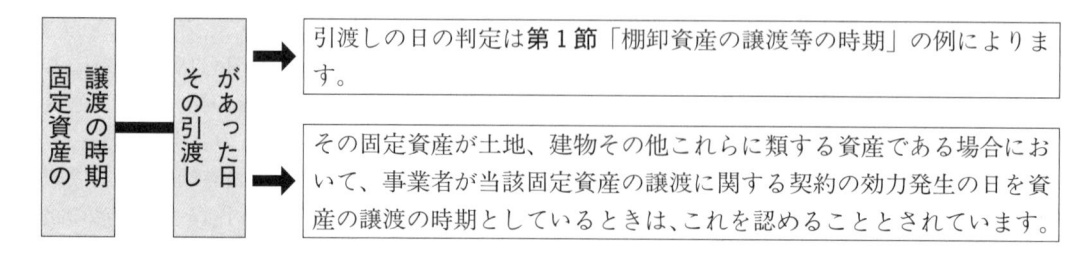

固定資産の譲渡の時期	その引渡しがあった日	→	引渡しの日の判定は**第1節**「棚卸資産の譲渡等の時期」の例によります。
		→	その固定資産が土地、建物その他これらに類する資産である場合において、事業者が当該固定資産の譲渡に関する契約の効力発生の日を資産の譲渡の時期としているときは、これを認めることとされています。

2　農地の譲渡の時期の特例（基通9－1－14）

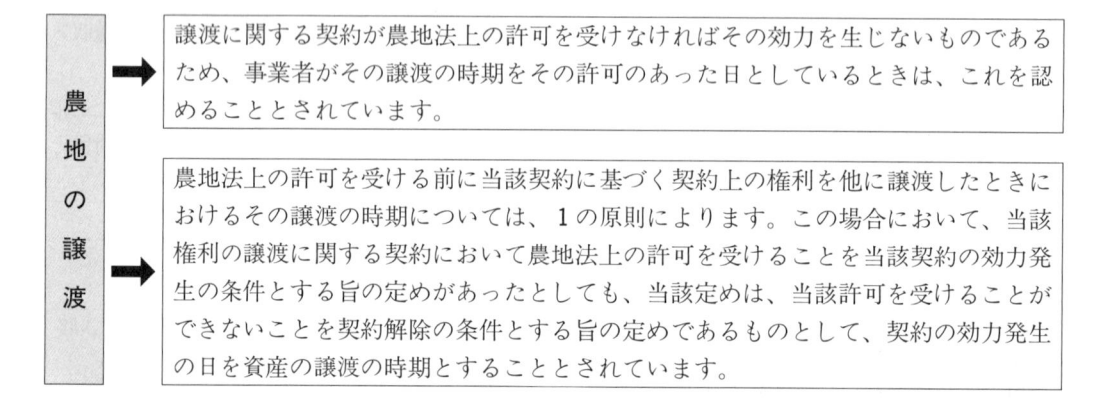

農地の譲渡	→	譲渡に関する契約が農地法上の許可を受けなければその効力を生じないものであるため、事業者がその譲渡の時期をその許可のあった日としているときは、これを認めることとされています。
	→	農地法上の許可を受ける前に当該契約に基づく契約上の権利を他に譲渡したときにおけるその譲渡の時期については、1の原則によります。この場合において、当該権利の譲渡に関する契約において農地法上の許可を受けることを当該契約の効力発生の条件とする旨の定めがあったとしても、当該定めは、当該許可を受けることができないことを契約解除の条件とする旨の定めであるものとして、契約の効力発生の日を資産の譲渡の時期とすることとされています。

3　工業所有権等の譲渡等の時期（基通9－1－15）

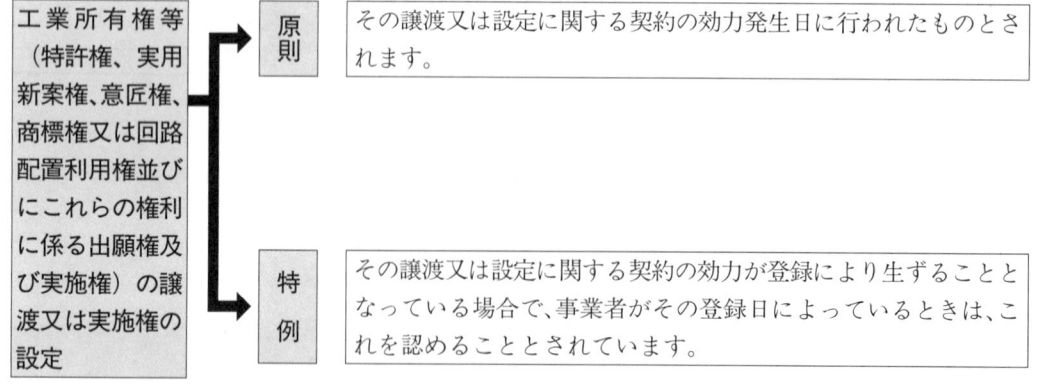

工業所有権等（特許権、実用新案権、意匠権、商標権又は回路配置利用権並びにこれらの権利に係る出願権及び実施権）の譲渡又は実施権の設定	原則	その譲渡又は設定に関する契約の効力発生日に行われたものとされます。
	特例	その譲渡又は設定に関する契約の効力が登録により生ずることとなっている場合で、事業者がその登録日によっているときは、これを認めることとされています。

（注）実施権の設定による資産の譲渡等に関し受ける対価の額は、それが使用料等に充当されることとされている場合であっても、前受金等として繰り延べることはできません。

4 ノウハウの頭金等に係る資産の譲渡等の時期 (基通9－1－16)

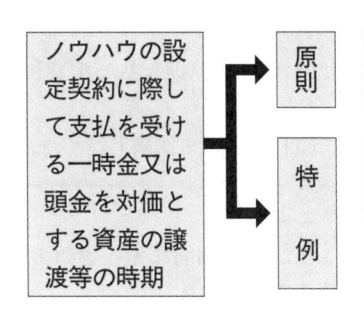

ノウハウの設定契約に際して支払を受ける一時金又は頭金を対価とする資産の譲渡等の時期	原則	当該ノウハウの開示を完了した日
	特例	ノウハウの開示が2回以上にわたって分割して行われ、かつ、その一時金又は頭金の支払がほぼこれに見合って分割して行われることとなっている場合には、その開示をした日に資産の譲渡等があったものとされます。

(注) 1 その一時金又は頭金の額がノウハウの開示のために現地に派遣する技術者等の数及び滞在期間の日数等により算定され、かつ、一定の期間ごとにその金額を確定させて支払を受けることとなっている場合には、その支払を受けるべき金額が確定する都度資産の譲渡等が行われたものとされます。
2 ノウハウの設定契約に際して支払を受ける一時金又は頭金は、それが使用料に充当されることとされている場合であっても、前受金等として繰り延べることはできません。

第4節　有価証券等の譲渡の時期

有価証券の譲渡対価の額については、消費税は非課税とされていますが、有価証券の譲渡があった場合、課税売上割合の計算などに関係することになります。
ここでは、「有価証券等の譲渡の時期」について説明しています。

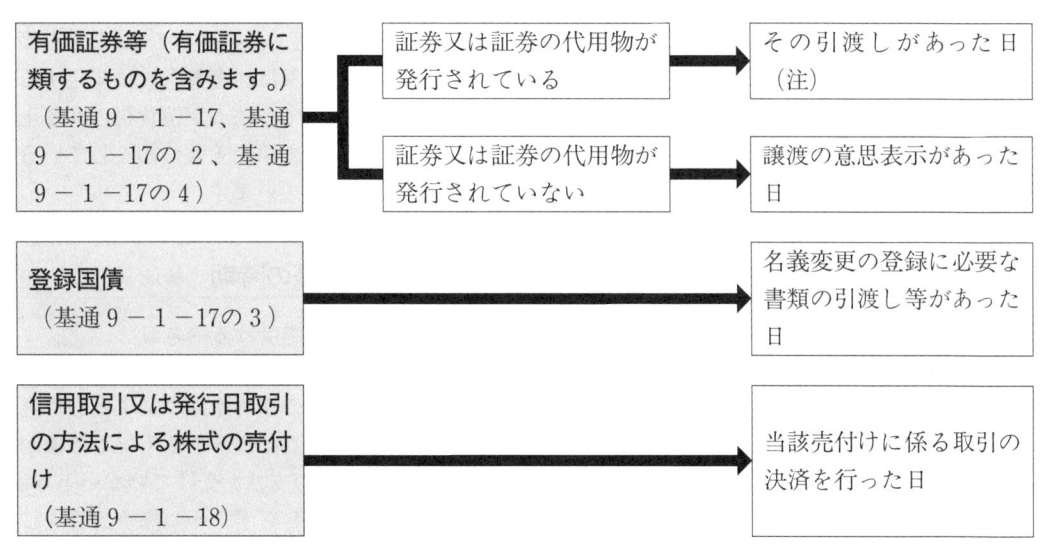

有価証券等（有価証券に類するものを含みます。） (基通9－1－17、基通9－1－17の2、基通9－1－17の4)	証券又は証券の代用物が発行されている	→	その引渡しがあった日（注）
	証券又は証券の代用物が発行されていない	→	譲渡の意思表示があった日
登録国債 (基通9－1－17の3)		→	名義変更の登録に必要な書類の引渡し等があった日
信用取引又は発行日取引の方法による株式の売付け (基通9－1－18)		→	当該売付けに係る取引の決済を行った日

(注) 法人が、有価証券の譲渡の時期について、法人税法第61条の2第1項に規定する「その譲渡に係る契約をした日」としている場合には、これを認めることとされています。

第5節　利子、使用料等を対価とする資産の譲渡等の時期

　資産の貸付けも資産の譲渡等に含まれますので、その対価についても原則として消費税が課税されることになります。
　この節では、「利子、使用料等を対価とする資産の譲渡等の時期」について図解しています。

1　貸付金利子等を対価とする資産の譲渡等の時期（基通9-1-19）

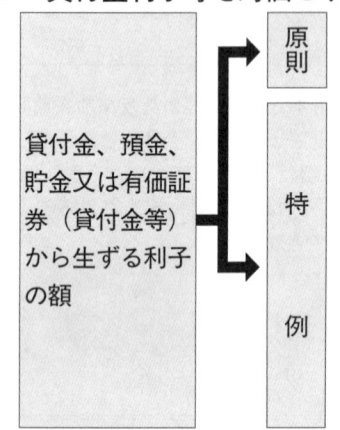

貸付金、預金、貯金又は有価証券（貸付金等）から生ずる利子の額	原則	その利子の計算期間の経過に応じ当該課税期間に係る金額を当該課税期間の資産の譲渡等の対価の額とします。
	特例	主として金融及び保険業を営む事業者以外の事業者の場合 ↓ その有する貸付金等（当該事業者が金融及び保険業を兼業する場合には、当該金融及び保険業に係るものを除きます。）から生ずる利子で、その支払期日が1年以内の一定の期間ごとに到来するものの額につき、継続してその支払期日の属する課税期間の資産の譲渡等の対価の額としている場合には、これを認めることとされています。

2　償還差益を対価とする資産の譲渡等の時期（基通9-1-19の2）

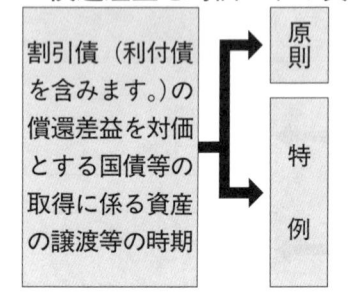

割引債（利付債を含みます。）の償還差益を対価とする国債等の取得に係る資産の譲渡等の時期	原則	当該国債等の償還が行われた日
	特例	当該国債等が、法人税法施行令第139条の2第1項《償還有価証券の調整差益又は調整差損の益金又は損金算入》に規定する償還有価証券に該当する場合において、法人が消費税の計算上も同項の調整差益の額を各事業年度の償還差益の額としているときには、これを認めることとされています。

3　賃貸借契約に基づく使用料等を対価とする資産の譲渡等の時期（基通9-1-20）

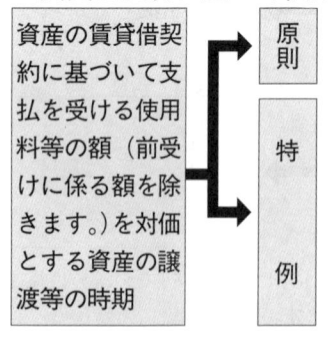

資産の賃貸借契約に基づいて支払を受ける使用料等の額（前受けに係る額を除きます。）を対価とする資産の譲渡等の時期	原則	当該契約又は慣習によりその支払を受けるべき日
	特例	当該契約について係争（使用料等の額の増減に関するものを除きます。）があるため、その支払を受けるべき使用料等の額が確定せず、当該課税期間においてその支払を受けていないときは、相手方が供託したかどうかにかかわらず、その係争が解決して当該使用料等の額が確定しその支払を受けることとなる日とすることができます。

（注）使用料等の額の増減に関して係争がある場合には賃貸借契約等により支払を受けるべき日によることになりますが、この場合には、契約の内容、相手方が供託をした金額等を勘案してその使用料等の額を合理的に見積もることとされています。

4　工業所有権等の使用料を対価とする資産の譲渡等の時期（基通9－1－21）

工業所有権等又はノウハウを他の者に使用させたことにより支払を受ける使用料の額を対価とする資産の譲渡等の時期	原則	その額が確定した日
	特例	事業者が継続して契約により当該使用料の額の支払を受けることとなっている日としている場合には、これを認めることとされています。

第6節　その他の資産の譲渡等の時期

消費税は、消費に広く薄く負担を求めるという観点から、ほとんどの取引を課税対象としていますので、前節までで網羅できない取引の譲渡等の時期について、この節で図解しています。

1　物品切手等との引換給付の場合（基通9−1−22）

| 物品切手等と引換えに物品の給付又は役務の提供（物品の給付等）を行う場合 | → | 当該物品切手等が自ら発行したものであるか他の者が発行したものであるかにかかわらず、当該物品の給付等を行う時に当該物品の給付等に係る資産の譲渡等を行ったこととなります。 |

2　保証金等のうち返還しないものの額を対価とする資産の譲渡等の時期

（基通9−1−23）

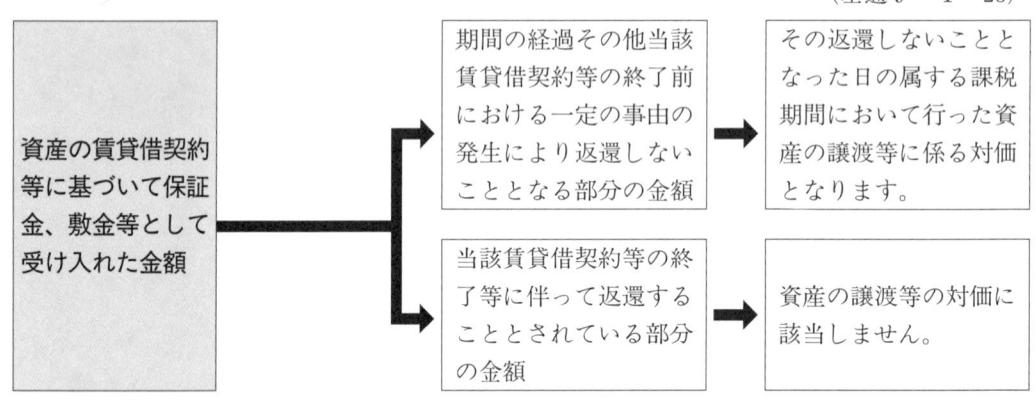

| 資産の賃貸借契約等に基づいて保証金、敷金等として受け入れた金額 | → | 期間の経過その他当該賃貸借契約等の終了前における一定の事由の発生により返還しないこととなる部分の金額 | → | その返還しないこととなった日の属する課税期間において行った資産の譲渡等に係る対価となります。 |
| | → | 当該賃貸借契約等の終了等に伴って返還することとされている部分の金額 | → | 資産の譲渡等の対価に該当しません。 |

3　先物取引に係る資産の譲渡等の時期（基通9−1−24）

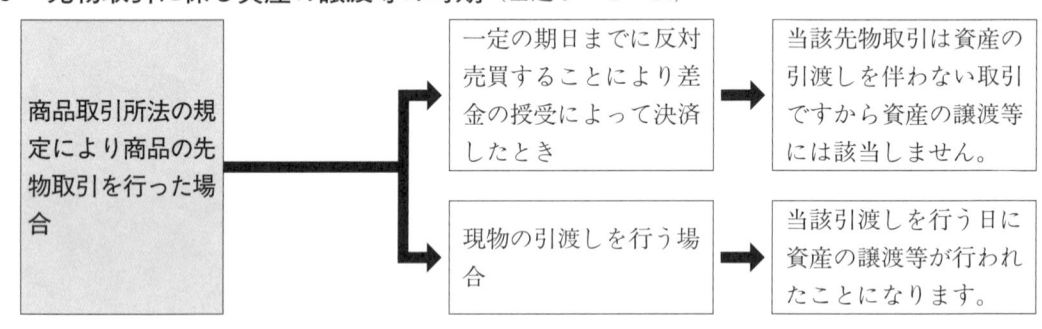

| 商品取引所法の規定により商品の先物取引を行った場合 | → | 一定の期日までに反対売買することにより差金の授受によって決済したとき | → | 当該先物取引は資産の引渡しを伴わない取引ですから資産の譲渡等には該当しません。 |
| | → | 現物の引渡しを行う場合 | → | 当該引渡しを行う日に資産の譲渡等が行われたことになります。 |

4　強制換価手続による換価による資産の譲渡等の時期（基通9−1−26）

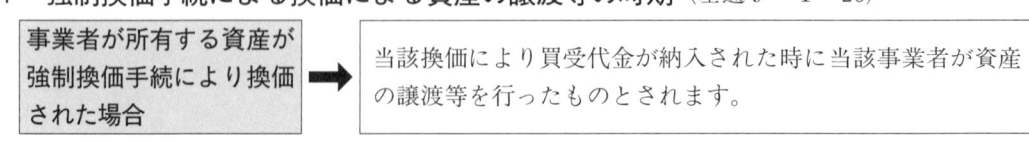

| 事業者が所有する資産が強制換価手続により換価された場合 | → | 当該換価により買受代金が納入された時に当該事業者が資産の譲渡等を行ったものとされます。 |

第7節　長期割賦販売等に係る資産の譲渡等の時期の特例

　この節では、所得税法又は法人税法の規定の適用を受け、延払基準の方法により経理している場合に適用できる「長期割賦販売等に係る資産の譲渡等の時期の特例」について図解しています。

1　消費税における延払基準による経理処理（法16①②③、令31）

| 長期割賦販売等に該当する資産の譲渡等を行った場合 | ＋ | 当該長期割賦販売等に係る対価の額につき所得税法又は法人税法に規定する延払基準の方法により経理することとした場合 | → | 消費税においても延払基準を採用できます。（申告書にその旨を付記します。） |

| 長期割賦販売等とは | → | (1)　所得税法第65条第1項、第2項《延払条件付販売等に係る収入及び費用の帰属時期》又は第132条第1項《延払条件付譲渡に係る所得税額の延納》の規定する延払条件付販売等
(2)　法人税法第63条第1項又は第2項《長期割賦販売等に係る収益及び費用の帰属事業年度》の規定する長期割賦販売等 |

消費税法における延払基準による方法

| 当該長期割賦販売等のうち当該長期割賦販売等に係る賦払金の額で当該長期割賦販売等をした日の属する課税期間においてその支払の期日が到来しないもの（当該課税期間において支払を受けたものを除きます。）に係る部分 | → | 当該課税期間において資産の譲渡等を行わなかったものとみなして、当該部分に係る対価の額を当該課税期間における当該長期割賦販売等に係る対価の額から控除されます。 |

| 当該長期割賦販売等をした日の属する課税期間において資産の譲渡等を行わなかったものとみなされた部分 | → | 当該長期割賦販売等に係る賦払金の支払の期日の属する各課税期間においてそれぞれ当該賦払金に係る部分の資産の譲渡等を行ったものとみなされます。 |

※　当該長期割賦販売等に係る賦払金のうち当該課税期間の初日の前日以前に既に支払を受けている金額がある場合は、当該金額に係る部分については支払を受けた日の属する課税期間における資産の譲渡等となり、当該課税期間の末日の翌日以後に支払の期日が到来する賦払金につき当該課税期間中に支払を受けた金額に係る部分については、当該課税期間中に行った資産の譲渡等とされます。

2　延払基準の方法により経理しなかった場合の処理 （法16②、令32①）

| 長期割賦販売等につき1の特例によっている事業者が延払基準の方法により経理しなかった場合 | ⇒ | 当該長期割賦販売等で1の特例の適用を受けていたもののうち、当該長期割賦販売等に係る賦払金の額で個人事業者については、延払基準の方法により経理しなかった年の12月31日の属する課税期間、法人については延払基準の方法により経理しなかった決算に係る事業年度終了の日の属する課税期間の初日以後にその支払の期日が到来するもの（これらの課税期間の初日の前日以前に既に支払を受けたものを除きます。）に係る部分は、当該事業者がこれらの課税期間において資産の譲渡等を行ったものとみなされます。 |

3　連結納税の適用法人となった場合 （法16②）

| 長期割賦販売等につき1の特例によっている事業者が連結納税の適用法人となった場合 | ⇒ | 当該長期割賦販売等で1の特例の適用を受けていたもののうち、連結納税の適用法人となった法人については、その適用を受けた事業年度終了の日の属する課税期間以後の課税期間の初日以後にその支払の期日が到来するもの（これらの課税期間の初日の前日以前に既に支払を受けたものを除きます。）に係る部分は、当該事業者が当該課税期間において資産の譲渡等を行ったものとみなされます。 |

4　延払基準による特例を適用しないこととした場合 （令32②）

| 長期割賦販売等につき1の特例によっている事業者が1の特例の適用を受けないこととした場合（2の場合を除きます。） | ⇒ | その適用を受けないこととした課税期間の初日の前日以前に行った長期割賦販売等で1の規定の適用を受けていたもののうち、その適用を受けないこととした長期割賦販売等に係る賦払金の額で当該課税期間の初日以後にその支払の期日が到来するもの（当該課税期間の初日の前日以前に既に支払を受けたものを除きます。）に係る部分は、当該事業者が当該課税期間において資産の譲渡等を行ったものとみなされます。 |

5　納税義務の免除を受けることとなった場合等の処理 （令33）

| 長期割賦販売等につき1の特例によっている事業者が、**第2章**により納税義務が免除され又は納税義務が免除されないこととなった場合 | ⇒ | その納税義務が免除され又は免除されないこととなった課税期間の初日の前日以前に行った長期割賦販売等で1の規定の適用を受けていたもののうち、当該長期割賦販売等に係る賦払金の額で当該課税期間の初日以後にその支払の期日が到来するもの（当該課税期間の初日の前日以前に既に支払を受けたものを除きます。）に係る部分は、当該事業者が当該課税期間の初日の前日において資産の譲渡等を行ったものとみなされます。 |

6　事業の廃止、死亡等の場合（令34①）

長期割賦販売等につき1の特例によっている個人事業者が次のいずれかに該当することとなった場合
(一) 当該個人事業者が死亡した場合において、当該長期割賦販売等に係る事業を承継した相続人がないとき
(二) 課税事業者である当該個人事業者が死亡した場合において、当該長期割賦販売等に係る事業を承継した相続人が消費税を納める義務が免除される事業者であるとき
(三) 免税事業者である当該個人事業者が死亡した場合において、当該長期割賦販売等に係る事業を承継した相続人が課税事業者であるとき
(四) 当該個人事業者が当該長期割賦販売等に係る事業の全部を譲渡し、又は廃止した場合

→ その該当することとなった日の属する課税期間の初日の前日以前に当該個人事業者が行った長期割賦販売等で1の規定の適用を受けていたもののうち、当該長期割賦販売等に係る賦払金の額で当該課税期間の初日以後にその支払の期日が到来するもの（当該課税期間の初日の前日以前に既に支払を受けたものを除きます。）に係る部分は、当該個人事業者が当該課税期間において資産の譲渡等を行ったものとみなされます。

7　事業を承継した相続人に対する適用（令34②）

長期割賦販売等について1の特例によっている個人事業者が死亡　＋　当該長期割賦販売等に係る事業を承継した相続人が、当該長期割賦販売等につき延払基準の方法により経理　→　相続人が承継した当該長期割賦販売等につき、引き続き延払基準の方法が適用できます。

※　6の(二)又は(三)に該当するときは、6によります。

8　相続人が延払基準による経理をしなかった場合（令34③）

7の場合において相続人が被相続人から承継した当該長期割賦販売等で1の特例の適用を受けていたものに係る対価の額につき延払基準の方法により経理しなかったとき　→　当該長期割賦販売等に係る賦払金の額でその経理しなかった年の12月31日の属する課税期間の初日以後にその支払の期日が到来するもの（当該課税期間の初日の前日以前に既に支払を受けたものを除きます。）に係る部分については、当該相続人が当該課税期間において資産の譲渡等を行ったものとみなされます。

※　6の(二)又は(三)に該当するときは、6によります。

9 相続人が延払基準による特例を適用しないこととした場合（令34④）

| 7の場合において相続人が被相続人から承継した当該長期割賦販売等で1の特例の適用を受けていたものに係る対価の額につき1の特例の適用を受けないこととしたとき | → | 当該長期割賦販売等に係る賦払金の額でその適用を受けないこととした課税期間の初日以後にその支払の期日が到来するもの（当該課税期間の初日の前日以前に既に支払を受けたものを除きます。）に係る部分については、当該相続人が当該課税期間において資産の譲渡等を行ったものとみなされます。 |

※　6の㈡又は㈢に該当するときは、6によります。

10 合併により消滅する場合等（令35①）

長期割賦販売等につき1の特例によっている法人が次のいずれかに該当することとなった場合

㈠	課税事業者である当該法人が合併により消滅した場合において、当該長期割賦販売等に係る事業を承継した合併法人が消費税を納める義務を免除される事業者であるとき
㈡	免税事業者である当該法人が合併により消滅した場合において、当該長期割賦販売等に係る事業を承継した合併法人が課税事業者であるとき
㈢	当該法人が当該長期割賦販売等に係る事業の全部を譲渡した場合

→ その該当することとなった日の属する課税期間の初日の前日以前に当該法人が行った長期割賦販売等のうち、当該長期割賦販売等に係る賦払金の額で当該課税期間の初日以後にその支払の期日が到来するもの（当該課税期間の初日の前日以前に既に支払を受けたものを除きます。）に係る部分は、当該法人が当該課税期間において資産の譲渡等を行ったものとみなされます。

11 事業を承継した合併法人に対する適用（令35②）

長期割賦販売等につき1の特例によっている法人が合併により消滅 ＋ その合併法人が行った長期割賦販売等につき延払基準の方法により経理 → 当該長期割賦販売等につき、引き続き延払基準の方法が適用できます。

※　10の㈠又は㈡に該当するときは、10によります。

12　合併法人が延払基準による経理をしなかった場合 （令35③）

| 11の場合において合併法人が被合併法人から承継した当該長期割賦販売等で、1の特例の適用を受けていたものに係る対価の額につき延払基準の方法により経理しなかったとき | → | 当該長期割賦販売等に係る賦払金の額でその経理しなかった決算に係る事業年度終了の日の属する課税期間の初日以後にその支払の期日が到来するもの（当該課税期間の初日の前日以前に既に支払を受けたものを除きます。）に係る部分については、当該合併法人が当該課税期間において資産の譲渡等を行ったものとみなされます。 |

※　10の㈠又は㈡に該当するときは、10によります。

13　合併法人が延払基準による特例を適用しないこととした場合 （令35④）

| 11の場合において合併法人が被合併法人から承継した当該長期割賦販売等で、1の特例の適用を受けていたものに係る対価の額につき1の特例の適用を受けないこととしたとき | → | 当該長期割賦販売等に係る賦払金の額でその適用を受けないこととした課税期間の初日以後にその支払の期日が到来するもの（当該課税期間の初日の前日以前に既に支払を受けたものを除きます。）に係る部分については、当該合併法人が当該課税期間において資産の譲渡等を行ったものとみなされます。 |

※　10の㈠又は㈡に該当するときは、10によります。

14　分割により事業を承継させた場合等 （令35①⑤）

長期割賦販売等につき1の特例によっている法人が次のいずれかに該当することとなった場合

| ㈠ | 課税事業者である当該法人が分割により長期割賦販売等に係る事業年度を分割承継法人に承継させた場合において、当該長期割賦販売等に係る事業を承継した分割承継法人が消費税を納める義務を免除される事業者であるとき |
| ㈡ | 免税事業者である当該法人が分割により長期割賦販売等に係る事業年度を分割承継法人に承継させた場合において、当該長期割賦販売等に係る事業を承継した分割承継法人が課税事業者であるとき |

→ その当該することとなった日の属する課税期間の初日の前日以前に当該法人が行った長期割賦販売等のうち、当該長期割賦販売等に係る賦払金の額で当該課税期間の初日以後にその支払の期日が到来するもの（当該課税期間の初日の前日以前に既に支払を受けたものを除きます。）に係る部分は、当該法人が当該課税期間において資産の譲渡等を行ったものとみなされます。

15 事業を承継した分割承継法人に対する適用 （令35②⑤）

| 長期割賦販売等につき1の特例によっている法人が分割により長期割賦販売等に係る事業年度を分割承継法人に承継させた場合 | ＋ | その分割承継法人が行った長期割賦販売等につき延払基準の方法により経理 | → | 当該長期割賦販売等につき、引き続き延払基準の方法が適用できます。 |

※ 14の(一)又は(二)に該当するときは、14によります。

16 分割承継法人が延払基準による経理をしなかった場合 （令35③⑤）

| 15の場合において分割承継法人が分割法人から承継した当該長期割賦販売等で、1の特例の適用を受けていたものに係る対価の額につき延払基準の方法により経理しなかったとき | → | 当該長期割賦販売等に係る賦払金の額でその経理しなかった決算に係る事業年度終了の日の属する課税期間の初日以後にその支払の期日が到来するもの（当該課税期間の初日の前日以前に既に支払を受けたものを除きます。）に係る部分については、当該合併法人が当該課税期間において資産の譲渡等を行ったものとみなされます。 |

※ 14の(一)又は(二)に該当するときは、14によります。

17 分割承継法人が延払基準による特例を適用しないこととした場合 （令35④⑤）

| 15の場合において分割承継法人が分割法人から承継した当該長期割賦販売等で、1の特例の適用を受けていたものに係る対価の額につき1の特例の適用を受けないこととしたとき | → | 当該長期割賦販売等に係る賦払金の額でその適用を受けないこととした課税期間の初日以後にその支払の期日が到来するもの（当該課税期間の初日の前日以前に既に支払を受けたものを除きます。）に係る部分については、当該分割承継法人が当該課税期間において資産の譲渡等を行ったものとみなされます。 |

※ 14の(一)又は(二)に該当するときは、14によります。

18 資産を下取りした場合の対価の額 （基通9－3－6）

| 資産の長期割賦販売等を行うに当たり、頭金等として相手方の有する資産を当該資産の価額を超える金額で下取りした場合 | → | 当該下取資産の価額を超える部分の金額は？ | → | 下取資産の譲受けに係る支払対価には含めません。 |
| | | | → | 長期割賦販売等をした資産につき値引きをしたものとして取り扱います。 |

※ 下取りに係る資産を有していた事業者については、当該頭金等とされた金額が資産の譲渡等の対価の額（税込み）となります。

19 債務不履行に伴い割賦販売資産を取り戻した場合（基通9－3－6の3）

| 資産の長期割賦販売等をした後において、相手方の代金の支払遅延等の理由により契約を解除し、長期割賦期間の中途において当該販売をした資産を取り戻した場合 | ➡ | その取戻しは、その取戻しをした時における当該資産の価額を支払対価とする課税仕入れを行ったことになります。 |

※ 当該相手方は、当該資産につき代物弁済による資産の譲渡を行ったことになります。

第8節　工事の請負に係る資産の譲渡等の時期の特例

　所得税法又は法人税法上、一定の長期大規模工事又は工事の請負で、工事進行基準により経理しているものにつき、その売上計上した部分の金額は、消費税の取扱いにおいても、既に完成引渡しが済んだものとみなすことができることとされています。
　この節では、「工事の請負に係る資産の譲渡等の時期の特例」について図解しています。

1　消費税における工事進行基準による処理 （法17①～⑤）

長期大規模工事の請負に係る契約に基づき資産の譲渡等を行う場合		
工事の請負に係る契約に基づき資産の譲渡等を行う場合	＋ 工事の請負（損失が生ずると見込まれるものを除きます。）に係る対価の額につき所得税法又は法人税法上の工事進行基準の方法により経理した場合	→ 消費税においても工事進行基準を採用することができます。（申告書にその旨を付記します。）

長期大規模工事の請負とは	→ 所得税法第66条第1項(工事の請負に係る収入及び費用の帰属時期)又は法人税法第64条第1項(工事の請負に係る収益及び費用の帰属事業年度)に規定する長期大規模工事の請負をいいます。
工事の請負とは	→ 所得税法第66条第2項又は法人税法第64条第2項に規定する工事の請負をいいます。

消費税における工事進行基準の方法

・当該長期大規模工事の目的物のうち工事進行基準により計算した収入金額又は収益の額に係る部分 ・工事の目的物のうち工事進行基準により経理した収入金額又は収益の額に係る部分	→ 当該収入金額が総収入金額に算入されたそれぞれの年の12月31日の属する課税期間又はその収益の額が益金の額に算入されたそれぞれの事業年度の終了の日の属する課税期間において資産の譲渡等を行ったものとすることができます。
当該長期大規模工事又は工事の目的物の引渡しを行った場合	→ 当該長期大規模工事又は工事の請負に係る資産の譲渡等のうち、その着手の日の属する課税期間から当該引渡しの日の属する課税期間の直前の課税期間までの各課税期間において資産の譲渡等を行ったものとされた部分は、引き渡した日の属する課税期間においては資産の譲渡等がなかったものとして、当該長期大規模工事又は工事の請負に係る対価の額から控除します。

2　工事進行基準の方法により経理しなかった場合等の処理　(法17②ただし書)

| 工事進行基準の方法により経理し、1の特例の適用を受ける工事の請負について、
(1)　工事進行基準により経理しなかったとき
(2)　損失が発生すると見込まれるに至ったとき
(3)　その工事につき見積もられる利益の額が、工事進行基準の方法により経理した収益の額から費用の額を控除した金額に合計額に満たないこととなった事由が生じたとき | → | (1)の経理をしなかった年若しくは(2)又は(3)の事由が生じた日の属する年の12月31日の属する課税期間以後の課税期間又は(1)の経理をしなかった決算に係る事業年度若しくは(2)又は(3)の事由が生じた日の属する事業年度終了の日の属する課税期間以後の課税期間については、その工事について工事進行基準によることはできません。 |

※　1の特例の適用を受ける長期大規模工事については、所得税法又は法人税法においては、工事進行基準の方法により収益(収入)及び費用の額を計算することが強制されています。

3　事業を承継した相続人に対する適用　(令38①)

| 長期大規模工事又は工事の目的物につき1の特例の適用を受けている個人事業者が死亡 | ＋ | 当該長期大規模工事又は工事の請負に係る事業を承継した相続人が当該長期大規模工事又は工事の目的物の引渡しを行ったとき | → | 1により既に被相続人において資産の譲渡等を行ったものとみなされた部分は、相続人における引渡しの日の属する課税期間において資産の譲渡等がなかったものとみなして1の規定を適用します。 |

4　事業を承継した合併法人等に対する適用　(令38②)

| 長期大規模工事又は工事の目的物につき1の特例の適用を受けている法人が合併により消滅又は分割により特定工事に係る事業を分割承継法人に承継 | ＋ | 当該長期大規模工事又は工事の請負に係る事業を承継した合併法人又は分割承継法人が当該長期大規模工事又は工事の目的物の引渡しを行ったとき | → | 1により既に被合併法人において資産の譲渡等を行ったものとみなされた部分は、合併法人又は分割承継法人における引渡しの日の属する課税期間において資産の譲渡等がなかったものとみなして1の規定を適用します。 |

5　部分完成基準と工事進行基準の適用関係

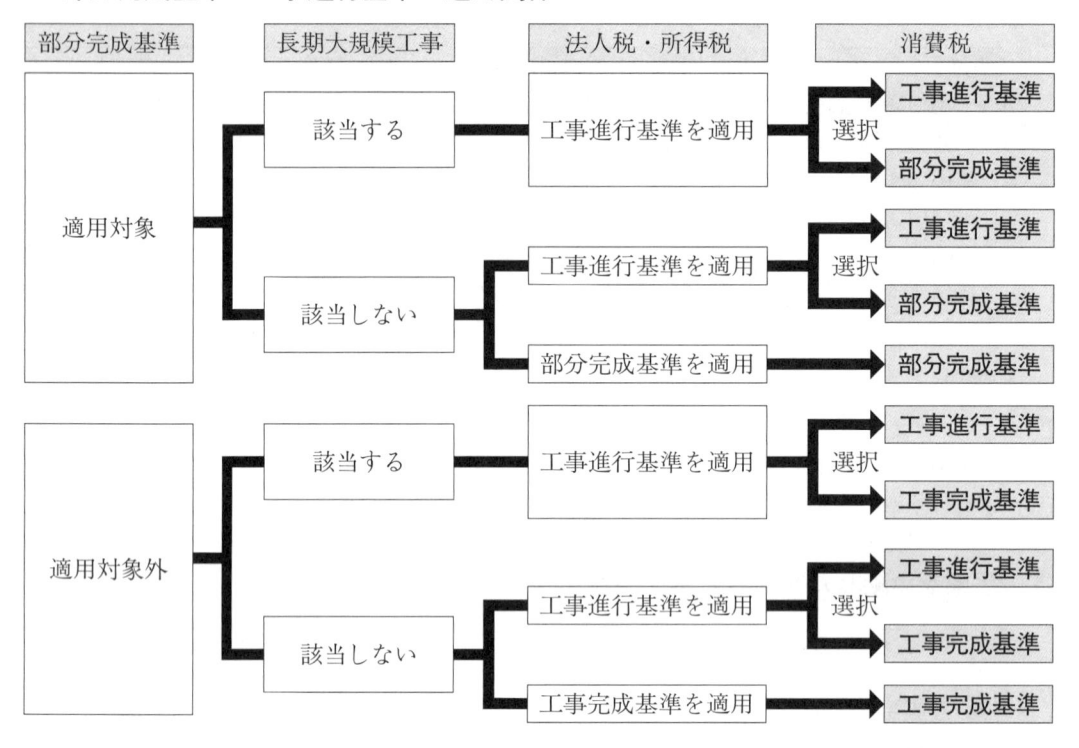

部分完成基準	長期大規模工事	法人税・所得税	消費税
適用対象	該当する	工事進行基準を適用	選択 → 工事進行基準 / 部分完成基準
適用対象	該当しない	工事進行基準を適用	選択 → 工事進行基準 / 部分完成基準
適用対象	該当しない	部分完成基準を適用	部分完成基準
適用対象外	該当する	工事進行基準を適用	選択 → 工事進行基準 / 工事完成基準
適用対象外	該当しない	工事進行基準を適用	選択 → 工事進行基準 / 工事完成基準
適用対象外	該当しない	工事完成基準を適用	工事完成基準

第9節　小規模事業者に係る資産の譲渡等の時期の特例

　個人事業者で現金主義による経理処理の規定の適用を受ける者については、消費税においても、資産の譲渡等及び課税仕入れを行った時期について、その資産の譲渡等に係る対価の額を収入した日及びその課税仕入れに係る費用の額を支出した日とすることができることとされています。
　この節では、「小規模事業者に係る資産の譲渡等の時期の特例」について図解しています。

1　現金主義による経理処理（法18）

| 個人事業者で所得税法第67条（小規模事業者の収入及び費用の帰属時期）の規定の適用を受ける者 | → | 資産の譲渡等の時期及び課税仕入れを行った時期は、その資産の譲渡等に係る対価の額を収入した日及びその課税仕入れに係る費用の額を支出した日とすることができます。 |

2　特例の適用を受けないこととなった場合（令40、規12）

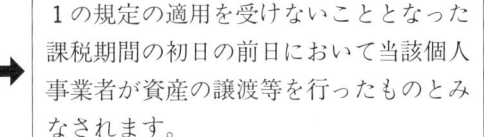

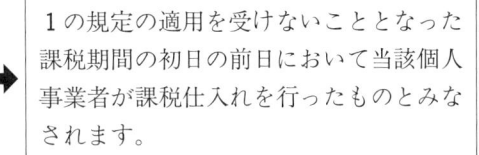

| ① 1の規定の適用を受けないこととなった課税期間の初日の前日における資産の譲渡等に係る売掛金その他の債権（売掛金等）の額の合計額から1の規定の適用を受けることとなった課税期間の初日の前日における売掛金等の額の合計額を控除した残額に係る部分 | → | 1の規定の適用を受けないこととなった課税期間の初日の前日において当該個人事業者が資産の譲渡等を行ったものとみなされます。 |

| ② 1の規定の適用を受けないこととなった課税期間の初日の前日における課税仕入れに係る買掛金その他の債務（買掛金等）の額の合計額から1の規定の適用を受けることとなった課税期間の初日の前日における買掛金等の額の合計額を控除した残額に係る部分 | → | 1の規定の適用を受けないこととなった課税期間の初日の前日において当該個人事業者が課税仕入れを行ったものとみなされます。 |

| ③ 1の規定の適用を受けることとなった課税期間の初日の前日における資産の譲渡等に係る前受金の額の合計額から1の規定の適用を受けないこととなった課税期間の初日の前日における資産の譲渡等に係る前受金の額の合計額を控除した残額に係る部分 | → | 1の規定の適用を受けないこととなった課税期間の初日の前日において当該個人事業者が資産の譲渡等を行ったものとみなされます。 |

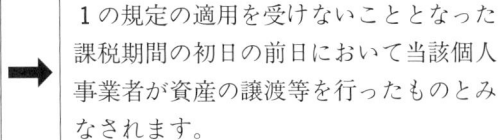

④	1の規定の適用を受けることとなった課税期間の初日の前日における課税仕入れに係る前払金の額の合計額から1の規定の適用を受けないこととなった課税期間の初日の前日における課税仕入れに係る前払金の額の合計額を控除した残額に係る部分	→	1の規定の適用を受けないこととなった課税期間の初日の前日において当該個人事業者が課税仕入れを行ったものとみなされます。
⑤	①又は③の控除をして控除しきれない金額がある場合	→	当該控除しきれない金額を1の規定の適用を受けないこととなった課税期間の直前の課税期間における資産の譲渡等に係る対価の額の合計額から控除します。

※ ①③⑤の控除は、課税資産の譲渡等に係るものと非課税となる資産の譲渡等に係るものとに区分して行います。

⑥	⑤による控除をして控除しきれない金額があり、かつ、当該金額が課税資産の譲渡等に係るものであるとき	→	当該控除しきれない金額を1の規定の適用を受けないこととなった課税期間の直前の課税期間において行った**第4章第6節**の売上げに係る対価の返還等をした金額とみなします。
⑦	②又は④の控除をして控除しきれない金額がある場合	→	当該控除しきれない金額に係る課税仕入れ等の税額を1の規定の適用を受けないこととなった課税期間の直前の課税期間における仕入れに係る消費税額の計算の基礎となる課税仕入れ等の税額の合計額から控除します。
⑧	⑦による控除をして控除しきれない金額がある場合	→	当該控除しきれない金額は、1の規定の適用を受けないこととなった課税期間の直前の課税期間の課税標準額に対する消費税額に加算します。

第10節　課税仕入れの時期

　課税仕入れの時期については、資産の譲渡等の時期（**第１節～第９節**）の取扱いに準ずることになります。
　この節では、「課税仕入れの時期」について図解しています。

1　課税仕入れの時期（基通11－3－1）

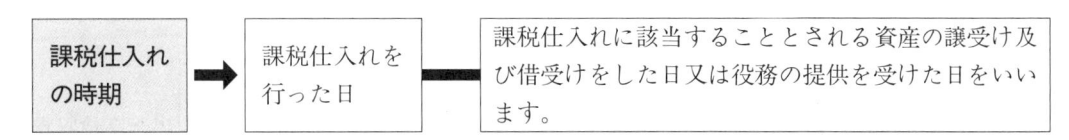

| 課税仕入れの時期 | → | 課税仕入れを行った日 | 課税仕入れに該当することとされる資産の譲受け及び借受けをした日又は役務の提供を受けた日をいいます。 |

2　課税仕入れの日の判定の具体例
（基通11－3－2、11－3－3、11－3－4、11－3－5、11－3－6、11－6－6）

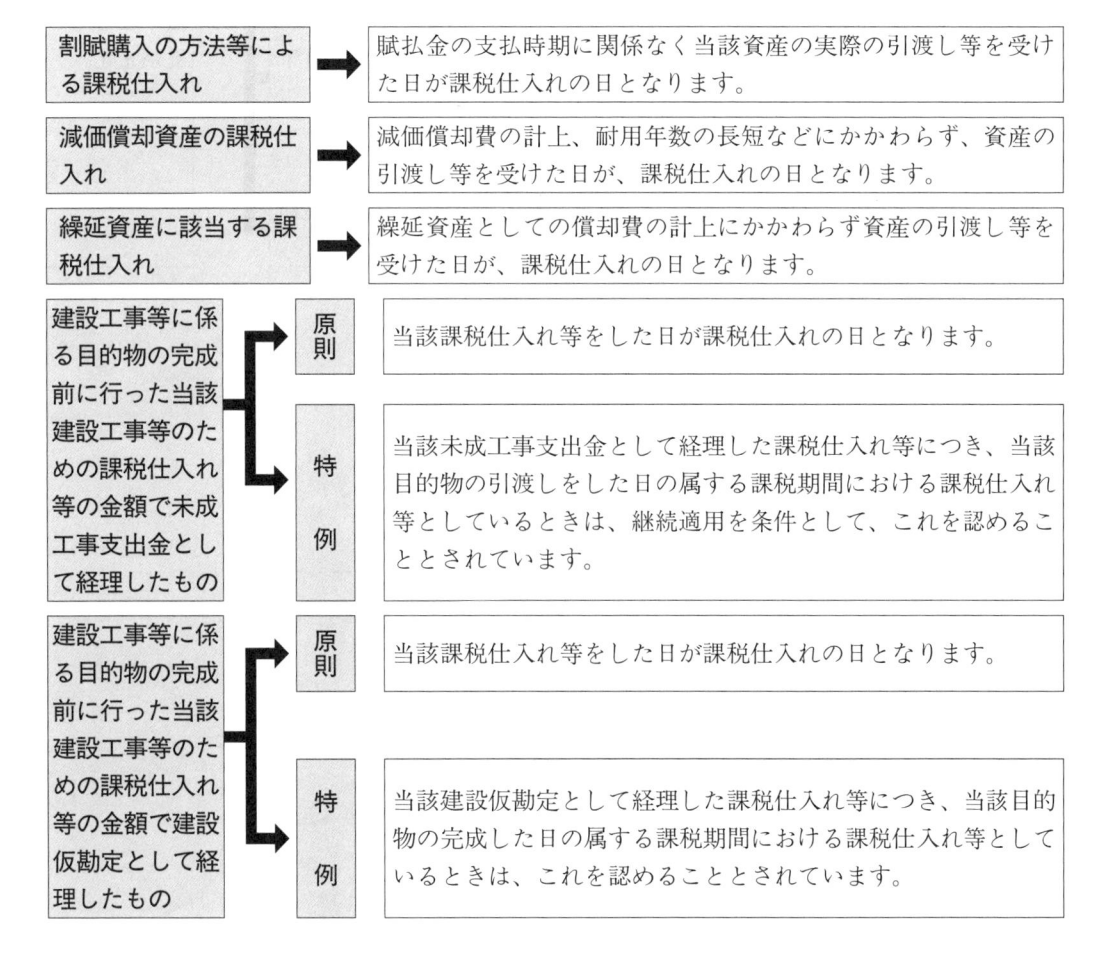

割賦購入の方法等による課税仕入れ	→	賦払金の支払時期に関係なく当該資産の実際の引渡し等を受けた日が課税仕入れの日となります。
減価償却資産の課税仕入れ	→	減価償却費の計上、耐用年数の長短などにかかわらず、資産の引渡し等を受けた日が、課税仕入れの日となります。
繰延資産に該当する課税仕入れ	→	繰延資産としての償却費の計上にかかわらず資産の引渡し等を受けた日が、課税仕入れの日となります。

建設工事等に係る目的物の完成前に行った当該建設工事等のための課税仕入れ等の金額で未成工事支出金として経理したもの	→ 原則	当該課税仕入れ等をした日が課税仕入れの日となります。
	→ 特例	当該未成工事支出金として経理した課税仕入れ等につき、当該目的物の引渡しをした日の属する課税期間における課税仕入れ等としているときは、継続適用を条件として、これを認めることとされています。

建設工事等に係る目的物の完成前に行った当該建設工事等のための課税仕入れ等の金額で建設仮勘定として経理したもの	→ 原則	当該課税仕入れ等をした日が課税仕入れの日となります。
	→ 特例	当該建設仮勘定として経理した課税仕入れ等につき、当該目的物の完成した日の属する課税期間における課税仕入れ等としているときは、これを認めることとされています。

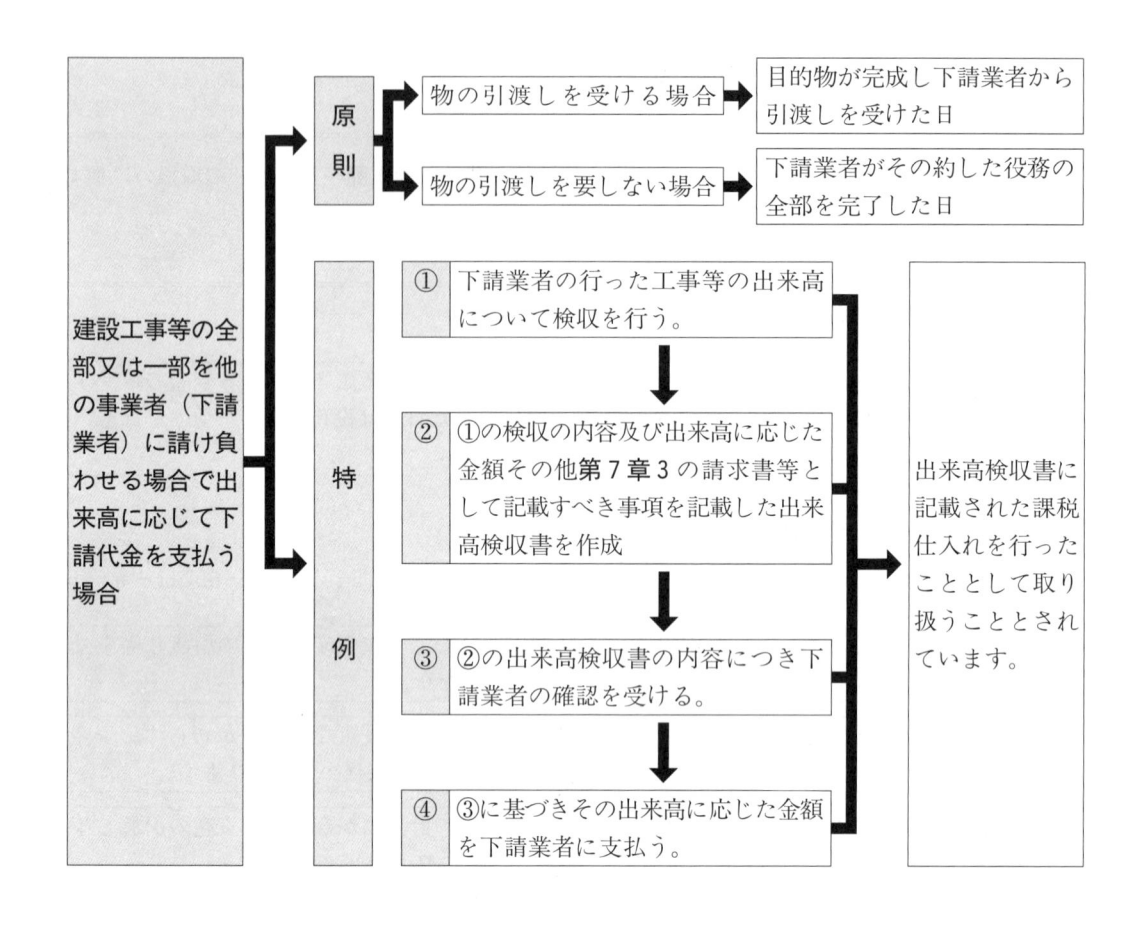

第3章 資産の譲渡等及び課税仕入れ等の時期

建設工事等の全部又は一部を他の事業者（下請業者）に請け負わせる場合で出来高に応じて下請代金を支払う場合			
	原則	物の引渡しを受ける場合	目的物が完成し下請業者から引渡しを受けた日
		物の引渡しを要しない場合	下請業者がその約した役務の全部を完了した日
	特例	① 下請業者の行った工事等の出来高について検収を行う。 ② ①の検収の内容及び出来高に応じた金額その他**第7章3**の請求書等として記載すべき事項を記載した出来高検収書を作成 ③ ②の出来高検収書の内容につき下請業者の確認を受ける。 ④ ③に基づきその出来高に応じた金額を下請業者に支払う。	出来高検収書に記載された課税仕入れを行ったこととして取り扱うこととされています。

第3章　資産の譲渡等及び課税仕入れ等の時期

第11節　仕入割戻し及び売上割戻しの日

　仕入割戻し又は売上割戻しがあった場合、消費税においては、仕入対価の返還又は売上対価の返還として処理することになります。
　この節では、「仕入割戻し及び売上割戻しの日」について図解しています。

1　仕入割戻しを受けた日（基通12－1－10、12－1－11）

原則	① その算定基準が購入価額又は購入数量によっており、かつ、その算定基準が契約その他の方法により明示されている仕入割戻し	→	その計算の根拠となった資産の譲渡等を受けた日の仕入割戻しとなります。
	② ①に該当しない仕入割戻し	→	その仕入割戻しの金額の通知を受けた日の仕入割戻しとなります。

特例	相手方との契約により特約店契約の解約、災害の発生等特別な事実が生ずるときまで相手方に保証金等として預けることとしているため、当該仕入割戻しに係る利益の全部又は一部を実質的に享受することができないと認められるもの	→	現実に支払（買掛金等への充当を含みます。）を受けた日に仕入割戻しを受けたものとして取り扱います。 ※　現実に支払を受ける日の前に実質的にその利益を享受することとなったと認められる次のような場合には、その享受することとなった日に仕入割戻しを受けたものとして取り扱います。 イ　相手方との契約等に基づいてその仕入割戻しの金額に通常の金利を付けるとともに、その金利相当額については現実に支払を受けているか、又は相手方に請求すれば支払を受けることができることとされている場合 ロ　相手方との契約等に基づいて仕入割戻しを受ける事業者が保証金等に代えて有価証券その他の資産を提供することができることとされている場合 ハ　保証金等として預けている金額が仕入割戻しの金額のおおむね50％以下である場合 ニ　相手方との契約等に基づいて仕入割戻しの金額が仕入割戻しを受ける事業者名義の預金若しくは貯金又は有価証券として相手方において保管されている場合 なお、事業者が課税仕入れを行った日又は相手方から通知を受けた日に仕入割戻しを受けたものとして処理している場合には、これを認めることとされています。
	相手方との契約により5年を超える一定の期間が経過するまで相手方に保証金等として預けることとしているため、当該仕入割戻しに係る利益の全部又は一部を実質的に享受することができないと認められるもの		

第3章　資産の譲渡等及び課税仕入れ等の時期

※　仕入割戻しは、**第4章第4節**の仕入れに係る対価の返還等として仕入控除税額を調整することになります。

2　売上割戻しを行った日（基通14－1－9）

①	その算定基準が販売価額又は販売数量によっており、かつ、当該算定基準が契約その他の方法により相手方に明示されている売上割戻し	→ その算定の根拠となった課税資産の譲渡等をした日の売上割戻しとなります。 ※　事業者が継続して売上割戻しの金額の通知又は支払をした日に売上割戻しを行ったこととしている場合には、これを認めることとされています。
②	①に該当しない売上割戻し	→ その売上割戻しの金額の通知又は支払をした日の売上割戻しとなります。 ※　各課税期間終了の日までに、その課税資産の譲渡等の対価の額について売上割戻しを支払うこと及びその売上割戻しの算定基準が内部的に決定されている場合において、事業者がその基準により計算した金額を当該課税期間において未払金として計上するとともに確定申告書の提出期限までに相手方に通知したときは、継続適用を条件に当該課税期間において行った売上割戻しとして、これを認めることとされています。

※　売上割戻しは、**第4章第6節**の売上げに係る対価の返還等として税額控除の対象になります。

第4章

納付すべき消費税額及び地方消費税額の計算

　各課税期間における課税資産の譲渡等について課税される消費税は、各課税期間における課税標準額に対する消費税額から仕入れに係る消費税額、売上げの対価の返還等に係る消費税額、貸倒れに係る消費税額を控除して算出します。
　また、地方消費税（譲渡割）は、消費税額を課税標準として、これに63分の17を乗じて算出します。
　この章では、各課税期間における納付すべき消費税額及び地方消費税額の計算手順を説明しています。
　おおまかな手順は、次表のフローに示していますが、くわしくは、該当ページを参照してください。

第4章　納付すべき消費税額及び地方消費税額の計算

（消費税額及び地方消費税額の計算手順フロー）

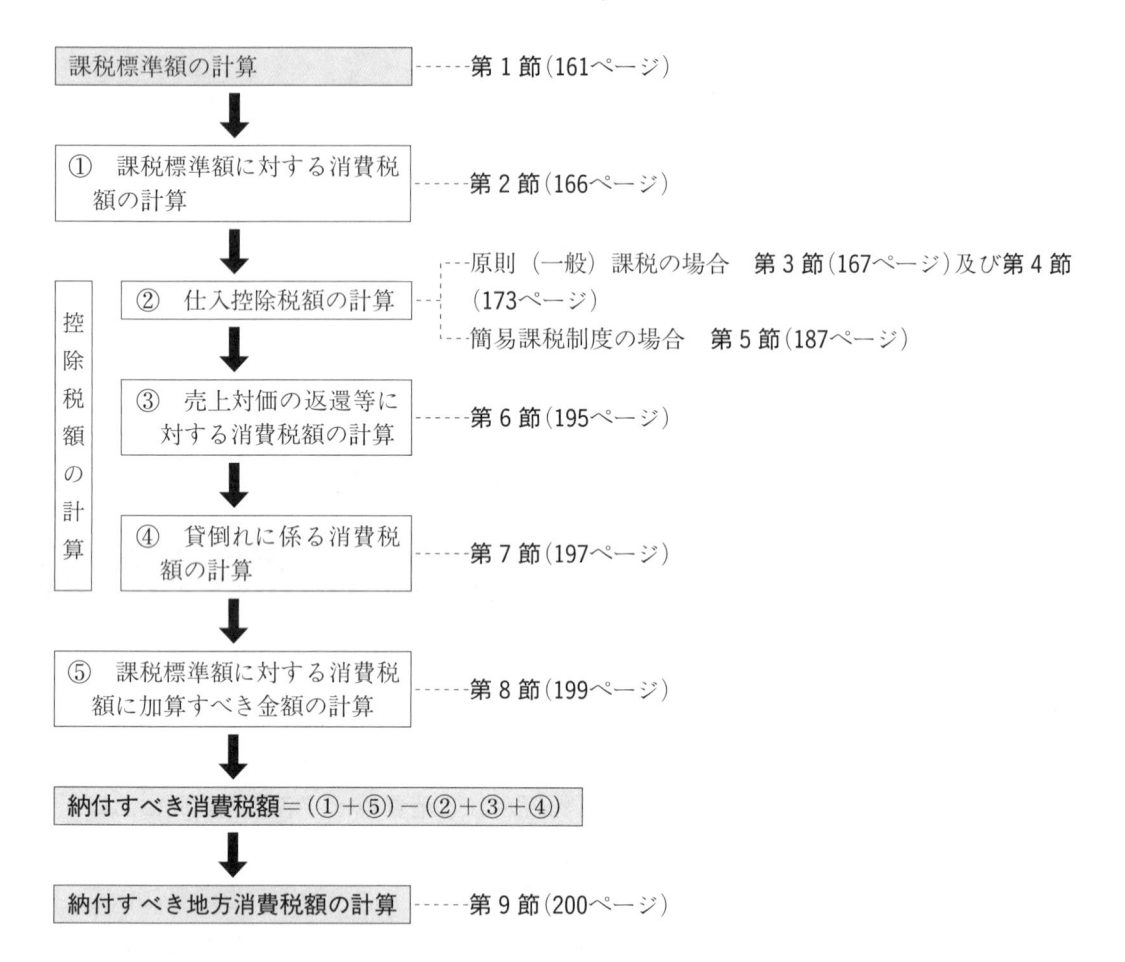

```
┌─────────────────────┐
│   課税標準額の計算   │──── 第1節（161ページ）
└──────────┬──────────┘
           ▼
┌─────────────────────┐
│① 課税標準額に対する消費税│──── 第2節（166ページ）
│   額の計算           │
└──────────┬──────────┘
           ▼
     ┌─────────────────────┐     ┌─── 原則（一般）課税の場合　第3節（167ページ）及び第4節
控   │② 仕入控除税額の計算 │─────┤    （173ページ）
除   └──────────┬──────────┘     └─── 簡易課税制度の場合　第5節（187ページ）
税              ▼
額   ┌─────────────────────┐
の   │③ 売上対価の返還等に │──── 第6節（195ページ）
計   │   対する消費税額の計算│
算   └──────────┬──────────┘
                ▼
     ┌─────────────────────┐
     │④ 貸倒れに係る消費税 │──── 第7節（197ページ）
     │   額の計算           │
     └──────────┬──────────┘
                ▼
┌─────────────────────┐
│⑤ 課税標準額に対する消費税│──── 第8節（199ページ）
│   額に加算すべき金額の計算│
└──────────┬──────────┘
           ▼
┌──────────────────────────────────┐
│納付すべき消費税＝(①＋⑤)－(②＋③＋④)│
└──────────┬───────────────────────┘
           ▼
┌─────────────────────┐
│納付すべき地方消費税額の計算│──── 第9節（200ページ）
└─────────────────────┘
```

第4章　納付すべき消費税額及び地方消費税額の計算

第1節　課税標準額の計算

消費税の課税標準額は、その課税期間中に国内において行った課税資産の譲渡等（免税となるものを除きます。）の対価の額の合計額です。
以下、課税標準額の計算の手順を示します。

手順 1　課税資産の譲渡等の税込対価の額の集計

当課税期間中に国内において行った課税資産の譲渡等の税込対価の額を集計します。
（ただし、**第1章第6節**の輸出等により免税となるものは含みません。）

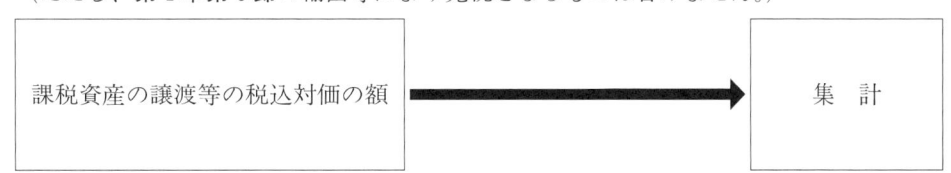

課税資産の譲渡等の税込対価の額 → 集　計

(1) **課税標準額集計の範囲**（法28①、45①一）

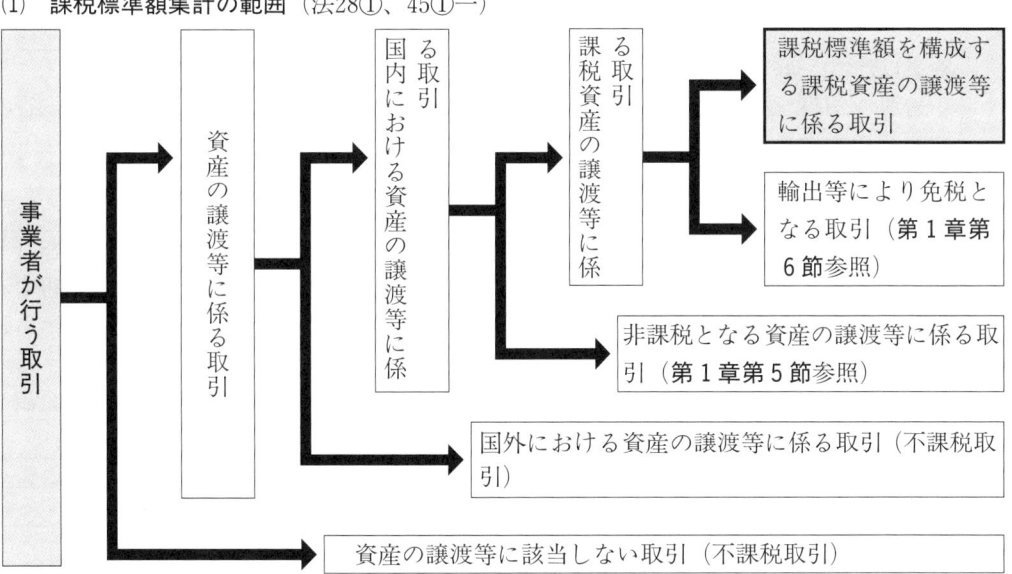

事業者が行う取引
├─ 資産の譲渡等に係る取引
│ ├─ 国内における資産の譲渡等に係る取引
│ │ ├─ 課税資産の譲渡等に係る取引
│ │ │ ├─ **課税標準額を構成する課税資産の譲渡等に係る取引**
│ │ │ └─ 輸出等により免税となる取引（第1章第6節参照）
│ │ └─ 非課税となる資産の譲渡等に係る取引（第1章第5節参照）
│ └─ 国外における資産の譲渡等に係る取引（不課税取引）
└─ 資産の譲渡等に該当しない取引（不課税取引）

(2) **集計すべき税込対価の額**（法28①②、令45①②）

課税標準額を計算するために集計すべき課税資産の譲渡等に係る税込対価の額は、次のとおりです。

課税資産の譲渡等の態様	集計すべき税込対価の額	
通常の資産の譲渡、貸付け、役務の提供	対価として収受し、又は収受すべき一切の金銭又は金銭以外の物若しくは権利その他経済的な利益の額 ※「金銭以外の物若しくは権利その他経済的な利益」とは、例えば課税資産の譲渡等の対価として金銭以外の物又は権利の給付を受け、又は金銭を無償若しくは通常の利率よりも低い利率で借受けをした場合のように、実質的に資産の譲渡等の対価と同様の経済的効果をもたらすものをいいます。（基通10-1-3）	
代物弁済	代物弁済により消滅する債務の額（当該代物弁済により譲渡される資産の価額が当該債務の額を超える額に相当する金額につき支払を受ける場合は、当該支払を受ける金額を加算した金額とされます。）に相当する金額	
負担付き贈与	当該負担付き贈与に係る負担の価額に相当する金額	
金銭以外の資産の出資（特別の法律に基づく承継に係るものを除きます。）	当該出資により取得する株式（出資を含みます。）の取得の時における価額に相当する金額	
資産の交換	当該交換により取得する資産の取得の時における価額（当該交換により譲渡する資産の価額と当該交換により取得する資産の価額との差額を補うための金銭を取得する場合は当該取得する金額の額を加算した金額とし、当該差額を補うための金銭を支払う場合は当該支払う金銭の額を控除した金額とされます。）に相当する金額	
資産の移転	当該資産の移転の時における当該資産の価額に相当する金額	
法人が資産をその役員に当該資産の価額に比し著しく低い対価の額で譲渡した場合	その価額に相当する金額	
個人事業者が棚卸資産又は棚卸資産以外の資産で事業の用に供していたものを家事のために消費し又は使用した場合	当該消費又は使用の時における当該消費し、又は使用した資産の価額に相当する金額	棚卸資産の場合、次のイ及びロに掲げる金額以上の金額を対価の額として確定申告書を提出したときは、これを認めることとされています。 イ　当該棚卸資産の課税仕入れの金額 ロ　通常他に販売する価額のおおむね50％に相当する金額 （基通10-1-18）
法人が資産をその役員（法人税法第2条第15号に規定する役員をいう。）に対して贈与した場合	当該贈与の時における当該贈与をした資産の価額に相当する金額	

第4章 納付すべき消費税額及び地方消費税額の計算

手順2 課税資産の譲渡等の対価の額の計算

手順1で求めた税込対価の額の合計額に108分の100を乗じて、課税資産の譲渡等の対価の額を計算します。

| 国内における課税資産の譲渡等（免税分を除く。）の税込対価の額の合計額 | × $\frac{100}{108}$ = | 国内における課税資産の譲渡等（免税分を除く。）の対価の額の合計額 |

手順3 課税標準額の算出

手順2で計算した課税資産の譲渡等の対価の額の合計額（免税分を除く。）につき1,000円未満の端数を切り捨てると課税標準額が算出されます。

事例37 〈誤りやすい課税標準額の具体的事例〉

1	土地と建物の一括譲渡 課税資産と非課税資産を同一の者に対して同時に譲渡した場合（例えば、土地と建物の一括譲渡の場合）
計算方法等	当事者間で、課税資産の譲渡の対価の額と非課税資産の譲渡の対価の額とに合理的に区分しているときは、その区分によりますが、合理的に区分されていないときは、当該課税資産の譲渡等に係る消費税の課税標準は、これらの資産の譲渡の対価の額に、これらの資産の譲渡の時における当該課税資産の価額と当該非課税資産の価額との合計額のうちに当該課税資産の価額の占める割合を乗じて計算した金額となります。（令45③、基通10－1－5）
2	建物の交換 時価1億円の自社ビルと時価9,500万円の他社ビルを交換し、交換差金500万円を受け取った場合
計算方法等	交換の場合は、交換により取得する資産の取得の時における価額に収受した交換差金を加算した金額を対価として、資産を譲渡したことになります。（令45②四） したがって、取得した他社ビルの時価9,500万円と収受した交換差金500万円の合計額1億円が、自社ビルに係る課税資産の譲渡等の対価の額となります。
3	子会社に対する低額譲渡 子会社に対して時価1,000万円の機械を300万円で譲渡した場合で、法人税法上は、益金の額を1,000万円として差額の700万円が寄付金として課税されるとき
計算方法等	消費税の課税標準額を構成する課税資産の譲渡等の対価の額とは、課税資産の譲渡等につき、対価として収受し、又は収受すべき一切の金銭又は金銭以外の物若しくは権利その他の経済的利益の額をいい、課税資産の譲渡等について課されるべき消費税及び地方消費税に相当する額を含みませんが、この場合の「収受すべき」とは、別に定めるものを除き、その課税資産の譲渡等を行った場合の当該課税資産等の価額をいうのではなく、その譲渡等に係る当事者間で授受することとした対価の額をいいます。（基通10－1－1） したがって、たとえ低廉譲渡であっても、300万円しか収受しないのであれば、300万円が税込対価の額となります。 ただし、個人事業者の自家消費等や法人の役員に対する無償又は低廉譲渡の場合は、当該譲渡等の時における対価によります（手順1(2)参照）。
4	外貨建ての資産の譲渡 外貨建てで資産の譲渡等を行った場合
	所得税又は法人税の課税所得金額の計算において外貨建ての取引に係る売上金額その他の収入金額につき円換算して計上すべきこととされている金額によります。（基通10－1－7） （注）1　外貨建取引の円換算に係る法人税の取扱いについては、法人税基本通達13の2－1－1から13の2－2－18まで《外貨建取引の換算等》において定められています。 　　　2　個人事業者の外貨建ての取引に係る資産の譲渡等の対価の額は、所得税基本通達213－1

第4章　納付すべき消費税額及び地方消費税額の計算

計算方法等	から213－3まで（外貨で表示されている額の邦貨換算等）の規定を準用して円換算することとなります。 3　法人税法第61条の9第1項第1号（外貨建資産等の期末換算差益又は期末換算差損の益金又は損金算入等）に規定する外貨建債権、債務に係る為替換算差損益又は為替差損益は、資産の譲渡等の対価の額又は課税仕入れの支払対価に含まれないことに留意してください。
5　軽油引取税を徴収する場合 　軽油引取税の特別徴収義務者である事業者が、資産の譲渡等の相手方から軽油引取税を徴収する場合	
計算方法等	軽油引取税、ゴルフ場利用税及び入湯税は、利用者等が納税義務者となっているものですから、対価の額に含まれません。ただし、その税額に相当する金額について事業者が納税義務者である利用者等に対して、明確に区分していない場合は、対価の額に含まれることになります。 　なお、酒税、たばこ税、揮発油税、石油石炭税、石油ガス税等は対価の額に含まれます。（基通10－1－11）
6　委託販売 　委託販売契約により、他の委託者から販売を受託した資産を販売した場合	
計算方法等	①　委託販売等に係る委託者については、受託者が委託商品を譲渡等したことに伴い収受した又は収受すべき金額が委託者における資産の譲渡等の金額となるのですが、その課税期間中に行った委託販売等のすべてについて、当該資産の譲渡等の金額から当該受託者に支払う委託販売手数料を控除した残額を委託者における資産の譲渡等の金額としているときは、これを認めることとされています。 ②　委託販売等に係る受託者については、委託者から受ける委託販売手数料が役務の提供の対価となります。 　なお、委託者から課税資産の譲渡等のみを行うことを委託されている場合の委託販売等に係る受託者については、委託された商品の譲渡等に伴い収受した又は収受すべき金額を課税資産の譲渡等の金額とし、委託者に支払う金額を課税仕入れに係る金額としても差し支えないものとされています。（基通10－1－12）
7　共益費 　貸ビル業者が、賃借人から当該ビルに係る電気、ガス、水道料等の実費に相当するいわゆる共益費を収受する場合	
計算方法等	共益費は、建物等の貸付けに係る対価に含まれます。（基通10－1－14）
8　返品・値引き 　課税資産の譲渡等につき返品又は値引きを受けた場合	
計算方法等	課税資産の譲渡等の対価の額からは減額せず、別途、売上げに係る対価の返還等として、返品又は値引きに係る消費税額を控除します。 　ただし、当該課税資産の譲渡等の金額から返品額又は値引額若しくは割戻額を控除する経理処理を継続しているときは、これを認めることとされています。（基通10－1－15） （注）返品額又は値引額若しくは割戻額について当初の売上額から控除した場合には、売上げに係る対価の返還等をした場合の消費税額の控除の規定の適用がないことに留意してください。

9	配送料 小売業者が顧客の求めに応じて配送料を収受する場合
計算方法等	配送という役務の提供の対価を受け取ったものですから、収受した配送料は課税資産の譲渡等の対価の額となります。 　ただし、他の者に委託する配送等に係る料金を課税資産の譲渡の対価の額と明確に区分して収受し、当該料金を預り金又は仮受金等として処理している場合の、当該料金は、当該事業者における資産の譲渡等の対価の額に含めないものとして差し支えないこととされています。(基通10－1－16)
10	資産の下取り 資産の販売に際して、下取りをする場合
計算方法等	販売した資産に係る譲渡等の対価の額は、下取物件の価額を含めたところの金額となります。 　なお、下取りは、課税仕入れに該当しますから、税額控除の対象になります。(基通10－1－17)
11	源泉徴収された役務の提供の対価 役務の提供の対価として所得税の源泉徴収をされた後の金額を収受した場合
計算方法等	源泉徴収に係る所得税は、その対価の中から控除されるものです。 　したがって、消費税の課税標準は源泉徴収される前の金額となります。(基通10－1－13)
12	対価が未確定の場合 資産の譲渡等は行ったが課税期間の末日までに対価の額が確定していない場合
計算方法等	その資産の譲渡等をした日の属する課税期間の末日の現況によりその金額を適正に見積もるものとされています。 　この場合において、その後確定した対価の額が見積額と異なるときは、その差額は、その確定した日の属する課税期間における資産の譲渡等に係る対価の額に加算し又は当該対価の額から減算することになります。(基通10－1－20)

第2節　課税標準額に対する消費税額の計算

消費税の税率は6.3%です。
この節では、課税標準額に対する消費税額の計算手順を説明します。

手順1　**通常の場合**（法29）
第1節で求めた課税標準額に6.3%を乗じて課税標準額に対する消費税額を算出します。

$$\boxed{課税標準額} \times \frac{6.3}{100} = \boxed{課税標準額に対する消費税額}$$

手順2　**消費税額等を明示して代金領収する場合の課税標準額に対する消費税額の計算に関する経過措置**（旧規22①、改正規（平15財務省令92号）附則2）

(1) **税込価格を基礎として代金決済を行う場合**

代金領収の都度、領収書等で税込価格とその税込価格に含まれる消費税及び地方消費税相当額の1円未満の端数を処理した後の金額を明示し、その端数処理後の消費税及び地方消費税相当額の累計額を基礎として課税標準額に対する消費税額を計算する方法を適用する場合は、税込価格を合計した金額からその消費税及び地方消費税相当額の累計額を控除した残額（1,000円未満切捨て）が課税標準額となります。また、この場合の消費税額は、領収書等に明示した消費税及び地方消費税相当額の累計額に5分の4又は8分の6.3を乗じて計算します。

(2) **税抜価格を基礎として代金決済を行う場合**

代金領収の都度、本体価格と消費税及び地方消費税相当額とを区分して領収し、その消費税及び地方消費税相当額の累計額を基礎として課税標準額に対する消費税額を計算する方法を適用する場合は、本体価格を合計した金額（1,000円未満切捨て）が課税標準額となります。また、この場合の消費税額は、本体価格と区分して領収した消費税及び地方消費税相当額の累計額に5分の4又は8分の6.3を乗じて計算します。

※　総額表示義務の対象となる取引については、平成26年4月1日以後に行った課税資産の譲渡等から旧消費税法施行規則第22条第1項の規定を適用することができます。また、同日以後は消費税転嫁対策特別措置法第10条第1項（総額表示義務に関する消費税法の特例）の規定の適用を受ける場合（**序章第2節参照**）にも、総額表示を行っているものとして(2)の経過措置が適用されます。

第3節　原則課税の場合の仕入控除税額の計算

その課税期間中に国内において行った課税仕入れに係る消費税額及び保税地域から引き取った課税貨物につき課された又は課されるべき消費税額は、課税標準額に対する消費税額から控除することができます。

この節は、原則（一般）課税の場合における仕入れに係る控除税額の計算手順を示しています。

なお、簡易課税制度による場合は第5節によります。

手順 1　課税売上割合の計算（法30②⑥、令48）

課税売上割合が95％以上かつ課税売上高が5億円以下であれば課税仕入れ等に係る消費税額は全額控除できるのに対し、課税売上割合が95％未満又は課税売上高が5億円超である場合は、課税仕入れ等に係る消費税額のうち、課税資産の譲渡等に対応する部分の金額しか税額控除ができないことになっています。

そこで、仕入控除税額を計算するには、まず、課税売上割合を計算することになります。

算　式

$$課税売上割合 = \frac{\text{当該課税期間中に国内において行った課税資産の譲渡等の対価の額の合計額} - \text{当該課税期間中に国内において行った課税資産の譲渡等に係る対価の返還等の金額の合計額}}{\text{当該課税期間中に国内において行った資産の譲渡等の対価の額の合計額} - \text{当該課税期間中に国内において行った資産の譲渡等に係る対価の返還等の金額の合計額}}$$

	項　目	課税売上割合の分子	課税売上割合の分母
法30⑥・令48①	国外取引	不算入	不算入
	消費税及び地方消費税	不算入	不算入
	売上に係る対価の返還等の金額	控除する	控除する
法31①②	非課税資産の輸出を行った場合の非課税資産の譲渡対価（第4節参照）	算入	算入
	国内以外の地域における資産の譲渡等のため又は国内以外の地域における自己使用のための資産を輸出した場合（第4節参照）	算入	算入

（課税資産の譲渡等の対価の額／輸出等により免税となるもの／非課税資産の譲渡等の対価の額 → 課税資産の譲渡等の対価の額／資産の譲渡等の対価の額）

	支払手段（収集品等を除く。）の譲渡対価（例）通貨、小切手等			不算入
	特別引出権（国際通貨基金協定第15条）の譲渡対価			不算入
	資産の譲渡等の対価として取得した金銭債権の譲渡対価			不算入
令48②	売現先に係る債券等の譲渡対価 次に掲げるもの（現先取引債券等）をあらかじめ約定した期日（当該約定の日以後その期日を定めることができることとされているものにあっては、当該定められる期日）にあらかじめ約定した価格又はあらかじめ約定した計算方法により算出される価格で買い戻すことを約して譲渡し、かつ、当該約定に基づき当該現先取引債券等を買い戻す場合における当該現先取引債券等の譲渡			不算入
		現先取引債券等	イ	国債等（金融商品取引法第2条第1項第1号から第5号までに掲げる証券又は債券及びこれらに類する外国の証券又は債券（これらの権利の帰属が社債等の振替に関する法律の規定による振替口座簿の記載又は記録により定まるものとされるものを含みます。）並びに登録国債をいいます。）
			ロ	金融商品取引法施行令第1条第1号に規定する譲渡性預金証書
			ハ	金融商品取引法第2条第1項第8号に掲げる約束手形（これの性質を有する同項第9号に掲げる証券又は証書を含みます。）
			ニ	金融商品取引法第2条第1項第18号に掲げる証券又は証書（同条第2項の規定により有価証券とみなされる同項第2号に掲げる権利を含みます。）

令48③	買現先に係る債券等の ①「益」部分 現先取引債券等をあらかじめ約定した期日（当該約定の日以後その期日を定めることができることとされているものにあっては、当該定められる期日）にあらかじめ約定した価格又はあらかじめ約定した計算方法により算出される価格で売り戻すことを約して購入し、かつ、当該約定に基づき当該現先取引債券等を売り戻した場合（いわゆる買現先）には、当該現先取引債券等の当該売戻しに係る対価の額から当該現先取引債券等の当該購入に係る対価の額を控除した残額	不　算　入	算　　入
	②「損」部分 この場合において、控除しきれない金額が発生したときは、当該控除しきれない金額	控除しない	控除する
令48④	金銭債権の譲受けその他の承継（包括承継を除きます。）があった場合は、利子、償還差益、譲り受けた金銭債権の弁済を受けた金額とその取得価額との差額その他経済的な性質が利子に準ずる部分の金額	不　算　入	算　　入
令48⑤	次の資産 イ　金融商品取引法第2条第1項に規定する有価証券 ロ　金融商品取引法第2条第1項第1号から第3号までに掲げる有価証券に表示されるべき権利（当該有価証券が発行されていないものに限ります。） ハ　株主又は投資主となる権利、優先出資者となる権利、特定社員又は優先出資社員となる権利その他法人の出資者となる権利の譲渡の対価の額 ニ　海外CD、CPの譲渡の対価の額（現先取引を除きます。） ホ　貸付金、預金、売掛金その他の金銭債権の譲渡の対価の額	不　算　入	譲渡対価の額の5％を算入
令48⑥	国債等について償還金額が取得価額に満たない場合のいわゆる償還差損	控除しない	控除する

第 4 章　納付すべき消費税額及び地方消費税額の計算

手順 2　**課税仕入れに係る支払対価の額等の集計**

当課税期間中に国内において行った課税仕入れに係る税込対価の額及び当課税期間中に保税地域から引き取った課税貨物につき課された又は課されるべき消費税額を集計します。

①	国内において行った課税仕入れに係る支払対価の額	→	集　計
②	保税地域から引き取った課税貨物につき課された又は課されるべき消費税額	→	

手順 3　**課税売上割合が95％以上かつ課税売上高が 5 億円以下の場合**（法30①、②）

手順 1 で計算した課税売上割合が95％以上かつ課税売上高が 5 億円以下であった場合は、次の算式により計算した金額が仕入控除税額となります。

$$仕入控除税額 = 国内において行った課税仕入れに係る支払対価の額 \times \frac{6.3}{108} + 保税地域から引き取った課税貨物につき課された又は課されるべき消費税額（附帯税の額に相当する額を除きます。）$$

手順 4　**課税売上割合が95％未満又は課税売上高が 5 億円超の場合**（法30②）

手順 1 で計算した課税売上割合が95％未満又は課税売上高が 5 億円超である場合は、課税仕入れや保税地域から引き取った課税貨物に係る消費税額のうち、課税資産の譲渡等に対応する部分のみが、税額控除の対象になります。言い換えれば、非課税資産の譲渡等に対応する課税仕入れ等については、消費税額の控除は認められないということです。

この、課税資産の譲渡等に対応する課税仕入れ等に係る税額の計算は、個別対応方式と一括比例方式の 2 種類があります。

以下、順に説明します。

個別対応方式

1　当該課税期間中に国内において行われた課税仕入れ及び課税貨物の引取りに係る取引をそれぞれ次の3種類に分類します。

(1)	課税資産の譲渡等にのみ要するもの	課税資産の譲渡等を行うためにのみ必要な課税仕入れをいい、例えば、次の課税仕入れ等（課税仕入れ等を行った課税期間にそれに対応する課税資産の譲渡等があったかどうかは問いません。）（基通11－2－12） ① そのまま他に譲渡される課税対象資産 ② 課税資産の製造用にのみ消費し、又は使用される原材料、容器、包紙、機械及び装置、工具、器具、備品等 ③ 課税資産に係る倉庫料、運送費、広告宣伝費、支払手数料又は支払加工賃等
(2)	非課税資産の譲渡等にのみ要するもの	非課税資産の譲渡等を行うためにのみ必要な例えば次の課税仕入れ等（基通11－2－15） ① 販売用の土地の造成に係る課税仕入れ ② 賃貸用住宅の建築に係る課税仕入れ
(3)	課税資産の譲渡等と非課税資産の譲渡等に共通して要するもの	上記のいずれにも該当しない例えば次の課税仕入れ等 ① 会社全体のイメージ広告の費用 ② 土地付建物を販売するための土地の造成費 ③ 寄附をするための資産の購入 ④ 本社社屋の維持管理費

留意点26　共通用の課税仕入れ等を合理的な基準により区分した場合

　課税資産の譲渡等と非課税資産の譲渡等に共通して要するものに該当する課税仕入れ等であっても、例えば、原材料、包装材料、倉庫料、電力料等のように生産実績その他の合理的な基準により、さらに課税資産の譲渡等にのみ要するものと非課税資産の譲渡等にのみ要するものとに区分することは可能です。（基通11－2－19）

2　次の算式により仕入控除税額を計算します。（法30②一）

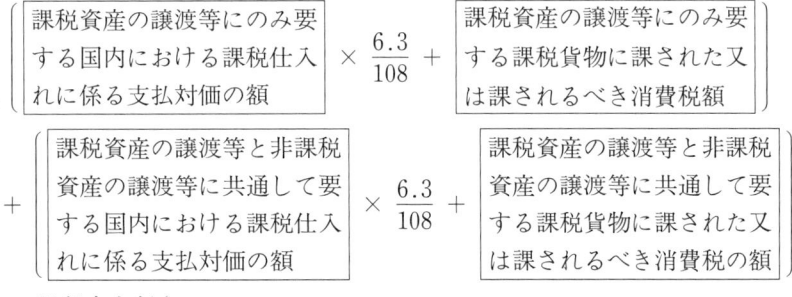

$$\left(\text{課税資産の譲渡等にのみ要する国内における課税仕入れに係る支払対価の額} \times \frac{6.3}{108} + \text{課税資産の譲渡等にのみ要する課税貨物に課された又は課されるべき消費税額}\right)$$

$$+ \left(\text{課税資産の譲渡等と非課税資産の譲渡等に共通して要する国内における課税仕入れに係る支払対価の額} \times \frac{6.3}{108} + \text{課税資産の譲渡等と非課税資産の譲渡等に共通して要する課税貨物に課された又は課されるべき消費税の額}\right)$$

$$\times \text{課税売上割合}$$

第4章　納付すべき消費税額及び地方消費税額の計算

> **留意点27**　個別対応方式の適用方法

　個別対応方式による場合は、当該課税期間中に国内において行った課税仕入れ及び保税地域から引き取った課税貨物につき、課税資産の譲渡等にのみ要するもの、非課税資産の譲渡等にのみ要するもの、両者に共通して要するものにその区分が明らかにされている場合にのみ適用できます。したがって、例えば、課税仕入れ等の中から課税資産の譲渡等にのみ要するものを抽出し、それ以外のものをすべて課税資産の譲渡等と非課税資産の譲渡等に共通して要するものに該当するものとして区分することは認められません。（基通11－2－18）

　個別対応方式による場合は、課税売上割合に代えて課税売上割合に準ずる割合により計算することができます。この場合は、①その割合が事業の種類・事業に係る費用の種類に応じて合理的に算定されるものであること、②その割合を用いて個別対応方式により計算することについて所轄税務署長の承認を受けたものであることが必要です。（法30③）

> **一括比例配分方式**

　次の算式により仕入控除税額を計算します。（法30②二、④）

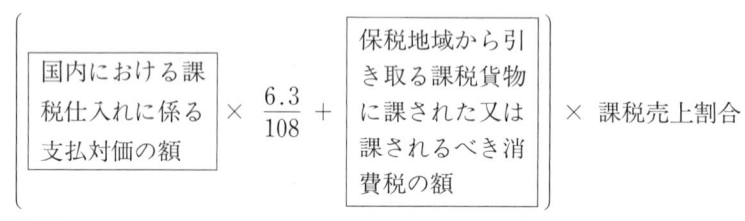

$$\left\{ \text{国内における課税仕入れに係る支払対価の額} \times \frac{6.3}{108} + \text{保税地域から引き取る課税貨物に課された又は課されるべき消費税の額} \right\} \times \text{課税売上割合}$$

> **留意点28**　一括比例配分方式から個別対応方式への変更

　一括比例配分方式により仕入控除税額を計算することとした場合は、当該方法により計算することとした課税期間の初日から同日以後2年を経過する日までの間に開始する各課税期間において一括比例配分方式を継続して適用した後の課税期間でなければ、個別対応方式によることはできません。（法30⑤）

　一括比例配分方式　⇨　2年間継続適用の必要あり

第4節　仕入控除税額の調整計算

仕入控除税額を課税仕入れ等の実額により計算する課税期間で次のような場合は、それぞれ仕入控除税額に一定の調整を加える必要があります。
(1) 非課税資産の輸出等を行った場合
(2) 仕入れに係る対価の返還等がある場合
(3) 課税売上割合が著しく変動した場合で調整対象固定資産を保有しているとき
(4) 課税業務用調整対象固定資産を非課税業務用に転用した場合又はその逆の場合
(5) 納税義務の免除を受けないこととなる場合又は受けることとなる場合で棚卸資産を保有しているとき
以下、これらの調整計算の手順等について説明します。
なお、第5節の簡易課税制度による課税期間については、いずれの調整も不要です。

手順1　非課税資産の輸出等を行った場合の仕入れに係る消費税額の控除の特例

（法31、令51）

(1) 非課税資産の輸出等を行った場合は、課税資産の譲渡等に係る輸出取引とみなして仕入控除税額を計算することになります。

| 国内において非課税となる資産の譲渡等（第1章第5節の資産の譲渡等）を行った場合 | ＋ | 当該資産の譲渡等が法第7条関係で輸出免税となる資産の譲渡等（第1章第6節2の資産の譲渡等）のいずれかに該当する場合 | → | 仕入控除税額の計算（第3節の計算）に当たっては課税資産の譲渡等に係る輸出取引とみなします。 |

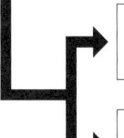

当該非課税資産の輸出等にのみ要した国内における課税仕入れは、課税資産の譲渡等にのみ要するものとすることができます。

当該非課税資産の輸出取引については、その対価の額を課税売上割合の分母及び分子に加算することができます。

(2) また、国外地域における資産の譲渡等又は自己の使用のため資産を輸出した場合においても、課税資産の譲渡等に係る輸出取引とみなして仕入控除税額を計算することができます。

| 国内以外の地域における資産の譲渡等のため又は国内以外の地域における自己の使用のため資産を輸出した場合 | → | 仕入控除税額の計算（**第3節**の計算）に当たっては課税資産の譲渡等に係る輸出取引とみなします。 |

当該輸出等にのみ要した国内における課税仕入れは、課税資産の譲渡等にのみ要するものとすることができます。

課税売上割合の計算においては、当該資産が対価を得て輸出されるものとした場合における当該資産の関税法施行令第59条の2第2項の本邦の輸出港における本船甲板渡し価格（航空機による輸出の場合は、これに準ずる条件による価格）を分母及び分子に加算します。

> **留意点29** 有価証券等の輸出
> 1 有価証券、支払手段、抵当証券、金銭債権の輸出については、(1)又は(2)の特例によることはできません。（令51①）
> 2 (1)又は(2)の特例によるときは、輸出取引の態様に応じ、**第1章第6節2**の表の証明書類等が必要です。（保存期間は、通常の輸出取引と同様です。）（法31②）

第4章　納付すべき消費税額及び地方消費税額の計算

手順 2　仕入れに係る対価の返還等を受けた場合の仕入れに係る消費税額の控除の特例

(法32、令52)

(1) 国内において行った課税仕入れにつき対価の返還等を受けた場合は、**第3節**で計算した課税仕入れ等に係る消費税額を減額調整する必要があります。

国内において行った課税仕入れにつき、返品をし、又は値引き若しくは割戻しを受けたことにより、当該課税仕入れに係る支払対価の額の全部若しくは一部の返還又は当該課税仕入れに係る買掛金その他の債務の額の全部又は一部の減額（仕入れに係る対価の返還等）を受けた場合	第3節により計算した課税仕入れ等に係る消費税額を減額調整します。

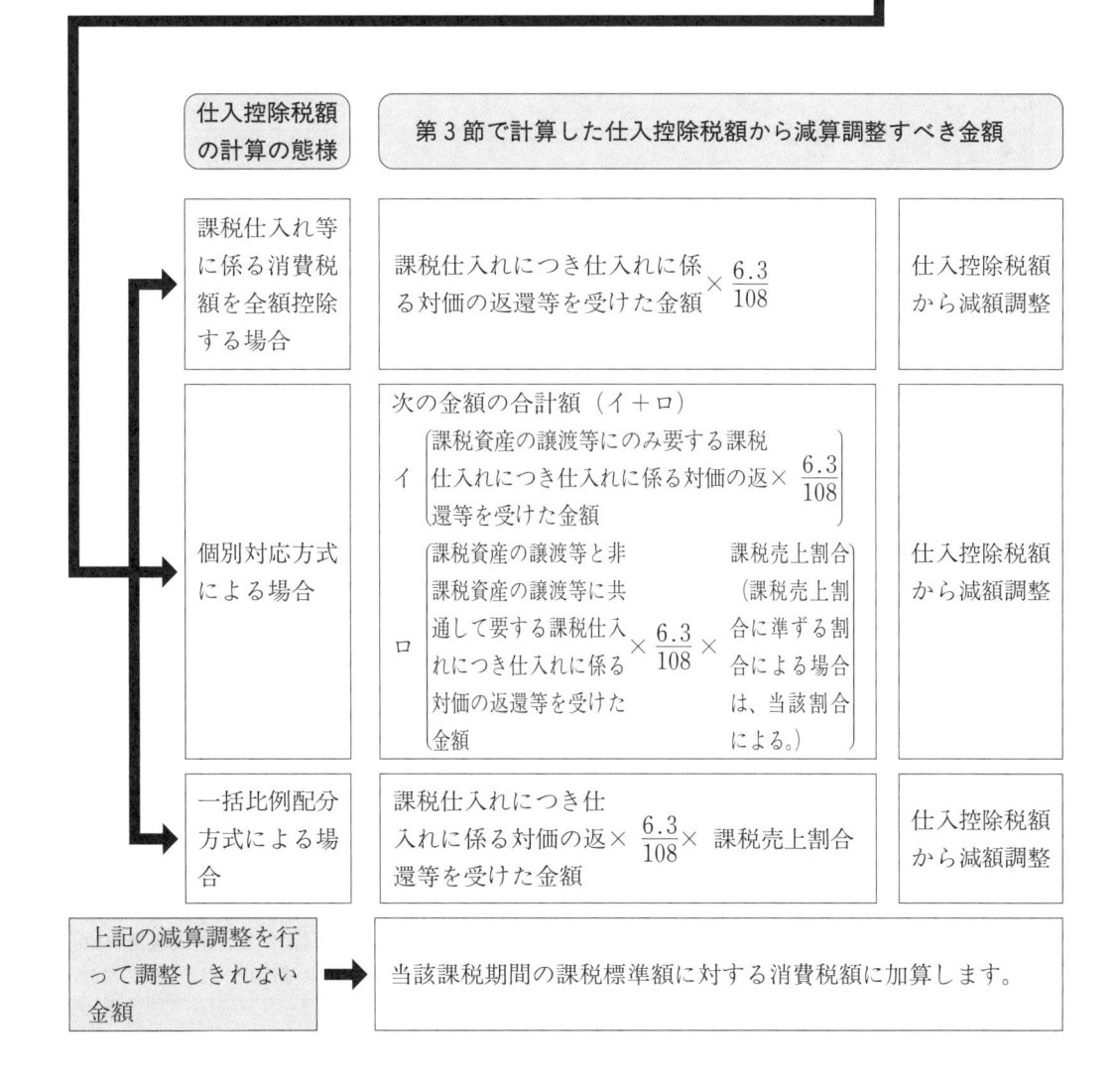

仕入控除税額の計算の態様	第3節で計算した仕入控除税額から減算調整すべき金額	
課税仕入れ等に係る消費税額を全額控除する場合	課税仕入れにつき仕入れに係る対価の返還等を受けた金額 $\times \dfrac{6.3}{108}$	仕入控除税額から減額調整
個別対応方式による場合	次の金額の合計額（イ＋ロ） イ　課税資産の譲渡等にのみ要する課税仕入れにつき仕入れに係る対価の返還等を受けた金額 $\times \dfrac{6.3}{108}$ ロ　課税資産の譲渡等と非課税資産の譲渡等に共通して要する課税仕入れにつき仕入れに係る対価の返還等を受けた金額 $\times \dfrac{6.3}{108} \times$ 課税売上割合（課税売上割合に準ずる割合による場合は、当該割合による。）	仕入控除税額から減額調整
一括比例配分方式による場合	課税仕入れにつき仕入れに係る対価の返還等を受けた金額 $\times \dfrac{6.3}{108} \times$ 課税売上割合	仕入控除税額から減額調整

上記の減算調整を行って調整しきれない金額	当該課税期間の課税標準額に対する消費税額に加算します。

175

事例38 〈仕入控除税額の減額調整が必要な具体的事例〉

1	船舶の早出料 海上運送事業を営む事業者から船舶の運送に関連して早出料を収受する場合
留意点	当該早出料は仕入れに係る対価の返還等に該当します。（基通12－1－1）
2	販売奨励金等 販売促進の目的で取引先（製造者、卸売業者等を含みます。）から販売奨励金等を収受する場合
留意点	当該販売奨励金等は仕入れに係る対価の返還等に該当します。（基通12－1－2）
3	事業分量配当金 協同組合等から事業分量配当金を収受する場合
留意点	課税仕入れの分量に応じた事業分量配当金は仕入れに係る対価の返還等に該当します。（基通12－1－3）
4	仕入割引 課税仕入れに係る対価をその支払期日よりも前に支払ったこと等を基因として支払を受ける仕入割引
留意点	当該仕入割引は仕入れに係る対価の返還等に該当します。（基通12－1－4）
5	輸入品に係る仕入割戻し 保税地域からの引取りに係る課税貨物につき購入先から購入に係る割戻しを受けた場合
留意点	当該割戻しは仕入れに係る対価の返還等に該当しません。（基通12－1－5）
6	課税仕入れとそれ以外を一括して行う仕入割戻し 一つの取引先との間で課税仕入れに係る取引と課税仕入れに該当しない取引を行い、一括して割戻しを受けた場合
留意点	割戻金額を課税仕入れに係る部分とそれ以外に合理的に区分したところにより消費税額の減額調整を行います。（基通12－1－6）
7	債務免除 課税仕入れの相手方に対する買掛金その他の債務の全部又は一部について債務免除を受けた場合
留意点	当該債務免除は仕入れに係る対価の返還等には該当しません。（基通12－1－7）
8	免税事業者であったときの課税仕入れに係る対価の返還等 免税事業者であった課税期間に行った課税仕入れについて、課税事業者となった課税期間において対価の返還等を受けた場合
留意点	当該返還等の金額に係る消費税額は減額調整の対象となりません（ただし、納税義務の免除を受けないこととなった場合等の棚卸資産の課税仕入れを除きます）。（基通12－1－8）
9	免税事業者等となった後の仕入れに係る対価の返還等 課税事業者が事業を廃止し、又は免税事業者となった後に、課税事業者であった課税期間の課税仕入れにつき対価の返還等を受けた場合
留意点	当該返還等の金額に係る消費税額は減額調整の対象となりません。（基通12－1－9）

10	仕入割戻しを受けた日 課税仕入れに係る仕入割戻しについては、どの日において受けたことになるか
留意点	次の日において、課税仕入れ等に係る仕入割戻しを受けたことになります。 （基通12－1－10、12－1－11） (1) その算定基準が購入価額又は購入数量によっており、かつ、その算定基準が契約その他の方法により明示されている仕入割戻し　　資産の譲渡等を受けた日 (2) (1)に該当しない仕入割戻し　　その仕入割戻しの金額の通知を受けた日 　なお、仕入割戻しの金額につき相手方との契約により特約店契約の解約、災害の発生等特別な事実が生ずるときまで又は5年を超える一定の期間が経過するまで相手方に保証金等として預けることとしているため、当該仕入割戻しに係る利益の全部又は一部を実質的に享受することができないと認められる場合には、現実に支払（買掛金等への充当を含む。）を受けた日に仕入割戻しを受けたものとして取り扱われます。 　ただし、現実に支払を受ける日の前に実質的にその利益を享受することとなったと認められる次のような場合には、その享受することとなった日に仕入割戻しを受けたものとして取り扱われます。 ① 相手方との契約等に基づいてその仕入割戻しの金額に通常の金利を付けるとともに、その金利相当額については現実に支払を受けているか、又は相手方に請求すれば支払を受けることができることとされている場合 ② 相手方との契約等に基づいて仕入割戻しを受ける事業者が保証金等に代えて有価証券その他の資産を提供することができることとされている場合 ③ 保証金等として預けている金額が仕入割戻しの金額のおおむね50％以下である場合 ④ 相手方との契約等に基づいて仕入割戻しの金額が仕入割戻しを受ける事業者名義の預金若しくは貯金又は有価証券として相手方において保管されている場合 　なお、事業者が課税仕入れを行った日又は相手方から通知を受けた日に仕入割戻しを受けたものとして処理している場合には、これを認めることとされています。
11	被相続人の課税仕入れに係る対価の返還等 相続により被相続人の事業を承継した相続人が被相続人により行われた課税仕入れにつき仕入れに係る対価の返還等を受けた場合
留意点	その相続人が行った課税仕入れにつき、仕入れに係る対価の返還等を受けたものとみなして、相続人において課税仕入れ等に係る消費税額を減額調整します。（法32③）
12	被合併法人の課税仕入れに係る対価の返還等 合併により被合併法人の事業を承継した合併法人が被合併法人により行われた課税仕入れにつき仕入れに係る対価の返還等を受けた場合
留意点	その合併法人が行った課税仕入れにつき、仕入れに係る対価の返還等を受けたものとみなして、合併法人において課税仕入れに係る消費税額を減額調整します。（法32⑦）
13	分割承継法人の課税仕入れに係る対価の返還等 分割により事業を承継した分割承継法人が分割法人により行われた課税仕入れにつき仕入れに係る対価の返還等を受けた場合
留意点	その分割承継法人が行った課税仕入れにつき、仕入れに係る対価の返還等を受けたものとみなして、分割承継法人において課税仕入れに係る消費税額を減額調整します。（法32⑦）

(2) 保税地域からの引取りに係る課税貨物に係る消費税額の全部又は一部につき、他の法律の規定により還付を受ける場合は、当該還付を受ける日の属する課税期間において、**第3節**で計算した課税仕入れ等に係る消費税額を減額調整する必要があります。（法32④）

| 保税地域からの引取りに係る課税貨物に係る消費税額の全部又は一部につき、他の法律、例えば、輸入品に対する内国消費税の徴収等に関する法律第14条第1項（相殺関税等が還付される場合の消費税の還付）、第15条第2項（変質、損傷等の場合の軽減又は還付）、第16条の3（輸入時と同一状態で再輸出される場合の還付）又は同法第17条（違約品等の再輸出又は廃棄の場合の還付）等の規定により還付を受ける場合（基通12−1−13） | → | 還付を受ける日の属する課税期間において、**第3節**により計算した課税仕入れ等に係る消費税額を減額調整します。 |

仕入控除税額の計算の態様	第3節で計算した仕入控除税額から減算調整すべき金額
課税仕入れ等に係る消費税額を全額控除する場合	保税地域から引き取った課税貨物について還付を受ける消費税額（附帯税に相当する額を除きます。）の合計額
個別対応方式による場合	次の金額の合計額（イ＋ロ） イ　課税資産の譲渡等にのみ要する課税貨物につき還付を受ける消費税額 ロ　課税資産の譲渡等と非課税資産の譲渡等に共通して要する課税貨物につき還付を受ける消費税額 × 課税売上割合
一括比例配分方式による場合	課税貨物につき還付を受ける消費税額 × 課税売上割合

| 上記の減額を行って調整しきれない金額 | → | 当該課税期間の課税標準額に対する消費税額に加算します。 |

事例39 〈保税地域から引き取った課税貨物に係る還付消費税〉

1	被相続人が引き取った場合 相続により被相続人の事業を承継した相続人が被相続人による保税地域からの引取りに係る課税貨物に係る消費税額の全部又は一部につき、他の法律の規定により還付を受ける場合
留意点	その相続人による保税地域からの引取りに係る課税貨物に係る消費税額の全部又は一部につき還付を受けるものとみなして、相続人の課税仕入れに係る消費税額を減額調整します。（法32⑥）
2	被合併法人が引き取った場合 合併により被合併法人の事業を承継した合併法人が被合併法人により保税地域から引き取られた課税貨物に係る消費税額の全部又は一部につき、他の法律の規定により還付を受ける場合
留意点	その合併法人が保税地域からの引取りに係る課税貨物に係る消費税額の全部又は一部につき還付を受けるものとみなして、合併法人の課税仕入れに係る消費税額を減額調整します。（法32⑦）
3	分割承継法人が引き取った場合 分割により事業を承継した分割承継法人が分割法人により保税地域から引き取られた課税貨物に係る消費税額の全部又は一部につき、他の法律の規定により還付を受ける場合
留意点	その分割承継法人が保税地域からの引取りに係る課税貨物に係る消費税額の全部又は一部につき還付を受けるものとみなして、分割承継法人の課税仕入れに係る消費税額を減額調整します。（法32⑦）

手順 3 課税売上割合が著しく変動した場合の調整対象固定資産に関する仕入れに係る消費税額の調整（法33、令53）

課税売上割合が著しく変動した場合には、一定の資産について一定の方法により仕入れに係る消費税額を調整する必要があります。

調整対象固定資産の課税仕入れ又は課税貨物の引取りに係る消費税額の控除額の計算につき
① 全額控除した場合
② 個別対応方式により、課税資産の譲渡等と非課税資産の譲渡等とに共通して要するものとして計算した場合
③ 一括比例配分方式により計算した場合

＋

第3年度の課税期間（当該調整対象固定資産の課税仕入れ等を行った課税期間の初日から3年を経過する日の属する課税期間）の末日において当該調整対象固定資産を保有している場合

＋

仕入れ等の課税期間から第3年度の課税期間までの通算課税売上割合と課税仕入れ等の課税期間の課税売上割合を比較して

(1) 課税売上割合が著しく増加したとき

$$\frac{\text{通算課税売上割合} - \text{仕入れ等の課税期間における課税売上割合}}{\text{仕入れ等の課税期間における課税売上割合}} \geq \frac{50}{100} \text{で、かつ、}$$

$$\text{通算課税売上割合} - \text{仕入れ等の課税期間における課税売上割合} \geq \frac{5}{100}$$

である場合

(2) 課税売上割合が著しく減少したとき

$$\frac{\text{仕入れ等の課税期間における課税売上割合} - \text{通算課税売上割合}}{\text{仕入れ等の課税期間における課税売上割合}} \geq \frac{50}{100} \text{で、かつ、}$$

$$\text{仕入れ等の課税期間における課税売上割合} - \text{通算課税売上割合} \geq \frac{5}{100}$$

である場合

※ 「通算課税売上割合」（法33②、令53③）
当該調整対象固定資産の課税仕入れ又は保税地域からの引取りを行った日の属する課税期間から当該課税期間の初日以後3年を経過する日の属する課税期間までの各課税期間を通算して第3節の **手順 1**（167ページ）で計算した割合をいいます。

↓

調 整 の 方 法

第3年度の課税期間において**第3節**により計算した課税仕入れ等に係る消費税額を右のとおり調整します。

(1) 課税売上割合が著しく増加したとき

$$\left(\begin{array}{c}\text{調整対象}\\\text{基準税額}\end{array} \times \begin{array}{c}\text{通算課税}\\\text{売上割合}\end{array}\right) - \left(\begin{array}{c}\text{調整対象}\\\text{基準税額}\end{array} \times \begin{array}{c}\text{仕入れ等の課税期間に}\\\text{おける課税売上割合}\end{array}\right)$$

の金額を加算します。

(2) 課税売上割合が著しく減少したとき

$$\left(\begin{array}{c}\text{調整対象}\\\text{基準税額}\end{array} \times \begin{array}{c}\text{仕入れ等の課税期間に}\\\text{おける課税売上割合}\end{array}\right) - \left(\begin{array}{c}\text{調整対象}\\\text{基準税額}\end{array} \times \begin{array}{c}\text{通算課税}\\\text{売上割合}\end{array}\right)$$

の金額を減額します。

なお、仕入れ等の課税期間において、課税仕入れ等の税額の全額を仕入税額控除する場合は、「仕入れ等の課税期間における課税売上割合」は100％として計算します。

※ 「調整対象基準税額」

調整対象固定資産の課税仕入れに係る消費税額（支払対価の額に108分の6.3を乗じて計算した金額）又は課税貨物に係る消費税額をいいます。

上記(2)の減額を行って減額しきれない金額 → 当該課税期間の課税標準額に対する消費税額に加算します。

※ 調整対象固定資産の内容については、104ページ「調整対象固定資産の範囲」を参照。

事例40　〈課税売上割合が著変した場合の調整対象固定資産に関する消費税額の調整〉

1	固定資産の取得のために要した費用 　固定資産の購入のために要する引取運賃、荷役費等、当該固定資産の取得価額に含まれるべき金額がある場合
留意点	当該付随費用は固定資産に係る課税仕入れの支払対価の額に含めないで、調整対象固定資産であるかどうかを判定し、また、調整すべき金額を計算する場合にも当該付随費用の金額は含めないところで計算します。（基通12－2－2）
2	共有に係る固定資産 　他の者と共同で固定資産を購入した場合
留意点	持分割合に応じて自らの持分について、調整対象固定資産であるかどうかを判定します。また、調整すべき金額を計算する場合も、自らの持分に係る部分の金額を基に計算します。（基通12－2－4）
3	資本的支出がある場合 　資産に係る資本的支出(事業の用に供する固定資産の修理、改良等のために支出した金額のうち当該固定資産の価値を高め、又はその耐久性を増すこととなると認められる部分に対応する金額をいいます。)がある場合
留意点	当該資本的支出は、調整対象固定資産であるかどうかを判定する場合の「課税仕入れに係る支払対価の額」に含まれることになります。この場合において、その資本的支出とされる課税仕入れに係る支払対価の額の108分の100に相当する金額が100万円以上であるかどうかは、固定資産で一のものについて行う修理、改良等（一の修理、改良等）のために要した課税仕入れに係る支払対価の額（その一の修理、改良等が2以上の課税期間にわたって行われるときは、課税期間ごとに要した課税仕入れに係る支払対価の額）によって判定します。（基通12－2－5）
4	有価証券の譲渡等がある場合の通算課税売上割合の計算 　通算課税売上割合を計算する場合において通算課税期間中に有価証券の譲渡があった場合
留意点	通算課税売上割合は、当該調整対象固定資産の課税仕入れ又は保税地域からの引取りを行った日の属する課税期間から当該課税期間の初日以後3年を経過する日の属する課税期間までの各課税期間を通算して**第3節**の**手順1**で計算します。したがって、有価証券取引税法上の有価証券の譲渡等があればその譲渡対価の額の5％相当額を通算課税売上割合計算上の分母に算入することになります。（令53④、48⑤）
5	課税売上割合に準ずる割合を採用した場合 　調整対象固定資産の課税仕入れ等を行った課税期間において課税売上割合に準ずる割合を適用した場合
留意点	通算課税売上割合の計算も、課税売上割合に準ずる割合により行います。（令53⑤）
6	通算課税期間において課税売上割合に準ずる割合に変更した場合 　仕入れ等の課税期間の翌課税期間から第3年度の課税期間までのいずれかの課税期間において課税売上割合に準ずる割合として承認を受けた割合を適用した場合
留意点	通算課税期間に含まれる課税期間におけるそれぞれの課税売上割合及び課税売上割合に準ずる割合を合計した割合を当該通算課税期間に含まれる課税期間の数で除して計算した割合を通算課税売上割合とします。（令53⑥）

第4章　納付すべき消費税額及び地方消費税額の計算

手順 4　課税業務用調整対象固定資産を非課税業務用に転用した場合又は非課税業務用調整対象固定資産を課税業務用に転用した場合（法34、35）

調整対象固定資産の課税仕入れ又は課税貨物の引取りに係る消費税額の控除額の計算について
① 個別対応方式により課税資産の譲渡等にのみ要するものとして計算した場合
② 個別対応方式により非課税資産の譲渡等にのみ要するものとして計算した場合

＋

当該調整対象固定資産の課税仕入れ又は課税貨物の引取りの日から3年以内に課税資産の譲渡等に係る業務から非課税資産の譲渡等に係る業務の用に供するものに転用した場合又はその逆の場合

↓

調 整 の 方 法

転用した日の属する課税期間において**第3節**により計算した課税仕入れ等に係る消費税額を右により調整します。	転用した日に応じて次表の金額を課税業務用から非課税業務用に転用した場合は減算し、非課税業務用から課税業務用に転用した場合は加算します。

転 用 の 日	加算又は減算する金額
(一) 当該調整対象固定資産の課税仕入れを行った日又は当該調整対象固定資産に該当する課税貨物を保税地域から引き取った日からこれらの日以後1年を経過する日までの期間	調整対象税額に相当する消費税額
(二) (一)に掲げる期間の末日の翌日から同日以後1年を経過する日までの期間	調整対象税額の3分の2に相当する消費税額
(三) (二)に掲げる期間の末日の翌日から同日以後1年を経過する日までの期間	調整対象税額の3分の1に相当する消費税額

※「調整対象税額」
　調整対象固定資産の課税仕入れに係る消費税額（支払対価の額に108分の6.3を乗じて計算した金額）又は課税貨物に係る消費税額をいいます。

上記の減額を行って減額しきれない金額	→ 当該課税期間の課税標準額に対する消費税額に加算します。

手順 5　納税義務の免除を受けないこととなった場合等の棚卸資産に係る消費税額の調整

(法36、令54)

(1) 消費税の納税義務が免除されていた事業者が納税義務の免除を受けないこととなる場合や、あるいは、相続、合併、分割により納税義務が免除されなくなった場合は、納税義務が免除されていた期間中に課税仕入れ等を行い、課税事業者に該当することとなった課税期間まで保有した棚卸資産に係る消費税額を当該納税義務が免除されなくなった課税期間において税額控除の対象とできることとされています。

①	前課税期間は、**第2章第2節、第3節**により免税事業者であったが、当課税期間は、課税事業者となる場合
②	当課税期間は、もともと免税事業者であったが、中途で相続により被相続人の事業を引き継いだので**第2章第5節**により納税義務が免除されないこととなった場合
③	当課税期間は、もともと免税事業者であったが、中途で合併により被合併法人の事業を引き継いだので**第2章第6節**により納税義務が免除されないこととなった場合
④	当課税期間は、もともと免税事業者であったが、中途で分割等により分割法人の事業を引き継いだので**第2章第7節**により納税義務が免除されないこととなった場合

＋

上記①の場合は、当課税期間の初日の前日に、②～④の場合は納税義務の免除を受けないこととなった日の前日において、納税義務が免除されていた期間中に国内において譲り受けた課税仕入れに係る棚卸資産又は当該期間中に保税地域からの引取りに係る課税貨物で棚卸資産に該当するもの（これらの棚卸資産を原材料として製作され、又は建設された棚卸資産を含みます。）を有しているとき

↓

次表の左欄の棚卸資産について、それぞれ右欄に掲げる金額に108分の6.3を乗じた金額を当課税期間における課税仕入れ等の税額とみなして**第3節**の仕入控除税額の計算を行います。

(一)	納税義務が免除されている期間中に国内において譲り受けた課税仕入れに係る棚卸資産	次に掲げる金額の合計額（イ＋ロ＋ハ） イ　当該資産の課税仕入れに係る支払対価の額 ロ　引取運賃、荷役費その他当該資産の購入のために要した費用の額 ハ　当該資産を消費し、又は販売の用に供するために直接要した費用の額
(二)	納税義務が免除されている期間中に保税地域からの引取りに係る課税貨物で棚卸資産に該当するもの	次に掲げる金額の合計額（イ＋ロ＋ハ） イ　当該課税貨物に係る消費税の課税標準である金額と当該課税貨物の引取りに係る消費税額（附帯税の額に相当する額を除きます。）との合計額 ロ　引取運賃、荷役費その他当該課税貨物の保税地域からの引取りのために要した費用の額 ハ　当該課税貨物を消費し、又は販売の用に供するために直接要した費用の額
(三)	(一)又は(二)に掲げる棚卸資産を原材料として製作され、又は建設された棚卸資産（自己の	次に掲げる金額の合計額（イ＋ロ） イ　当該資産の製作若しくは建設又は採掘等のために要した原材料費及び経費の額

	採掘、採取、栽培、養殖その他これらに準ずる行為（採掘等）に係る棚卸資産を含みます。)	ロ　当該資産を消費し、又は販売の用に供するために直接要した費用の額

表中、右欄の費用の額並びに原材料費（課税貨物に係るものを除きます。）及び経費の額は、いずれも課税仕入れに係る支払対価の額に該当する金額に限ります。

(1)の調整規定は、相続又は合併若しくは分割により免税事業者である被相続人又は被合併法人若しくは分割法人の事業を承継した課税事業者である相続人又は合併法人若しくは分割承継法人が、当該被相続人又は被合併法人若しくは分割法人が免税事業者であった期間中に課税仕入れ等を行った棚卸資産を引き継いだ場合にも適用されます。

事例41　〈納税義務の免除を受けないこととなった場合等の棚卸資産に係る消費税額の調整〉

1	棚卸資産に係る取得価額 棚卸資産の評価方法として所得税法又は法人税法の方法によっている場合
留意点	消費税法の棚卸資産の課税仕入れの金額について、所得税法第47条又は法人税法第29条(棚卸資産の売上原価等の計算及びその評価の方法。低価法を除きます。）により評価した金額としているときはこれを認めることとされています。（基通12－6－1）
2	課税仕入れ等により取得した棚卸資産の取得価額 買入事務費などの附帯費用がある場合
留意点	国内で譲り受けた課税仕入れに係る棚卸資産又は保税地域から引き取った課税貨物に係る棚卸資産の取得価額の算出に当たり、当該課税仕入れ又は課税貨物の引取りに係る次に掲げる費用については、その費用の額が少額であるものとしてその取得価額に含めないこととしているときは、それによることになります。（基通12－6－2） (一)　買入事務、検収、整理、選別、手入れ等に要した費用の額 (二)　販売所等から販売所等へ移管するために要した運賃、荷造費等の費用の額 (三)　特別の時期に販売するなどのため、長期にわたって保管するために要した費用の額
3	製作等に係る棚卸資産の取得価額 製造等の後において要した検査費用等がある場合
留意点	自己の製作等に係る棚卸資産の取得価額の算出に当たり、当該製作等のための課税仕入れ等に係る次に掲げる費用については、その費用の額が少額であるものとしてその取得価額に含めないこととしているときは、それによることになります。（基通12－6－3） (一)　製造等の後において要した検査、検定、整理、選別、手入れ等の費用の額 (二)　製造場等から販売所等へ移管するために要した運賃、荷造費等の費用の額 (三)　特別の時期に販売するなどのため、長期にわたって保管するために要した費用の額

(2) (1)とは逆で、当課税期間は課税事業者であるが翌課税期間は免除事業者となる場合は、当課税期間中に国内において譲り受けた課税仕入れに係る棚卸資産又は当課税期間中に保税地域から引き取った課税貨物に係る棚卸資産のうち、当課税期間末に有するものについては、当該棚卸資産に係る消費税額は控除の対象とはなりません。(法36⑤)

当課税期間は課税事業者であるが、翌課税期間は**第2章第2節**、**第3節**により納税義務が免除される場合

＋

当課税期間中に国内において譲り受けた課税仕入れに係る棚卸資産又は当課税期間中に保税地域から引き取った課税貨物に係る棚卸資産を当課税期間の末日に保有しているとき

↓

当該課税仕入れに係る棚卸資産又は当該課税貨物に係る消費税額は、**第3節**の仕入控除税額の計算には含まれません。

※ 棚卸資産の取得価額については(1)を参照してください。

第5節　簡易課税制度における仕入控除税額の計算

　簡易課税制度とは、仕入控除税額の計算を、課税仕入れの実額によるのではなく、課税売上高に係る消費税額に一定の率を乗じて行うものです。
　この節は、簡易課税制度による仕入控除税額の計算について手順を説明します。
　なお、簡易課税制度による計算には、次の**第6節**による売上げに係る対価の返還等に係る消費税額を踏まえて計算しますので、**第6節**の計算を先に行ってください。

手順1　簡易課税制度によることができるかどうかの確認（法37、令55）

　簡易課税制度を適用して仕入控除税額を計算するには、次のいずれの要件をも満たしていることが必要ですので、この点についてまずチェックします。

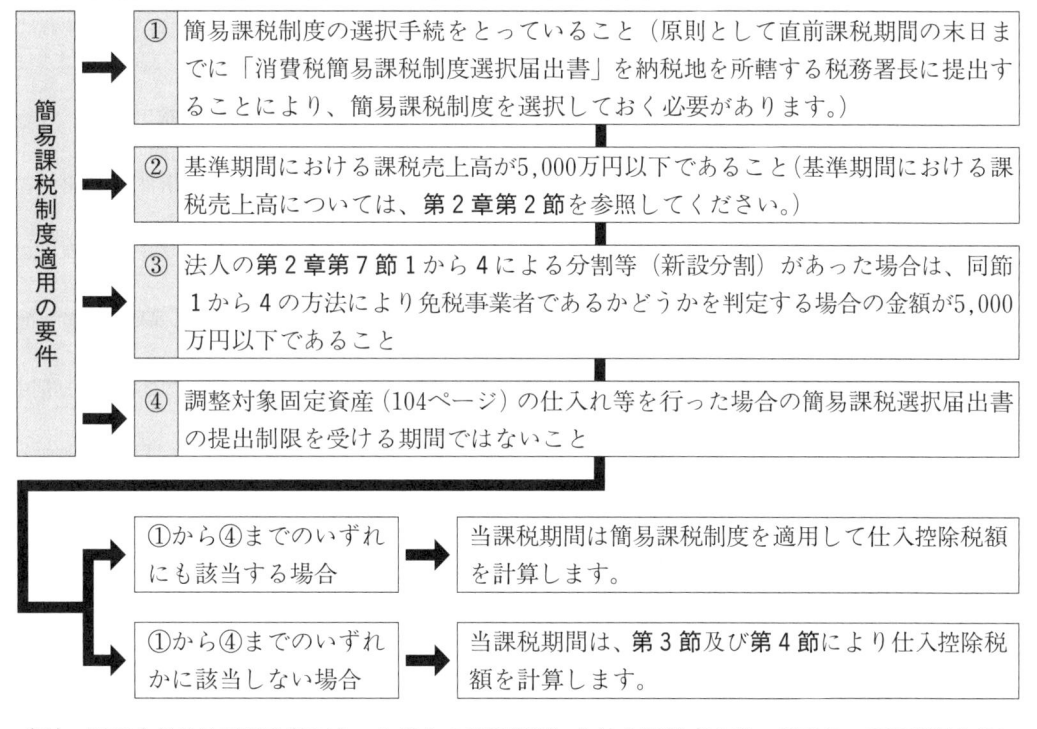

簡易課税制度適用の要件

① 簡易課税制度の選択手続をとっていること（原則として直前課税期間の末日までに「消費税簡易課税制度選択届出書」を納税地を所轄する税務署長に提出することにより、簡易課税制度を選択しておく必要があります。）

② 基準期間における課税売上高が5,000万円以下であること（基準期間における課税売上高については、**第2章第2節**を参照してください。）

③ 法人の**第2章第7節**1から4による分割等（新設分割）があった場合は、同節1から4の方法により免税事業者であるかどうかを判定する場合の金額が5,000万円以下であること

④ 調整対象固定資産（104ページ）の仕入れ等を行った場合の簡易課税選択届出書の提出制限を受ける期間ではないこと

①から④までのいずれにも該当する場合	→	当課税期間は簡易課税制度を適用して仕入控除税額を計算します。
①から④までのいずれかに該当しない場合	→	当課税期間は、**第3節**及び**第4節**により仕入控除税額を計算します。

（注）　吸収合併又は吸収分割があった場合の基準期間における課税売上高の判定は、当該吸収合併に係る合併法人又は当該吸収分割に係る分割承継法人のみの課税売上高によります。
　　　（基通13－1－2）

留意点30　消費税簡易課税制度選択届出書の提出時期等

(1)　①について、次のいずれかに該当する課税期間については、当課税期間の末日までに「消費税簡易課税制度選択届出書」を提出すればよいことになっています。（令56）

(一)	事業者が国内において課税資産の譲渡等に係る事業を開始した日の属する課税期間（法人が新設合併によりその事業を承継した場合の当該合併があった日の属する課税期間及び法人が新設分割によりその事業を承継した場合の当該分割があった日の属する課税期間を含みます。）（基通13－1－3の3、13－1－3の4）
(二)	個人事業者が相続により（簡易課税制度）の規定の適用を受けていた被相続人の事業を承継した場合における当該相続のあった日の属する課税期間（基通13－1－3の2）

第4章　納付すべき消費税額及び地方消費税額の計算

(三)	法人が合併（合併により法人を設立する場合を除きます。）により《簡易課税制度》の規定の適用を受けていた被合併法人の事業を承継した場合における当該合併があった日の属する課税期間（基通13－1－3の3）
(四)	法人が吸収分割により《簡易課税制度》の規定の適用を受けていた分割法人の事業を承継した場合における当該吸収分割があった日の属する課税期間 ただし、当該吸収分割があった日の属する課税期間において分割承継法人の当該課税期間の基準期間における課税売上高が1,000万円を超え、当該分割承継法人が課税事業者に該当する場合は除きます。（基通13－1－3の4）

(2) やむを得ない事情により「消費税簡易課税制度選択届出書」又は「消費税簡易課税制度選択不適用届出書」をその適用を受けようとする（又はやめようとする）課税期間の初日の前日までに提出できなかった場合の特例については、第10章2の第34号様式（266ページ）を参照してください。

(3) 平成16年4月1日以後最初に開始する課税期間において新たに課税事業者（その直前の課税期間が免税事業者の場合も含む。）となる事業者については、その課税期間中に届出書を提出すれば当該課税期間から簡易課税制度の適用を受けることができることとする経過措置が設けられています。

留意点31　調整対象固定資産の仕入れ等を行った場合の簡易課税選択届出書の提出制限

次の①又は②に該当する場合には、調整対象固定資産の仕入れ等を行った課税期間の初日から3年を経過する日の属する課税期間の初日以後でなければ、「消費税簡易課税制度選択届出書」を提出することはできません。

したがって、事業を廃止した場合を除き、調整対象固定資産の仕入れ等の後3年間は一般課税により消費税の申告を行うこととなります。

① 課税事業者選択届出書を提出し、平成22年4月1日以後開始する課税期間から課税事業者を選択した事業者で、次のイ～ハのすべてに該当する場合（法37②一）
  イ　課税事業者となった課税期間の初日から2年を経過する日までの間に開始した各課税期間中（原則として2年間）に、
  ロ　調整対象固定資産の仕入れ等を行った場合で、
  ハ　その調整対象固定資産の仕入れ等を行った課税期間につき簡易課税制度の適用を受けない場合（一般課税で申告する場合）

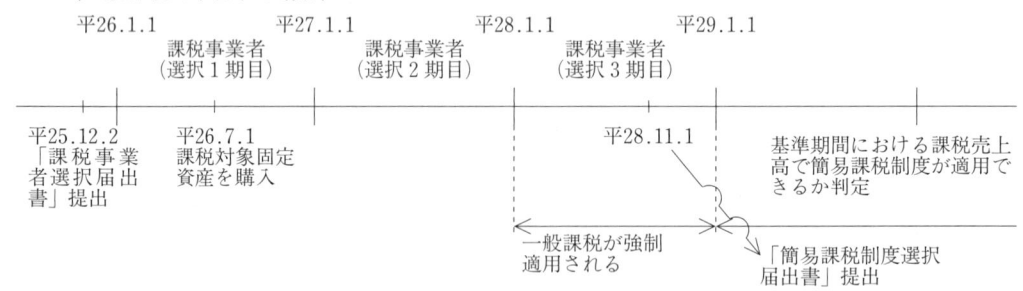

```
        平26.1.1        平27.1.1        平28.1.1        平29.1.1
          │課税事業者     │課税事業者     │課税事業者     │
          │（選択1期目）  │（選択2期目）  │（選択3期目）  │
    ──┼───────┼───────┼───────┼──
  平25.12.2  平26.7.1                    平28.11.1         基準期間における課税売上
  「課税事  調整対象固                                      高で簡易課税制度が適用で
  業者選択  定資産を購                                      きるか判定
  届出書」  入
  提出                          ←一般課税が強制→  「簡易課税制度選択
                                  適用される      届出書」提出
```

(注) 選択1、2期目において簡易課税制度選択届出書の提出後に調整対象固定資産の仕入れ等をした場合には、同選択届出書の提出はなかったものとみなされます。
※ 調整対象固定資産の内容については、104ページ「調整対象固定資産の範囲」を参照。

② 平成22年4月1日以後に設立した新設法人（法12の2①）又は平成26年4月1日以後に設立した特定設立法人（法12の3①）で、次のイ～ハのすべてに該当する場合（法37②二）
  イ　その基準期間がない事業年度（前々事業年度のない設立当初の事業年度（基本的に2年間）をいいます。）に含まれる各課税期間中に、
  ロ　調整対象固定資産の仕入れ等を行った場合で、
  ハ　その調整対象固定資産の仕入れ等を行った課税期間につき簡易課税制度の適用を受けない場合（一般課税で申告する場合）

(注) 上記の新設法人及び特定新規設立法人には、基準期間のない事業年度開始の日における資本金が1,000万円以上の合併、分割により設立された法人も含みます。

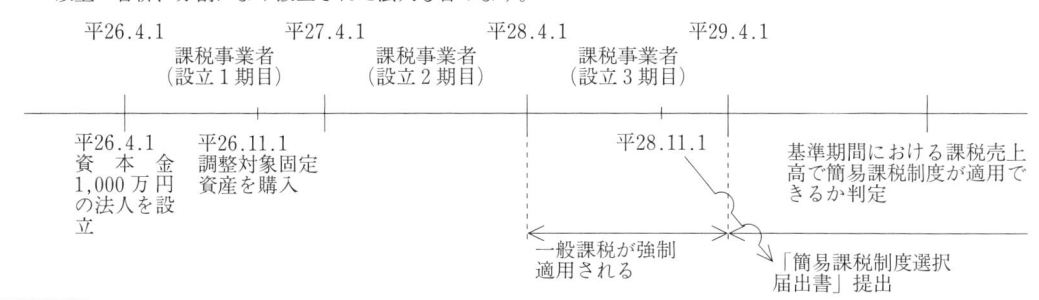

```
       平26.4.1      平27.4.1      平28.4.1      平29.4.1
        課税事業者    課税事業者    課税事業者
       (設立1期目)  (設立2期目)  (設立3期目)

  平26.4.1  平26.11.1              平28.11.1
  資本金    調整対象固定                         基準期間における課税売上
  1,000万円 資産を購入                           高で簡易課税制度が適用で
  の法人を設                                    きるか判定
  立
                        一般課税が強制    「簡易課税制度選択
                        適用される        届出書」提出
```

手順 2　課税売上高の事業区分とみなし仕入率（法37①、令57）

(1) **手順1**において簡易課税制度によることになった場合は、国内における課税資産の譲渡等の税込対価の額（免税となるものを除きます。）及び**第6節**の売上げに係る対価の返還等の金額をそれぞれ次表の第一種事業から第五種事業に区分して集計します。（令57⑤、基通13－2－4）

事業区分	該　当　す　る　事　業
第一種事業	卸売業（他の者から購入した商品をその性質及び形状を変更しないで他の事業者に対して販売する事業）
第二種事業	小売業（他の者から購入した商品をその性質及び形状を変更しないで販売する事業で第一種事業以外のもの）
第三種事業	農業・林業、漁業、鉱業・採石業・砂利採取業、建設業、製造業（製造小売業を含みます。）及び電気・ガス・熱供給・水道業（第一種事業又は第二種事業に該当するもの及び加工賃その他これに類する料金を対価とする役務の提供を行う事業を除きます。）
第四種事業	第一種事業から第三種事業及び第五種事業以外の事業
第五種事業	不動産業、物品賃貸業、情報通信業、運輸業、医療・福祉、教育・学習支援業、複合サービス事業、学術研究・専門・技術サービス業、生活関連サービス業・娯楽業及びサービス業（他に分類されないもの）のうち第一種事業から第三種事業に該当する事業を除くもの

※　国内において行った課税資産の譲渡等につき、事業の種類ごとの区分をしていないものについては、次のように区分します。（令57④）

第一種事業と第二種事業とを営む事業者が、第一種事業に係るものか第二種事業に係るものかを区分していないもの	第二種事業に係るものとします。
第一種事業又は第二種事業と第三種事業とを営む事業者が、第一種事業又は第二種事業に係るものか第三種事業に係るものかを区分していないもの	第三種事業に係るものとします。
第一種事業、第二種事業又は第三種事業と第四種事業とを営む事業者が、第一種事業、第二種事業又は第三種事業に係るものか第四種事業に係るものかを区分していないもの	第四種事業に係るものとします。
第五種事業と第五種事業以外の事業とを営む事業者が、第五種事業に係るものか第五種事業以外の事業に係るものかを区分していないもの	第五種事業に係るものとします。

なお、売上げに係る対価の返還等について事業の区分をしていないものについては、帳簿等を基に合理的にあん分することになります。

※　簡易課税制度における具体的な事業区分については193ページを参照してください。

(2) 次の算式により第一種事業に係る消費税額から第五種事業に係る消費税額を計算します。

① 第一種事業に係る課税資産の譲渡等の税込対価の額 $\times \dfrac{6.3}{108}$ － 第一種事業に係る売上げに係る対価の返還等の金額 $\times \dfrac{6.3}{108}$ ＝ 第一種事業に係る消費税額

② 第二種事業に係る課税資産の譲渡等の税込対価の額 $\times \dfrac{6.3}{108}$ － 第二種事業に係る売上げに係る対価の返還等の金額 $\times \dfrac{6.3}{108}$ ＝ 第二種事業に係る消費税額

③ 第三種事業に係る課税資産の譲渡等の税込対価の額 $\times \dfrac{6.3}{108}$ － 第三種事業に係る売上げに係る対価の返還等の金額 $\times \dfrac{6.3}{108}$ ＝ 第三種事業に係る消費税額

④ 第四種事業に係る課税資産の譲渡等の税込対価の額 $\times \dfrac{6.3}{108}$ － 第四種事業に係る売上げに係る対価の返還等の金額 $\times \dfrac{6.3}{108}$ ＝ 第四種事業に係る消費税額

⑤ 第五種事業に係る課税資産の譲渡等の税込対価の額 $\times \dfrac{6.3}{108}$ － 第五種事業に係る売上げに係る対価の返還等の金額 $\times \dfrac{6.3}{108}$ ＝ 第五種事業に係る消費税額

(3) 次の算式によりみなし仕入率を計算します。（令57②）

$$\text{みなし仕入率} = \dfrac{\text{第一種事業に係る消費税額} \times \dfrac{90}{100} + \text{第二種事業に係る消費税額} \times \dfrac{80}{100} + \text{第三種事業に係る消費税額} \times \dfrac{70}{100} + \text{第四種事業に係る消費税額} \times \dfrac{60}{100} + \text{第五種事業に係る消費税額} \times \dfrac{50}{100}}{\text{第一種事業に係る消費税額} + \text{第二種事業に係る消費税額} + \text{第三種事業に係る消費税額} + \text{第四種事業に係る消費税額} + \text{第五種事業に係る消費税額}}$$

※　みなし仕入率計算の特例（令57③）

次の左欄の場合は、それぞれ次の右欄のみなし仕入率を適用することができます。

なお、左欄の「課税売上高」は、当該課税期間中の国内における課税資産の譲渡等（免税となるものを除きます。）の税抜対価の額の合計額から売上げに係る税抜対価の返還等の金額の合計額を控除した残額をいいます。

ケース	みなし仕入率
第一種事業に係る課税売上高が課税売上高全体（免税となるものを除きます。以下同じです。）の75％以上の場合	$\dfrac{90}{100}$
第二種事業に係る課税売上高が課税売上高全体の75％以上の場合	$\dfrac{80}{100}$
第三種事業に係る課税売上高が課税売上高全体の75％以上の場合	$\dfrac{70}{100}$

第四種事業に係る課税売上高が課税売上高全体の75％以上の場合	$\dfrac{60}{100}$
第五種事業に係る課税売上高が課税売上高全体の75％以上の場合	$\dfrac{50}{100}$
第一種事業に係る課税売上高と第二種事業に係る課税売上高の合計額が課税売上高全体の75％以上の場合	$\dfrac{\text{第一種事業に係る消費税額} \times \dfrac{90}{100} + \left(\text{全事業に係る消費税額の合計額} - \text{第一種事業に係る消費税額}\right) \times \dfrac{80}{100}}{\text{全事業に係る消費税額の合計額}}$
第一種事業に係る課税売上高と第三種事業に係る課税売上高の合計額が課税売上高全体の75％以上の場合	$\dfrac{\text{第一種事業に係る消費税額} \times \dfrac{90}{100} + \left(\text{全事業に係る消費税額の合計額} - \text{第一種事業に係る消費税額}\right) \times \dfrac{70}{100}}{\text{全事業に係る消費税額の合計額}}$
第一種事業に係る課税売上高と第四種事業に係る課税売上高の合計額が課税売上高全体の75％以上の場合	$\dfrac{\text{第一種事業に係る消費税額} \times \dfrac{90}{100} + \left(\text{全事業に係る消費税額の合計額} - \text{第一種事業に係る消費税額}\right) \times \dfrac{60}{100}}{\text{全事業に係る消費税額の合計額}}$
第一種事業に係る課税売上高と第五種事業に係る課税売上高の合計額が課税売上高全体の75％以上の場合	$\dfrac{\text{第一種事業に係る消費税額} \times \dfrac{90}{100} + \left(\text{全事業に係る消費税額の合計額} - \text{第一種事業に係る消費税額}\right) \times \dfrac{50}{100}}{\text{全事業に係る消費税額の合計額}}$
第二種事業に係る課税売上高と第三種事業に係る課税売上高の合計額が課税売上高全体の75％以上の場合	$\dfrac{\text{第二種事業に係る消費税額} \times \dfrac{80}{100} + \left(\text{全事業に係る消費税額の合計額} - \text{第二種事業に係る消費税額}\right) \times \dfrac{70}{100}}{\text{全事業に係る消費税額の合計額}}$
第二種事業に係る課税売上高と第四種事業に係る課税売上高の合計額が課税売上高全体の75％以上の場合	$\dfrac{\text{第二種事業に係る消費税額} \times \dfrac{80}{100} + \left(\text{全事業に係る消費税額の合計額} - \text{第二種事業に係る消費税額}\right) \times \dfrac{60}{100}}{\text{全事業に係る消費税額の合計額}}$
第二種事業に係る課税売上高と第五種事業に係る課税売上高の合計額が課税売上高全体の75％以上の場合	$\dfrac{\text{第二種事業に係る消費税額} \times \dfrac{80}{100} + \left(\text{全事業に係る消費税額の合計額} - \text{第二種事業に係る消費税額}\right) \times \dfrac{50}{100}}{\text{全事業に係る消費税額の合計額}}$
第三種事業に係る課税売上高と第四種事業に係る課税売上高の合計額が課税売上高全体の75％以上の場合	$\dfrac{\text{第三種事業に係る消費税額} \times \dfrac{70}{100} + \left(\text{全事業に係る消費税額の合計額} - \text{第三種事業に係る消費税額}\right) \times \dfrac{60}{100}}{\text{全事業に係る消費税額の合計額}}$
第三種事業に係る課税売上高と第五種事業に係る課税売上高の合計額が課税売上高全体の75％以上の場合	$\dfrac{\text{第三種事業に係る消費税額} \times \dfrac{70}{100} + \left(\text{全事業に係る消費税額の合計額} - \text{第三種事業に係る消費税額}\right) \times \dfrac{50}{100}}{\text{全事業に係る消費税額の合計額}}$

第四種事業に係る課税売上高と第五種事業に係る課税売上高の合計額が課税売上高全体の75％以上の場合	$\dfrac{第四種事業に係る消費税額 \times \dfrac{60}{100} + \left(全事業に係る消費税額の合計額 - 第四種事業に係る消費税額\right) \times \dfrac{50}{100}}{全事業に係る消費税額の合計額}$

(4) 次の算式により仕入控除税額を計算します。（法37①）

$$\text{仕入控除税額} = \left(\text{課税標準額に対する消費税額} - \text{売上げに係る対価の返還等に係る消費税額}\right) \times \text{みなし仕入率}$$

※ 第7節により貸倒れに係る消費税額の控除の対象とした貸倒金額について、その全部又は一部を領収した場合は、当該領収した金額に係る消費税額を算式中の課税標準額に対する消費税額に加算します。（法39③）

(注) 簡易課税制度のみなし仕入率の見直しについて（詳細は**序章第3節1**参照）

　平成26年3月の消費税法施行令等の改正により、簡易課税制度のみなし仕入率について、現行の第四種事業のうち、金融業及び保険業を第五種事業とし、そのみなし仕入率を50％とするとともに、現行の第五種事業のうち、不動産業を第六種事業とし、そのみなし仕入率を40％とすることとされました。

　なお、特定の一事業に係る売上高の占める割合が75％以上である場合には、当該特定の一事業に係るみなし仕入率を適用できることとする、いわゆる「75％ルール」などについては、第六種事業が加わったことに伴う所要の改正が行われています。

　この改正は、原則として、平成27年4月1日以後に開始する課税期間から適用されますが、次の経過措置が設けられています。

　平成26年9月30日までに「消費税簡易課税制度選択届出書」を提出した事業者は、平成27年4月1日以後に開始する課税期間であっても届出書に記載した「適用開始課税期間」の初日から2年を経過する日までの間に開始する課税期間については、改正前のみなし仕入率により仕入控除税額の計算を行うこととなります。

【参考1】 簡易課税制度における事業区分のフロー

```
国内において行った課税資産の譲
渡等に係る取引（免税となるもの
を除く。）
           │
           ▼ スタート
他の者から購入した商品をその性   YES   事業者に対して販   YES   ┌─────────┐
質及び形状を変更せずに販売する ─────→ 売するものか    ─────→│第 一 種 事 業│
ものか                                                    └─────────┘
           │                     │NO
           │NO                   │              ┌─────────┐
           │                     └─────────────→│第 二 種 事 業│
           ▼                                    └─────────┘
農業、林業、漁業、鉱業、採石業、  YES   加工賃その他これ   NO    ┌─────────┐
砂利採取業、建設業、製造業（製 ─────→ に類する料金を対 ─────→│第 三 種 事 業│
造した棚卸資産を小売する事業を         価とする役務の提         └─────────┘
含む。）及び電気・ガス・熱供給・       供を行うものか
水道業のいずれかに該当するか           │
           │                           │YES
           │NO                         │
           ▼                           │
不動産業・物品賃貸業、情報通信    NO   │              ┌─────────┐
業、運輸業・郵便業、宿泊業・飲 ──────────┴─────────────→│第 四 種 事 業│
食サービス業（飲食サービス業を                        └─────────┘
除く）、医療・福祉、教育・学習支
援業、複合サービス事業、学術研
究・専門・技術サービス業、生活   YES                  ┌─────────┐
関連サービス業・娯楽業、サービ ─────────────────────→│第 五 種 事 業│
ス業（他に分類されないもの）の                        └─────────┘
いずれかに該当するか
```

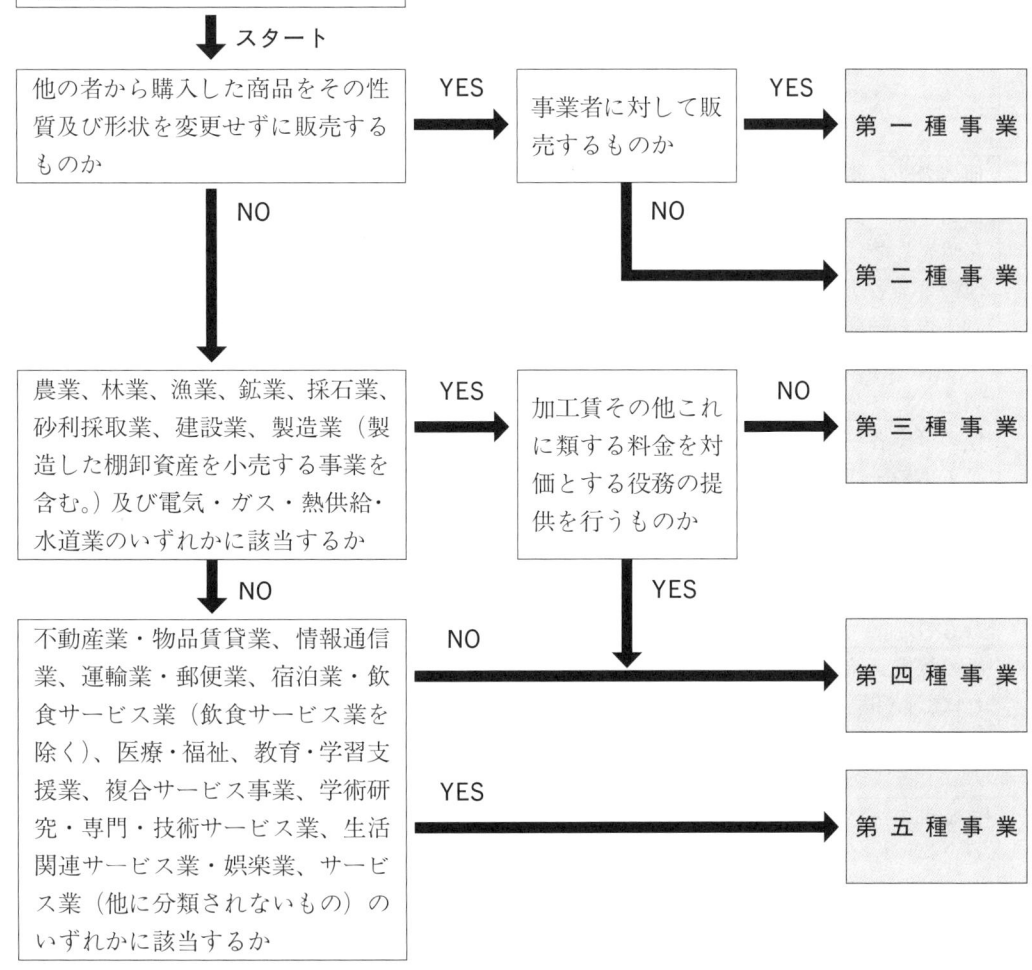

【参考2】 簡易課税制度における事業区分の例

課税資産の譲渡等の内容	事業区分	理　　　　　　　　由
他の者から購入した精肉をたれに漬け込んで、焼肉店に販売した。	第一種事業	食肉小売業、鮮魚小売業において、通常販売する商品に一般的に行われる軽微な加工（切る、刻む、つぶす、挽く、たれに漬け込む、混ぜ合わせる、こねる、乾かす等）を加えて同一の店舗で販売する場合は、「性質及び形状の変更」はなかったものとして差し支えありません。 　次に販売相手が焼肉店（＝事業者）ですから、第一種事業に該当することになります。
他の者から購入した鮮魚を焼き、焼魚として料理店に販売した。	第三種事業	煮る、蒸す、焼くなどの加熱行為は「性質及び形状」を変更したことになりますから、第一種事業又は第二種事業のいずれにも該当せず、製造業として第三種事業に該当することになります。

喫茶店内において、他の者から購入したケーキ及びコーヒーを客に提供した。	第四種事業	食堂、喫茶店などの飲食店業における、飲食物の提供は、単なる商品の「販売」とは異なり、その場で飲食させるというサービスの提供を伴うものですから、他の者から購入した飲食物の提供であっても、第一種事業又は第二種事業には該当しません。 　また、製造業等第三種事業及びサービス業等第五種事業に掲げられている業種のいずれにも該当しませんから、結局、第四種事業に該当することになります。
他の者から購入した中古自動車に塗装を施してから販売した。	第三種事業	購入した自動車に対して、板金、塗装、部品の取替え等を施すことは、「性質及び形状」の変更に該当し自動車の製造として第三種事業に該当します。
他の事業者が施工する建設工事の一部を請け負った。(建築用資材は自己で調達した。)	第三種事業	建設用資材を自己で調達する建設業ですから、第三種事業に該当します。
他の事業者が施工する建設工事の一部を請け負った。(建築用資材は他の事業者が調達し、専ら、人的役務の提供のみを行ったもの)	第四種事業	建設業に該当するとしても、他の者の行う建設工事に対し、専ら人的役務の提供のみを行うものですから、「加工賃その他これに類する料金を対価とする役務の提供」に該当し、第四種事業に区分されることになります。
紙の無償支給を受け、これに広告印刷を行った。	第四種事業	印刷業は、製造業に該当しますが、無償で支給された紙に印刷を施すものですから、「加工賃その他これに類する料金を対価とする役務の提供」に該当し、第四種事業に区分されることになります。
自動車の修繕を請け負った。	第五種事業	自動車、機械類などの修理を行う事業は、「製造業」その他第三種事業に係る事業のいずれにも該当せず、「サービス業」として第五種事業に該当することになります。 　タイヤ、オイルなど商品の販売を前提としたものは、その商品代金について第一種事業又は第二種事業として取り扱っても差し支えありません。
白生地を仕入れてこれを外注先に染色させた上で、他の事業者に販売した。	第三種事業	自ら直接染色しないとしても、他の者から購入した商品に対し、外注により「性質及び形状の変更」をした上で販売したものですから、第一種事業又は第二種事業のいずれにも該当せず、製造業として第三種事業に該当することになります。
事業の用に供していた固定資産である機械を売却した。	第四種事業	事業用固定資産の譲渡は、「商品」の譲渡ではありませんから、第一種事業又は第二種事業には該当せず、また、自ら製造等をした商品の販売ではありませんから、第三種事業にも該当せず、更にサービス業として行ったものではありませんから第五種事業にも該当せず、結局、第四種事業に該当します。

第6節　売上げに係る対価の返還等をした場合の消費税額の控除

いったん消費税が課税された売上げについて、返品を受け又は値引きや割戻しをした場合などは、その返品を受けた金額、値引きや割戻しをした金額に係る消費税額は、税額控除の対象となります。
この節では、この「売上げに係る対価の返還等の金額に係る消費税額」の控除額の計算を行います。

手順1　売上げに係る対価の返還等の金額の集計（法38）

国内において行った課税資産の譲渡等（免税となるものを除きます。）につき、返品を受け又は値引き若しくは割戻しをしたことにより、当該課税資産の譲渡等の税込対価の額の全部若しくは一部の返還又は当該課税資産の譲渡等の税込価額に係る売掛金その他の債権の額の全部若しくは一部の減額をした金額を集計します。

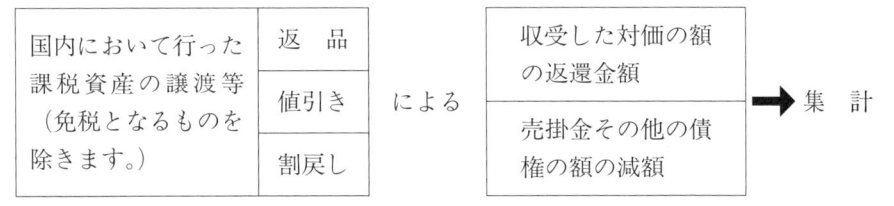

| 国内において行った課税資産の譲渡等（免税となるものを除きます。） | 返品／値引き／割戻し | による | 収受した対価の額の返還金額／売掛金その他の債権の額の減額 | → 集　計 |

事例42　〈売上げに係る対価の返還等をした場合の消費税額の控除〉

1	販売奨励金等 直接の販売先に対してではなく、その販売先から購入した者に対して販売奨励金等を交付した場合
留意点	事業者が販売促進の目的で販売奨励金等の対象とされる課税資産の販売数量、販売高等に応じて取引先（課税資産の販売の直接の相手方としての卸売業者等のほかその販売先である小売業者等の取引関係者を含みます。）に対して金銭により支払う販売奨励金等は、売上げに係る対価の返還等に該当します。（基通14－1－2）
2	売上げから既に減額処理した値引き額 売上値引きについて売上げから直接減額したことにより、課税標準額も当該減額後の金額をもって計算した場合
留意点	課税標準額の計算の段階で既に値引き等の金額を減額した場合は、改めて売上げに係る対価の返還等として控除の対象にすることはできません。（基通10－1－15）
3	免税事業者であったときに販売した売上げに係る値引き 前課税期間は免税事業者であったが、この時に販売した商品について、課税事業者である当課税期間において値引きを行った場合
留意点	免税事業者であった課税期間において販売したものは、そもそも消費税の納税はないわけですから、その売上げに対する値引き等を行っても売上げに係る対価の返還等に係る税額控除の対象にはなりません。
4	課税売上げと非課税売上げの一括割戻し 例えば、土地付き建物の販売について、一括して割戻しを行った場合
留意点	一の取引先に対して、課税資産の譲渡等と非課税資産の譲渡等を行った場合において、これらの資産の譲渡等の対価の額について、一括して売上げに係る割戻しを行ったときは、それぞれの資産の譲渡等に係る部分の割戻金額を合理的に区分することになります。（基通14－1－5）

5	取引の無効、取消し 課税資産の販売を行ったがその翌課税期間において、当該取引が無効となった場合又は取り消された場合
留意点	課税資産の譲渡等を行った後に、当該課税資産の譲渡等が無効であった場合又は取消しをされた場合には、当該課税資産の譲渡等はなかったものとされます。 なお、当該課税資産の譲渡等の時が当該無効であったことが判明した日又は取消しをされた日の属する課税期間前の課税期間である場合においては、当該判明した日又は取消しをされた日に売上げに係る対価の返還等をしたものとして、税額控除の対象とすることが認められます。（基通14－1－11）

手順 2　控除税額の計算（法38①）

手順1で集計した売上げに係る対価の返還等の税込金額に108分の6.3を乗じて控除税額を計算します。

$$\text{売上げに係る対価の返還等をした場合の消費税額の控除額} = \text{売上げに係る対価の返還等の税込金額} \times \frac{6.3}{108}$$

第7節　貸倒れに係る消費税額の控除

　いったん消費税が課税された売上げに係る売掛債権について、法的に切り捨てられた場合など、一定の事由により貸倒れが発生し領収できなくなったときは、当該領収できなくなった金額に係る消費税額は税額控除の対象となります。
　この節では、この「貸倒れに係る消費税額」の控除額を計算します。

手順 1　貸倒金額の計算（法39、令59、規18）

　国内において行った課税資産の譲渡等（免税となるものを除きます。）に係る税込対価の額のうち、次表の事実が発生したことにより領収することができなくなった金額を4％税率適用分と6.3％税率適用分に分けて抽出します。

1	再生計画認可の決定により債権の切捨てがあったこと
2	特別清算に係る協定の認可の決定により債権の切捨てがあったこと
3	債権に係る債務者の財産の状況、支払能力等からみて当該債務者が債務の全額を弁済できないことが明らかであること
4	1から3に掲げる事実に準ずるものとして財務省令で定める次の事実（規18）
	イ　法令の規定による整理手続によらない関係者の協議決定で次に掲げるものにより債権の切捨てがあったこと (イ)　債権者集会の協議決定で合理的な基準により債務者の負債整理を定めているもの (ロ)　行政機関又は金融機関その他の第三者のあっせんによる当事者間の協議により締結された契約でその内容が(イ)に準ずるもの
	ロ　債務者の債務超過の状態が相当期間継続し、その債務を弁済できないと認められる場合において、その債務者に対し書面により債務の免除を行ったこと
	ハ　債務者について次に掲げる事実が生じた場合において、その債務者に対して有する債権につき、事業者が当該債権の額から備忘価額を控除した残額を貸倒れとして経理したこと (イ)　継続的な取引を行っていた債務者につきその資産の状況、支払能力等が悪化したことにより、当該債務者との取引を停止した時（最後の弁済期又は最後の弁済の時が当該取引を停止した時以後である場合には、これらのうち最も遅い時）以後1年以上経過した場合（当該債権について担保物がある場合を除く。） (ロ)　事業者が同一地域の債務者について有する当該債権の総額がその取立てのために要する旅費その他の費用に満たない場合において、当該債務者に対し支払を督促したにもかかわらず弁済がないとき

事例43 〈貸倒れに係る消費税額の控除〉

1	貸倒額の区分計算 課税資産の譲渡等に係る売掛債権と非課税資産の譲渡等に係る売掛債権について貸倒れがあった場合
留意点	課税資産の譲渡等に係る売掛債権に係る貸倒れのみが、貸倒れに係る消費税額の控除の対象となります。 　なお、課税資産の譲渡等に係るものと非課税資産の譲渡等に係るものの区分が著しく困難なものであるときは、それぞれに係る売掛金等の額の割合により課税資産の譲渡等に係る貸倒額を計算することができます。（基通14－2－3）
2	免税事業者であったときに販売したものの貸倒れ 免税事業者であった課税期間において行われた課税資産の譲渡等について、課税事業者である課税期間において貸倒れの事実が発生した場合
留意点	免税事業者であった課税期間において販売したものは、そもそも消費税の納税はないわけですから、その売上げに対する貸倒れについては、控除の対象にはなりません。（基通14－2－4） （注）　控除の対象とならない貸倒額については、全部又は一部を領収した場合であっても、下記課税標準額算入の対象とはなりません。

手順 2 　**控除税額の計算**（法39①）

　手順1で集計した貸倒れに係る税込対価の額のうち領収できなくなった金額のうち旧税率適用分には105分の4を、6.3％税率適用分には108分の6.3を乗じて貸倒れに係る消費税額の控除額を計算します。

$$\begin{matrix}\text{貸倒れに係る}\\\text{控除税額}\end{matrix} = \begin{pmatrix}\text{貸倒れに係る税込価額}\\\text{（4％税率適用分）}\end{pmatrix} \times \frac{4}{105} + \begin{pmatrix}\text{貸倒れに係る税込価額}\\\text{（6.3％税率適用分）}\end{pmatrix} \times \frac{6.3}{108}$$

貸倒債権の回収額の課税標準額算入

　この節により貸倒処理した課税資産の譲渡等の税込価額の全部又は一部の領収をしたときは、当該領収をした税込価額に係る消費税額を課税資産の譲渡等に係る消費税額とみなして領収をした日の属する課税期間の課税標準額に対する消費税額に加算します。（法39③）

第8節　課税標準額に対する消費税額に加算すべき金額の計算

　第7節の貸倒れに係る消費税額の控除税額まで計算すると、課税標準額に対する消費税額に加算すべき金額の計算を行います。
　これは、**第4節**の仕入控除税額の調整計算を行って調整しきれない金額が発生した場合及び**第7節**により貸倒控除の対象とした債権の額について回収された場合などに発生するものです。
　以下、まとめて図解します。

手順　加算すべき金額の計算

次の金額を集計します。

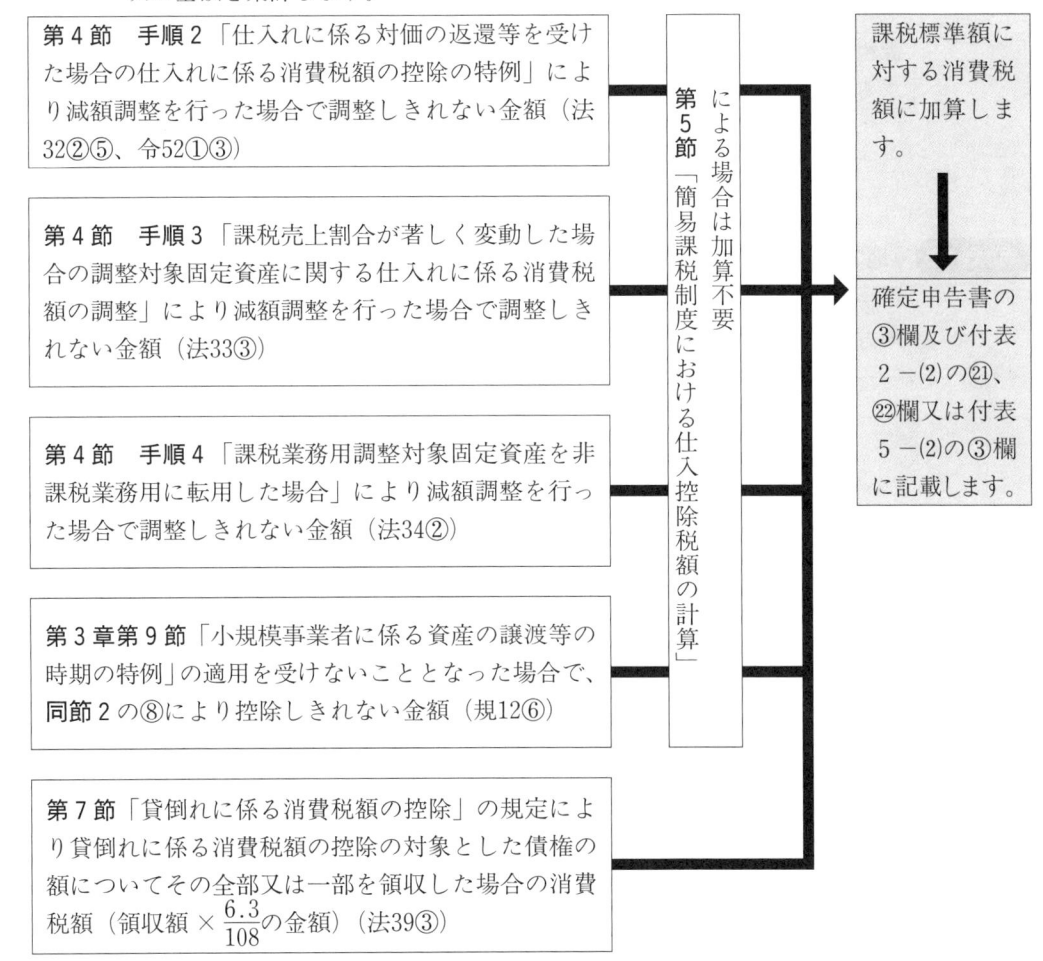

- 第4節　手順2「仕入れに係る対価の返還等を受けた場合の仕入れに係る消費税額の控除の特例」により減額調整を行った場合で調整しきれない金額（法32②⑤、令52①③）

- 第4節　手順3「課税売上割合が著しく変動した場合の調整対象固定資産に関する仕入れに係る消費税額の調整」により減額調整を行った場合で調整しきれない金額（法33③）

- 第4節　手順4「課税業務用調整対象固定資産を非課税業務用に転用した場合」により減額調整を行った場合で調整しきれない金額（法34②）

- 第3章第9節「小規模事業者に係る資産の譲渡等の時期の特例」の適用を受けないこととなった場合で、同節2の⑧により控除しきれない金額（規12⑥）

- 第7節「貸倒れに係る消費税額の控除」の規定により貸倒れに係る消費税額の控除の対象とした債権の額についてその全部又は一部を領収した場合の消費税額（領収額 $\times \dfrac{6.3}{108}$ の金額）（法39③）

第5節「簡易課税制度における仕入控除税額の計算」による場合は加算不要

課税標準額に対する消費税額に加算します。

↓

確定申告書の③欄及び付表2−(2)の㉑、㉒欄又は付表5−(2)の③欄に記載します。

第9節　地方消費税額の計算

地方消費税は、平成6年秋の地方税法の改正により道府県税として創設されたもので、平成26年4月1日以後は、消費税額を課税標準として17/63の税率（消費税率に換算すると1.7%）により課税されます。
この節では、地方消費税の計算について説明しています。

手順1　地方消費税の課税標準額の計算

地方消費税は、**第1節**から**第8節**までにより計算した当課税期間分の消費税額を課税標準として計算します。
したがって、地方消費税の課税標準は、次のように計算します。（地法72の82、72の83）

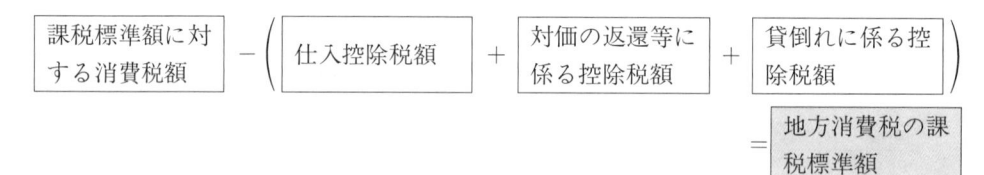

$$\boxed{課税標準額に対する消費税額} - \left(\boxed{仕入控除税額} + \boxed{対価の返還等に係る控除税額} + \boxed{貸倒れに係る控除税額}\right) = \boxed{地方消費税の課税標準額}$$

手順2　地方消費税額の計算

$$\boxed{地方消費税の課税標準額} \times \frac{17}{63} = \boxed{地方消費税額}$$

第5章

申 告、納 付 等

　所得税や法人税と同様、消費税は申告納税方式を採用していますので、原則として各課税期間終了の翌日から2か月以内に確定申告を行い、消費税額を納付することになっています。
　また、道府県税である地方消費税の申告・納付は、消費税の申告・納付と併せて国に対して行うこととされています。
　更に、中間申告については、所得税や法人税よりも回数が多いなど、きめ細かく規定されています。
　この章では、これらの申告について図解しています。

第5章 申告、納付等

第1節　確定申告及び納付期限

　消費税及び地方消費税（譲渡割）の確定申告期限については、原則として各課税期間終了の日から2か月以内とされており、法人税について設けられている確定申告書の提出期限の延長の特例制度はありませんが、個人事業者の各年の12月31日を含む課税期間については、その翌年の3月31日とされているほか、国、地方公共団体等について、期限が一部延長されています。

　なお、国、地方公共団体等の特例については、**第6章**で説明することとしています。

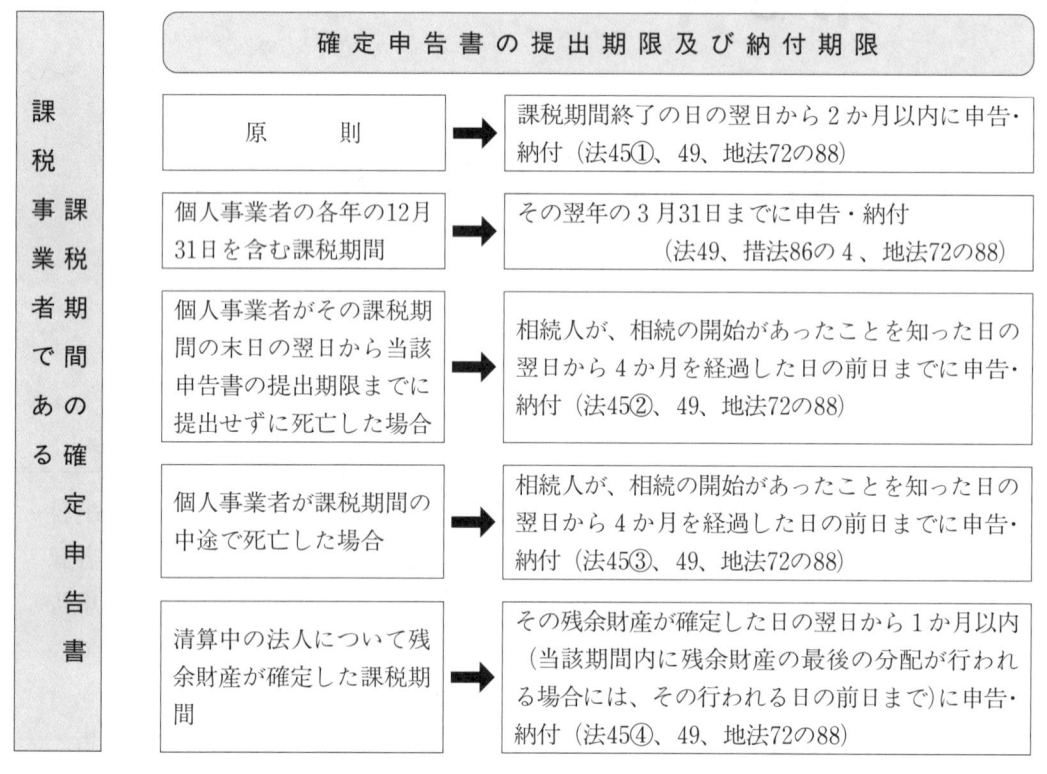

確定申告書の提出期限及び納付期限

課税事業者である課税期間の確定申告書

原則	課税期間終了の日の翌日から2か月以内に申告・納付（法45①、49、地法72の88）
個人事業者の各年の12月31日を含む課税期間	その翌年の3月31日までに申告・納付（法49、措法86の4、地法72の88）
個人事業者がその課税期間の末日の翌日から当該申告書の提出期限までに提出せずに死亡した場合	相続人が、相続の開始があったことを知った日の翌日から4か月を経過した日の前日までに申告・納付（法45②、49、地法72の88）
個人事業者が課税期間の中途で死亡した場合	相続人が、相続の開始があったことを知った日の翌日から4か月を経過した日の前日までに申告・納付（法45③、49、地法72の88）
清算中の法人について残余財産が確定した課税期間	その残余財産が確定した日の翌日から1か月以内（当該期間内に残余財産の最後の分配が行われる場合には、その行われる日の前日まで）に申告・納付（法45④、49、地法72の88）

　課税資産の譲渡等についての確定申告書には、次の事項を記載することとされています。
（法45①、規22①、地法72の88①②、地規7の2の4、改正地規附則4）

確定申告書の記載事項

消費税に関する事項

①		申告者の氏名又は名称（代表者の氏名を含みます。）及び納税地（納税地と住所等（住所若しくは居所又は本店若しくは主たる事務所の所在地）とが異なる場合には、納税地及び住所等）
②		当該課税期間の初日及び末日の年月日
③		課税標準額
④		課税標準額に対する消費税額
⑤	右に掲げる控除税額	仕入控除税額
		売上げに係る対価の返還等に係る消費税額
		貸倒れに係る消費税額
⑥		④の金額から⑤の金額の合計額を控除した残額に相当する消費税額

	⑦	④の金額から⑤の金額の合計額を控除してなお不足額があるときは、当該不足額
	⑧	当該課税期間について中間申告書を提出した事業者は、⑥の消費税額から中間申告に係る中間納付額を控除した残額に相当する消費税額
	⑨	⑥の消費税額から中間納付額を控除してなお不足額があるときは、当該不足額
	⑩	その他参考となるべき事項
地方消費税(譲渡割)に関する事項	⑪	⑥の消費税額
	⑫	⑦の不足額
	⑬	⑥の消費税額を課税標準として算定した地方消費税額（⑥×$\frac{17}{63}$の金額）
	⑭	⑦の不足額に63分の17を乗じて得た金額
	⑮	地方消費税につき中間申告・納付をすべき事業者は、中間納付額
	⑯	⑬の地方消費税額から⑮の中間納付額を控除した金額
	⑰	⑬の地方消費税額から⑮の中間納付額を控除してなお不足額があるときは、当該不足額
	⑱	その他参考となるべき事項

様　式	仕入控除税額の計算について課税仕入れ等の実額による場合 → 様式通達第27－(1)号様式（334ページ）
	仕入控除税額の計算について簡易課税制度による場合 → 様式通達第27－(2)号様式（342ページ）

個人事業者が死亡したことにより相続人がその確定申告書を提出する場合の付記事項 （令63、規23、地規7の2の5）	①	被相続人の氏名及びその死亡の時における納税地（納税地と住所又は居所とが異なる場合には、納税地及び住所又は居所）
	②	各相続人の氏名及び住所又は居所、被相続人との続柄、民法第900条から第902条まで（法定相続分、代襲相続分の相続分・遺言による相続分の指定）の規定によるその相続分並びに相続又は遺贈によって得た財産の価額
	③	相続人が限定承認をした場合には、その旨
	④	相続人が2人以上ある場合には、納付すべき消費税額及び地方消費税額を各相続人の相続分により按分して計算した金額に相当する消費税額及び地方消費税額

様　式	様式通達第28－(3)号様式「付表6　死亡した事業者の消費税及び地方消費税の確定申告明細書」（352ページ）

◎　消費税の還付申告に関する明細書

提出対象者	還付申告書を提出する事業者

様　式	様式通達第28－(8)号様式「消費税の還付申告に関する明細書（個人事業者用）」（354ページ）
	様式通達第28－(9)号様式「消費税の還付申告に関する明細書（法人用）」（358ページ）

◎ **消費税及び地方消費税の確定申告が不要な場合**（法45①、地法72の88）

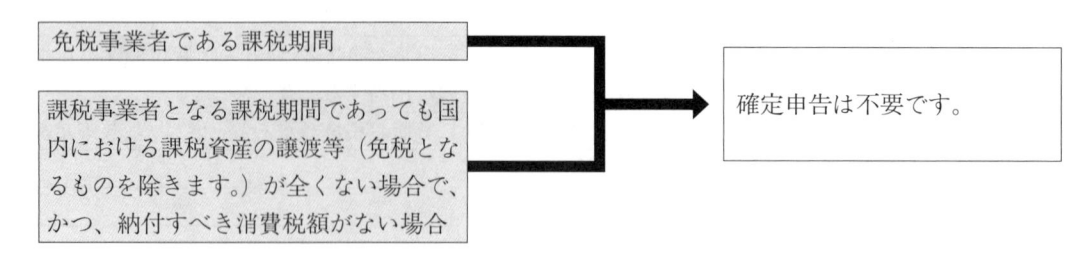

| 免税事業者である課税期間 | → | 確定申告は不要です。 |
| 課税事業者となる課税期間であっても国内における課税資産の譲渡等（免税となるものを除きます。）が全くない場合で、かつ、納付すべき消費税額がない場合 | | |

第2節　中間申告及び納付期限

　消費税及び地方消費税の中間申告とは、直前の課税期間（1年分）の確定消費税額（地方消費税を含まない年税額）が、48万円超400万円以下の事業者は年1回、400万円超4,800万円以下の事業者は年3回、4,800万円を超える事業者は年11回申告・納付するというものです。
　この節では、「中間申告及び納付期限」について図解しています。なお、国、地方公共団体等の特例については、**第6章**で説明することとしています。

　中間申告の方法等は次のとおりですが、免税事業者や課税期間の特例制度を選択している事業者は除かれます。（法42、43、44、措令46の4、地法72の87）

直前の課税期間の確定消費税額	48万円以下	48万円超	400万円超	4,800万円超
中間申告の回数	中間申告不要※	年1回 （6か月）	年3回 （3か月ごと）	年11回 （1か月ごと）

※　任意の中間申告制度については4を参照してください。

1　1か月中間申告対象期間（年11回）

課税期間開始の日以後1か月ごとに区分した各期間を「1か月中間申告対象期間」といいます。

中間申告書の申告・納付期限 →
(1) 1か月中間申告対象期間につき、当該1か月中間申告対象期間の末日の翌日から2か月以内
(2) 当該1か月中間申告対象期間が当該課税期間開始の日以後1か月の期間である場合、当該課税期間開始の日以後2か月を経過した日から2か月以内
(3) 個人事業者で、当該1か月中間申告対象期間が当該課税期間開始の日から同日以後2か月を経過した日の前日までの間に終了した1か月中間申告対象期間である場合、当該課税期間開始の日以後3か月を経過した日から2か月以内

方法 →

原則

① 直前の課税期間の確定年税額を基礎とする場合
　(1) 消費税の中間申告税額
　　(イ) 課税期間開始の日から同日以後2か月を経過した日の前日までの間に終了した1か月中間申告対象期間

　　直前の課税期間の確定申告書に記載すべき消費税額で、当該課税期間開始の日から2か月を経過した日の前日（当該課税期間の直前の課税期間の確定申告書の提出期限につき国税通則法第10条第2項の規定の適用がある場合には、同項により提出期限とみなされる日）までに確定したもの　÷　直前の課税期間の月数　＝　消費税の中間申告税額

　　(ロ) 個人事業者の場合
　　　　課税期間開始の日から同日以後3か月を経過した日の前日までの間に終了した1か月中間申告対象期間

　　直前の課税期間の確定申告書に記載すべき消費税額で、当該課税期間開始の日から3か月を経過した日の前日（当該課税期間の直前の課税期間の確定申告書の提出期限につき国税通則法第10条第2項の規定の適用がある場合には、同項により提出期限とみなされる日）までに確定したもの　÷　直前の課税期間の月数　＝　消費税の中間申告税額

第5章 申告、納付等

方法
① (ハ) (イ)(ロ)以外の1か月中間申告対象期間

| 直前の課税期間の確定申告書に記載すべき消費税額で、当該1か月中間申告対象期間の末日までに確定したもの | ÷ | 直前の課税期間の月数 | = | 消費税の中間申告税額 |

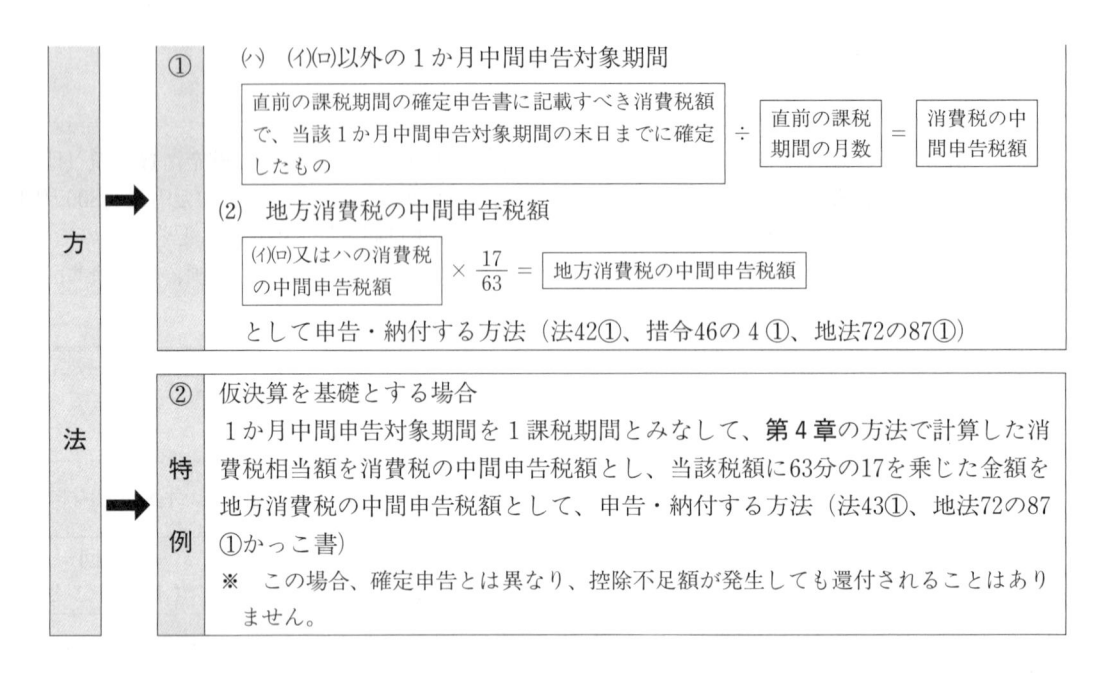

(2) 地方消費税の中間申告税額

| (イ)(ロ)又はハの消費税の中間申告税額 | × $\frac{17}{63}$ = | 地方消費税の中間申告税額 |

として申告・納付する方法（法42①、措令46の4①、地法72の87①）

特例
② 仮決算を基礎とする場合
1か月中間申告対象期間を1課税期間とみなして、**第4章**の方法で計算した消費税相当額を消費税の中間申告税額とし、当該税額に63分の17を乗じた金額を地方消費税の中間申告税額として、申告・納付する方法（法43①、地法72の87①かっこ書）
※ この場合、確定申告とは異なり、控除不足額が発生しても還付されることはありません。

合併があった場合

1 直前の課税期間中に他の法人を吸収合併した場合（法42②一）

| 被合併法人のその合併の日の前日の属する課税期間の確定消費税額 | ÷ | 被合併法人のその合併の日の前日の属する課税期間の月数 | × | 合併法人の直前の課税期間開始の日から合併の日の前日までの期間の月数 / 合併法人の直前の課税期間の月数 |

の計算式により計算した金額を①の(1)により計算した消費税の中間申告税額に加算した金額を、消費税の中間申告税額とします。

2 当該課税期間開始の日から当該1か月中間申告対象期間の末日までの期間に他の法人を吸収合併した場合（法42②二）

| 被合併法人のその合併の日の前日の属する課税期間の確定消費税額（その期間の月数が3か月に満たない場合又は確定したものがない場合は、その合併の日の前日の属する課税期間の直前の課税期間） | ÷ | 左の確定消費税額の計算の基礎となった月数 |

の計算式により計算した金額を①の(1)により計算した消費税の中間申告税額に加算した金額を、消費税の中間申告税額とします。

3 新設合併の場合の合併法人が提出すべき設立後最初の課税期間（法42③）

| 各被合併法人のその合併の日の前日の属する課税期間の確定消費税額 | ÷ | 各被合併法人のその合併の日の前日の属する課税期間の月数 |

の算式により、各被合併法人ごとに計算した金額の合計額を消費税の中間申告税額とします。

※ 月数は暦に従って計算し、1か月に満たない端数を生じたときは、これを1か月とします。（法42⑧）

2 3か月中間申告対象期間（年3回）

課税期間開始の日以後3か月ごとに区分した各期間を「3か月中間申告対象期間」といいます。

| 中間申告書の申告・納付期限 | → | 3か月中間申告対象期間につき、当該3か月中間申告対象期間の末日の翌日から2か月以内 |

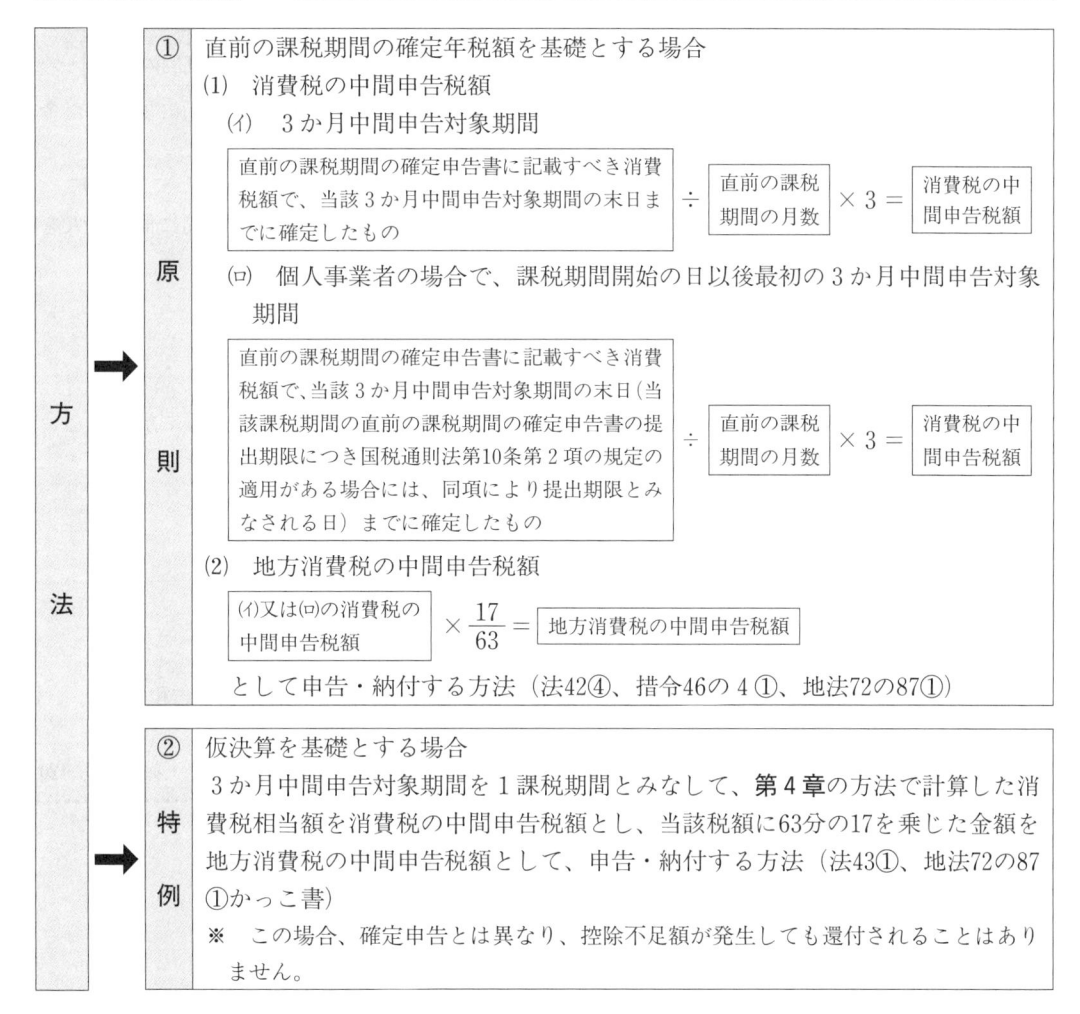

方法

→ **原則** ① 直前の課税期間の確定年税額を基礎とする場合
(1) 消費税の中間申告税額
(イ) 3か月中間申告対象期間

| 直前の課税期間の確定申告書に記載すべき消費税額で、当該3か月中間申告対象期間の末日までに確定したもの | ÷ | 直前の課税期間の月数 | × 3 = | 消費税の中間申告税額 |

(ロ) 個人事業者の場合で、課税期間開始の日以後最初の3か月中間申告対象期間

| 直前の課税期間の確定申告書に記載すべき消費税額で、当該3か月中間申告対象期間の末日（当該課税期間の直前の課税期間の確定申告書の提出期限につき国税通則法第10条第2項の規定の適用がある場合には、同項により提出期限とみなされる日）までに確定したもの | ÷ | 直前の課税期間の月数 | × 3 = | 消費税の中間申告税額 |

(2) 地方消費税の中間申告税額

| (イ)又は(ロ)の消費税の中間申告税額 | × $\frac{17}{63}$ = | 地方消費税の中間申告税額 |

として申告・納付する方法（法42④、措令46の4①、地法72の87①）

→ **特例** ② 仮決算を基礎とする場合
3か月中間申告対象期間を1課税期間とみなして、**第4章**の方法で計算した消費税相当額を消費税の中間申告税額とし、当該税額に63分の17を乗じた金額を地方消費税の中間申告税額として、申告・納付する方法（法43①、地法72の87①かっこ書）

※ この場合、確定申告とは異なり、控除不足額が発生しても還付されることはありません。

第 5 章　申告、納付等

> **合併があった場合**
>
> 1　直前の課税期間中に他の法人を吸収合併した場合（法42⑤）
>
> $$\boxed{\begin{array}{c}\text{被合併法人のその合併}\\\text{の日の前日の属する課}\\\text{税期間の確定消費税額}\end{array}} \div \boxed{\begin{array}{c}\text{被合併法人のその合}\\\text{併の日の前日の属す}\\\text{る課税期間の月数}\end{array}} \times \dfrac{\boxed{\begin{array}{c}\text{合併法人の直前の課税期間開始の}\\\text{日から合併の日の前日までの期間}\\\text{の月数}\end{array}}}{\boxed{\text{合併法人の直前の課税期間の月数}}} \times 3$$
>
> の計算式により計算した金額を①の(1)により計算した消費税の中間申告税額に加算した金額を、消費税の中間申告税額とします。
>
> 2　当該課税期間開始の日から当該3か月中間申告対象期間の末日までの期間に他の法人を吸収合併した場合（法42⑤）
>
> $$\boxed{\begin{array}{c}\text{被合併法人のその合併}\\\text{の日の前日の属する課}\\\text{税期間の確定消費税額}\end{array}} \div \boxed{\begin{array}{c}\text{被合併法人のその合}\\\text{併の日の前日の属す}\\\text{る課税期間の月数}\end{array}} \times \boxed{\begin{array}{c}\text{合併の日から当該3か}\\\text{月中間申告対象期間の}\\\text{末日までの期間の月数}\end{array}}$$
>
> の計算式により計算した金額を①の(1)により計算した消費税の中間申告税額に加算した金額を、消費税の中間申告税額とします。
>
> 3　新設合併の場合の合併法人が提出すべき設立後最初の課税期間（法42⑤）
>
> $$\boxed{\begin{array}{c}\text{各被合併法人のその合併}\\\text{の日の前日の属する課税}\\\text{期間の確定消費税額}\end{array}} \div \boxed{\begin{array}{c}\text{各被合併法人のその合}\\\text{併の日の前日の属する}\\\text{課税期間の月数}\end{array}} \times 3$$
>
> の算式により、各被合併法人ごとに計算した金額の合計額を消費税の中間申告税額とします。
>
> ※　月数は暦に従って計算し、1か月に満たない端数を生じたときは、これを1か月とします。（法42⑫）

3　6か月中間申告対象期間（年1回）

課税期間開始の日以後6か月の期間を「6か月中間申告対象期間」といいます。

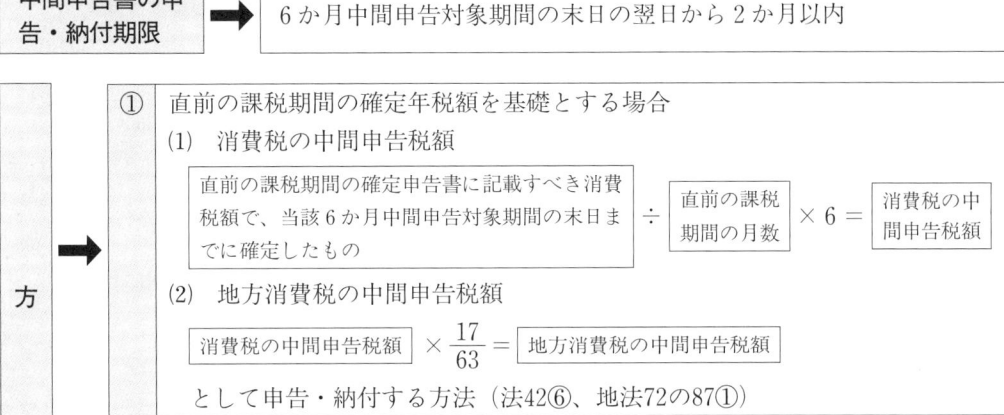

| 中間申告書の申告・納付期限 | → | 6か月中間申告対象期間の末日の翌日から2か月以内 |

方法

① 直前の課税期間の確定年税額を基礎とする場合
　(1) 消費税の中間申告税額

$$\boxed{\text{直前の課税期間の確定申告書に記載すべき消費税額で、当該6か月中間申告対象期間の末日までに確定したもの}} \div \boxed{\text{直前の課税期間の月数}} \times 6 = \boxed{\text{消費税の中間申告税額}}$$

　(2) 地方消費税の中間申告税額

$$\boxed{\text{消費税の中間申告税額}} \times \frac{17}{63} = \boxed{\text{地方消費税の中間申告税額}}$$

として申告・納付する方法（法42⑥、地法72の87①）

② 仮決算を基礎とする場合
　6か月中間申告対象期間を1課税期間とみなして、**第4章**の方法で計算した消費税相当額を消費税の中間申告税額とし、当該税額に63分の17を乗じた金額を地方消費税の中間申告税額として、申告・納付する方法（法43①、地法72の87①かっこ書）

※　この場合、確定申告とは異なり、控除不足額が発生しても還付されることはありません。

第5章 申告、納付等

> **合併があった場合**
>
> 1 直前の課税期間中に他の法人を吸収合併した場合（法42⑦）
>
> $$\frac{\text{被合併法人のその合併の日の前日の属する課税期間の確定消費税額}}{\text{被合併法人のその合併の日の前日の属する課税期間の月数}} \times \frac{\text{合併法人の直前の課税期間開始の日から合併の日の前日までの期間の月数}}{\text{合併法人の直前の課税期間の月数}} \times 6$$
>
> の計算式により計算した金額を①の(1)により計算した消費税の中間申告税額に加算した金額を、消費税の中間申告税額とします。
>
> 2 当該課税期間開始の日から当該6か月中間申告対象期間の末日までの期間に他の法人を吸収合併した場合（法42⑦）
>
> $$\frac{\text{被合併法人のその合併の日の前日の属する課税期間の確定消費税額}}{\text{被合併法人のその合併の日の前日の属する課税期間の月数}} \times \text{合併の日から当該6か月中間申告対象期間の末日までの期間の月数}$$
>
> の計算式により計算した金額を①の(1)により計算した消費税の中間申告税額に加算した金額を、消費税の中間申告税額とします。
>
> 3 新設合併の場合の合併法人が提出すべき設立後最初の課税期間（法42⑦）
>
> $$\frac{\text{各被合併法人のその合併の日の前日の属する課税期間の確定消費税額}}{\text{各被合併法人のその合併の日の前日の属する課税期間の月数}} \times 6$$
>
> の算式により、各被合併法人ごとに計算した金額の合計額を消費税の中間申告税額とします。
>
> ※ 月数は暦に従って計算し、1か月に満たない端数を生じたときは、これを1か月とします。(法42⑫)

事例44 〈1か月中間申告対象期間〉

(1) 法人の場合（事業年度が1年で、3月31日決算）

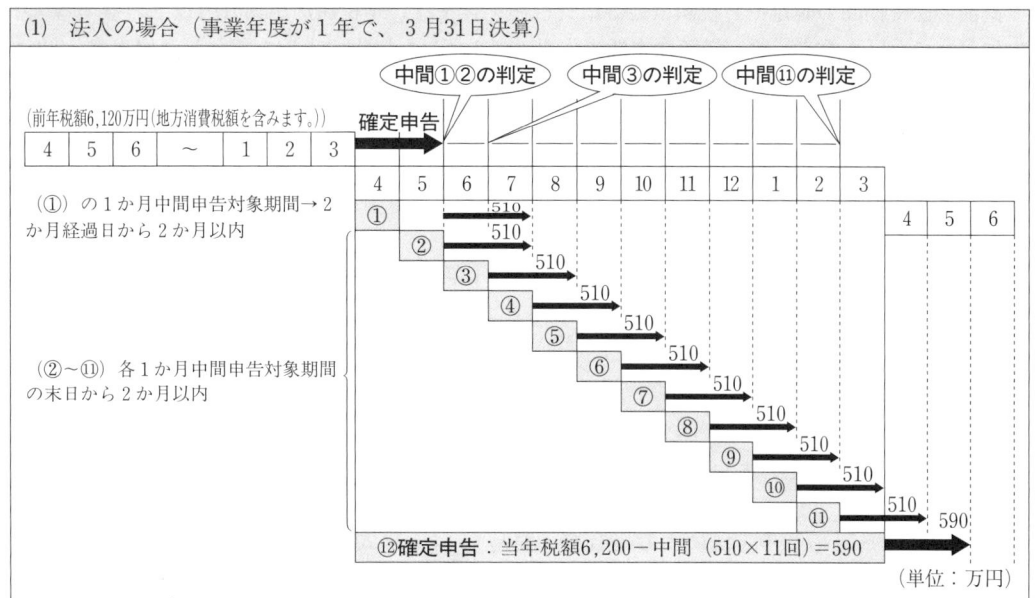

(前年税額6,120万円(地方消費税額を含みます。))

| 4 | 5 | 6 | ～ | 1 | 2 | 3 |

確定申告

中間①②の判定　中間③の判定　中間⑪の判定

①の1か月中間申告対象期間→2か月経過日から2か月以内

②～⑪ 各1か月中間申告対象期間の末日から2か月以内

⑫確定申告：当年税額6,200－中間（510×11回）＝590

（単位：万円）

1　消費税の前年税額が6,120万円ですから、1回分の中間申告納付税額は500万円(6,120万円÷12×1＝510万円)になります。
2　7月末に、4月分及び5月分（510万円＋510万円＝1,020万円）の中間申告納付を行います。
3　当年税額が、6,200万円ですから、5月末の確定申告では、590万円(6,200万円－510万円×11回＝590万円)納付することとなります。

(2) 個人事業者の場合

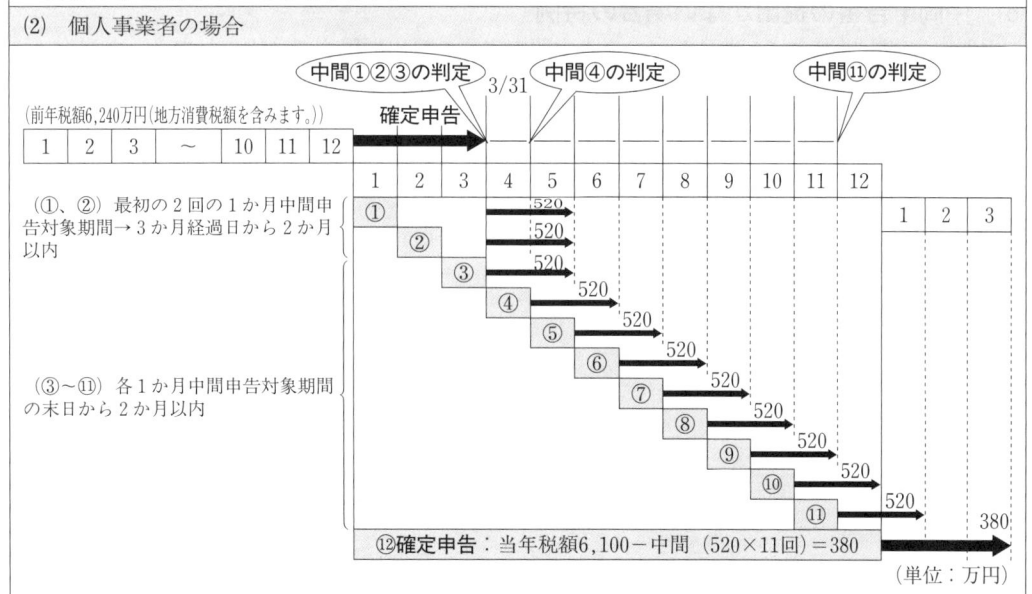

(前年税額6,240万円(地方消費税額を含みます。))

| 1 | 2 | 3 | ～ | 10 | 11 | 12 |

確定申告　3/31

中間①②③の判定　中間④の判定　中間⑪の判定

（①、②）最初の2回の1か月中間申告対象期間→3か月経過日から2か月以内

（③～⑪）各1か月中間申告対象期間の末日から2か月以内

⑫確定申告：当年税額6,100－中間（520×11回）＝380

（単位：万円）

1　消費税の前年税額が6,240万円ですから、1回分の中間申告納付税額は520万円(6,240万円÷12×1＝520万円)になります。
2　5月末に、1月分、2月分及び3月分(520万円＋520万円＋520万円＝1,560万円)の中間申告納付を行います。
3　当年税額が、6,100万円ですから、3月末の確定申告では、380万円(6,100万円－520万円×11回＝380万円)納付することとなります。

4　任意の中間申告制度

　直前の課税期間の確定消費税額（地方消費税額を含まない年税額）が48万円以下の事業者（中間申告義務のない事業者）が、任意に中間申告書（年1回）を提出する旨を記載した届出書（330ページ参照）を納税地の所轄税務署長に提出した場合には、当該届出書を提出した日以後にその末日が最初に到来する六月中間申告対象期間から、自主的に中間申告・納付することができます。

　「六月中間申告対象期間」とは、課税期間開始の日以後6か月の期間で、年1回の中間申告の対象となる期間です。

　中間申告書の申告・納付期限、方法は3と同様です。

※　個人事業者の場合には平成27年分から、事業年度が1年の法人については平成26年4月1日以後開始する課税期間（平成27年3月末決算分）から適用されます。

5　中間申告書の様式

各中間申告対象期間につき中間申告書を提出する場合

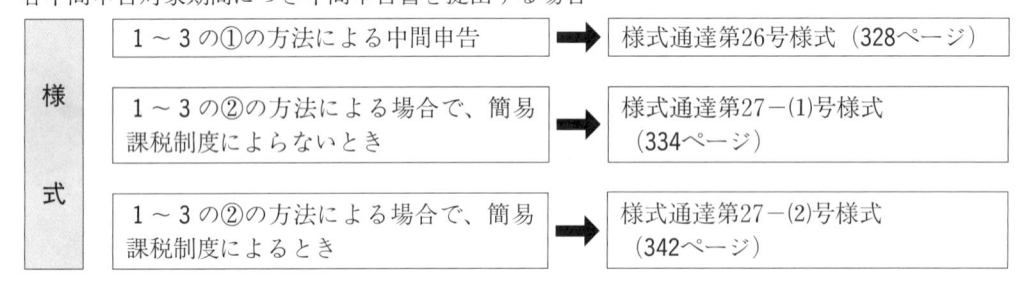

様式		
	1～3の①の方法による中間申告	→ 様式通達第26号様式（328ページ）
	1～3の②の方法による場合で、簡易課税制度によらないとき	→ 様式通達第27－(1)号様式（334ページ）
	1～3の②の方法による場合で、簡易課税制度によるとき	→ 様式通達第27－(2)号様式（342ページ）

6　中間申告書の提出がない場合の特例

　中間申告書を提出すべき事業者が、その中間申告書を提出期限までに提出しなかった場合、その提出期限において、税務署長に1～3の①（原則）の方法による中間申告書の提出があったものとみなされます。任意の中間申告制度による中間申告書については、みなし規定の適用対象外とされています。（法44）

　ただし、中間申告税額を納期限までに納付をしなかった場合、納期限の翌日から完納する日までの期間の日数に応じ延滞税が課されます。（国税通則法60）

第6章
国、地方公共団体等に対する課税の特例

　消費税は、国内において行う課税資産の譲渡等に対して課税されますので、国や地方公共団体、公共・公益法人等であっても、国内において課税資産の譲渡等があれば、消費税の納税義務者になり、また、人格のない社団等も法人とみなして消費税法の規定が適用されますから、同様に消費税の納税義務者となります。

　しかし、国や地方公共団体、公共・公益法人等、人格のない社団等は、通常の営利法人とは異なる性格を有しているため、消費税においても、いくつかの特例規定が設けられています。

　この章では、これらの法人に対する消費税の特例について図解しています。

　特例は、次の4種類ですから、くわしくは、それぞれに示すページを参照してください。

第6章 国、地方公共団体等に対する課税の特例

（特例の概要）

特例の内容	特例の適用事業者	
一般会計及び各特別会計ごとにそれぞれ一の法人が事業を行うものとみなして、消費税法の規定を適用します。	国、地方公共団体	→ 第1節 215ページ
資産の譲渡等の時期について、予算決算及び会計令、地方自治法施行令など、そのよるべき会計の基準によることができます。	国、地方公共団体、納税地を所轄する税務署長の承認を受けた別表第三に掲げる法人	→ 第2節 217ページ
資産の譲渡等の対価以外の収入がある場合、その収入に対応する課税仕入れに係る消費税額が控除できません。	国、地方公共団体、別表第三に掲げる法人、人格のない社団等	→ 第3節 218ページ
中間申告や確定申告の期限が一部延長されます。	国、地方公共団体、納税地を所轄する税務署長の承認を受けた別表第三に掲げる法人	→ 第4節 224ページ

第1節　事業単位の特例

　国及び地方公共団体については、一般会計及び各特別会計を設けて行う事業ごとに一の法人が行う事業とみなして消費税法の規定が適用され、また、一般会計については課税標準額に対する消費税額と控除税額が同一であるとみなし、確定申告が不要であるという特例が設けられています。
　この節では、国及び地方公共団体の事業単位の特例について図解します。

1　国、地方公共団体の事業単位の特例（法60①⑥⑦、地法72の78⑤）

○一般会計に係る業務として行う事業 ○特別会計を設けて行う事業	「当該一般会計又は特別会計ごとに一の法人が行う事業」とみなして消費税法の規定が適用されます。

○一般会計に係る業務として行う事業	○「課税標準額に対する消費税額＝控除税額の合計額」とみなされます。（つまり、納付も還付も生じないということです。） ○中間申告や確定申告は不要です。

この特例の適用の結果

1　消費税の納税義務が免除されるかどうかは、特別会計ごとに判定します。

2　納付すべき消費税額及び地方消費税額の計算は、特別会計ごとに行います。

3　中間申告及び確定申告は、特別会計ごとに行います。

4　課税事業者の選択、課税期間の特例の選択、簡易課税制度の選択は、特別会計ごとに行います。

留意点32　事業単位の特例
　この特例の適用は、国及び地方公共団体に限られますから、消費税法別表第三に掲げる法人及び人格のない社団等には適用されません。

2　一般会計とみなされる特別会計（法60①、令72①）

| 特別会計を設けて行う事業のうち、専ら当該特別会計を設ける国又は地方公共団体の一般会計に対して資産の譲渡等を行うもの | → | 消費税法上は、一般会計に係る業務として行う事業とみなします。 | → | したがって当該特別会計から当該一般会計に対して行う資産の譲渡、貸付け及び役務の提供は、消費税の課税の対象となる「資産の譲渡等」には該当しません。 |

留意点33　一般会計とみなされる特別会計の範囲（基通16−1−1）
　「専ら当該特別会計を設ける国又は地方公共団体の一般会計に対して資産の譲渡等を行う特別会計」とは、経常的に一般会計に対して資産の譲渡等を行うために設けられた特別会計をいい、例えば次のような特別会計がこれに該当します。

(1) 専ら、一般会計の用に供する備品を調達して、一般会計に引き渡すことを目的とする特別会計
(2) 専ら、庁用に使用する自動車を調達管理して、一般会計の用に供することを目的とする特別会計
(3) 専ら、一般会計において必要とする印刷物を印刷し、一般会計に引き渡すことを目的とする特別会計

3　一部事務組合等の特例（令72②③）

地方自治法第285条の一部事務組合が特別会計を設けて次に掲げる事業以外の事業を行う場合で、当該一部事務組合が、地方自治法第287条の2第1項の規定に基づきその規約において、当該事業に係る事件の議決の方法について特別の規定を設けたとき（令72②）	
(1)	地方財政法施行令第37条各号（公営企業）に掲げる事業その他法令においてその事業に係る収入及び支出を経理する特別会計を設けることが義務づけられている事業
(2)	地方公営企業法第2条第3項（この法律の適用を受ける企業の範囲）の規定により同法の規定の全部又は一部を適用している同項の企業に係る事業
(3)	対価を得て資産の譲渡又は貸付けを主として行う事業（(1)及び(2)に掲げる事業を除きます。）
(4)	競馬法に基づく地方競馬、自転車競技法に基づく自転車競走、小型自動車競走法に基づく小型自動車競走及びモーターボート競走法に基づくモーターボート競走の事業

→ 消費税法上は一般会計に係る業務として行う事業とみなされます。

地方自治法第1条の3第3項の地方公共団体の組合が、一般会計を設けて行う次の事業（令72③）
対価を得て資産の譲渡又は貸付けを主として行う事業
競馬法に基づく地方競馬、自転車競技法に基づく自転車競走、小型自動車競走法に基づく小型自動車競走及びモーターボート競走法に基づくモーターボート競走の事業

→ 消費税法上は特別会計を設けて行う事業とみなされます。

第2節　国、地方公共団体等の資産の譲渡等の時期の特例

　　国及び地方公共団体の会計は、一般の企業における会計処理方法とは異なった基準が法令化されています。
　　そこで、消費税における資産の譲渡等の時期をいつにするかという点についても、国や地方公共団体の会計の基準に即して取り扱うことができることとされています。
　　この節では、国、地方公共団体の資産の譲渡等の時期の特例及び消費税法別表第三に掲げる法人のうち定款等により会計処理の方法が国又は地方公共団体に準ずるものとして納税地を所轄する税務署長の承認を受けた法人の場合の資産の譲渡等の時期について説明します。

1　国、地方公共団体の特例（法60②、令73）

国、地方公共団体が行った資産の譲渡等	→	イ　予算決算及び会計令第1条の2（歳入の会計年度所属区分） ロ　地方自治法施行令第142条（歳入の会計年度所属区分） ハ　イ、ロの規定の特例を定める規定 により、その対価を収納すべき会計年度の末日において行ったものとすることができます。
国、地方公共団体が行った ○課税仕入れ ○課税貨物の保税地域からの引取り	→	イ　予算決算及び会計令第2条（歳出の会計年度所属区分） ロ　地方自治法施行令第143条（歳出の会計年度所属区分） ハ　イ、ロの規定の特例を定める規定 により、その費用の支払をすべき会計年度の末日において行ったものとすることができます。

2　特定の公共法人等の特例（法60③、令74①②）

消費税法別表第三に掲げる法人のうち法令又はその法人の定款、寄附行為、規則若しくは規約（定款等）に定める会計の処理の方法が国又は地方公共団体の会計の処理の方法に準ずるもの	＋	資産の譲渡等、課税仕入れ及び課税貨物の保税地域からの引取りの時期の特例を受けることにつき納税地を所轄する税務署長の承認を受けた場合	→	資産の譲渡等、課税仕入れ及び課税貨物の保税地域からの引取りについては、当該法人の会計の処理の方法に関する法令又は定款等の定めるところによりその資産の譲渡等の対価を収納すべき課税期間並びにその課税仕入れ及び課税貨物の保税地域からの引取りの費用の支払をすべき課税期間の末日に行われたものとすることができます。

上記の承認を受けるための手続

　次の事項を記載した申請書を納税地を所轄する税務署長に提出することによります。（令74③、規28①）
　(1)　申請者の名称（代表者の氏名を含みます。）及び納税地（納税地と本店又は主たる事務所の所在地とが異なる場合には、納税地及び本店又は主たる事務所の所在地）
　(2)　その法令又は定款等に定める会計の処理の方法
　(3)　課税期間の初日及び末日
　(4)　申請者の行う事業の内容
　(5)　その他参考となるべき事項

第3節　特定収入がある場合の仕入控除税額の調整

　国、地方公共団体、消費税法別表第三に掲げる法人及び人格のない社団等は、例えば、補助金収入、負担金収入、寄附金収入など資産の譲渡等の対価以外の収入のうち一定のものについて、これを「特定収入」と位置づけ、その特定収入から成る部分の課税仕入れ等に係る消費税額の控除を認めないとする特例が設けられています。
　この節では、この特定収入がある場合の仕入控除税額の調整について説明します。

1　適用対象法人（法60④）

特定収入がある場合の仕入れに係る消費税額の控除の特例の適用対象法人	→	国	特別会計を設けて行う事業
		地方公共団体	
		消費税法別表第三に掲げる法人	
		人格のない社団等	

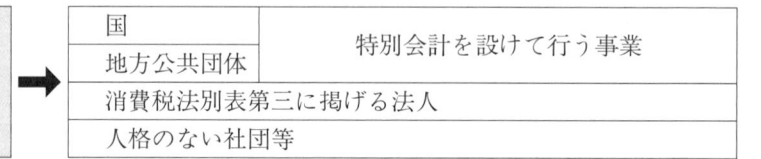

2　特定収入の意義（法60④、令75①）

　特定収入とは、資産の譲渡等の対価以外の収入をいいますが、資産の譲渡等の対価以外の収入がすべて特定収入となるわけではありません。
　まず、下図のように分類してください。

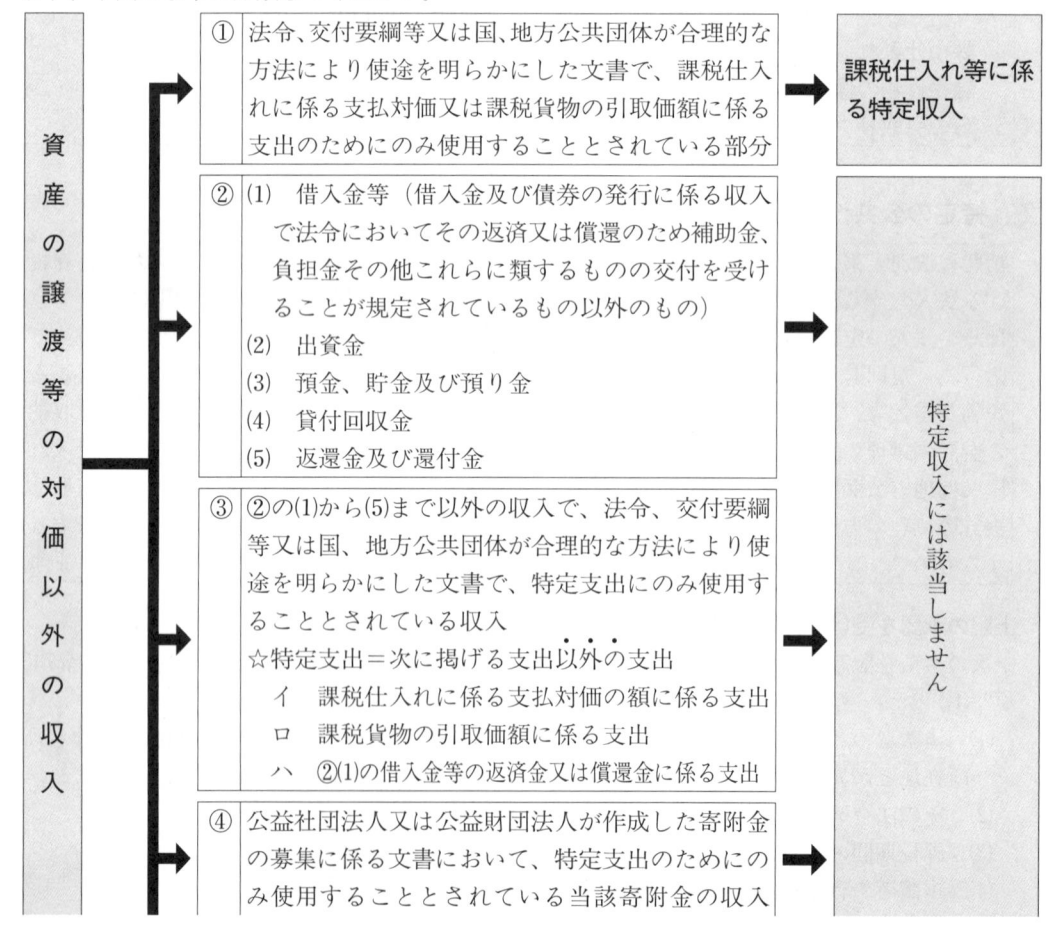

資産の譲渡等の対価以外の収入	→	①　法令、交付要綱等又は国、地方公共団体が合理的な方法により使途を明らかにした文書で、課税仕入れに係る支払対価又は課税貨物の引取価額に係る支出のためにのみ使用することとされている部分	→	課税仕入れ等に係る特定収入
	→	②　(1)　借入金等（借入金及び債券の発行に係る収入で法令においてその返済又は償還のため補助金、負担金その他これらに類するものの交付を受けることが規定されているもの以外のもの） (2)　出資金 (3)　預金、貯金及び預り金 (4)　貸付回収金 (5)　返還金及び還付金	→	特定収入には該当しません
	→	③　②の(1)から(5)まで以外の収入で、法令、交付要綱等又は国、地方公共団体が合理的な方法により使途を明らかにした文書で、特定支出にのみ使用することとされている収入 ☆特定支出＝次に掲げる支出以外の支出 　イ　課税仕入れに係る支払対価の額に係る支出 　ロ　課税貨物の引取価額に係る支出 　ハ　②(1)の借入金等の返済金又は償還金に係る支出	→	
	→	④　公益社団法人又は公益財団法人が作成した寄附金の募集に係る文書において、特定支出のためにのみ使用することとされている当該寄附金の収入	→	

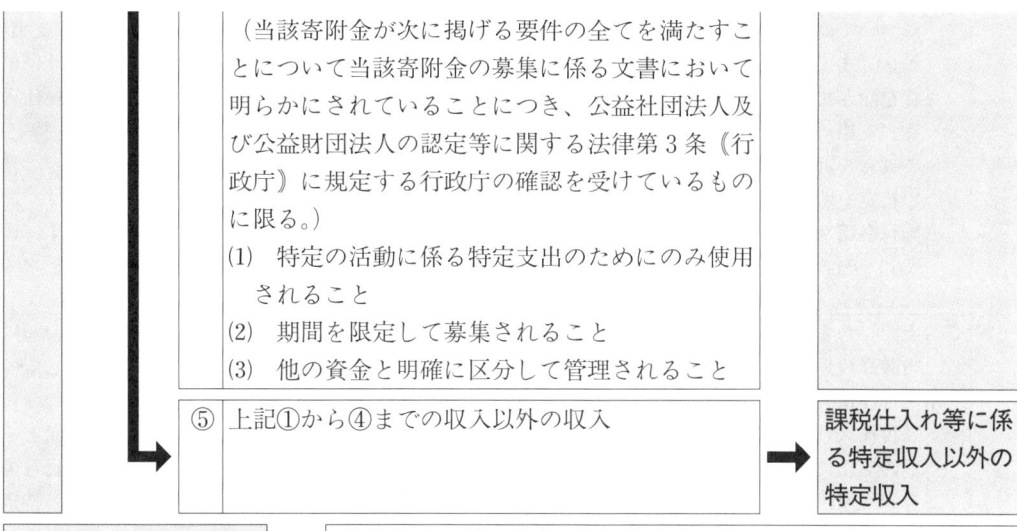

第6章　国、地方公共団体等に対する課税の特例

	（当該寄附金が次に掲げる要件の全てを満たすことについて当該寄附金の募集に係る文書において明らかにされていることにつき、公益社団法人及び公益財団法人の認定等に関する法律第3条《行政庁》に規定する行政庁の確認を受けているものに限る。） (1)　特定の活動に係る特定支出のためにのみ使用されること (2)　期間を限定して募集されること (3)　他の資金と明確に区分して管理されること	
	⑤　上記①から④までの収入以外の収入	課税仕入れ等に係る特定収入以外の特定収入

借入金等に係る債務の全部又は一部の免除	当該免除に係る債務の額に相当する額は、当該免除があった日の属する課税期間における資産の譲渡等の対価以外の収入となります。（令75②）

※　①及び③の「交付要綱等」とは、国、地方公共団体又は特別の法律により設立された法人から資産の譲渡等の対価以外の収入を受ける際にこれらの者が作成した当該収入の使途を定めた文書をいいます。（令75①六イ）

留意点34　**国、地方公共団体の特別会計が受け入れる補助金等の使途の特定方法等**（基通16-2-2）

国、地方公共団体の特別会計における資産の譲渡等の対価以外の収入の使途の特定方法は次のとおりです。

㈠	法令又は交付要綱等に基づく補助金等（補助金、負担金、他会計からの繰入金その他これらに類するもの）で当該法令又は交付要綱等において使途が明らかにされているものは、当該法令又は交付要綱等により明らかにされているところにより、使途を特定します。この場合の交付要綱等には、補助金等を交付する者が作成した補助金等交付要綱、補助金等交付決定書のほか、これらの附属書類である補助金等の積算内訳書、実績報告書を含みます。 （注）　②の(1)に規定する借入金等を財源として行った事業について、当該借入金等の返済又は償還のための補助金等が交付される場合において、当該補助金等の交付要綱等にその旨が記載されているときは、当該補助金等は当該事業に係る経費のみに使用される収入として使途を特定します。なお、免税事業者であった課税期間に行った事業の経費に使途が特定された当該補助金等は、特定収入（法第60条第4項《国、地方公共団体等に対する仕入れに係る消費税額の計算の特例》に規定する特定収入をいいます。）に該当しないことに留意してください。
㈡	法令又は交付要綱等がある補助金等で当該法令又は交付要綱等においてその使途の細部が不明なもののうち、その使途の大要が判明するものについては、国（特別会計の所管大臣。以下同じ。）又は地方公共団体の長（地方公営企業法第7条の適用がある公営企業にあっては管理者。以下同じ。）が①及び③でいう文書においてその使途の大要の範囲内で合理的計算に基づき細部を特定し、税務署長に提出します。
㈢	㈠及び㈡により使途が特定できない場合において、補助金等の使途が予算書若しくは予算関係書類又は決算書若しくは決算関係書類で明らかなものについては、国又は地方公共団体の長がこれらの書類を①及び③でいう文書に添付して税務署長に提出し、その文書においてその使途の特定を明らかにします。
㈣	「法令又は交付要綱等」又は「予算書、予算関係書類、決算書、決算関係書類」において、借入金等の返済費又は償還費のための補助金等とされているもの（㈠の（注）に該当するものを除きます。）

219

	については、当該補助金等の額に、当該借入金等に係る事業が行われた課税期間における支出（㈠から㈢までにより使途が特定された補助金等の使途としての支出及び借入金等の返済費及び償還費を除きます。）のうち課税仕入れ等の支出の額とその他の支出の額の割合を乗じて、課税仕入れ等の支出に対応する額とその他の支出に対応する額とにあん分する方法によりその使途を特定し、これらの計算過程を①及び③でいう文書に添付して税務署長に提出し、その文書においてその使途の特定を明らかにします。なお、地方公営企業法第20条の適用がある公営企業については、同法施行令第9条第3項の損益的取引、資本的取引の区分ごとにこの計算を行うものとします。 （注）　当該借入金等に係る事業が行われた課税期間が免税事業者であった場合の当該補助金等は、特定収入に該当しないことに留意してください。
㈤	上記㈠から㈣までによっては使途の特定ができない補助金等については、当該補助金等の額に、当該課税期間における支出（上記㈠から㈢までにより使途が特定された補助金の使途としての支出及び借入金等の返済費又は償還費のうち上記㈣において処理済みの部分を除きます。）のうちの課税仕入れ等の支出の額とその他の支出の額の割合を乗じて、課税仕入れ等に対応する額とその他の支出に対応する額とにあん分する方法によりその使途を特定します。この場合、これらの計算過程を①及び③でいう文書に添付して税務署長に提出し、その文書においてその使途の特定を明らかにします。また、このあん分計算において、借入金等の返済費又は償還費で上記㈣において処理済みの部分以外の部分に使途が特定されていることとなった補助金等の部分については、さらに㈣の方法で当該借入金等に係る事業が行われた課税期間にさかのぼって使途を特定します。なお、地方公営企業法第20条の適用がある公営企業については、同法施行令第9条第3項の損益的取引、資本的取引の区分ごとにこの計算を行うものとします。

事例45　〈特定収入に該当するかどうかの判定事例〉

1	国外における物品販売収入
判定	国外における資産の譲渡等の対価収入ですから不課税ですが、資産の譲渡等の対価に該当するため、特定収入には該当しません。
2	出資に対する配当金
判定	資産の譲渡等の対価以外の収入ですので特定収入に該当します。
3	交付要綱により、土地の取得に使途が特定されている補助金
判定	特定支出のためにのみ使用することとされているため、特定収入には該当しません。
4	債券の発行に係る収入で、条例により元本の償還のための補助金の交付を受けることが規定されているもの
判定	債券の発行に係る収入が、法令により特定支出に使途が特定されているものは特定収入にはなりませんが、その他の場合はその債券発行収入そのものが、特定収入になります。
5	消費税の還付金及び還付加算金
判定	還付金は、特定収入には該当しませんが、還付加算金は特定収入に該当します。
6	損害賠償金収入
判定	特定収入に該当します。ただし、建物の明渡し遅延損害金のように実質的に資産の譲渡等の対価に該当するものは、特定収入には該当しません。
7	地方公共団体の特別会計において合理的な方法により、その使途を明らかにした交付金
判定	①　特定支出のためにのみ使途が特定された部分の金額 　　特定収入には該当しません。 ②　①以外の支出のためにのみ使途が特定された部分の金額 　　特定収入に該当します。

3 特定収入に係る仕入控除税額の調整計算（法60④、令75③④）

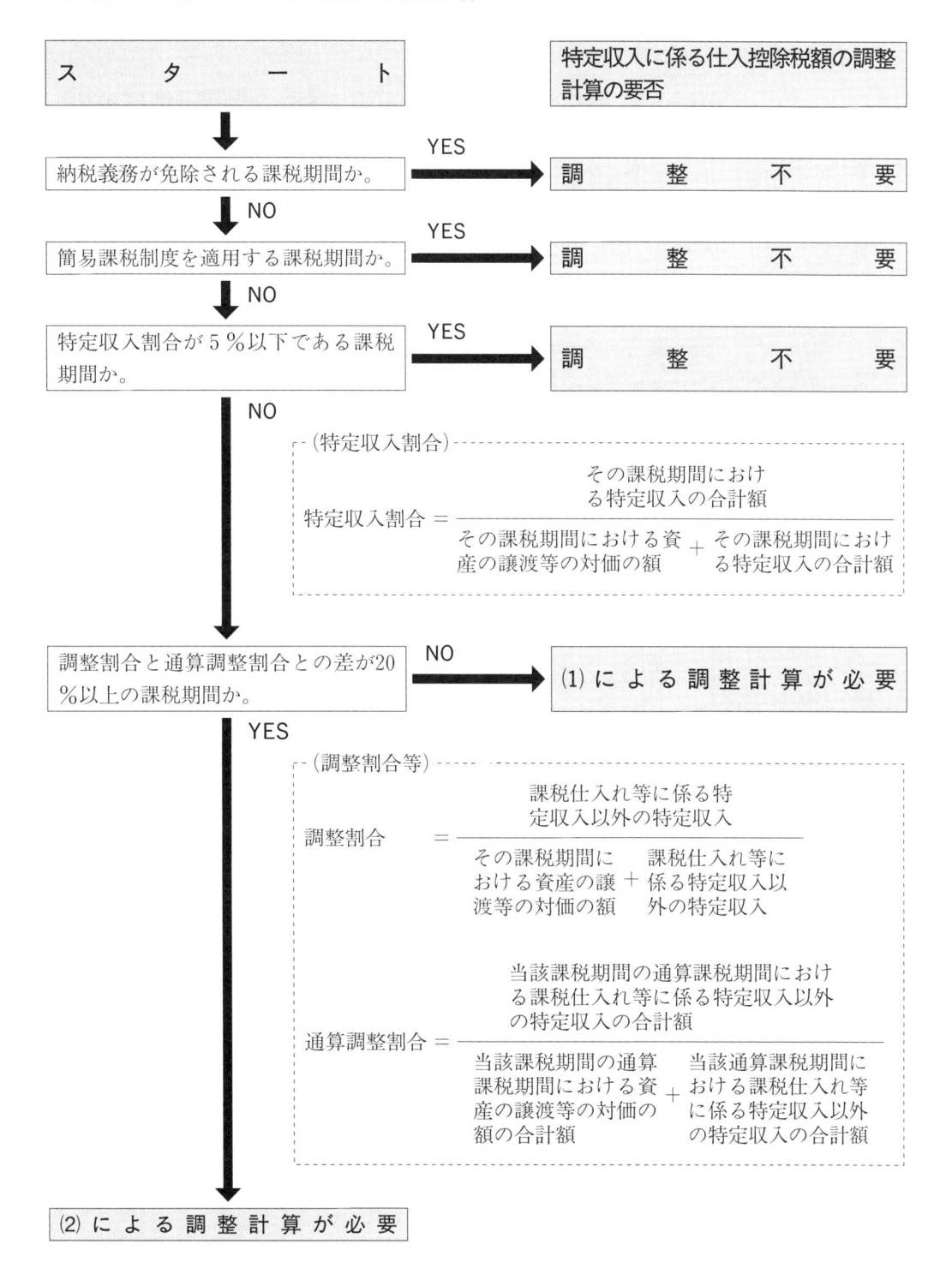

スタート	特定収入に係る仕入控除税額の調整計算の要否
納税義務が免除される課税期間か。 → YES	調　整　不　要
↓ NO	
簡易課税制度を適用する課税期間か。 → YES	調　整　不　要
↓ NO	
特定収入割合が5％以下である課税期間か。 → YES	調　整　不　要
↓ NO	

（特定収入割合）

$$\text{特定収入割合} = \frac{\text{その課税期間における特定収入の合計額}}{\text{その課税期間における資産の譲渡等の対価の額} + \text{その課税期間における特定収入の合計額}}$$

調整割合と通算調整割合との差が20％以上の課税期間か。 → NO	(1)による調整計算が必要
↓ YES	

（調整割合等）

$$\text{調整割合} = \frac{\text{課税仕入れ等に係る特定収入以外の特定収入}}{\text{その課税期間における資産の譲渡等の対価の額} + \text{課税仕入れ等に係る特定収入以外の特定収入}}$$

$$\text{通算調整割合} = \frac{\text{当該課税期間の通算課税期間における課税仕入れ等に係る特定収入以外の特定収入の合計額}}{\text{当該課税期間の通算課税期間における資産の譲渡等の対価の額の合計額} + \text{当該通算課税期間における課税仕入れ等に係る特定収入以外の特定収入の合計額}}$$

↓

(2)による調整計算が必要

第6章 国、地方公共団体等に対する課税の特例

(1) 調整割合と通算調整割合の差が100分の20未満の場合

特定収入に係る調整計算とは、**第4章第3節**及び**第4節**により計算した仕入控除税額から、次の左欄の場合に応じてそれぞれ右欄の金額を減額調整するというものです。

	仕入控除税額から減額調整する金額（特定収入に係る課税仕入れ等の税額）
課税仕入れ等の税額の全額を仕入税額控除する場合	次のイ＋ロの金額（ロの調整前仕入控除税額からイに掲げる金額を控除して控除しきれない金額があるときは、イに掲げる金額から、当該控除しきれない金額にロに規定する調整割合を乗じて計算した金額を控除した金額） イ　課税仕入れ等に係る特定収入 $\times \dfrac{6.3}{108}$ ロ　（調整前仕入控除税額 － イの金額）× 調整割合
個別対応方式の場合	次のイ＋ロ＋ハの金額（当該課税期間における調整前仕入控除税額からイに掲げる金額とロに掲げる金額との合計額を控除して控除しきれない金額があるときは、イに掲げる金額とロに掲げる金額との合計額から、当該控除しきれない金額にハに規定する調整割合を乗じて計算した金額を控除した金額） イ　課税資産の譲渡等にのみ要する課税仕入れ等に係る特定収入 $\times \dfrac{6.3}{108}$ ロ　課税・非課税資産の譲渡等に共通して要する課税仕入れ等に係る特定収入 $\times \dfrac{6.3}{108} \times$ 課税売上割合 ハ　（調整前仕入控除税額 －（イの金額 ＋ ロの金額））× 調整割合 ※　仕入控除税額の計算について課税売上割合に準ずる割合として承認された割合を適用するときは、ロの課税売上割合についても、その承認された割合によります。
一括比例配分方式の場合	次のイ＋ロの金額（当該課税期間における調整前仕入控除税額からイに掲げる金額を控除して控除しきれない金額があるときは、イに掲げる金額から当該控除しきれない金額にロに規定する調整割合を乗じて計算した金額を控除した金額） イ　課税仕入れ等に係る特定収入 $\times \dfrac{6.3}{108} \times$ 課税売上割合 ロ　（調整前仕入控除税額 － イの金額）× 調整割合

(2) 調整割合と通算調整割合との差が100分の20以上である場合

当該課税期間における調整割合と当該課税期間における通算調整割合との差が100分の20以上である場合（次表①のイに掲げる金額と①のロに掲げる金額とが等しい場合及び①のイに規定する各課税期間においてこの(2)の規定の適用を受けた場合を除きます。）には、特定収入に係る課税仕入れ等の税額は上の表に代えて、次の①及び②に掲げる場合の区分に応じ当該①及び②に定める金額とされます。
（令75⑤）

①	イに掲げる金額がロに掲げる金額を超える場合
	上の表の特定収入に係る課税仕入れ等の税額から、イに掲げる金額からロに掲げる金額を控除した残額（調整差額）を控除した残額
	イ　当該課税期間につき上の表の特定収入に係る課税仕入れ等の税額に当該課税期間の初日の2年前の日の前日の属する課税期間から当該課税期間の直前の課税期間までの各課税期間における特定収入に係る課税仕入れ等の税額の合計額を加算した金額
	ロ　当該課税期間の初日の2年前の日の前日の属する課税期間から当該課税期間までの各課税期間（通算課税期間）につき、当該通算課税期間の調整割合に代えて当該課税期間における通算調整割合を用いて上の表により計算した場合における当該通算課税期間における特定収入に係る課税仕入れ等の税額の合計額
②	①のイに掲げる金額が①のロに掲げる金額に満たない場合
	上の表に基づいて計算した場合における当該課税期間における特定収入に係る課税仕入れ等の税額に、①のロに掲げる金額から①のイに掲げる金額を控除した残額を加算した金額

(3)　調整不足額の処理（法60⑤）

(1)又は(2)により仕入控除税額から減額調整して調整しきれない金額	→	課税標準額に対する消費税額に加算します。

第6章 国、地方公共団体等に対する課税の特例

第4節　国、地方公共団体等の申告及び納付期限の特例

　消費税及び地方消費税の確定申告期限は、原則として各課税期間終了後2か月以内ですが、国や地方公共団体については、法令上、決算を完結するのに2か月以上かかる関係で確定申告期限について特例が設けられています。

　また、消費税法別表第三に掲げる法人のうち会計年度終了後2か月以内に決算が確定しない事情があるため納税地を所轄する税務署長の承認を受けた法人についても確定申告期限の特例を適用することができることとされています。

　この節では、国、地方公共団体等の確定申告及び中間申告書の提出期限の特例について図解しています。

1　国、地方公共団体の確定申告及び納付期限（令76②）

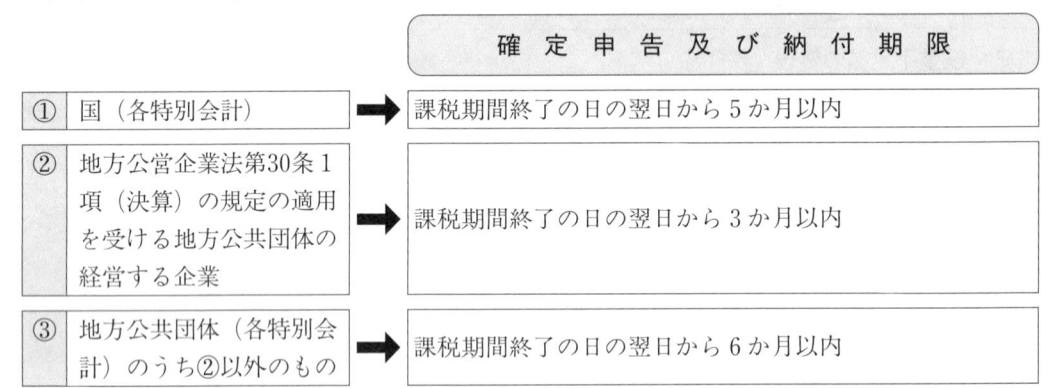

		確定申告及び納付期限
①	国（各特別会計）	課税期間終了の日の翌日から5か月以内
②	地方公営企業法第30条1項（決算）の規定の適用を受ける地方公共団体の経営する企業	課税期間終了の日の翌日から3か月以内
③	地方公共団体（各特別会計）のうち②以外のもの	課税期間終了の日の翌日から6か月以内

2　消費税法別表第三に掲げる法人の確定申告及び納付期限の特例（令76①、②四）

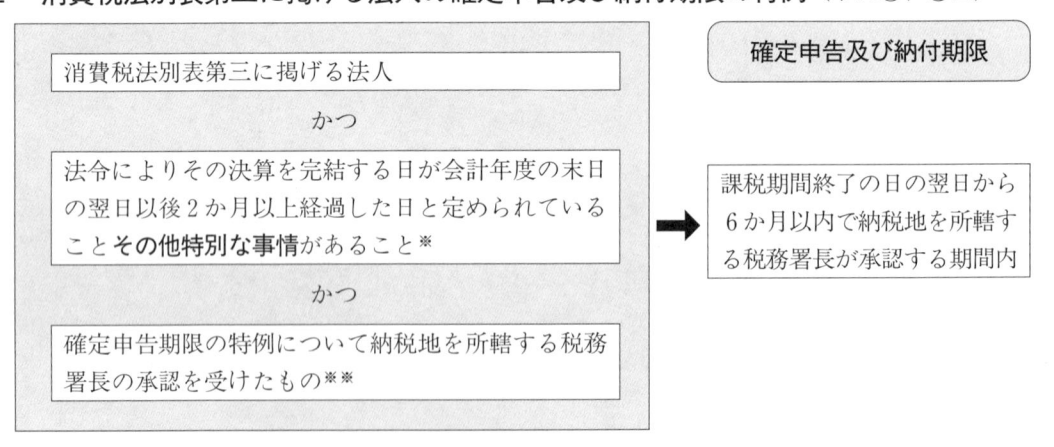

消費税法別表第三に掲げる法人	確定申告及び納付期限
消費税法別表第三に掲げる法人 かつ 法令によりその決算を完結する日が会計年度の末日の翌日以後2か月以上経過した日と定められていることその他特別な事情があること※ かつ 確定申告期限の特例について納税地を所轄する税務署長の承認を受けたもの※※	課税期間終了の日の翌日から6か月以内で納税地を所轄する税務署長が承認する期間内

※　「その他特別な事情があること」の範囲（基通16－3－2の2）
① 　法令によりその決算を完結する日が会計年度の末日の翌日から2か月を経過する日と定められている場合
② 　①以外の場合で、法令により事業年度終了の日の翌日から2か月を経過した日以後に当該法人の決算について所管官庁の承認を受けることとされているもののうち、決算関係書類の所管官庁への提出期限が定められている場合
　（注）　法令において単に、決算書等を所管官庁へ提出することが義務付けられている場合は含まれないので留意してください。

③ ①及び②以外で、**第2節2**の承認を受けた法人
 (注) ①から③までに該当する場合においても次のイ又はロに該当するときは、特例の対象とはならないことに留意する。
  イ 法令又はその法人の定款、寄附行為、規則若しくは規約において財務諸表が事業年度終了後2か月以内に作成されることが明らかな場合
  ロ 決算が総会等の議決に付されることとされており、かつ、その総会の期日又は期限が事業年度終了の日の翌日から2か月以内と定められている場合

※※ 承認を受けるためには、次の事項を記載した申請書を納税地を所轄する税務署長に提出する必要があります。（令76⑤、規29）
(1) 申請者の名称（代表者の氏名を含みます。）及び納税地（納税地と本店又は主たる事務所の所在地とが異なる場合には、納税地及び本店又は主たる事務所の所在地）
(2) その決算の完結に関する法令の規定又は特別な事情
(3) 承認を受けようとする期間
(4) 課税期間の初日及び末日
(5) 申請者の行う事業の内容
(6) 申請日の属する課税期間の基準期間における課税売上高
(7) その他参考となるべき事項

3 中間申告及び納付期限 （令76③、地法72の87）

1又は2により確定申告期限の特例の対象となる事業者の中間申告期限は次のようになります。

なお、中間申告が不要な場合、中間申告の義務がある事業者が、期限内に中間申告を行わなかった場合等の取扱いは、通常の法人の場合と同様ですので、**第5章第2節**を参照してください。

直前の課税期間の確定消費税額	48万円以下	48万円超	400万円超	4,800万円超
中間申告の回数	中間申告不要※	年1回（6か月）	年3回（3か月ごと）	年11回（1か月ごと）

※ 任意の中間申告制度については**第5章第2節4**を参照してください。

確定申告期限が課税期間終了後3か月の場合

(1) 1か月中間申告対象期間（年11回）

課税期間開始の日以後1か月ごとに区分した各期間を「1か月中間申告対象期間」といいます。

中間申告書の申告・納付期限
(1) 1か月中間申告対象期間につき、当該1か月中間申告対象期間の末日の翌日から3か月以内
(2) 当該1か月中間申告対象期間が当該課税期間開始の日から同日以後2か月を経過した日の前日までの間に終了した1か月中間申告対象期間である場合、当該課税期間開始の日以後3か月を経過した日から3か月以内

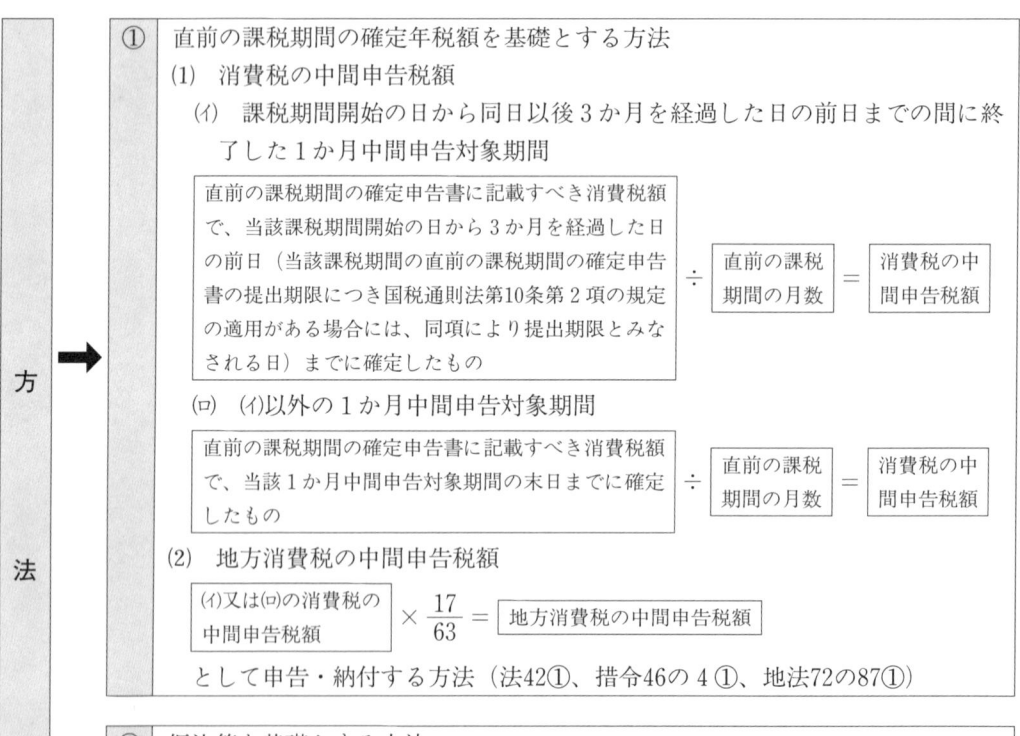

方法

① 直前の課税期間の確定年税額を基礎とする方法
(1) 消費税の中間申告税額
(イ) 課税期間開始の日から同日以後3か月を経過した日の前日までの間に終了した1か月中間申告対象期間

直前の課税期間の確定申告書に記載すべき消費税額で、当該課税期間開始の日から3か月を経過した日の前日（当該課税期間の直前の課税期間の確定申告書の提出期限につき国税通則法第10条第2項の規定の適用がある場合には、同項により提出期限とみなされる日）までに確定したもの ÷ 直前の課税期間の月数 ＝ 消費税の中間申告税額

(ロ) (イ)以外の1か月中間申告対象期間

直前の課税期間の確定申告書に記載すべき消費税額で、当該1か月中間申告対象期間の末日までに確定したもの ÷ 直前の課税期間の月数 ＝ 消費税の中間申告税額

(2) 地方消費税の中間申告税額

(イ)又は(ロ)の消費税の中間申告税額 × $\frac{17}{63}$ ＝ 地方消費税の中間申告税額

として申告・納付する方法（法42①、措令46の4①、地法72の87①）

② 仮決算を基礎とする方法
1か月中間申告対象期間を1課税期間とみなして、**第4章**の方法で計算した消費税相当額を消費税の中間申告税額とし、当該税額に63分の17を乗じた金額を地方消費税の中間申告税額として、申告・納付する方法（法43①、地法72の87①かっこ書）
※ この場合、確定申告とは異なり、控除不足額が発生しても還付されることはありません。

(2) 3か月中間申告対象期間（年3回）

課税期間開始の日以後3か月ごとに区分した各期間を「3か月中間申告対象期間」といいます。

中間申告書の申告・納付期限	→	3か月中間申告対象期間につき、当該3か月中間申告対象期間の末日の翌日から3か月以内

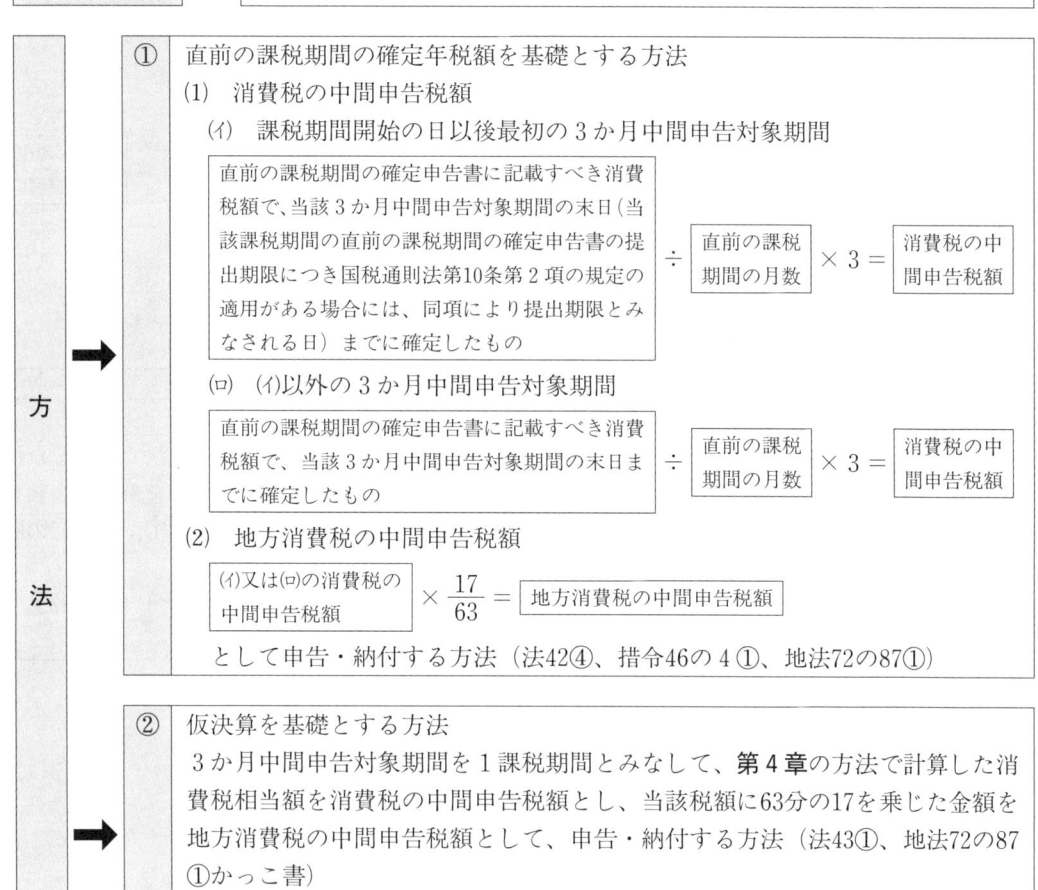

方法

① 直前の課税期間の確定年税額を基礎とする方法
  (1) 消費税の中間申告税額
    (イ) 課税期間開始の日以後最初の3か月中間申告対象期間

  直前の課税期間の確定申告書に記載すべき消費税額で、当該3か月中間申告対象期間の末日（当該課税期間の直前の課税期間の確定申告書の提出期限につき国税通則法第10条第2項の規定の適用がある場合には、同項により提出期限とみなされる日）までに確定したもの ÷ 直前の課税期間の月数 × 3 = 消費税の中間申告税額

    (ロ) (イ)以外の3か月中間申告対象期間

  直前の課税期間の確定申告書に記載すべき消費税額で、当該3か月中間申告対象期間の末日までに確定したもの ÷ 直前の課税期間の月数 × 3 = 消費税の中間申告税額

  (2) 地方消費税の中間申告税額

  (イ)又は(ロ)の消費税の中間申告税額 × $\dfrac{17}{63}$ = 地方消費税の中間申告税額

  として申告・納付する方法（法42④、措令46の4①、地法72の87①）

② 仮決算を基礎とする方法
  3か月中間申告対象期間を1課税期間とみなして、**第4章**の方法で計算した消費税相当額を消費税の中間申告税額とし、当該税額に63分の17を乗じた金額を地方消費税の中間申告税額として、申告・納付する方法（法43①、地法72の87①かっこ書）

  ※ この場合、確定申告とは異なり、控除不足額が発生しても還付されることはありません。

(3) 6か月中間申告対象期間（年1回）

課税期間開始の日以後6か月の期間を「6か月中間申告対象期間」といいます。

中間申告書の申告・納付期限 → 6か月中間申告対象期間の末日の翌日から3か月以内

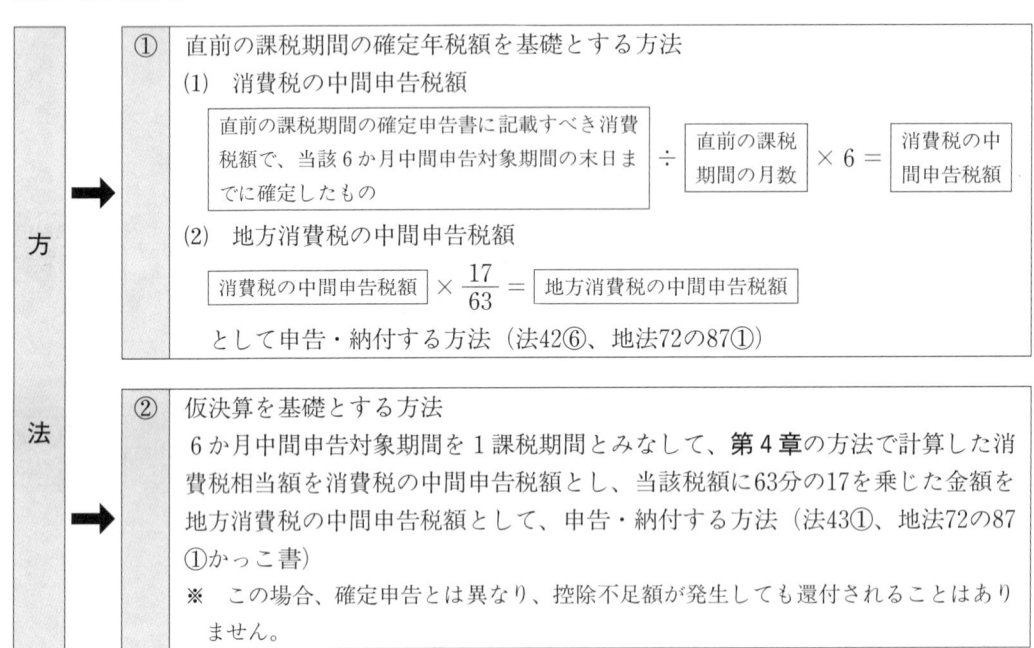

方法

① 直前の課税期間の確定年税額を基礎とする方法
(1) 消費税の中間申告税額

$$\boxed{\text{直前の課税期間の確定申告書に記載すべき消費税額で、当該6か月中間申告対象期間の末日までに確定したもの}} \div \boxed{\text{直前の課税期間の月数}} \times 6 = \boxed{\text{消費税の中間申告税額}}$$

(2) 地方消費税の中間申告税額

$$\boxed{\text{消費税の中間申告税額}} \times \frac{17}{63} = \boxed{\text{地方消費税の中間申告税額}}$$

として申告・納付する方法（法42⑥、地法72の87①）

② 仮決算を基礎とする方法

6か月中間申告対象期間を1課税期間とみなして、**第4章**の方法で計算した消費税相当額を消費税の中間申告税額とし、当該税額に63分の17を乗じた金額を地方消費税の中間申告税額として、申告・納付する方法（法43①、地法72の87①かっこ書）

※ この場合、確定申告とは異なり、控除不足額が発生しても還付されることはありません。

確定申告期限が課税期間終了後4か月の場合

(1) 1か月中間申告対象期間（年11回）

課税期間開始の日以後1か月ごとに区分した各期間を「1か月中間申告対象期間」といいます。

| 中間申告書の申告・納付期限 | → | (1) 1か月中間申告対象期間につき、当該1か月中間申告対象期間の末日の翌日から4か月以内
(2) 当該1か月中間申告対象期間が当該課税期間開始の日から同日以後3か月を経過した日の前日までの間に終了した1か月中間申告対象期間である場合、当該課税期間開始の日以後4か月を経過した日から3か月以内 |

方法

→ ① 直前の課税期間の確定年税額を基礎とする方法
(1) 消費税の中間申告税額
(イ) 課税期間開始の日から同日以後4か月を経過した日の前日までの間に終了した1か月中間申告対象期間

直前の課税期間の確定申告書に記載すべき消費税額で、当該課税期間開始の日から4か月を経過した日の前日（当該課税期間の直前の課税期間の確定申告書の提出期限につき国税通則法第10条第2項の規定の適用がある場合には、同項により提出期限とみなされる日）までに確定したもの ÷ 直前の課税期間の月数 ＝ 消費税の中間申告税額

(ロ) (イ)以外の1か月中間申告対象期間

直前の課税期間の確定申告書に記載すべき消費税額で、当該1か月中間申告対象期間の末日までに確定したもの ÷ 直前の課税期間の月数 ＝ 消費税の中間申告税額

(2) 地方消費税の中間申告税額

(イ)又は(ロ)の消費税の中間申告税額 × $\dfrac{17}{63}$ ＝ 地方消費税の中間申告税額

として申告・納付する方法（法42①、措令46の4①、地法72の87①）

→ ② 仮決算を基礎とする方法
1か月中間申告対象期間を1課税期間とみなして、**第4章**の方法で計算した消費税相当額を消費税の中間申告税額とし、当該税額に63分の17を乗じた金額を地方消費税の中間申告税額として、申告・納付する方法（法43①、地法72の87①かっこ書）
※ この場合、確定申告とは異なり、控除不足額が発生しても還付されることはありません。

(2) 3か月中間申告対象期間（年3回）

課税期間開始の日以後3か月ごとに区分した各期間を「3か月中間申告対象期間」といいます。

中間申告書の申告・納付期限
→ (1) 3か月中間申告対象期間につき、当該3か月中間申告対象期間の末日の翌日から4か月以内
(2) 当該3か月中間申告対象期間が当該課税期間開始の日以後3か月ごとに区分された最初の3か月中間申告対象期間である場合には、当該課税期間開始の日以後4か月を経過した日から3か月以内

方法

① 直前の課税期間の確定年税額を基礎とする方法
(1) 消費税の中間申告税額
　(イ) 課税期間開始の日以後最初の3か月中間申告対象期間

直前の課税期間の確定申告書に記載すべき消費税額で、当該3か月中間申告対象期間の末日（当該課税期間の直前の課税期間の確定申告書の提出期限につき国税通則法第10条第2項の規定の適用がある場合には、同項により提出期限とみなされる日）までに確定したもの ÷ 直前の課税期間の月数 × 3 ＝ 消費税の中間申告税額

　(ロ) (イ)以外の3か月中間申告対象期間

直前の課税期間の確定申告書に記載すべき消費税額で、当該3か月中間申告対象期間の末日までに確定したもの ÷ 直前の課税期間の月数 × 3 ＝ 消費税の中間申告税額

(2) 地方消費税の中間申告税額

(イ)又は(ロ)の消費税の中間申告税額 × $\frac{17}{63}$ ＝ 地方消費税の中間申告税額

として申告・納付する方法（法42④、措令46の4①、地法72の87①）

② 仮決算を基礎とする方法
　3か月中間申告対象期間を1課税期間とみなして、**第4章**の方法で計算した消費税相当額を消費税の中間申告税額とし、当該税額に63分の17を乗じた金額を地方消費税の中間申告税額として、申告・納付する方法（法43①、地法72の87①かっこ書）
　※ この場合、確定申告とは異なり、控除不足額が発生しても還付されることはありません。

(3) 6か月中間申告対象期間（年1回）

課税期間開始の日以後6か月の期間を「6か月中間申告対象期間」といいます。

| 中間申告書の申告・納付期限 | → | 6か月中間申告対象期間の末日の翌日から4か月以内 |

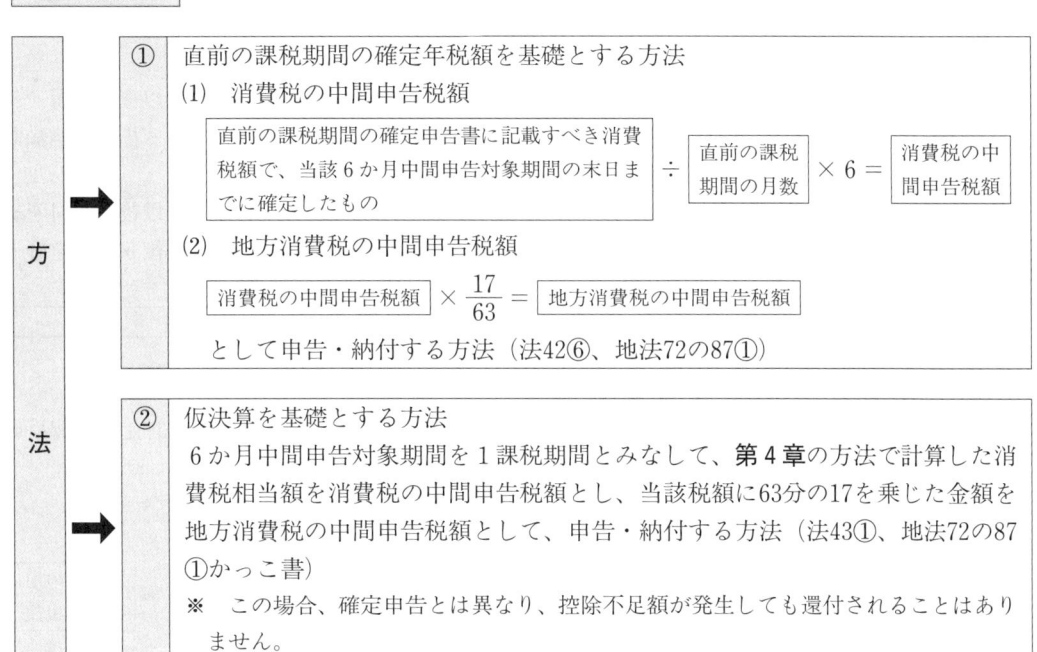

方法

① 直前の課税期間の確定年税額を基礎とする方法
   (1) 消費税の中間申告税額

   $$\boxed{\text{直前の課税期間の確定申告書に記載すべき消費税額で、当該6か月中間申告対象期間の末日までに確定したもの}} \div \boxed{\text{直前の課税期間の月数}} \times 6 = \boxed{\text{消費税の中間申告税額}}$$

   (2) 地方消費税の中間申告税額

   $$\boxed{\text{消費税の中間申告税額}} \times \frac{17}{63} = \boxed{\text{地方消費税の中間申告税額}}$$

   として申告・納付する方法（法42⑥、地法72の87①）

② 仮決算を基礎とする方法
   6か月中間申告対象期間を1課税期間とみなして、**第4章**の方法で計算した消費税相当額を消費税の中間申告税額とし、当該税額に63分の17を乗じた金額を地方消費税の中間申告税額として、申告・納付する方法（法43①、地法72の87①かっこ書）

   ※ この場合、確定申告とは異なり、控除不足額が発生しても還付されることはありません。

確定申告期限が課税期間終了後5か月の場合

(1) 1か月中間申告対象期間（年11回）

課税期間開始の日以後1か月ごとに区分した各期間を「1か月中間申告対象期間」といいます。

中間申告書の申告・納付期限

(1) 1か月中間申告対象期間につき、当該1か月中間申告対象期間の末日の翌日から5か月以内

(2) 当該1か月中間申告対象期間が当該課税期間開始の日から同日以後3か月を経過した日の前日までの間に終了した1か月中間申告対象期間である場合、当該課税期間開始の日以後5か月を経過した日から3か月以内

(3) 当該1か月中間申告対象期間が当該課税期間開始の日から同日以後3か月を経過した日以後1か月の期間である場合、当該課税期間開始の日以後5か月を経過した日から4か月以内

方法

① 直前の課税期間の確定年税額を基礎とする方法

　(1) 消費税の中間申告税額

　　(イ) 課税期間開始の日から同日以後5か月を経過した日の前日までの間に終了した1か月中間申告対象期間

　　直前の課税期間の確定申告書に記載すべき消費税額で、当該課税期間開始の日から5か月を経過した日の前日（当該課税期間の直前の課税期間の確定申告書の提出期限につき国税通則法第10条第2項の規定の適用がある場合には、同項により提出期限とみなされる日）までに確定したもの ÷ 直前の課税期間の月数 ＝ 消費税の中間申告税額

　　(ロ) (イ)以外の1か月中間申告対象期間

　　直前の課税期間の確定申告書に記載すべき消費税額で、当該1か月中間申告対象期間の末日までに確定したもの ÷ 直前の課税期間の月数 ＝ 消費税の中間申告税額

　(2) 地方消費税の中間申告税額

　　(イ)又は(ロ)の消費税の中間申告税額 × $\frac{17}{63}$ ＝ 地方消費税の中間申告税額

　として申告・納付する方法（法42①、措令46の4①、地法72の87①）

② 仮決算を基礎とする方法

　1か月中間申告対象期間を1課税期間とみなして、**第4章**の方法で計算した消費税相当額を消費税の中間申告税額とし、当該税額に63分の17を乗じた金額を地方消費税の中間申告税額として、申告・納付する方法（法43①、地法72の87①かっこ書）

　※ この場合、確定申告とは異なり、控除不足額が発生しても還付されることはありません。

(2) 3か月中間申告対象期間（年3回）

課税期間開始の日以後3か月ごとに区分した各期間を「3か月中間申告対象期間」といいます。

| 中間申告書の申告・納付期限 | → | (1) 3か月中間申告対象期間につき、当該3か月中間申告対象期間の末日の翌日から5か月以内
(2) 当該3か月中間申告対象期間が当該課税期間開始の日以後3か月ごとに区分された最初の3か月中間申告対象期間である場合、当該課税期間開始の日以後5か月を経過した日から3か月以内 |

方法

① 直前の課税期間の確定年税額を基礎とする方法
　(1) 消費税の中間申告税額
　　(イ) 課税期間開始の日以後最初の3か月中間申告対象期間

　　　直前の課税期間の確定申告書に記載すべき消費税額で、当該課税期間開始の日から5か月を経過した日の前日（当該課税期間の直前の課税期間の確定申告書の提出期限につき国税通則法第10条第2項の規定の適用がある場合には、同項により提出期限とみなされる日）までに確定したもの ÷ 直前の課税期間の月数 × 3 ＝ 消費税の中間申告税額

　　(ロ) (イ)以外の3か月中間申告対象期間

　　　直前の課税期間の確定申告書に記載すべき消費税額で、当該3か月中間申告対象期間の末日までに確定したもの ÷ 直前の課税期間の月数 × 3 ＝ 消費税の中間申告税額

　(2) 地方消費税の中間申告税額

　　(イ)又は(ロ)の消費税の中間申告税額 × $\dfrac{17}{63}$ ＝ 地方消費税の中間申告税額

　として申告・納付する方法（法42④、措令46の4①、地法72の87①）

② 仮決算を基礎とする方法
　3か月中間申告対象期間を1課税期間とみなして、**第4章**の方法で計算した消費税相当額を消費税の中間申告税額とし、当該税額に63分の17を乗じた金額を地方消費税の中間申告税額として、申告・納付する方法（法43①、地法72の87①かっこ書）
　※ この場合、確定申告とは異なり、控除不足額が発生しても還付されることはありません。

(3) 6か月中間申告対象期間（年1回）

課税期間開始の日以後6か月の期間を「6か月中間申告対象期間」といいます。

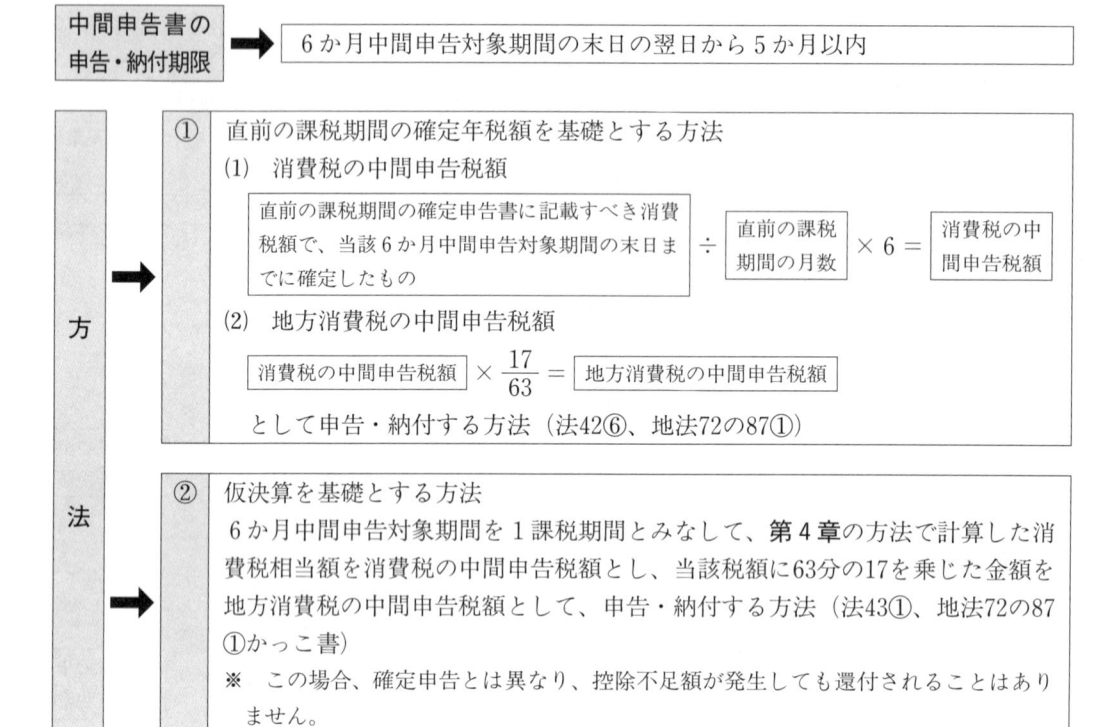

| 中間申告書の申告・納付期限 | → | 6か月中間申告対象期間の末日の翌日から5か月以内 |

方法

① 直前の課税期間の確定年税額を基礎とする方法

(1) 消費税の中間申告税額

$$\boxed{\text{直前の課税期間の確定申告書に記載すべき消費税額で、当該6か月中間申告対象期間の末日までに確定したもの}} \div \boxed{\text{直前の課税期間の月数}} \times 6 = \boxed{\text{消費税の中間申告税額}}$$

(2) 地方消費税の中間申告税額

$$\boxed{\text{消費税の中間申告税額}} \times \frac{17}{63} = \boxed{\text{地方消費税の中間申告税額}}$$

として申告・納付する方法（法42⑥、地法72の87①）

② 仮決算を基礎とする方法

6か月中間申告対象期間を1課税期間とみなして、**第4章**の方法で計算した消費税相当額を消費税の中間申告税額とし、当該税額に63分の17を乗じた金額を地方消費税の中間申告税額として、申告・納付する方法（法43①、地法72の87①かっこ書）

※ この場合、確定申告とは異なり、控除不足額が発生しても還付されることはありません。

確定申告期限が課税期間終了後6か月の場合

(1) 1か月中間申告対象期間（年11回）

課税期間開始の日以後1か月ごとに区分した各期間を「1か月中間申告対象期間」といいます。

中間申告書の申告・納付期限

(1) 1か月中間申告対象期間につき、当該1か月中間申告対象期間の末日の翌日から6か月以内

(2) 当該1か月中間申告対象期間が当該課税期間開始の日から同日以後3か月を経過した日の前日までの間に終了した1か月中間申告対象期間である場合、当該課税期間開始の日以後6か月を経過した日から3か月以内

(3) 当該1か月中間申告対象期間が当該課税期間開始の日から同日以後3か月を経過した日以後1か月の期間である場合、当該課税期間開始の日以後6か月を経過した日から4か月以内

(4) 当該1か月中間申告対象期間が当該課税期間開始の日から同日以後4か月を経過した日以後1か月の期間である場合、当該課税期間開始の日以後6か月を経過した日から5か月以内

方法

① 直前の課税期間の確定年税額を基礎とする方法

(1) 消費税の中間申告税額

(イ) 課税期間開始の日から同日以後6か月を経過した日の前日までの間に終了した1か月中間申告対象期間

直前の課税期間の確定申告書に記載すべき消費税額で、当該課税期間開始の日から6か月を経過した日の前日（当該課税期間の直前の課税期間の確定申告書の提出期限につき国税通則法第10条第2項の規定の適用がある場合には、同項により提出期限とみなされる日）までに確定したもの ÷ 直前の課税期間の月数 = 消費税の中間申告税額

(ロ) (イ)以外の1か月中間申告対象期間

直前の課税期間の確定申告書に記載すべき消費税額で、当該1か月中間申告対象期間の末日までに確定したもの ÷ 直前の課税期間の月数 = 消費税の中間申告税額

(2) 地方消費税の中間申告税額

(イ)又は(ロ)の消費税の中間申告税額 × $\dfrac{17}{63}$ = 地方消費税の中間申告税額

として申告・納付する方法（法42①、措令46の4①、地法72の87①）

② 仮決算を基礎とする方法

1か月中間申告対象期間を1課税期間とみなして、**第4章**の方法で計算した消費税相当額を消費税の中間申告税額とし、当該税額に63分の17を乗じた金額を地方消費税の中間申告税額として、申告・納付する方法（法43①、地法72の87①かっこ書）

※ この場合、確定申告とは異なり、控除不足額が発生しても還付されることはありません。

(2) 3か月中間申告対象期間（年3回）

課税期間開始の日以後3か月ごとに区分した各期間を「3か月中間申告対象期間」といいます。

中間申告書の申告・納付期限
(1) 3か月中間申告対象期間につき、当該3か月中間申告対象期間の末日の翌日から6か月以内
(2) 当該3か月中間申告対象期間が当該課税期間開始の日以後3か月ごとに区分された最初の3か月中間申告対象期間である場合、当該課税期間開始の日以後6か月を経過した日から3か月以内

方法

① 直前の課税期間の確定年税額を基礎とする方法
(1) 消費税の中間申告税額
　(イ) 課税期間開始の日以後最初の3か月中間申告対象期間

直前の課税期間の確定申告書に記載すべき消費税額で、当該課税期間開始の日から6か月を経過した日の前日（当該課税期間の直前の課税期間の確定申告書の提出期限につき国税通則法第10条第2項の規定の適用がある場合には、同項により提出期限とみなされる日）までに確定したもの ÷ 直前の課税期間の月数 × 3 ＝ 消費税の中間申告税額

　(ロ) (イ)以外の3か月中間申告対象期間

直前の課税期間の確定申告書に記載すべき消費税額で、当該3か月中間申告対象期間の末日までに確定したもの ÷ 直前の課税期間の月数 × 3 ＝ 消費税の中間申告税額

(2) 地方消費税の中間申告税額

(イ)又は(ロ)の消費税の中間申告税額 × $\dfrac{17}{63}$ ＝ 地方消費税の中間申告税額

として申告・納付する方法（法42④、措令46の4①、地法72の87①）

② 仮決算を基礎とする方法
3か月中間申告対象期間を1課税期間とみなして、**第4章**の方法で計算した消費税相当額を消費税の中間申告税額とし、当該税額に63分の17を乗じた金額を地方消費税の中間申告税額として、申告・納付する方法（法43①、地法72の87①かっこ書）
※ この場合、確定申告とは異なり、控除不足額が発生しても還付されることはありません。

(3) 6か月中間申告対象期間（年1回）

課税期間開始の日以後6か月の期間を「6か月中間申告対象期間」といいます。

| 中間申告書の申告・納付期限 | → | 6か月中間申告対象期間の末日の翌日から6か月以内 |

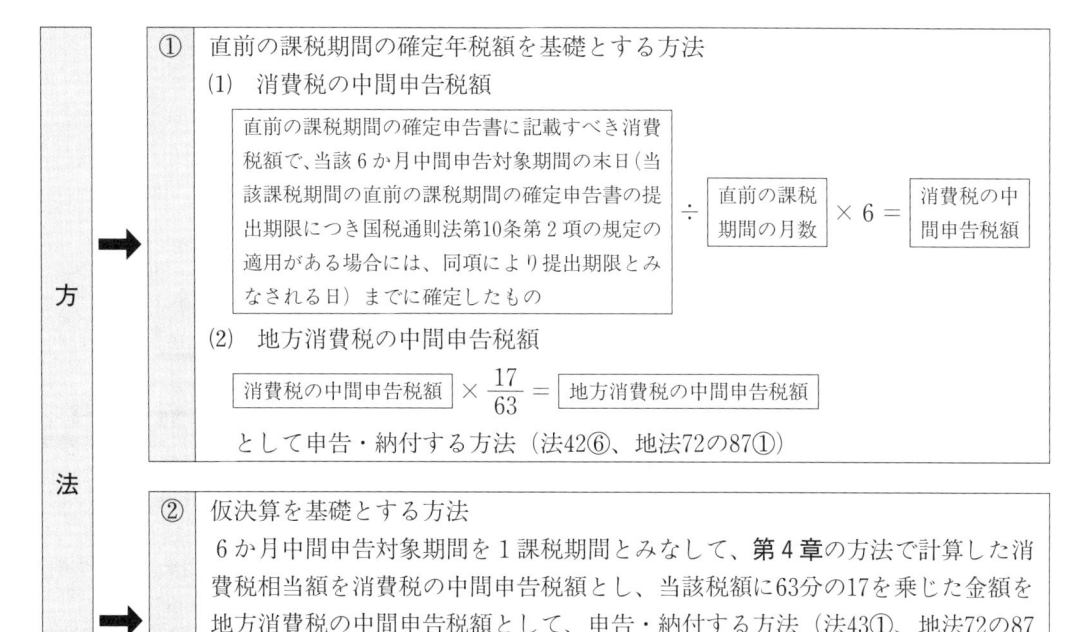

方法

① 直前の課税期間の確定年税額を基礎とする方法
  (1) 消費税の中間申告税額

  直前の課税期間の確定申告書に記載すべき消費税額で、当該6か月中間申告対象期間の末日（当該課税期間の直前の課税期間の確定申告書の提出期限につき国税通則法第10条第2項の規定の適用がある場合には、同項により提出期限とみなされる日）までに確定したもの $\div$ 直前の課税期間の月数 $\times 6 =$ 消費税の中間申告税額

  (2) 地方消費税の中間申告税額

  消費税の中間申告税額 $\times \dfrac{17}{63} =$ 地方消費税の中間申告税額

  として申告・納付する方法（法42⑥、地法72の87①）

② 仮決算を基礎とする方法

  6か月中間申告対象期間を1課税期間とみなして、**第4章**の方法で計算した消費税相当額を消費税の中間申告税額とし、当該税額に63分の17を乗じた金額を地方消費税の中間申告税額として、申告・納付する方法（法43①、地法72の87①かっこ書）

  ※ この場合、確定申告とは異なり、控除不足額が発生しても還付されることはありません。

第6章 国、地方公共団体等に対する課税の特例

事例46 〈特例法人の1か月中間申告対象期間〉

(1) 確定申告期限が課税期間終了後3か月以内となる法人の場合

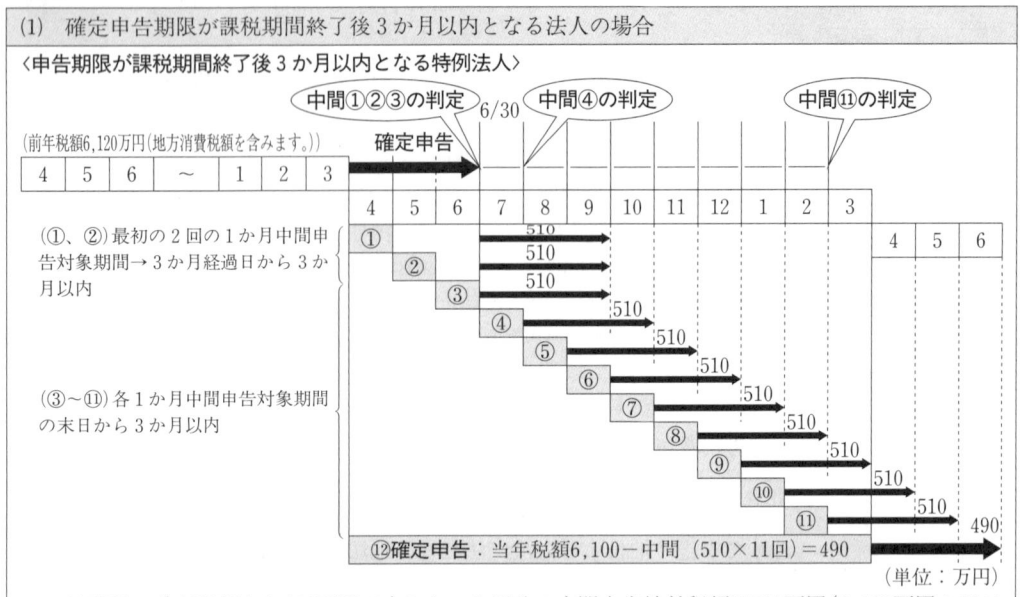

〈申告期限が課税期間終了後3か月以内となる特例法人〉

(前年税額6,120万円(地方消費税額を含みます。))

| 4 | 5 | 6 | ～ | 1 | 2 | 3 |

中間①②③の判定 6/30 確定申告
中間④の判定
中間⑪の判定

| 4 | 5 | 6 | 7 | 8 | 9 | 10 | 11 | 12 | 1 | 2 | 3 | 4 | 5 | 6 |

(①、②)最初の2回の1か月中間申告対象期間→3か月経過日から3か月以内

① 510
② 510
③ 510

(③～⑪)各1か月中間申告対象期間の末日から3か月以内

④ 510
⑤ 510
⑥ 510
⑦ 510
⑧ 510
⑨ 510
⑩ 510
⑪ 510
490

⑫確定申告：当年税額6,100－中間(510×11回)＝490

(単位：万円)

1 消費税の前年税額が6,120万円ですから、1回分の中間申告納付税額は510万円(6,120万円÷12×1＝510万円)になります。

2 9月末に、4月分、5月分及び6月分(510万円＋510万円＋510万円＝1,530万円)の中間申告納付を行います。

3 当年税額が、6,100万円ですから、6月末の確定申告では、490万円(6,100万円－510万円×11回＝490万円)納付することとなります。

(2) 確定申告期限が課税期間終了後4か月以内となる法人の場合

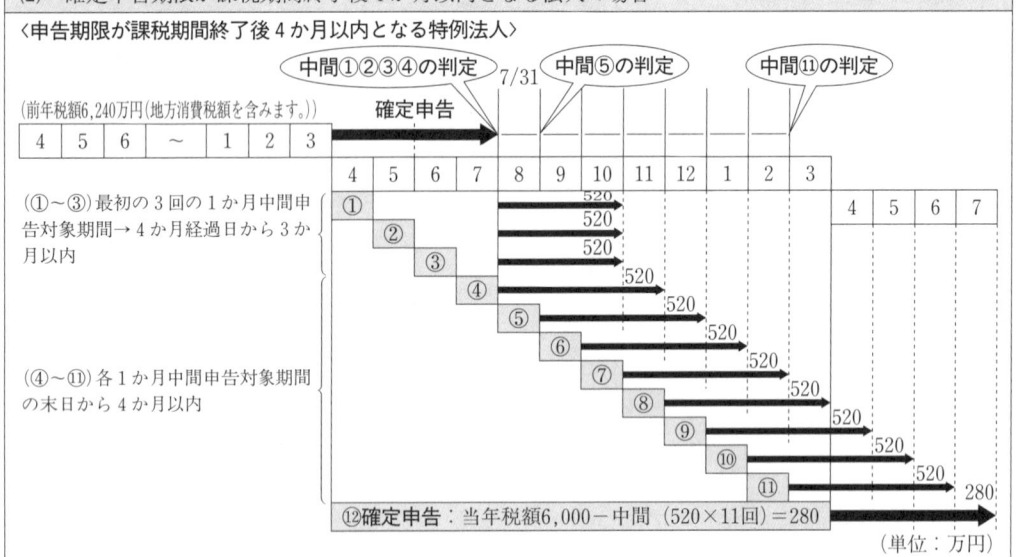

〈申告期限が課税期間終了後4か月以内となる特例法人〉

(前年税額6,240万円(地方消費税額を含みます。))

| 4 | 5 | 6 | ～ | 1 | 2 | 3 |

中間①②③④の判定 7/31 確定申告
中間⑤の判定
中間⑪の判定

| 4 | 5 | 6 | 7 | 8 | 9 | 10 | 11 | 12 | 1 | 2 | 3 | 4 | 5 | 6 | 7 |

(①～③)最初の3回の1か月中間申告対象期間→4か月経過日から3か月以内

① 520
② 520
③ 520
④ 520

(④～⑪)各1か月中間申告対象期間の末日から4か月以内

⑤ 520
⑥ 520
⑦ 520
⑧ 520
⑨ 520
⑩ 520
⑪ 520
280

⑫確定申告：当年税額6,000－中間(520×11回)＝280

(単位：万円)

1 消費税の前年税額が6,240万円ですから、1回分の中間申告納付税額は520万円(6,240万円÷12×1＝520万円)になります。

2 10月末に、4月分、5月分及び6月分(520万円＋520万円＋520万円＝1,560万円)の中間申告納付を行います。

3 当年税額が、6,000万円ですから、7月末の確定申告では、280万円(6,000万円－520万円×11回＝280万円)納付することとなります。

(3) 確定申告期限が課税期間終了後5か月以内となる法人の場合

〈申告期限が課税期間終了後5か月以内となる特例法人〉

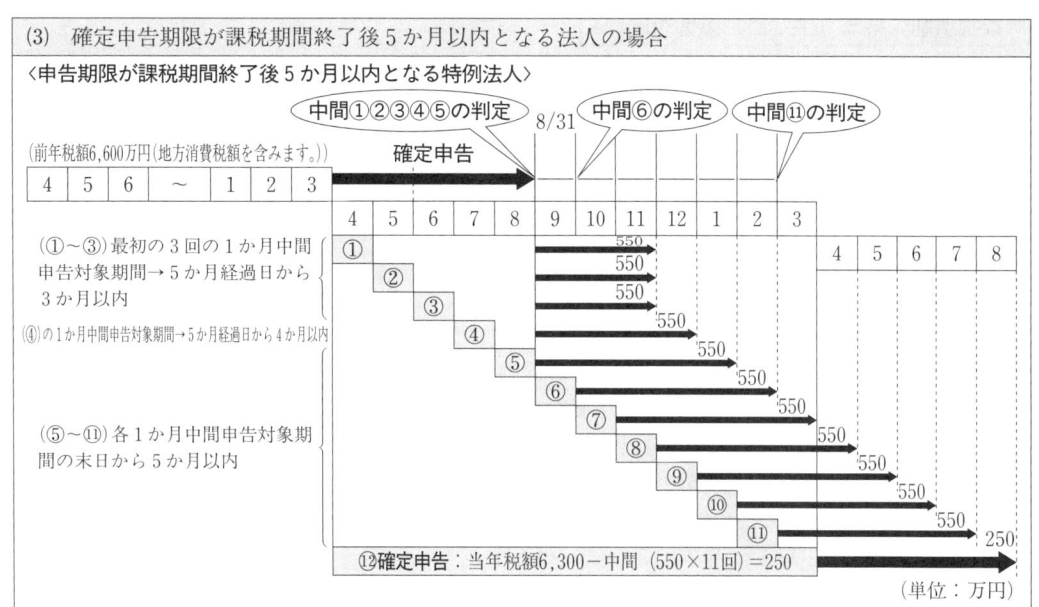

1. 消費税の前年税額が6,600万円ですから、1回分の中間申告納付税額は550万円(6,600万円÷12×1＝550万円)になります。
2. 11月末に、4月分、5月分及び6月分(550万円＋550万円＋550万円＝1,650万円)の中間申告納付を行います。
3. 当年税額が、6,300万円ですから、8月末の確定申告では、250万円(6,300万円－550万円×11回＝250万円)納付することとなります。

(4) 確定申告期限が課税期間終了後6か月以内となる法人の場合

〈申告期限が課税期間終了後6か月以内となる特例法人〉

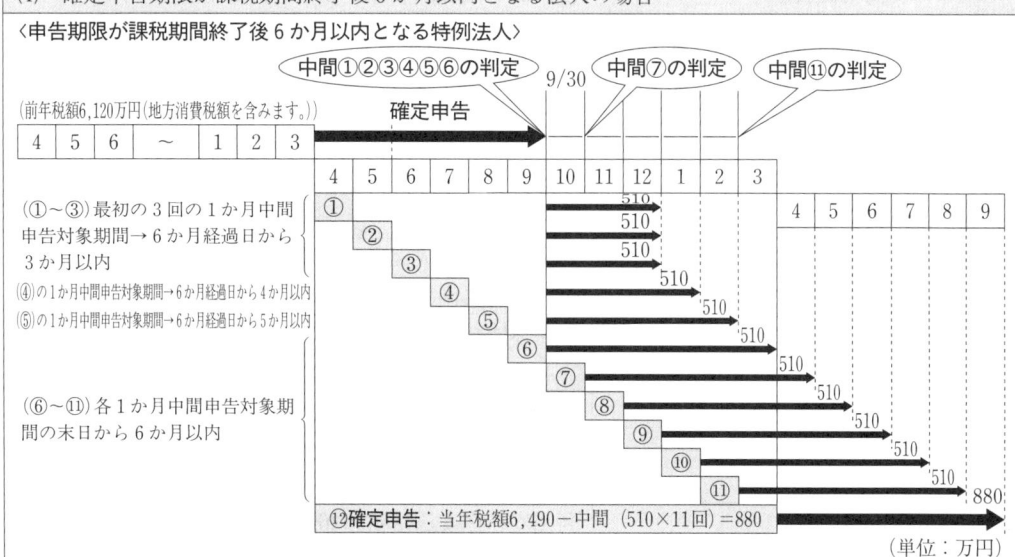

1. 消費税の前年税額が6,120万円ですから、1回分の中間申告納付税額は510万円(6,120万円÷12×1＝510万円)になります。
2. 12月末に、4月分、5月分及び6月分(510万円＋510万円＋510万円＝1,530万円)の中間申告納付を行います。
3. 当年税額が、6,490万円ですから、9月末の確定申告では、880万円(6,490万円－510万円×11回＝880万円)納付することとなります。

消費税法別表第三（第3条、第60条関係）

一 次の表に掲げる法人

名　　　称	根　　　拠　　　法
委託者保護基金	商品先物取引法（昭和25年法律第239号）
一般財団法人	一般社団法人及び一般財団法人に関する法律（平成18年法律第48号）
一般社団法人	
医療法人（医療法（昭和23年法律第205号）第42条の2第1項（社会医療法人）に規定する社会医療法人に限る。）	医療法
沖縄振興開発金融公庫	沖縄振興開発金融公庫法（昭和47年法律第31号）
貸金業協会	貸金業法（昭和58年法律第32号）
学校法人（私立学校法（昭和24年法律第270号）第64条第4項（専修学校及び各種学校）の規定により設立された法人を含む。）	私立学校法
株式会社国際協力銀行	会社法及び株式会社国際協力銀行法（平成23年法律第39号）
株式会社日本政策金融公庫	会社法及び株式会社日本政策金融公庫法（平成19年法律第57号）
企業年金基金	確定給付企業年金法（平成13年法律第50号）
企業年金連合会	
危険物保安技術協会	消防法（昭和23年法律第186号）
行政書士会	行政書士法（昭和26年法律第4号）
漁業共済組合	漁業災害補償法（昭和39年法律第158号）
漁業共済組合連合会	
漁業信用基金協会	中小漁業融資保証法（昭和27年法律第346号）
漁船保険組合	漁船損害等補償法（昭和27年法律第28号）
漁船保険中央会	
勤労者財産形成基金	勤労者財産形成促進法（昭和46年法律第92号）
軽自動車検査協会	道路運送車両法
健康保険組合	健康保険法
健康保険組合連合会	
原子力損害賠償支援機構	原子力損害賠償支援機構法（平成23年法律第94号）
原子力発電環境整備機構	特定放射性廃棄物の最終処分に関する法律（平成12年法律第117号）
高圧ガス保安協会	高圧ガス保安法（昭和26年法律第204号）
広域臨海環境整備センター	広域臨海環境整備センター法（昭和56年法律第76号）
公益財団法人	一般社団法人及び一般財団法人に関する法律及び公益社団法人及び公益財団法人の認定等に関する法律（平成18年法律第49号）
公益社団法人	
更生保護法人	更生保護事業法
港務局	港湾法（昭和25年法律第218号）

小型船舶検査機構	船舶安全法（昭和8年法律第11号）
国家公務員共済組合	国家公務員共済組合法
国家公務員共済組合連合会	
国民健康保険組合	国民健康保険法
国民健康保険団体連合会	
国民年金基金	国民年金法（昭和34年法律第141号）
国民年金基金連合会	
国立大学法人	国立大学法人法（平成15年法律第112号）
市街地再開発組合	都市再開発法（昭和44年法律第38号）
自動車安全運転センター	自動車安全運転センター法（昭和50年法律第57号）
司法書士会	司法書士法（昭和25年法律第197号）
社会福祉法人	社会福祉法
社会保険診療報酬支払基金	社会保険診療報酬支払基金法（昭和23年法律第129号）
社会保険労務士会	社会保険労務士法（昭和43年法律第89号）
宗教法人	宗教法人法（昭和26年法律第126号）
住宅街区整備組合	大都市地域における住宅及び住宅地の供給の促進に関する特別措置法（昭和50年法律第67号）
酒造組合	酒税の保全及び酒類業組合等に関する法律
酒造組合中央会	
酒造組合連合会	
酒販組合	
酒販組合中央会	
酒販組合連合会	
商工会	商工会法（昭和35年法律第89号）
商工会議所	商工会議所法（昭和28年法律第143号）
商工会連合会	商工会法
商工組合（組合員に出資をさせないものに限る。）	中小企業団体の組織に関する法律（昭和32年法律第185号）
商工組合連合会（会員に出資をさせないものに限る。）	
商品先物取引協会	商品先物取引法
消防団員等公務災害補償等共済基金	消防団員等公務災害補償等責任共済等に関する法律（昭和31年法律第107号）
職員団体等（法人であるものに限る。）	職員団体等に対する法人格の付与に関する法律（昭和53年法律第80号）
職業訓練法人	職業能力開発促進法（昭和44年法律第64号）
信用保証協会	信用保証協会法（昭和28年法律第196号）
水害予防組合	水害予防組合法（明治41年法律第50号）
水害予防組合連合	
生活衛生同業組合（組合員に出資をさせないものに限る。）	生活衛生関係営業の運営の適正化及び振興に関する法律（昭和32年法律第164号）
生活衛生同業組合連合会（会員に出資をさせないものに限る。）	

税理士会	税理士法
石炭鉱業年金基金	石炭鉱業年金基金法（昭和42年法律第135号）
船員災害防止協会	船員災害防止活動の促進に関する法律（昭和42年法律第61号）
全国健康保険協会	健康保険法
全国市町村職員共済組合連合会	地方公務員等共済組合法
全国社会保険労務士会連合会	社会保険労務士法
全国農業会議所	農業委員会等に関する法律（昭和26年法律第88号）
損害保険料率算出団体	損害保険料率算出団体に関する法律（昭和23年法律第193号）
大学共同利用機関法人	国立大学法人法
地方競馬全国協会	競馬法（昭和23年法律第158号）
地方公共団体金融機構	地方公共団体金融機構法（平成19年法律第64号）
地方公共団体情報システム機構	地方公共団体情報システム機構法（平成25年法律第29号）
地方公務員共済組合	地方公務員等共済組合法
地方公務員共済組合連合会	
地方公務員災害補償基金	地方公務員災害補償法（昭和42年法律第121号）
地方住宅供給公社	地方住宅供給公社法（昭和40年法律第124号）
地方道路公社	地方道路公社法（昭和45年法律第82号）
地方独立行政法人	地方独立行政法人法（平成15年法律第118号）
中央職業能力開発協会	職業能力開発促進法
中央労働災害防止協会	労働災害防止団体法（昭和39年法律第118号）
中小企業団体中央会	中小企業等協同組合法（昭和24年法律第181号）
投資者保護基金	金融商品取引法
独立行政法人（所得税法別表第一の独立行政法人の項に規定するものに限る。）	独立行政法人通則法（平成11年法律第103号）及び同法第1条第1項（目的等）に規定する個別法
土地開発公社	公有地の拡大の推進に関する法律（昭和47年法律第66号）
土地改良区	土地改良法（昭和24年法律第195号）
土地改良区連合	
土地改良事業団体連合会	
土地家屋調査士会	土地家屋調査士法（昭和25年法律第228号）
土地区画整理組合	土地区画整理法（昭和29年法律第119号）
都道府県職業能力開発協会	職業能力開発促進法
都道府県農業会議	農業委員会等に関する法律
日本行政書士会連合会	行政書士法
日本勤労者住宅協会	日本勤労者住宅協会法（昭和41年法律第133号）
日本下水道事業団	日本下水道事業団法（昭和47年法律第41号）
日本公認会計士協会	公認会計士法（昭和23年法律第103号）
日本司法支援センター	総合法律支援法（平成16年法律第74号）
日本司法書士会連合会	司法書士法
日本商工会議所	商工会議所法

日本消防検定協会	消防法
日本私立学校振興・共済事業団	日本私立学校振興・共済事業団法（平成9年法律第48号）
日本税理士会連合会	税理士法
日本赤十字社	日本赤十字社法（昭和27年法律第305号）
日本中央競馬会	日本中央競馬会法（昭和29年法律第205号）
日本電気計器検定所	日本電気計器検定所法（昭和39年法律第150号）
日本土地家屋調査士会連合会	土地家屋調査士法
日本年金機構	日本年金機構法（平成19年法律第109号）
日本弁護士連合会	弁護士法（昭和24年法律第205号）
日本弁理士会	弁理士法（平成12年法律第49号）
日本放送協会	放送法（昭和25年法律第132号）
日本水先人会連合会	水先法（昭和24年法律第121号）
認可金融商品取引業協会	金融商品取引法
農業共済組合	農業災害補償法（昭和22年法律第185号）
農業共済組合連合会	
農業協同組合中央会	農業協同組合法（昭和22年法律第132号）
農業協同組合連合会（所得税法別表第一の農業協同組合連合会の項に規定するものに限る。）	
農業信用基金協会	農業信用保証保険法（昭和36年法律第204号）
農水産業協同組合貯金保険機構	農水産業協同組合貯金保険法（昭和48年法律第53号）
負債整理組合	農村負債整理組合法（昭和8年法律第21号）
弁護士会	弁護士法
保険契約者保護機構	保険業法（平成7年法律第105号）
水先人会	水先法
輸出組合（組合員に出資をさせないものに限る。）	輸出入取引法（昭和27年法律第299号）
輸入組合（組合員に出資をさせないものに限る。）	
預金保険機構	預金保険法（昭和46年法律第34号）
労働組合（法人であるものに限る。）	労働組合法（昭和24年法律第174号）
労働災害防止協会	労働災害防止団体法

(注1) 地方自治法第260条の2第1項の認可を受けた地縁による団体は、消費税法その他消費税に関する法令の規定の適用については、一に掲げる法人とみなす。（同法260の2⑰）
(注2) 建物の区分所有等に関する法律第47条第2項に規定する管理組合法人は、消費税法その他消費税に関する法令の規定の適用については、一に掲げる法人とみなす。（同法47⑭）
(注3) 政党交付金の交付を受ける政党等に対する法人格の付与に関する法律第3条に規定する法人である政党等は、消費税法その他消費税に関する法令の適用については、一に掲げる法人とみなす。（同法13②）
(注4) 特定非営利活動促進法第2条第2項に規定する特定非営利活動法人は、消費税法その他消費税に関する法令の規定の適用については、一に掲げる法人とみなす。（同法70②）
(注5) 厚生年金保険制度及び農林漁業団体職員共済組合制度の統合を図るための農林漁業団体職員共済組合法等を廃止する等の法律附則第25条第3項に規定する存続組合は、消費税法その他消費税に関

する法令の規定の適用については、一に掲げる法人とみなす。(同法附則111)
(注6) マンションの建替えの円滑化等に関する法律第6条に規定するマンション建替組合は、消費税法その他の消費税に関する法令の規定の適用については、一に掲げる法人とみなす。(同法44②)
(注7) 密集市街地における防災街区の整備の促進に関する法律第133条第1項に規定する防災街区整備事業組合は、消費税法その他消費税に関する法令の規定の適用については、一に掲げる法人とみなす。(同法164の2②)
(注8) 一般社団法人及び一般財団法人に関する法律及び公益社団法人及び公益財団法人の認定等に関する法律の施行に伴う関係法令の整備等に関する法律(以下この項において「整備法」という。)第2条第1項に規定する旧有限責任中間法人で整備法第3条第1項本文の規定の適用を受けるもの及び整備法第25条第2項に規定する特例無限責任中間法人は消費税法別表三第一号の表に掲げる一般社団法人に、整備法第42条第2項に規定する特例民法法人は、消費税法別表三第一号の表に掲げる一般社団法人又は一般財団法人に、それぞれ該当するものとする。
(注9) 地方公務員等共済組合法の一部を改正する法律(平成23年法律第56号)附則第23条に規定する存続共済会は、消費税法その他消費税に関する法令の規定の適用については、一に掲げる法人とみなす。(同法附則48)

二 外国若しくは外国の地方公共団体又は外国に本店若しくは主たる事務所を有する法人で前号の表に掲げる法人のうちいずれかのものに準ずるものとして政令で定めるところにより財務大臣が指定したもの。

第7章

帳簿書類等の保存

　納付すべき消費税額は、国内において行った資産の譲渡等及び課税仕入れ等を基にして計算する関係で、これらの取引内容を明らかにしておくため、一定の事項を記載した帳簿書類等の保存義務が課されています。

　また、課税仕入れ等の実額により仕入控除税額を計算する場合は、課税仕入れ等について一定の事項を記載した帳簿及び請求書等を保存しないと、税額控除が認められないことになっています。

　この章では、こうした保存すべき帳簿書類等について説明します。

1　資産の譲渡等に関する記録事項（法58、令71①、規27①一）

　事業者（第2章により納税義務が免除される事業者を除きます。）は、帳簿を備え、国内において行った資産の譲渡等について次の事項を整然と、かつ明瞭に記録しなければなりません。

国内において行った資産の譲渡等について記録すべき事項		
	1	資産の譲渡等の相手方の氏名又は名称
	2	資産の譲渡等を行った年月日
	3	資産の譲渡等に係る資産又は役務の内容（簡易課税制度の適用を受ける事業者は、課税資産の譲渡等（輸出免税等分を除きます。）について、第一種事業から第五種事業までの事業の種類を含みます。）
	4	資産の譲渡等の対価の額（消費税額及び地方消費税額に相当する額を含みます。）

(1)　記録の省略の特例（法30⑨一、令49④、規27②）

　次の事業を営む事業者は、「資産の譲渡等の相手方の氏名又は名称」の記録を省略することができます。

(イ)	小売業、飲食店業、写真業及び旅行業
(ロ)	道路運送法第3条第1号ハ《種類》に規定する一般乗用旅客自動車運送事業（当該一般乗用旅客自動車運送事業として行う旅客の運送の引受けが営業所のみにおいて行われるものとして同法第9条の3第1項《一般乗用旅客自動車運送業の運賃及び料金》の国土交通大臣の認可を受けた運賃及び料金が適用されるものを除きます。）
(ハ)	駐車場業（不特定かつ多数の者に自動車その他の車両の駐車のための場所を提供するものに限られます。）
(ニ)	(イ)〜(ハ)の事業に準ずる事業で不特定かつ多数の者に資産の譲渡等を行うもの

→ 資産の譲渡等の相手方の氏名又は名称の記録を省略可能

(2)　記録方法の特例（規27③）

小売業その他これに準ずる事業で不特定かつ多数の者に資産の譲渡等を行う事業者の現金売上げ	→	課税資産の譲渡等（簡易課税制度の適用を受ける事業者は、第一種事業から第五種事業までの事業の種類ごとの課税資産の譲渡等）と課税資産の譲渡等以外の資産の譲渡等に区分した日々の現金売上げのそれぞれの総額によることができます。

2　対価の返還等に関する記録事項（法58、令58①、71①、規27①二）

　事業者（第2章により納税義務が免除される事業者を除きます。）は、帳簿を備え、国内において行った資産の譲渡等に係る対価の返還等について、次の事項を整然と、かつ明瞭に記録しなければなりません。

国内において行った資産の譲渡等に係る対価の返還等について記録すべき事項		
	1	資産の譲渡等に係る対価の返還等を受けた者の氏名又は名称
	2	資産の譲渡等に係る対価の返還等をした年月日
	3	資産の譲渡等に係る対価の返還等の内容
	4	資産の譲渡等に係る対価の返還等をした金額

※ 資産の譲渡等に係る対価の返還等とは、資産の譲渡等につき、返品を受け又は値引き若しくは割戻しをしたことにより、当該資産の譲渡等の対価の額の全部若しくは一部の返還又は当該資産の譲渡等の対価の額に係る売掛金その他の債権の額の全部若しくは一部の減額をすることをいいます。

(1) **記録の省略の特例**（法30⑨一、令49④、規27②）

次の事業を営む事業者は、「資産の譲渡等に係る対価の返還等を受けた者の氏名又は名称」の記録を省略することができます。

(イ)	小売業、飲食店業、写真業及び旅行業
(ロ)	道路運送法第3条第1号ハ《種類》に規定する一般乗用旅客自動車運送事業（当該一般乗用旅客自動車運送事業として行う旅客の運送の引受けが営業所のみにおいて行われるものとして同法第9条の3第1項《一般乗用旅客自動車運送業の運賃及び料金》の国土交通大臣の認可を受けた運賃及び料金が適用されるものを除きます。）
(ハ)	駐車場業（不特定かつ多数の者に自動車その他の車両の駐車のための場所を提供するものに限られます。）
(ニ)	(イ)〜(ハ)の事業に準ずる事業で不特定かつ多数の者に資産の譲渡等を行うもの

→ 資産の譲渡等に係る対価の返還等を受けた者の氏名又は名称の記録の省略可能

(2) **簡易課税制度の適用を受ける事業者の特例**（規17⑤）

仕入控除税額の計算を**第4章第5節**の簡易課税制度により行う場合は、売上げに係る対価の返還等については、第一種事業から第五種事業までの事業の種類を付記する必要があります。

簡易課税制度の適用を受ける事業者の売上げに係る対価の返還等（国内において行われた課税資産の譲渡等（免税となるものを除きます。）の対価の額の返還等	→	第一種事業から第五種事業までの事業の種類を付記

(3) **帳簿記録がない場合の税額控除の不適用**（法38②）

第4章第6節の「売上げに係る対価の返還等をした場合の消費税額の控除」を受けるためには、この2に掲げた事項を記録した帳簿の保存が要件となっています。

売上げに係る対価の返還等について帳簿への記録保存がない場合	→	その記録保存がない部分の売上げに係る対価の返還等に係る消費税は、控除できません。

※ ただし、災害その他やむを得ない事情により当該保存をすることができなかったことを当該事業者において証明した場合は、この限りではありません。

3 課税仕入れ等に係る帳簿及び請求書等の保存（法30⑦⑧⑨、令49⑤）

仕入控除税額の計算を課税仕入れ等の実額を基に行う場合は、次に掲げる事項を記載した帳簿及び次に掲げる事項が記載された請求書等の保存が必要です。

第7章　帳簿書類等の保存

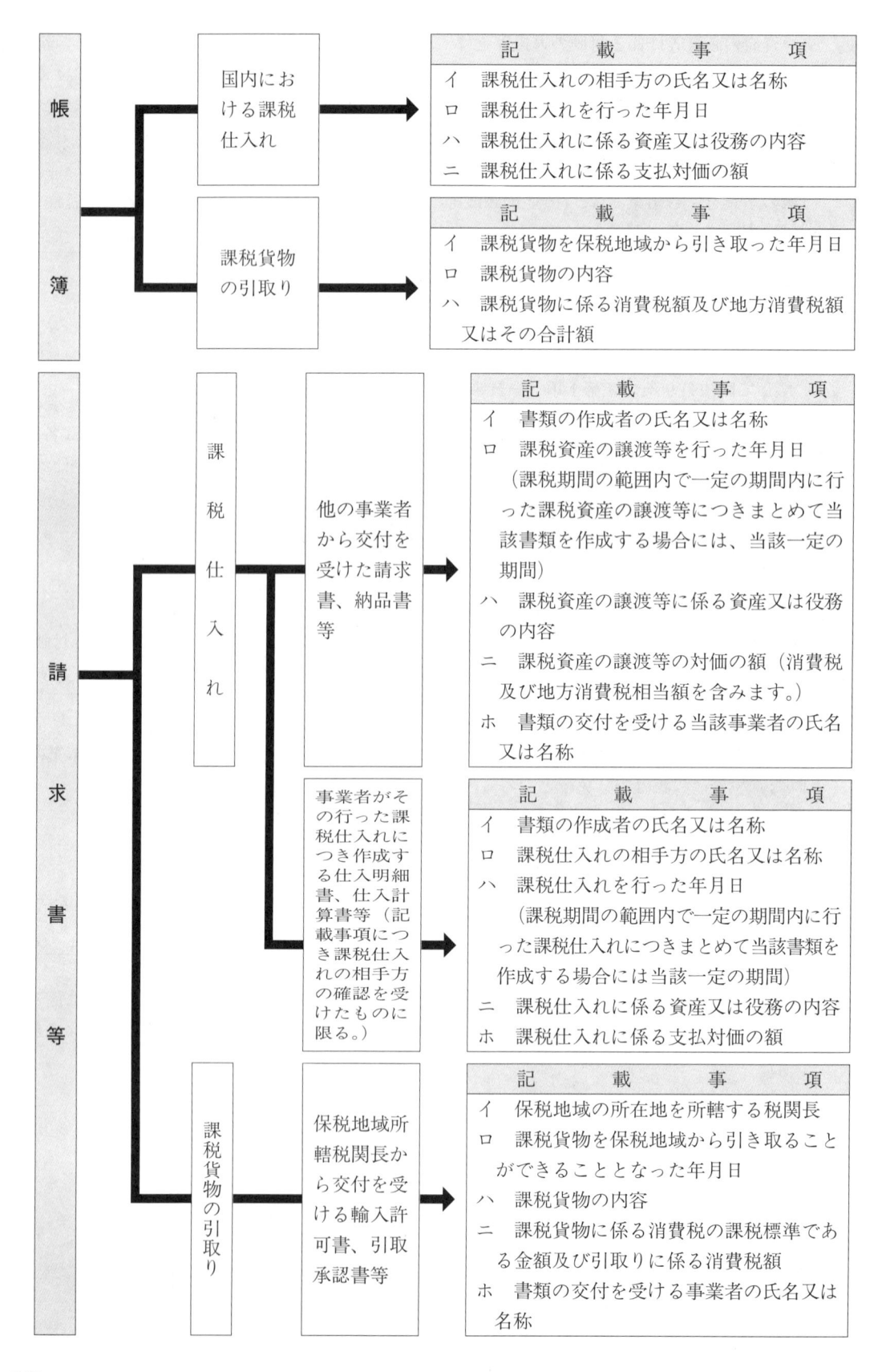

帳簿

国内における課税仕入れ

記載事項
- イ　課税仕入れの相手方の氏名又は名称
- ロ　課税仕入れを行った年月日
- ハ　課税仕入れに係る資産又は役務の内容
- ニ　課税仕入れに係る支払対価の額

課税貨物の引取り

記載事項
- イ　課税貨物を保税地域から引き取った年月日
- ロ　課税貨物の内容
- ハ　課税貨物に係る消費税額及び地方消費税額又はその合計額

請求書等

課税仕入れ

他の事業者から交付を受けた請求書、納品書等

記載事項
- イ　書類の作成者の氏名又は名称
- ロ　課税資産の譲渡等を行った年月日
  （課税期間の範囲内で一定の期間内に行った課税資産の譲渡等につきまとめて当該書類を作成する場合には、当該一定の期間）
- ハ　課税資産の譲渡等に係る資産又は役務の内容
- ニ　課税資産の譲渡等の対価の額（消費税及び地方消費税相当額を含みます。）
- ホ　書類の交付を受ける当該事業者の氏名又は名称

事業者がその行った課税仕入れにつき作成する仕入明細書、仕入計算書等（記載事項につき課税仕入れの相手方の確認を受けたものに限る。）

記載事項
- イ　書類の作成者の氏名又は名称
- ロ　課税仕入れの相手方の氏名又は名称
- ハ　課税仕入れを行った年月日
  （課税期間の範囲内で一定の期間内に行った課税仕入れにつきまとめて当該書類を作成する場合には当該一定の期間）
- ニ　課税仕入れに係る資産又は役務の内容
- ホ　課税仕入れに係る支払対価の額

課税貨物の引取り

保税地域所轄税関長から交付を受ける輸入許可書、引取承認書等

記載事項
- イ　保税地域の所在地を所轄する税関長
- ロ　課税貨物を保税地域から引き取ることができることとなった年月日
- ハ　課税貨物の内容
- ニ　課税貨物に係る消費税の課税標準である金額及び引取りに係る消費税額
- ホ　書類の交付を受ける事業者の氏名又は名称

(1) **請求書等の保存がない場合等の特例**（法30⑦かっこ書、令49①）

| 課税仕入れに係る支払対価の額の合計額（1回の取引の課税仕入れに係る税込みの金額）が3万円未満である場合 | → | 帳簿の保存だけで当該課税仕入れにつき仕入税額控除が認められます。 |

課税仕入れに係る支払対価の額の合計額が3万円以上である場合
　　　　＋
請求書等の交付を受けなかったことにつきやむを得ない理由があるとき
　　　　＋
① 当該やむを得ない理由
② 当該課税仕入れの相手方の住所又は所在地
を帳簿に記載したとき

→ 帳簿の保存だけで当該課税仕入れにつき仕入税額控除が認められます。

※　「請求書等の交付を受けなかったことにつきやむを得ない理由があるとき」とは、次の場合をいいます。（基通11－6－3）
(1) 自動販売機を利用して課税仕入れを行った場合
(2) 入場券、乗車券、搭乗券等のように課税仕入れに係る証明書類が資産の譲渡等を受ける時に資産の譲渡等を行う者により回収されることとなっている場合
(3) 課税仕入れを行った者が課税仕入れの相手方に請求書等の交付を請求したが、交付を受けられなかった場合
(4) 課税仕入れを行った場合において、その課税仕入れを行った課税期間の末日までにその支払対価の額が確定していない場合
　　　なお、この場合には、その後支払対価の額が確定した時に課税仕入れの相手方から請求書等の交付を受け保存するものとする。
(5) その他、これらに準ずる理由により請求書等の交付を受けられなかった場合

※　請求書等の交付を受けなかったことにつきやむを得ない理由がある場合であっても、当該課税仕入れの相手方が次の者であるときは、帳簿に当該課税仕入れの相手方の住所又は所在地を記載する必要はありません。（基通11－6－4）
(1) 汽車、電車、乗合自動車、船舶又は航空機に係る旅客運賃（料金を含む。）を支払って役務の提供を受けた場合の一般乗合旅客自動車運送事業者又は航空運送事業者
(2) 郵便役務の提供を受けた場合の当該郵便役務の提供を行った者
(3) 課税仕入れに該当する出張旅費、宿泊費、日当及び通勤手当（以下「出張旅費等」という。）を支払った場合の当該出張旅費等を受領した使用人等
(4) 再生資源卸売業その他不特定かつ多数の者から課税仕入れを行う事業で再生資源卸売業に準ずるものに係る課税仕入れを行った場合の当該課税仕入れの相手方

(2) 帳簿記載省略の特例 （令49②）

再生資源卸売業その他不特定かつ多数の者から課税仕入れを行う事業で再生資源卸売業に準ずるもの	→	課税仕入れに係る帳簿の記載事項のうち「課税仕入れの相手方の氏名又は名称」の記載を省略することができます。

(3) 媒介、取次ぎによる場合の特例 （法30⑨一かっこ書、令49③）

卸売市場においてせり売又は入札の方法により行われる課税仕入れその他の媒介又は取次ぎに係る業務を行う者を介して行われる課税仕入れ	→	課税仕入れに係る帳簿の記載事項のうち「課税仕入れの相手方の氏名又は名称」に代えて、「媒介又は取次ぎに係る業務を行う者の氏名又は名称」とすることができます。
	→	請求書等は当該媒介又は取次ぎに係る業務を行う者から交付を受けたものを保存します。

(4) 請求書等の記載事項の一部不要の特例 （法30⑨一、令49④）

次の事業を営む事業者の課税仕入れに係る請求書等については「書類の交付を受ける当該事業者の氏名又は名称」が記載されていなくても差し支えありません。

(イ)	小売業、飲食店業、写真業及び旅行業	
(ロ)	道路運送法第3条第1号ハ《種類》に規定する一般乗用旅客自動車運送事業（当該一般乗用旅客自動車運送事業として行う旅客の運送の引受けが営業所のみにおいて行われるものとして同法第9条の3第1項《一般乗用旅客自動車運送業の運賃及び料金》の国土交通大臣の認可を受けた運賃及び料金が適用されるものを除きます。）	「書類の交付を受ける当該事業者の氏名又は名称」が記載されていない請求書等でも可
(ハ)	駐車場業（不特定かつ多数の者に自動車その他の車両の駐車のための場所を提供するものに限られます。）	
(ニ)	(イ)から(ハ)までに掲げる事業に準ずる事業で不特定かつ多数の者に資産の譲渡等を行うもの	

(5) 帳簿及び請求書等がない場合の税額控除の不適用 （法30⑦）

第4章第3節の仕入税額控除の適用を受けるためには、この3に掲げた帳簿及び請求書等の保存が要件となっています。

課税仕入れ又は保税地域からの課税貨物の引取りについて、帳簿又は請求書等のいずれかの保存がない場合	→	(1)、(2)の場合を除いてその保存がない課税仕入れ又は課税貨物に係る消費税額は控除できません。

※ ただし、災害その他やむを得ない事情により、当該保存をすることができなかったことを当該事業者において証明した場合は、この限りではありません。

4 仕入れに係る対価の返還等に関する記録事項 （法58、令71①、規27①三、④）

事業者（第2章により納税義務が免除される事業者を除きます。）は、帳簿を備え、**第4章第4節**の仕入れに係る対価の返還等について次の事項を整然と、かつ明瞭に記録しなければなりません。

国内において行った課税仕入れに係る対価の返還等につき記録すべき事項 →	1	仕入れに係る対価の返還等をした者の氏名又は名称
	2	仕入れに係る対価の返還等を受けた年月日
	3	仕入れに係る対価の返還等の内容
	4	仕入れに係る対価の返還等を受けた金額

簡易課税制度の適用を受ける課税期間については、これらの事項の記録を省略できます。

5 課税貨物に係る消費税額の還付に関する記録事項 （法58、令71①、規27①四、④）

事業者（第2章により納税義務が免除される事業者を除きます。）は、帳簿を備え、保税地域から引き取った課税貨物に係る消費税額の全部又は一部につき、法律の規定により還付を受ける場合における次の事項を整然と、かつ、明瞭に記録しなければなりません。

課税貨物に係る消費税額の還付につき記録すべき事項 →	1	保税地域の所在地を所轄する税関
	2	当該還付を受けた年月日
	3	課税貨物の内容
	4	当該還付を受けた消費税額

簡易課税制度の適用を受ける課税期間については、これらの事項の記録を省略できます。

6 貸倒れの事実に関する記録事項 （法58、令71①、規27①五）

第4章第7節による貸倒れに係る消費税額の控除を受ける事業者（第2章により納税義務が免除される事業者を除きます。）は、帳簿を備え、貸倒れに係る次の事項を整然と、かつ、明瞭に記録しなければなりません。

貸倒れに関して記録すべき事項 →	1	貸倒れの相手方の氏名又は名称
	2	貸倒れがあった年月日
	3	貸倒れに係る課税資産の譲渡等に係る資産又は役務の内容
	4	貸倒れにより領収をすることができなくなった金額

また、貸倒れに係る消費税額の控除は、貸倒れの事実が生じたことを証する書類を保存する必要があります。（法39②）

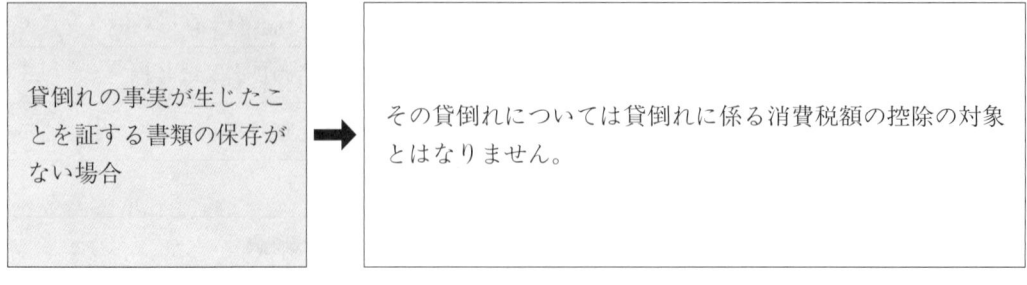

貸倒れの事実が生じたことを証する書類の保存がない場合	→	その貸倒れについては貸倒れに係る消費税額の控除の対象とはなりません。

※ ただし、災害その他やむを得ない事情により当該保存をすることができなかったことを当該事業者において証明した場合は、この限りではありません。

7 納税義務の免除を受けないこととなった場合等の棚卸資産に関する記録事項

（法36②、令54③）

納税義務の免除を受けなくなる場合等**第4章第4節**により棚卸資産に係る課税仕入れ等の税額の加算調整を行う場合は、その棚卸資産の品名及び数量並びにその棚卸資産の取得に要した費用の額の明細書を作成・保存する必要があります。

棚卸資産に係る明細書がない場合	→	その棚卸資産に係る消費税額について、**第4章第4節**による仕入控除税額への加算調整はできません。

※ ただし、災害その他やむを得ない事情により当該保存をすることができなかったことを当該事業者において証明した場合は、この限りではありません。

8 国、地方公共団体等の特定収入等に関する記録事項の特例（令77、規30）

国、地方公共団体、法別表第三に掲げる法人及び人格のない社団等（**第2章**による納税義務が免税される事業者を除きます。）は、特定収入等について、次の事項を併せて記録しておく必要があります。

特定収入等に関して記録すべき事項	→	1	特定収入等（資産の譲渡等の対価以外の収入をいいます。）に係る相手方の氏名又は名称
		2	特定収入等を受けた年月日
		3	特定収入等の内容
		4	特定収入等の金額
		5	特定収入等の使途

※ 特定収入等に係る相手方が不特定かつ多数であるときは、1の事項の記録を省略することができます。

9 帳簿、請求書等の保存期間（令50、54③⑤、58②③、71②③、規15の3）

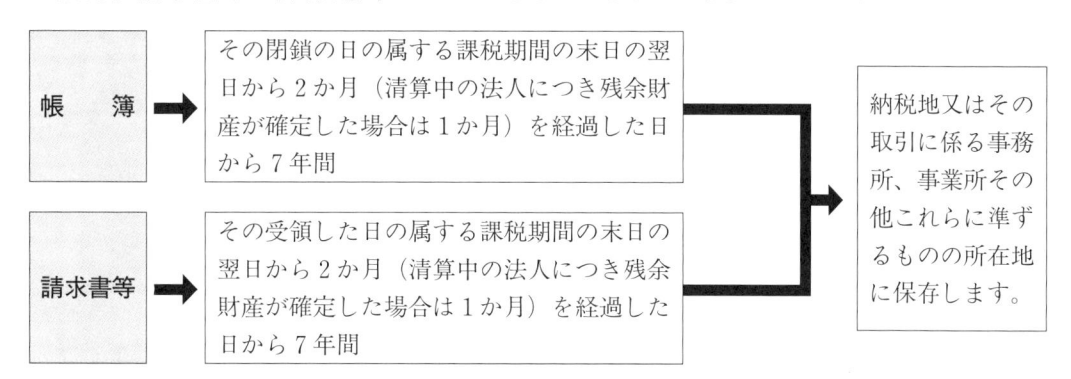

帳簿	→	その閉鎖の日の属する課税期間の末日の翌日から2か月（清算中の法人につき残余財産が確定した場合は1か月）を経過した日から7年間	→	納税地又はその取引に係る事務所、事業所その他これらに準ずるものの所在地に保存します。
請求書等	→	その受領した日の属する課税期間の末日の翌日から2か月（清算中の法人につき残余財産が確定した場合は1か月）を経過した日から7年間	→	

※ 課税仕入れに係る帳簿及び請求書等については、いずれか一方を7年間保存する場合は、他の一方は5年間保存することで差し支えありません。

※ 個人事業者の各年の12月31日を含む課税期間に係るものは、申告期限の翌日から7年間保存することになります。（措法86の4②、措令46の4）

※ 5年経過後は、日本工業規格B七一八六に規定する基準を満たすマイクロフィルムリーダ又はマイクロフィルムリーダプリンタを設置し、かつ、当該帳簿等が撮影された次に掲げる要件を満たすマイクロフィルムにより保存する方法でもよいことになっています。(昭和63年大蔵省告示第187号)

① 日本工業規格K七五五八（一九八六）2《安全性》に規定する安全性の基準を満たす材質であること

② 日本工業規格Z六〇〇一附属書A2《文書用マイクロフィッシュの実用品位数》に規定する方法により求めた実用品位数の値が11以上であること

③ 日本工業規格B七一八七8《処理、品質及び保存方法》の背景濃度の値が0.7以上1.5以下であること

④ 日本工業規格Z六〇〇八4《解像力の試験》の規定により求めた解像力の値が1ミリメートルにつき110本以上であること

⑤ 次に掲げる事項が記載された書面が撮影されていること
　イ　事業者の帳簿等の保存に関する事務の責任者の当該帳簿等が真正に撮影された旨を証する記載及び記名押印
　ロ　撮影者の記名押印
　ハ　撮影年月日

> 輸出等により免税とするためにも一定の証明が必要ですが、これについては**第1章第6節**を参照してください。

第8章

保税地域から引き取る　　課税貨物に対する消費税

　第1章から第7章までは、国内において事業者が行う資産の譲渡等を対象とする消費税について説明してきましたが、消費税には、もう一つ課税の対象があります。それは、保税地域から引き取る外国貨物に対する消費税です。
　ここでは、この保税地域から引き取る外国貨物に係る消費税についてまとめて説明します。

1 納税義務者及び課税の対象

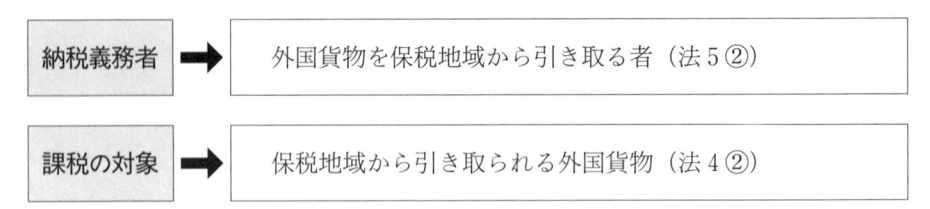

| 納税義務者 | → | 外国貨物を保税地域から引き取る者（法5②） |

| 課税の対象 | → | 保税地域から引き取られる外国貨物（法4②） |

※ 外国貨物…関税法第2条第1項第3号に規定する外国貨物をいいます。（法2①十）

2 非課税 （法6②、法別表第二）

保税地域から引き取られる外国貨物のうち、次のものは、消費税は課されません。

非課税となる外国貨物	有価証券等（**第1章第5節2**の「有価証券等及び支払手段関係」で非課税となるものをいいます。）
	郵便切手類（**第1章第5節4①**で非課税となる郵便切手類をいいます。）
	印　　紙（**第1章第5節4②**で非課税となる印紙をいいます。）
	証　　紙（**第1章第5節4③**で非課税となる証紙をいいます。）
	物品切手等（**第1章第5節4④**で非課税となる物品切手等をいいます。）
	身体障害者用物品（**第1章第5節10**で非課税となる身体障害者用物品をいいます。）
	教科用図書（**第1章第5節12**で非課税となる教科用図書をいいます。）

※ 保税地域から引き取られる外国貨物のうち、非課税となるもの以外のものを課税貨物といいます。（法2①十一）

3 免　税

保税地域から引き取られる課税貨物のうち次のものは免税となります。

第8章 保税地域から引き取る課税貨物に対する消費税

輸入品に対する内国消費税の徴収等に関する法律による免税

1 **保税運送等の場合の免税**（輸徴法11①）
外国貨物である課税物品を外国貨物のまま運送するため、関税法第63条第1項（保税運送）若しくは第64条第1項（難破貨物等の運送）の規定による承認を受け、又は同項ただし書の規定による届出をして保税地域その他これらの規定に規定する場所（酒類の製造場に該当する場所を除きます。）から引き取る場合

2 **船用品又は機用品の積込み等の場合の免税**（輸徴法12①）
関税法第23条第1項（船用品又は機用品の積込み等）の規定による承認を受けて外国貨物である課税物品を同項に規定する船用品又は機用品として船舶又は航空機（本邦の船舶又は航空機を除きます。）に積み込むため保税地域から引き取る場合

3 **外国貨物の積みもどしの場合の免税**（輸徴法12③）
関税法第75条（外国貨物の積みもどし）の規定により外国貨物である課税物品を積みもどすため保税地域から引き取る場合

4 **無条件免税等**（輸徴法13①）
次のそれぞれに掲げる課税物品でそれぞれの規定により関税が免除されるもの（関税が無税とされている物品については、当該物品に関税が課されるものとした場合にその関税が免除されるものを含みます。）を保税地域から引き取る場合
(1) 関税定率法第14条第1号から第3号まで、第3号の2（国際連合又はその専門機関から寄贈された教育用又は宣伝用の物品に係る部分に限る。）、第3号の3、第4号、第6号から第11号まで、第13号、第14号、第17号又は第18号（無条件免税）に掲げるもの
(2) 関税定率法第15条第1項第2号から第5号の2まで、第9号又は第10号（特定用途免税）に掲げるもの（同号に掲げる貨物にあっては、その用途を勘案して政令で定めるものに限られます。）
(3) 関税定率法第16条第1項各号（外交官用貨物等の免税）に掲げるもの
(4) 関税定率法第17条第1項各号（再輸出免税）に掲げるもの

5 **船舶又は航空機の引取りの場合の免税**（輸徴法13②、輸徴令13⑥）
(1) 専ら本邦と外国との間の旅客又は貨物の輸送の用に供される船舶及び専ら外国と外国との間の旅客又は貨物の輸送の用に供される船舶で、海上運送法第2条第2項（定義）に規定する船舶運航事業又は同条第7項に規定する船舶貸渡業を営む者により保税地域から引き取られるもの
(2) 専ら本邦と外国との間の旅客又は貨物の輸送の用に供される航空機及び専ら外国と外国との間の旅客又は貨物の輸送の用に供される航空機で、航空法（昭和27年法律第231号）第2条第18項（定義）に規定する航空運送事業を営む者により保税地域から引き取られるもの

第8章　保税地域から引き取る課税貨物に対する消費税

| 租税特別措置法による免税 | → | 第1章第6節4にいう外航船等に積み込むための承認を受けた指定物品を保税地域から引き取る場合（措法85①） |

4　課税標準額及び税率（法28③、29、地法72の82、72の83）

| 保税地域から引き取られる課税貨物に係る消費税の課税標準額 | ＝ | 当該課税貨物につき関税定率法第4条から第4条の8の規定に準じて算出した価格 | ＋ | 当該課税貨物に係る酒税、たばこ税、揮発油税、地方揮発油税、石油ガス税、石油石炭税の額に相当する金額 | ＋ | 当該課税貨物に係る関税の額に相当する金額 |

| 消費税率 | ＝ | 6.3% |

| 地方消費税（貨物割）の課税標準額 | ＝ | 消費税額 |

| 地方消費税率 | ＝ | $\dfrac{17}{63}$ |

5　申告及び納付（法47、地法72の101）

| 関税法第6条の2第1項第1号に規定する申告納税方式が適用される課税貨物を保税地域から引き取ろうとする者 | ＝ | 関税法第67条（輸出又は輸入の許可）に規定する輸入申告書に併せて税関長に申告を行います。 | ＋ | 保税地域から引き取るまでに消費税額及び地方消費税額を納付します。 |

| 関税法第6条の2第1項第2号に規定する賦課課税方式が適用される課税貨物を保税地域から引き取ろうとする者 | ＝ | 当該保税地域から引き取ろうとする課税貨物の品名、数量、課税標準である金額等を記載した申告書を税関長に提出します。 | ＋ | 保税地域の所在地を所轄する税関長が引取りの際に徴収します。 |

第9章

総額表示の義務付け

消費税は事業者を納税義務者とし、取引の各段階でその売上げに対して課税されますが、税相当額はコストとして財貨・サービスの販売価格に織り込まれて転嫁され、最終的には消費者が負担することが予定された間接税です。

したがって、個々の取引に際して事業者が消費者から受領する消費税分は財貨やサービスの価格を構成することとなります。

取引に際して消費税額を明示する方法として、平成16年4月1日から総額表示が義務付けられています。

※ 消費税の円滑かつ適正な転嫁の確保のための消費税の転嫁を阻害する行為の是正等に関する特別措置法(「消費税転嫁対策特別措置法」)第10条の規定により、平成25年10月1日から平成29年3月31日までの間においては、誤認防止措置を講じている場合に限り、税込価格を表示(総額表示)しなくてもよいとする特例が設けられています。(詳細は**序章第2節**参照)

第9章　総額表示の義務付け

（総額表示義務フロー）

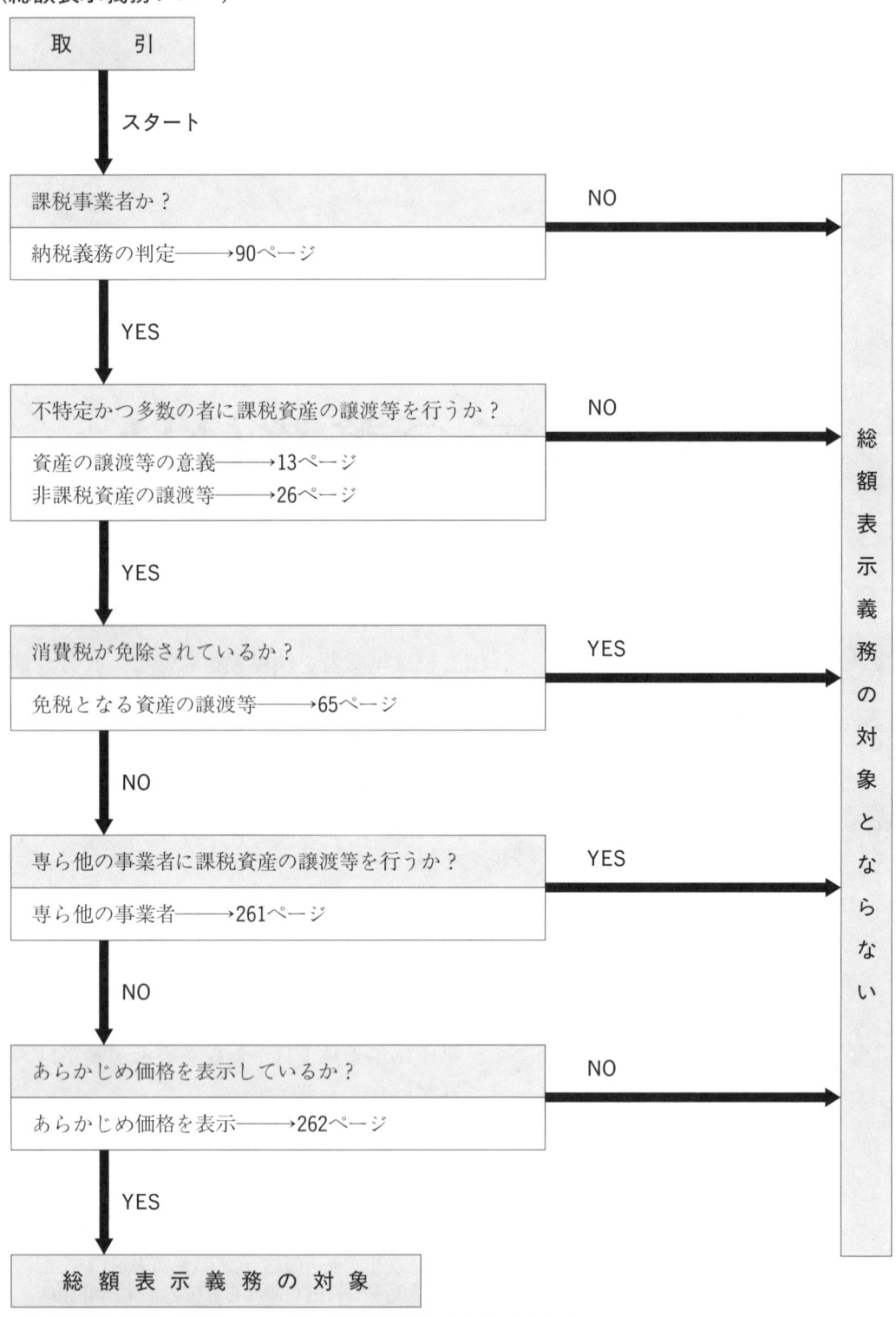

```
        ┌─────────┐
        │ 取　引  │
        └────┬────┘
             │ スタート
             ▼
    ┌──────────────────────┐
    │ 課税事業者か？        │──NO──→┐
    │                      │        │
    │ 納税義務の判定──→90ページ│     │
    └────┬─────────────────┘        │
         │ YES                      │
         ▼                          │
    ┌──────────────────────────────┐│
    │ 不特定かつ多数の者に課税資産 │──NO──→│
    │ の譲渡等を行うか？            │        │
    │ 資産の譲渡等の意義──→13ページ│        │
    │ 非課税資産の譲渡等──→26ページ│        │
    └────┬─────────────────────────┘        │
         │ YES                              │    総
         ▼                                  │    額
    ┌──────────────────────┐                │    表
    │ 消費税が免除されているか？│──YES──→   │    示
    │ 免税となる資産の譲渡等──→65ページ│    │    義
    └────┬─────────────────┘                │    務
         │ NO                               │    の
         ▼                                  │    対
    ┌──────────────────────────────┐        │    象
    │ 専ら他の事業者に課税資産の   │──YES──→│    と
    │ 譲渡等を行うか？              │        │    な
    │ 専ら他の事業者──→261ページ  │        │    ら
    └────┬─────────────────────────┘        │    な
         │ NO                               │    い
         ▼                                  │
    ┌──────────────────────┐                │
    │ あらかじめ価格を表示しているか？│──NO──→│
    │ あらかじめ価格を表示──→262ページ│    │
    └────┬─────────────────┘                │
         │ YES                              │
         ▼                                  │
    ┌──────────────────────┐
    │ 総額表示義務の対象  │
    └──────────────────────┘
```

※　総額表示義務の特例については、**序章第2節**を参照してください。

1 総額表示義務の対象者

| 総額表示義務の対象者 | → | 課税事業者 |

総額表示が義務付けられるのは、消費税の課税事業者です。

2 総額表示義務の対象となる取引

| 総額表示義務の対象 | → | 「不特定かつ多数の者」を対象として行う取引 |

| 総額表示義務の対象外 | → | 特定の者との間で個々の契約や注文に基づいて行われる一般的な事業者間取引 |
| | → | 「不特定かつ多数の者」を対象として行う取引であっても、専ら他の事業者に課税資産の譲渡等を行う場合 |

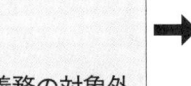

「専ら他の事業者に課税資産の譲渡等を行う場合」とは、「不特定かつ多数の者」を対象として行う場合であっても、およそ事業用にしか用いられないような商品やサービスであることが客観的に明らかな場合をいいます。

事例47 〈総額表示が義務付けられる取引の判定〉

1	建設機械を店舗等で展示販売した場合
留意点	建設機械は、不特定かつ多数の建設業者（事業者）が購入するものですが、客観的に消費者が購入するものではないことが明らかですから、総額表示義務の対象となる取引には該当しません。
2	会員制のスポーツクラブにおける取引
留意点	会員だけが利用できる取引が「不特定かつ多数の者」を対象とする取引に該当するかがポイントとなりますが、その会員の募集が、「不特定かつ多数の者」を対象として行っているのであれば、総額表示義務の対象になります。

3 総額表示義務の対象となる価格表示媒体

| 総額表示義務の対象 | → | 商品やサービスなどを不特定かつ多数の者に対して販売する場合、どのような表示媒体によるかを問わず総額表示義務の対象となります。 |

| 総額表示義務の対象外 | → | 口頭による価格の提示 |

【価格表示媒体の例】
(1) 値札や商品陳列ケースへの価格表示
(2) 商品のパッケージなどへ印字あるいは貼付した価格表示
(3) 新聞折込広告、ダイレクトメールなどにより配付するチラシ
(4) 新聞、雑誌、テレビ、インターネット、ホームページ、電子メール等の媒体を利用した広告
(5) ポスター、看板
(6) その他

4　総額表示の表示方法

ポイント	商品やサービスに対する支払総額が明示されているか

【例示】

総額表示に該当
「10,584円」
「10,584円（税込）」
「10,584円（税抜9,800円）」
「10,584円（うち税784円）」
「10,584円（税抜9,800円、税784円）」

総額表示に非該当
「9,800円（税抜）」
「税抜9,800円＋税」
「税抜9,800円、税784円」
「9,800円（外税784円）」

※　上記に示した表示方法はあくまで例示であり、事業者によって様々な方法があると考えられます。

ポイント	あらかじめ価格を表示

　総額表示の義務付けは、消費者に対して商品やサービスを販売する課税事業者があらかじめ価格を表示する場合が対象となります。

事例48　〈総額表示〉

1	スーパーマーケットなどにおけるお惣菜の量り売り（100グラム　××円）
留意点	量り売りなどのように、最終的な取引価格そのものは表示されないが、事実上価格を表示しているのに等しい表示について、総額表示義務の対象となります。
2	すし屋で「時価」と表示されている場合
留意点	総額表示の義務付けは店頭等にあらかじめ価格が表示されている場合が対象となります。したがって、「時価」は総額表示義務の対象にはなりません。
3	タイムサービスなどで、値引販売を行う場合
留意点	値引販売の際に行われる価格表示については、値札等における価格の「1割引き」あるいは「100円引き」とする表示自体は総額表示義務の対象とはなりません。 　ただし、値引後の価格を表示する場合には、総額表示義務の対象となります。
4	メーカーの希望小売価格
留意点	製造業者、卸売業者などの小売業者以外の者が、自己の供給する商品について、いわゆる「希望小売価格」を設定している場合がありますが、この「希望小売価格」は、事業者が消費者に対して資産の譲渡等を行う場合の価格表示に該当しないため、総額表示義務の対象にはなりませんが、「希望小売価格」が税込価格で表示されていれば、小売店は棚札などに支払総額を表示する必要は生じませんので、小売店の利便等に資するものと考えられます。

第10章

消費税関係各種手続と申告書・届出書等のチェックポイント

　消費税法上の各種の特例制度などを適用する場合や、取りやめる場合などは各種の届出書や申請書などを提出することになっており、それぞれについて提出の効力の生ずる時期等が定められています。

　この章では、これらの届出書等について図解しています。

　なお、各様式は国税庁ホームページ（www.nta.go.jp）からダウンロードできます。

　また、イータックス（国税電子申告・納税システム）を使えば、自宅やオフィスからインターネットを利用して申告、申請・届出等ができます。

1　課税事業者の選択又は取りやめ（法9④⑤）

消費税課税事業者選択届出書	第1号様式	272ページ
提出すべき場合	基準期間における課税売上高が1,000万円以下の事業者（免税事業者）が課税事業者を選択する場合（法9④）	
提出の効果	提出した日の属する課税期間の翌課税期間から課税事業者となります。 ただし、次の場合は、提出した日の属する課税期間から課税事業者となります。（法9④、令20） (1)　国内において課税資産の譲渡等に係る事業を開始した日の属する課税期間 (2)　個人事業者が相続により課税事業者を選択していた被相続人の事業を承継した場合における当該相続があった日の属する課税期間 (3)　法人が合併（合併により法人を設立する場合を除きます。）により課税事業者を選択していた被合併法人の事業を承継した場合における当該合併があった日の属する課税期間 (4)　法人が吸収分割により課税事業者を選択していた分割法人の事業を承継した場合における当該吸収分割があった日の属する課税期間	

消費税課税事業者選択不適用届出書	第2号様式	274ページ
提出すべき場合	課税事業者を選択した事業者が、その選択を取りやめる場合又は事業を廃止した場合（法9⑤）	
提出制限期間	事業を廃止した場合を除き、課税事業者選択届出書の効力が発生した課税期間の初日から2年を経過する日の属する課税期間の初日以後でなければ提出できません。（法9⑥）	
提出の効果	提出があった日の属する課税期間の末日の翌日以後は、先に提出した課税事業者選択届出書の効力が失われます。（法9⑧）	

消費税課税事業者選択（不適用）届出に係る特例承認申請書	第33号様式	372ページ
提出すべき場合	消費税課税事業者選択届出書又は消費税課税事業者選択不適用届出書につき、やむを得ない事情により、その適用を受けようとする（又は適用を受けることをやめようとする）課税期間の初日の前日までに提出できなかった場合（令20の2①②）	
提出期限	やむを得ない事情がやんだ日から2か月以内（令20の2③、基通1-4-17）	
提出の効果	申請に基づき納税地を所轄する税務署長の承認を受けたときは、消費税課税事業者選択届出書又は消費税課税事業者選択不適用届出書を、その適用を受けようとする（又は適用を受けることをやめようとする）課税期間の初日の前日に当該税務署長に提出したものとみなされます。（令20の2①②）	

※　上記「やむを得ない事情」とは、次に掲げるところによることとされています。（基通1－4－16）
(1)　震災、風水害、雪害、凍害、落雷、雪崩、がけ崩れ、地滑り、火山の噴火等の天災又は火災その他の人的災害で自己の責任によらないものに基因する災害が発生したことにより届出書の提出ができない状態になったと認められる場合
(2)　(1)に規定する災害に準ずるような状況又は当該事業者の責めに帰することができない状態にあることにより、届出書の提出ができない状態になったと認められる場合
(3)　その課税期間の末日前おおむね1か月以内に相続があったことにより、当該相続に係る相続人が新たに届出書を提出できる個人事業者となった場合
　　　この場合には、その課税期間の末日にやむを得ない事情がやんだものとして取り扱われます。
(4)　(1)から(3)までに準ずる事情がある場合で、税務署長がやむを得ないと認めた場合

2　簡易課税制度の選択又は取りやめ（法37①②）

消費税簡易課税制度選択届出書	第24号様式	324ページ
提出すべき場合	仕入控除税額の計算について簡易課税制度（**第4章第5節**）による場合（法37①）	
提出の効果	提出した日の属する課税期間の翌課税期間から簡易課税制度によることになります。 ただし、次の場合は、提出した日の属する課税期間から簡易課税制度によることになります。（法37①、令56） (1)　国内において課税資産の譲渡等に係る事業を開始した日の属する課税期間 (2)　個人事業者が相続により簡易課税制度の適用を受けていた被相続人の事業を承継した場合における当該相続があった日の属する課税期間 (3)　法人が合併（合併により法人を設立する場合を除きます。）により簡易課税制度の適用を受けていた被合併法人の事業を承継した場合における当該合併があった日の属する課税期間 (4)　法人が吸収分割により簡易課税制度の適用を受けていた分割法人の事業を承継した場合における当該吸収分割があった日の属する課税期間	

※　基準期間における課税売上高が5,000万円を超える課税期間、分割に係る一定の課税期間については、簡易課税制度によることができませんので御注意ください。（**第4章第5節**参照）

消費税簡易課税制度選択不適用届出書	第25号様式	326ページ
提出すべき場合	仕入控除税額の計算について簡易課税制度（**第4章第5節**）によることをやめる場合又は事業を廃止した場合（法37④）	
提出制限期間	事業を廃止した場合を除き、簡易課税制度選択届出書の効力が発生した課税期間の初日から2年を経過する日の属する課税期間の初日以後でなければ提出できません。（法37⑤）	

提出の効果	提出があった日の属する課税期間の末日の翌日以後は、先に提出した簡易課税制度選択届出書の効力が失われます。（法37⑥）

消費税簡易課税制度選択（不適用）届出に係る特例承認申請書	第34号様式	374ページ
提出すべき場合	消費税簡易課税制度選択届出書又は消費税簡易課税制度選択不適用届出書につき、やむを得ない事情により、その適用を受けようとする（又は適用を受けることをやめようとする）課税期間の初日の前日までに提出できなかった場合（令57の2①②）	
提出期限	やむを得ない事情がやんだ日から2か月以内（令57の2③、基通13－1－5の2後段、1－4－17）	
提出の効果	申請に基づき納税地を所轄する税務署長の承認を受けたときは、消費税簡易課税制度選択届出書又は消費税簡易課税制度選択不適用届出書を、その適用を受けようとする（又は適用を受けることをやめようとする）課税期間の初日の前日に当該税務署長に提出したものとみなされます。（令57の2①②）	

※ 上記「やむを得ない事情」とは、次に掲げるところによることとされています。（基通13－1－5の2前段）
(1) 震災、風水害、雪害、凍害、落雷、雪崩、がけ崩れ、地滑り、火山の噴火等の天災又は火災その他の人的災害で自己の責任によらないものに基因する災害が発生したことにより、届出書の提出ができない状態になったと認められる場合
(2) (1)に規定する災害に準ずるような状況又は当該事業者の責めに帰することができない状態にあることにより、届出書の提出ができない状態になったと認められる場合
(3) その課税期間の末日前おおむね1か月以内に相続があったことにより、当該相続に係る相続人が新たに届出書を提出できる個人事業者となった場合
　　この場合には、その課税期間の末日にやむを得ない事情がやんだものとして取り扱われます。
(4) (1)から(3)までに準ずる事情がある場合で、税務署長がやむを得ないと認めた場合

3　課税期間の特例の選択・変更又は取りやめ（法19①三・三の二・四・四の二、②③）

消費税課税期間特例選択・変更届出書	第13号様式	302ページ
提出すべき場合	課税期間の短縮の特例を受ける場合又は変更する場合（法19①三・四）	

提出の効果	課税期間は次のように短縮されます。 **個人事業者** <table><tr><td>3か月課税期間特例</td></tr><tr><td>1月1日から3月31日</td></tr><tr><td>4月1日から6月30日</td></tr><tr><td>7月1日から9月30日</td></tr><tr><td>10月1日から12月31日</td></tr><tr><td>1か月課税期間特例</td></tr><tr><td>1月1日以後1か月ごとに区分した各期間</td></tr></table>**法人** <table><tr><td>3か月課税期間特例</td></tr><tr><td>事業年度（公共法人等の場合は1の会計年度）をその開始の日以後3か月ごとに区分した各期間</td></tr><tr><td>1か月課税期間特例</td></tr><tr><td>事業年度（公共法人等の場合は1の会計年度）をその開始の日以後1か月ごとに区分した各期間</td></tr></table>届出書の効力は、提出した日の属する上記の期間の翌期間から発生します。この場合、提出した日の属する年又は事業年度の開始の日から提出した日の属する期間の末日までの期間が一の課税期間となります。 ただし、次の場合は、提出した日の属する期間の初日から届出書の効力が発生します。（法19②、令41） (1) 国内において課税資産の譲渡等に係る事業を開始した日の属する期間 (2) 個人事業者が相続により課税期間の特例の選択を受けていた被相続人の事業を承継した場合における当該相続があった日の属する期間 (3) 法人が合併（合併により法人を設立する場合を除きます。）により課税期間の特例の選択を受けていた被合併法人の事業を承継した場合における当該合併があった日の属する期間 (4) 法人が吸収分割により課税期間の特例の選択を受けていた分割法人の事業を承継した場合における当該吸収分割があった日の属する課税期間

消費税課税期間特例選択不適用届出書	第14号様式	304ページ
提出すべき場合	課税期間の短縮の特例の適用を取りやめる場合又は事業を廃止した場合（法19③）	
提出制限期間	事業を廃止した場合を除き、提出した課税期間特例選択届出書の効力が発生した日から2年を経過する日の属する特例課税期間の初日以降でなければ提出できません。（法19⑤）	
提出の効果	提出があった日の属する課税期間の末日の翌日以後は、先に提出した課税期間特例選択届出書の効力が失われます。（法19⑤）	

第10章　消費税関係各種手続と申告書・届出書等のチェックポイント

4　課税売上割合に準ずる割合の適用又は取りやめ（法30③）

消費税課税売上割合に準ずる割合の適用承認申請書	第22号様式	320ページ

提出すべき場合	仕入控除税額の計算について個別対応方式による場合で、課税売上割合に代えて合理的な割合を適用するとき
適用承認の効果	承認を受けた日の属する課税期間以後の課税期間については、課税売上割合に代えて、承認を受けた課税売上割合に準ずる割合として合理的に算定された割合により仕入控除税額を計算することになります。

消費税課税売上割合に準ずる割合の不適用届出書	第23号様式	322ページ

提出すべき場合	課税売上割合に準ずる割合の適用を取りやめるとき
提出の効果	提出した日の属する課税期間以後の課税期間は、課税売上割合に準ずる割合によることができなくなります。

5　その他の各種届出書

届出書名	様式番号	提出すべき場合
消費税課税事業者届出書（基準期間用）（法57①一）	第3－(1)号様式（276ページ）	(1) 免税事業者であったが、基準期間における課税売上高が1,000万円を超えることにより課税事業者に該当することとなるとき (2) 免税事業者であったが、課税期間の中途で相続、合併により納税義務が免税されなくなるとき (3) 分割による設立のため納税義務が免除されない場合
消費税課税事業者届出書（特定期間用）（法57①一）	第3－(2)号様式（278ページ）	基準期間における課税売上高又は給与等支払額の合計額が1,000万円以下である事業者が、特定期間における課税売上高が1,000万円を超えたことにより納税義務が免除されなくなるとき
相続・合併・分割等があったことにより課税事業者となる場合の付表（法57①一）	第4号様式（280ページ）	免税事業者であったが、課税期間の中途で相続、合併により納税義務が免除されなくなるとき又は分割による設立のため納税義務が免除されない場合に「消費税課税事業者届出書」とともに提出します。

消費税の納税義務者でなくなった旨の届出書 （法57①二）	第5号様式 （282ページ）	課税事業者が、基準期間における課税売上高が1,000万円以下となったことにより免税事業者となる場合
事業廃止届出書 （法57①三）	第6号様式 （284ページ）	事業者が事業を廃止する場合
個人事業者の死亡届出書 （法57①四）	第7号様式 （286ページ）	個人事業者が死亡した場合に相続人が提出してください。
合併による法人の消滅届出書 （法57①五）	第8号様式 （288ページ）	課税事業者である法人が合併により消滅した場合
消費税納税管理人届出書	第9号様式 （290ページ）	国内に住所・居所を有しない（こととなる）個人事業者、又は国内に本店・主たる事務所を有せず国内に事務所・事業所等を有しない（こととなる）法人である課税事業者が消費税につき国税通則法第117条第2項に規定する納税管理人を選任した場合
消費税納税管理人解任届出書	第10号様式 （292ページ）	「消費税納税管理人届出書」を提出して納税管理人を選任していた課税事業者が納税管理人を解任した場合
消費税の新設法人に該当する旨の届出書 （法57②）	第10－(2)号様式 （294ページ）	**第2章第8節**の規定により新設法人に該当し納税義務が免除されない場合。 ただし、法人税法第148条の規定により法人設立届出書を提出する場合は、当該届出書に新設法人に該当する旨等を記載することにより「消費税の新設法人に該当する旨の届出書」の提出があったものとして取り扱われます。（基通1－5－20）
消費税の特定新規設立法人に該当する旨の届出書（法57②）	第10－(3)号様式 （296ページ）	**第2章第8節**の規定により特定新規設立法人に該当し納税義務が免除されない場合
消費税異動届出書	第11号様式 （298ページ）	納税地又は主たる事務所の所在地、法人名、代表者の住所、事業年度（公共法人等の会計年度を含みます。）又は資本金に異動が生じたとき ※　納税地の異動の場合は異動前の納税地を所轄する税務署長と異動後の納税地を所轄する税務署長のいずれにも提出する必要があります。
消費税会計年度等届出書 （令3②）	第12号様式 （300ページ）	法令又は定款等に会計年度の定めがない公共法人等が、国内において課税資産の譲渡等に係る事業を開始した日以後2か月以内に、会計年度を定めて提出する場合

任意の中間申告書を提出する旨の届出書（法42⑧）	第26-(2)号様式（330ページ）	六月中間申告書の提出を要しない事業者が、任意に六月中申告書を提出しようとする場合
任意の中間申告書を提出することの取りやめ届出書（法42⑨）	第26-(3)号様式（332ページ）	「任意の中間申告書を提出する旨の届出書」を提出し、任意に六月中間申告書を提出することとしている事業者が、その提出することをやめようとする場合又は事業を廃止した場合
消費税法別表第三に掲げる法人に係る資産の譲渡等の時期の特例の承認申請書（法60③、令74①②）	第29号様式（362ページ）	消費税法別表第三に掲げる法人のうち、法令又はその法人の定款、寄附行為、規則若しくは規約に定める会計の処理の方法が国又は地方公共団体の会計の処理の方法に準ずるもので**第6章第2節2（217ページ）**の資産の譲渡等の時期の特例の承認を受ける場合
消費税法別表第三に掲げる法人に係る資産の譲渡等の時期の特例の不適用届出書（令74⑧）	第30号様式（364ページ）	消費税法別表第三に掲げる法人のうち、**第6章第2節2（217ページ）**の資産の譲渡等の時期の特例を受けていた法人が、その適用をやめる場合
消費税法別表第三に掲げる法人に係る申告書の提出期限の特例の承認申請書（基準期間用）（法60⑧、令76①②）	第31-(1)号様式（366ページ）	消費税法別表第三に掲げる法人のうち、法令によりその決算を完結する日が会計年度の末日の翌日以後2か月以上経過した日と定められていること、その他特別な事情があることにより**第6章第4節2（224ページ）**の申告書の提出期限の特例を受ける場合
消費税法別表第三に掲げる法人に係る申告書の提出期限の特例の承認申告書（特定期間用）（法60⑧、令76①②）	第31-(2)号様式（368ページ）	消費税法別表第三に掲げる法人のうち、法令によりその決算を完結する日が会計年度の末日の翌日以後2か月以上経過した日と定められていること、その他特別な事情があることにより**第6章第4節2（224ページ）**の申告書の提出期限の特例を受ける場合
消費税法別表第三に掲げる法人に係る申告書の提出期限の特例の不適用届出書（令76⑩）	第32号様式（370ページ）	消費税法別表第三に掲げる法人のうち、**第6章第4節2（224ページ）**の申告書の提出期限の特例を受けていた法人が、その適用をやめようとする場合

6 輸出免税関係書類

書　類　名	様式番号等	使　　用　　時　　期
輸出免税物品購入記録票（令18②、規6）	施行規則別表第一	輸出物品販売場において、非居住者に対して、通常生活の用に供する物品で免税となるものの販売をした場合に作成し、購入者の旅券等にはり付け割印します。 ※　平成26年10月1日からは、特定の様式ではなく、法令に定められた事項が記載された書類であればよいこととされました。
最終的に輸出となる物品の消費税免税購入についての購入者誓約書（令18②、規6）	施行規則別表第二 施行規則別表第三	輸出物品販売場において、非居住者に対して、通常生活の用に供する物品で免税となるものを販売した場合に、購入者から提出させます。 ※　平成26年10月1日からは、特定の様式ではなく、法令に定められた事項が記載された書類であればよいこととされました。
郵便物輸出証明申請書	第15号様式（306ページ）	郵便により輸出した物品について輸出免税の規定を適用するため、税関長から輸出したことの証明を受けるために使用します。
海外旅行者が出国に際して携帯する物品の購入者誓約書	第16号様式（308ページ）	輸出物品販売場において、海外旅行者・転勤等のため出国する居住者が、渡航先において贈答用に供する物品で帰国に際して携帯しないもの又は渡航先において使用若しくは消費するもの（その物品1個当たりの対価が1万円を超えるものに限ります。）を免税で購入する場合、その誓約書として購入先に提出します。
輸出証明申請書	第17号様式（310ページ）	海外旅行等のための出国者が、免税で購入した物品を携帯して海外へ出国したことの税関長の証明を受けるために使用します。 税関長から交付された証明書は、購入した輸出物品販売場へ交付します。
輸出物品販売場購入物品亡失証明・承認申請書	第18号様式（312ページ）	非居住者が輸出物品販売場で購入した物品を災害その他やむを得ない事情により亡失した場合の税務署長への亡失したことについての証明を受け、輸出しないことについての税関長への承認を受けるために使用します。
輸出物品販売場購入物品譲渡（譲受け）承認申請書	第19号様式（314ページ）	輸出物品販売場で購入した物品を譲渡又は譲受けをすることについてやむを得ない事情がある場合において、当該物品の所在場所を所轄する税務署長の承認を受けるために使用します。
輸出物品販売場許可申請書	第20号様式（316ページ）	輸出物品販売場を開設しようとする事業者が、納税地を所轄する税務署長に対して輸出物品販売場の許可を受けるための申請書として使用します。
輸出物品販売場廃止届出書	第21号様式（318ページ）	許可を受けた輸出物品販売場を廃止したときに、納税地の所轄税務署長に提出します。

第10章 消費税関係各種手続と申告書・届出書等のチェックポイント

7 申告書・届出書等のチェックポイント

第1号様式

消費税課税事業者選択届出書

平成26年3月22日	届出者	(フリガナ)	オオサカシ チュウオウク オオテマエ
		納税地	(〒540-8557) 大阪市中央区大手前〇丁目〇番〇号 (電話番号 06 -6000- 0000)
		(フリガナ)	
		住所又は居所 (法人の場合) 本店又は主たる事務所の所在地	(〒 -) 同上 (電話番号 - -)
		(フリガナ)	カブシキガイシャ コクゼイショウジ
		名称(屋号)	株式会社 国税商事
		(フリガナ)	コクゼイ ジロウ
		氏名 (法人の場合) 代表者氏名	国税 二郎 ㊞
		(フリガナ)	オオサカシ キタク ミナミオウギマチ
東 税務署長殿		(法人の場合) 代表者住所	大阪市北区南扇町〇番〇号 (電話番号 06 -6000- 0000)

下記のとおり、納税義務の免除の規定の適用を受けないことについて、消費税法第9条第4項の規定により届出します。

適用開始課税期間	自 平成26年4月1日 至 平成27年3月31日		
上記期間の基準期間	自 平成24年4月1日 至 平成25年3月31日	左記期間の総売上高	9,400,000 円
		左記期間の課税売上高	9,250,000 円
事業内容等	生年月日(個人)又は設立年月日(法人)	1明治・2大正・3昭和・④平成 15年4月1日	法人のみ記載	事業年度	自4月1日 至3月31日
				資本金	10,000,000 円
	事業内容	物品の輸出販売業	届出区分	事業開始・設立・相続・合併・分割・特別会計・その他
参考事項		税理士署名押印	㊞ (電話番号 - -)

※税務署処理欄	整理番号		部門番号				
	届出年月日	年 月 日	入力処理	年 月 日	台帳整理	年 月 日
	通信日付印	年 月 日	確認印			

注意 1．裏面の記載要領等に留意の上、記載してください。
   2．※印欄は、記載しないでください。

この届出書は、基準期間における課税売上高が1,000万円以下である事業者（免税事業者）が、課税事業者となることを選択しようとする場合に提出するものです。

──【ポイント】──
1 この届出書は、提出をした日の属する課税期間の翌課税期間から効力が生じます。したがって、課税事業者となることを選択しようとする課税期間の初日の前日までにこの届出書を提出しなければならないことになります。
　なお、新規開業した事業者等は、その開業した課税期間の末日までにこの届出書を提出すれば、開業又は設立の日の属する課税期間から、課税事業者を選択することができます。
2 課税事業者を選択することをやめようとするときは、「消費税課税事業者選択不適用届出書（第2号様式）」を提出する必要があります。
　なお、事業を廃止した場合を除き、課税事業者を選択して納税義務者となった日から2年間継続した後でなければ、課税事業者をやめることはできません。
　さらに、この届出書を提出し課税事業者となった日から2年を経過する日までの間に開始した各課税期間（簡易課税制度の適用を受けている課税期間を除きます。）中に調整対象固定資産の課税仕入れ等を行った場合には、その課税仕入れ等の日の属する課税期間の初日から3年を経過する日の属する課税期間までは課税事業者をやめることはできません。この場合、この間は一般課税による申告を行うこととなります。

・課税事業者を選択する課税期間の初日及び末日を記載します。
　（適用開始課税期間の確認！）
　　○ この届出書を提出する日の翌日以降に開始する課税期間を記載しているか？
　　　（「事業を開始した課税期間」の場合は、開始した課税期間から適用可能）

・適用開始課税期間の基準期間の初日及び末日を記載します。
　（基準期間の確認！）
　　① 個人事業者は前々年、法人は前々事業年度を記載しているか？
　　② 前々事業年度が1年未満である法人については、「適用開始課税期間」の開始の日の2年前の日の前日から同日以後1年を経過する日までの間に開始した各事業年度を合わせた期間を記載しているか？

・「総売上高」欄は基準期間に国内において行った資産の譲渡等の対価の額の合計額、「課税売上高」欄は基準期間に国内において行った課税資産の譲渡等の対価の額の合計額をそれぞれ記載します。
　（資産の譲渡等の対価の合計額の確認！）
　　① 消費税及び地方消費税を含まない金額を記載しているか？
　　　→ 基準期間において免税事業者であった場合には、税抜きの処理は不要
　　② 売上げに係る対価の返還等の金額（税抜き）を控除した金額を記載しているか？
　　③ 前々事業年度が1年でない法人については、基準期間に含まれる月数の合計数で除し、これに12を乗じて計算した金額を記載しているか？

（参考）

課税資産の譲渡等の対価の額	｝「課税資産の譲渡等の対価の合計額」	｝「資産の譲渡等の対価の額の合計額」
輸出等により免税となるもの		
非課税資産の譲渡等の対価の額		

第10章　消費税関係各種手続と申告書・届出書等のチェックポイント

第2号様式

消費税課税事業者選択不適用届出書

収受印 平成26年3月25日	届出者	（フリガナ）	オオサカシ　チュウオウク　オオテマエ
		納税地	（〒540-8557） 大阪市中央区大手前〇丁目〇番〇号 （電話番号　06－6〇〇〇－〇〇〇〇）
＿東＿税務署長殿		（フリガナ） 氏名又は 名称及び 代表者氏名	株式会社　国税商店 国税二郎　　　㊞

　下記のとおり、課税事業者を選択することをやめたいので、消費税法第9条第5項の規定により届出します。

①	この届出の適用開始課税期間	自　平成 26 年 4 月 1 日　　　至　平成 27 年 3 月 31 日
②	①の基準期間	自　平成 24 年 4 月 1 日　　　至　平成 25 年 3 月 31 日
③	②の課税売上高	9,250,000　円

※　この届出書を提出した場合であっても、特定期間（原則として、①の課税期間の前年の1月1日（法人の場合は前事業年度開始の日）から6か月間）の課税売上高が1千万円を超える場合には、①の課税期間の納税義務は免除されないこととなります。詳しくは、裏面をご覧ください。

課税事業者となった日	平成　23　年　4　月　1　日
事業を廃止した場合の廃止した日	平成　　年　　月　　日
提出要件の確認	課税事業者となった日から2年を経過する日までの間に開始した各課税期間中に調整対象固定資産の課税仕入れ等を行っていない。　はい ☑ ※　この届出書を提出した課税期間が、課税事業者となった日から2年を経過する日までに開始した各課税期間である場合、この届出書提出後、届出を行った課税期間中に調整対象固定資産の課税仕入れ等を行うと、原則としてこの届出書の提出はなかったものとみなされます。詳しくは、裏面をご確認ください。
参考事項	
税理士署名押印	㊞ （電話番号　　　－　　　－　　　）

※税務署処理欄	整理番号		部門番号			
	届出年月日	年　月　日	入力処理	年　月　日	台帳整理	年　月　日
	通信日付印	年　月　日	確認印			

注意　1．裏面の記載要領等に留意の上、記載してください。
　　　2．※印欄は、記載しないでください。

274

第10章　消費税関係各種手続と申告書・届出書等のチェックポイント

> この届出書は、「消費税課税事業者選択届出書」を提出している事業者が、その選択をやめようとする場合、又は事業を廃止した場合に提出するものです。

【ポイント】
1　この届出書は、提出をした日の属する課税期間の翌課税期間から効力が生じます。したがって、課税事業者の選択をやめようとする課税期間の開始の前日までにこの届出書を提出しなければならないことになります。
2　この届出書は、事業を廃止した場合を除き「消費税課税事業者選択届出書（第1号様式）」の効力の生じた日から2年を経過する日の属する課税期間の初日以後でなければ提出することはできません。
(注)　上記の課税事業者をやめることができない期間（簡易課税制度の適用を受けている課税期間を除きます。）中に調整対象固定資産の課税仕入れ等を行った場合には、その仕入れ等の日の属する課税期間の初日から3年を経過する日の属する課税期間の初日以後でなければ、事業を廃止した場合を除き、この届出書を提出することはできません。また、当該課税事業者をやめることができない期間中に、この届出書を提出した後、同一の課税期間に調整対象固定資産の課税仕入れ等を行った場合には、既に提出したこの届出書はその提出がなかったものとみなされます。
　なお、この届出書の提出制限等の規定は、平成22年4月1日以後に「消費税課税事業者選択届出書（第1号様式）」を提出した事業者の同日以後開始する課税期間について適用されます。
　この届出書を提出した場合であっても、「この届出の適用開始課税期間」欄の課税期間の特定期間における課税売上高（課税売上高に代えて給与等支払額の合計額によることもできます。）が、1,000万円を超えたことにより、その課税期間における納税義務が免除されないこととなる場合は、「消費税課税事業者届出書（特定期間用）（第3-(2)号様式）」を提出します。

・課税事業者の選択をやめようとする課税期間の初日及び末日を記載します。
　（提出年月日の確認！）
　　○　課税事業者となった日から2年を経過する日の属する課税期間に提出されているか？
　　　　（事業を廃止した場合を除く。）

・適用開始課税期間の基準期間の初日及び末日を記載します。
　（基準期間の確認！）
　　①　個人事業者は前々年、法人は前々事業年度を記載しているか？
　　②　前々事業年度が1年未満である法人については、「適用開始課税期間」の開始の日の2年前の日の前日から同日以後1年を経過する日までの間に開始した各事業年度を合わせた期間を記載しているか？

・「課税売上高」欄は、基準期間に国内において行った課税資産の譲渡等の対価の額の合計額を記載します（273ページ参照）。

・先に提出した「消費税課税事業者選択届出書」の「適用開始課税期間」欄の初日を記載します。

・事業を廃止した場合のその廃止年月日を記載します。

・課税事業者となった日から2年を経過する日までの間に開始した各課税期間中に調整対象固定資産の課税仕入れ等がないことを確認してください（上記【ポイント】の（注）参照）。

第10章　消費税関係各種手続と申告書・届出書等のチェックポイント

第3-(1)号様式

基準期間用

消費税課税事業者届出書

収受印

平成26年3月24日

届出者	（フリガナ）	オオサカシ　チュウオウク　オオテマエ
	納税地	（〒540-8557） 大阪市中央区大手前〇丁目〇番〇号 （電話番号　06　-6〇〇〇-〇〇〇〇）
	（フリガナ）	
	住所又は居所 （法人の場合） 本店又は 主たる事務所 の所在地	（〒　　-　　） 同上 （電話番号　　-　　-　　）
	（フリガナ）	カブシキガイシャ　コクゼイケンセツ
	名称（屋号）	株式会社　国税建設
	（フリガナ）	コクゼイ　ジロウ
	氏名 （法人の場合） 代表者氏名	国税　二郎　　㊞
	（フリガナ）	オオサカシ　キタク　ミナミオウギマチ
	（法人の場合） 代表者住所	大阪市北区南扇町〇番〇号 （電話番号　06　-6〇〇〇-〇〇〇〇）

東　税務署長殿

　下記のとおり、基準期間における課税売上高が1,000万円を超えることとなったので、消費税法第57条第1項第1号の規定により届出します。

適用開始課税期間	自 平成26年4月1日　　至 平成27年3月31日		
上記期間の 基準期間	自 平成24年4月1日	左記期間の 総売上高	19,400,000　円
	至 平成25年3月31日	左記期間の 課税売上高	19,250,000　円
事業内容等	生年月日(個人)又は設立年月日(法人)　1明治・2大正・3昭和・④平成 15年4月1日	法人のみ記載	事業年度　自4月1日　至3月31日 資本金　10,000,000　円
	事業内容　　建設業	届出区分	相続・合併・分割等・その他
参考事項		税理士 署名 押印	印 （電話番号　　-　　-　　）

※税務署処理欄	整理番号		部門番号					
	届出年月日	年　月　日	入力処理	年　月　日	台帳整理	年　月　日		

注意　1．裏面の記載要領等に留意の上、記載してください。
　　　2．※印欄は、記載しないでください。

> この届出書は、基準期間における課税売上高が1,000万円を超えたことにより、その課税期間について納税義務が免除されない場合に提出するものです。

【ポイント】
1 この届出書は、その年又はその事業年度（事業年度が1年の法人の場合）の課税売上高が1,000万円を超えている場合には、翌々年又は翌々事業年度については納税義務が免除されないこととなりますので、その年又はその事業年度終了後速やかに提出することになります。
2 既にこの届出書を提出している事業者は、提出後引き続いて課税事業者である限り再度提出する必要はありません。
3 基準期間のない課税期間の開始の日の資本又は出資の金額が1,000万円以上の法人については、納税義務の免除の規定の適用はありませんので、この届出書ではなく、「消費税の新設法人に該当する旨の届出書（第10―(2)号様式）」を提出することになります。
　また、基準期間のない事業年度の開始の日の資本又は出資の金額が1,000万円未満の法人（新規設立法人）のうち、その基準期間がない事業年度開始の日において、他の者により当該新規設立法人が支配される一定の場合（特定要件）に該当し、当該特定要件に該当するかどうかの判定の基礎となった他の者及び当該他の者と一定の特殊な関係にある法人のうちいずれかの者の当該新規設立法人の当該事業年度の基準期間相当期間における課税売上高が5億円を超えているもの（特定新規設立法人）については、当該特定新規設立法人の基準期間のない事業年度においては、納税義務の免除の規定の適用はありません。この場合には、この届出書ではなく「消費税の特定新規設立法人に該当する旨の届出書（第10―(3)号様式）」を提出することとなります（平成26年4月1日以後に設立される新規設立法人で、特定新規設立法人に該当するものに適用）。

・課税事業者となる課税期間の初日及び末日を記載します。

・「適用開始課税期間」欄の基準期間の初日及び末日を記載します。
　（基準期間の確認！）
　① 個人事業者は前々年、法人は前々事業年度を記載しているか？
　② 前々事業年度が1年未満である法人については、「適用開始課税期間」の開始の日の2年前の日の前日から同日以後1年を経過する日までの間に開始した各事業年度を合わせた期間を記載しているか？

・「総売上高」欄は基準期間に国内において行った資産の譲渡等の対価の額の合計額、「課税売上高」欄は基準期間に国内において行った課税資産の譲渡等の対価の額の合計額をそれぞれ記載します。
　（資産の譲渡等の対価の額の合計額の確認！）
　① 基準期間の課税売上高は1,000万円超となっているか？
　② 消費税及び地方消費税額を含まない金額を記載しているか？
　　→ 基準期間において免税事業者であった場合には、税抜きの処理は不要
　③ 売上げに係る対価の返還等の金額（税抜き）を控除しているか？
　④ 前々事業年度が1年未満である法人については、基準期間に含まれる月数の合計数で除し、これに12を乗じて計算した金額を記載しているか？

（参考）

課税資産の譲渡等の対価の額	「課税資産の譲渡等の対価の合計額」	「資産の譲渡等の対価の額の合計額」
輸出等により免税となるもの		
非課税資産の譲渡等の対価の額		

第10章 消費税関係各種手続と申告書・届出書等のチェックポイント

第3-(2)号様式

特定期間用

消費税課税事業者届出書

収受印

平成 26 年 7 月 31 日

東 税務署長殿

届出者	(フリガナ)	オオサカシ チュウオウク オオテマエ
	納 税 地	(〒 540-8557) 大阪市中央区大手前〇丁目〇番〇号 (電話番号　06-6000-0000)
	(フリガナ)	
	住所又は居所 (法人の場合) 本店又は 主たる事務所 の所在地	(〒　-　) 同　上 (電話番号　-　-　)
	(フリガナ)	カブシキガイシャ コクゼイケンチク
	名　称(屋号)	株式会社　国税建築
	(フリガナ)	コクゼイ ジロウ
	氏　名 (法人の場合) 代表者氏名	国税　二郎　　　　　　㊞（国税）
	(フリガナ)	オオサカシ キタク ミナミオウギマチ
	(法人の場合) 代表者住所	大阪市北区南扇町〇番〇号 (電話番号　06-6000-0000)

下記のとおり、特定期間における課税売上高が1,000万円を超えることとなったので、消費税法第57条第1項第1号の規定により届出します。

適用開始課税期間	自 平成 27 年 1 月 1 日　　至 平成 27 年 12 月 31 日		
上記期間の 特　定　期　間	自 平成 26 年 1 月 1 日 至 平成 26 年 6 月 30 日	左記期間の総売上高	11,400,000 円
		左記期間の課税売上高	10,450,000 円
		左記期間の給与等支払額	10,040,000 円
事業内容等	生年月日（個人）又は設立年月日（法人） 1明治・2大正・3昭和・④平成 22 年 1 月 5 日	法人のみ記載	事業年度　自 1 月 1 日　至 12 月 31 日 資本金　3,000,000 円
	事業内容		

参考事項		税理士署名押印	(電話番号　-　-　)　㊞

※税務署処理欄	整理番号		部門番号					
	届出年月日	年 月 日	入力処理	年 月 日	台帳整理	年 月 日		

注意　1．裏面の記載要領等に留意の上、記載してください。
　　　2．※印欄は、記載しないでください。

この届出書は、その課税期間の基準期間における課税売上高が1,000万円以下である事業者が、特定期間（※）における課税売上高が1,000万円を超えたことにより、その課税期間について納税義務が免除されないこととなる場合に提出するものです。

なお、特定期間における1,000万円の判定は、課税売上高に代えて給与等支払額の合計額によることもできます（以下「課税売上高（又は給与等支払額の合計額）」といいます。）。

※ 特定期間とは、個人事業者の場合はその年の前年の1月1日から6月30日までの期間、法人の場合は、原則として、その事業年度の前事業年度開始の日以後6か月の期間をいいます。

【ポイント】

1　この届出書は、その年又はその事業年度の特定期間の課税売上高（又は給与等支払額の合計額）が1,000万円を超えた場合には、翌年又は翌事業年度については納税義務が免除されないこととなりますので、特定期間終了後速やかに提出することになります。

2　基準期間のない事業年度の開始の日の資本又は出資の金額が1,000万円以上の法人については、基準期間のない課税期間（一般的には、設立第1期目及び第2期目）においては、納税義務の免除の規定の適用はありません。この場合には、「消費税の新設法人に該当する旨の届出書（第10－(2)号様式）」を提出することとなります。

3　基準期間のない事業年度の開始の日の資本又は出資の金額が1,000万円未満の法人のうち、その基準期間がない事業年度開始の日において一定の要件に該当するもの（特定新規設立法人）については、当該特定新規設立法人の基準期間のない事業年度においては、納税義務の免除規定の適用はありません。この場合には、（「消費税の特定新規設立法人に該当する旨の届出書（第10－(3)号様式）」を提出することとなります。

　ただし、特定期間ができた以後の課税期間においては、その特定期間における課税売上高（又は給与等支払額の合計額）により、納税義務の有無の判定を行います。

・課税事業者となる課税期間の初日及び末日を記載します。

・「適用開始課税期間」欄の特定期間の初日及び末日を記載します。

・それぞれ特定期間に国内において行った資産の譲渡等の対価の額の合計額及び課税資産の譲渡等の対価の額の合計額を記載します。
・課税売上高に代えて給与等支払額の合計額により判定を行った場合は、その金額を記載します。
・なお、それぞれの欄に記載すべき金額を算出している場合には、それぞれの欄に記載します。

第4号様式

相続・~~合併~~・~~分割~~等があったことにより
課税事業者となる場合の付表

(収受印)

届出者	納　税　地	神戸市北区○丁目○番○号		
	氏名又は名称	国税一郎		㊞（国税）

① 相続の場合　（分割相続 ㊒・無）

被相続人の	納　税　地	神戸市北区○丁目○番○号	所轄署（　兵庫　）
	氏　　　名	国税太郎	
	事業内容	洋品小売	

② 合併の場合　（設立合併・吸収合併）

i 被合併法人の	納　税　地		所轄署（　　　）
	名　　　称		
	事業内容		
ii 被合併法人の	納　税　地		所轄署（　　　）
	名　　　称		
	事業内容		

③ 分割等の場合　（新設分割・現物出資・事後設立・吸収分割）

i 分割親法人の	納　税　地		所轄署（　　　）
	名　　　称		
	事業内容		
ii 分割親法人の	納　税　地		所轄署（　　　）
	名　　　称		
	事業内容		

基準期間の課税売上高

課税事業者となる課税期間の基準期間	自　平成 24 年 1 月 1 日　　至　平成 24 年 12 月 31 日	
上記期間の	① 相続人 ~~② 合併法人~~ ~~③ 分割子法人~~ の課税売上高	0 円
	① 被相続人 ~~② 被合併法人~~ ~~③ 分割親法人~~ の課税売上高	25,100,000 円
	合　　　　計	25,100,000 円

注意　1　相続により事業場ごとに分割承継した場合は、自己の相続した事業場に係る部分の被相続人の課税売上高を記入してください。
　　　2　①、②及び③のかっこ書については該当する項目を○で囲ってください。
　　　3　「分割親法人」とは、分割等を行った法人をいい、「分割子法人」とは、新設分割、現物出資又は事後設立により設立された法人若しくは吸収分割により営業を承継した法人をいいます。

第10章　消費税関係各種手続と申告書・届出書等のチェックポイント

　この付表は、基準期間における課税売上高が1,000万円以下であっても、相続・合併・分割等があったことによりその課税期間について納税義務が免除されない場合に「消費税課税事業者届出書（第3－(1)号様式）」に添付して提出するものです。

【ポイント】
　この付表は、提出すべき事由が生じた場合、速やかに「消費税課税事業者届出書（第3－(1)号様式）」に添付して提出するものです。
① 相続があった場合　……………… 108ページ参照
② 合併があった場合　……………… 110ページ参照
③ 分割等があった場合　…………… 116ページ参照

・該当する事項を○で囲みます。

・相続により事業場ごとに分割承継した場合は、自己の相続した事業場に係る部分の被相続人の課税売上高を記載します。

（具体例）
・相続があった場合の納税義務の判定

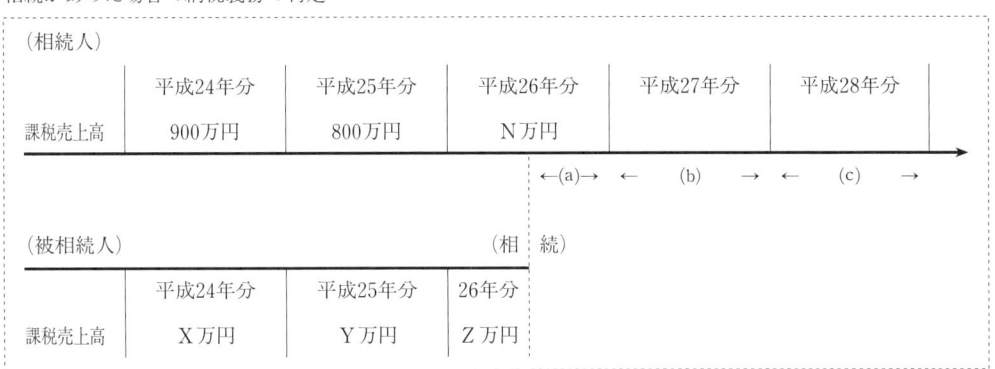

（相続人）

	平成24年分	平成25年分	平成26年分	平成27年分	平成28年分
課税売上高	900万円	800万円	N万円		

←(a)→　←　(b)　→　←　(c)　→

（被相続人）　　　　　　　　　　　　（相続）

	平成24年分	平成25年分	26年分
課税売上高	X万円	Y万円	Z万円

① 相続があった年（平成26年分）
　「被相続人の基準期間における課税売上高（X万円）」＞1,000万円
　　→ (a)の期間は、納税義務は免除されない。
② 相続があった翌年（平成27年分：(b)課税期間）
　「相続人の基準期間における課税売上高」＋「被相続人の基準期間における課税売上高」
　　＝　800万円　＋　Y万円　＞　1,000万円　→　平成27年分は、納税義務は免除されない。
③ 相続があった翌々年（平成28年分：(c)課税期間）
　「相続人の基準期間における課税売上高」＋「被相続人の基準期間における課税売上高」
　　＝　N万円　＋　Z万円　＞　1,000万円　→　平成28年分は、納税義務は免除されない。

第10章　消費税関係各種手続と申告書・届出書等のチェックポイント

第5号様式

消費税の納税義務者でなくなった旨の届出書

収受印

平成26年4月30日

南　税務署長殿

届出者

（フリガナ）オオサカシ　チュウオウク　タニマチ

納税地　（〒542－8586）
大阪市中央区谷町○丁目○番○号
（電話番号　06－6○○○－○○○○）

（フリガナ）コクゼイショクドウ　カブシキガイシャ　コクゼイジロウ

氏名又は名称及び代表者氏名

国税食堂　株式会社
国税　二郎　　㊞

下記のとおり、納税義務がなくなりましたので、消費税法第57条第1項第2号の規定により届出します。

①	この届出の適用開始課税期間	自 平成 27 年 4 月 1 日　　至 平成 28 年 3 月 31 日
②	①の基準期間	自 平成 25 年 4 月 1 日　　至 平成 26 年 3 月 31 日
③	②の課税売上高	9,250,000　円

※　この届出書を提出した場合であっても、特定期間（原則として、①の課税期間の前年の1月1日（法人の場合は前事業年度開始の日）から6か月間）の課税売上高が1千万円を超える場合には、①の課税期間の納税義務は免除されないこととなります。詳しくは、裏面をご覧ください。

| 納税義務者となった日 | 平成 12 年 4 月 1 日 |

| 参考事項 | |

| 税理士署名押印 | 　　　　　　　　㊞
（電話番号　　－　　－　　） |

※税務署処理欄

| 整理番号 | | 部門番号 | | | |
| 届出年月日 | 年　月　日 | 入力処理 | 年　月　日 | 台帳整理 | 年　月　日 |

注意　1．裏面の記載要領等に留意の上、記載してください。
　　　2．※印欄は、記載しないでください。

第10章 消費税関係各種手続と申告書・届出書等のチェックポイント

> この届出書は、それまで課税事業者であった事業者が、その課税期間の課税売上高が1,000万円以下となったことにより、その課税期間を基準期間とする課税期間において納税義務が免除されることとなる場合に提出します。

---【ポイント】---
1. この届出書は、その年又はその事業年度(1年の場合)における課税売上高が1,000万円以下である場合には、翌々年又は翌々事業年度については納税義務が免除されることとなりますので、その年又はその事業年度終了後速やかに提出することとされています。
2. この届出書を提出した場合であっても、「この届出の適用開始課税期間」欄の課税期間の特定期間における課税売上高(課税売上高に代えて給与等支払額の合計額によることもできます。)が1,000万円を超えたことにより、その課税期間における納税義務が免除されないこととなる場合は、「消費税課税事業者届出書(特定期間用)(第3-(2)号様式)」を提出することとなります。

・納税義務が免除されることとなる課税期間の初日及び末日を記載します。

・「この届出書の適用開始課税期間」欄に記載した課税期間の基準期間の初日及び末日を記載します。

・基準期間における課税資産の譲渡等の対価の額の合計額を記載します。
　　　　〈要確認！ ……… 1,000万円以下〉

・先に提出した「消費税課税事業者届出書(基準期間用)(第3-(1)号様式)」又は「消費税課税事業者届出書(特定期間用)(第3-(2)号様式)」の「適用開始課税期間」欄の初日を記載します。

第10章　消費税関係各種手続と申告書・届出書等のチェックポイント

第6号様式

事業廃止届出書

平成26年1月8日	届出者	（フリガナ）	オオサカシ　チュウオウク　オオテマエ
		納　税　地	（〒540-8557） 大阪市中央区大手前〇丁目〇番〇号 （電話番号　06 －6〇〇〇－〇〇〇〇）
東_税務署長殿		（フリガナ）	コクゼイ　ゴ　ロウ
		氏名又は名称及び代表者氏名	国税　五郎　　　　　　　㊞

収受印

下記のとおり、事業を廃止したので、消費税法第57条第1項第3号の規定により届出します。

事業廃止年月日	平成　25　年　12　月　31　日
納税義務者となった年月日	平成　15　年　5　月　1　日
参　考　事　項	
税理士署名押印	印 （電話番号　　－　　－　　）

※税務署処理欄	整理番号		部門番号			
	届出年月日	年　月　日	入力処理	年　月　日	台帳整理	年　月　日

注意　1．裏面の記載要領等に留意の上、記載してください。
　　　2．※印欄は、記載しないでください。

第10章 消費税関係各種手続と申告書・届出書等のチェックポイント

> この届出書は、課税事業者が事業を廃止した場合に提出するものです。

【ポイント】
1 この届出書は、課税事業者が事業を廃止した場合に速やかに提出することとされています。
2 「消費税課税事業者選択不適用届出書(第2号様式)」、「消費税課税期間特例選択不適用届出書(第14号様式)」、「消費税簡易課税制度選択不適用届出書(第25号様式)」又は「任意の中間申告書を提出することの取りやめ届出書(第26-(3)号様式)」を提出する際に、事業廃止をする旨を記載した場合には、この届出書は提出する必要はありません。

・事業を廃止した年月日を記載します。

・先に提出した「消費税課税事業者選択届出書(第1号様式)」又は「消費税課税事業者届出書(基準期間用)第3-(1)号様式」若しくは「消費税課税事業者届出書(特定期間用)第3-(2)号様式」の「適用開始課税期間」欄の初日を記載します。

第10章　消費税関係各種手続と申告書・届出書等のチェックポイント

第7号様式

個 人 事 業 者 の 死 亡 届 出 書

収受印 平成26年3月25日 ＿東＿税務署長殿	届出者	（フリガナ）	オオサカシ　チュウオウク　オオテマエ
		住所又は居所	（〒540-8557） 大阪市中央区大手前〇丁目〇番〇号 （電話番号　06 －6〇〇〇－〇〇〇〇）
		（フリガナ）	コクゼイ　ヨシコ
		氏　　名	国 税 良 子　　　㊞（国税）

下記のとおり、事業者が死亡したので、消費税法第57条第1項第4号の規定により届出します。

死 亡 年 月 日		平成　26　年　3　月　18　日
死亡した事業者	納　税　地	大阪市中央区大手前〇丁目〇番〇号
	氏　　名	国 税 四 郎
届出人と死亡した事業者との関係		夫婦（届出者は妻）
参 考 事 項	事 業 承 継 の 有 無	㊀有・無
	事業承継者　住所又は居所	大阪市中央区大手前〇丁目〇番〇号 （電話番号　06 －6〇〇〇－〇〇〇〇）
	事業承継者　氏　名	国 税 良 子
税理士署名押印		㊞ （電話番号　　－　　－　　）

※税務署処理欄	整理番号		部門番号			
	届出年月日	年　月　日	入力処理	年　月　日	台帳整理	年　月　日

注意　1．裏面の記載要領等に留意の上、記載してください。
　　　2．※印欄は、記載しないでください。

第10章　消費税関係各種手続と申告書・届出書等のチェックポイント

この届出書は、課税事業者である個人事業者が死亡した場合に、その相続人が被相続人の納税地を所轄する税務署長に提出するものです。

【ポイント】
この届出書は、課税事業者である個人事業者が死亡した場合に、その相続人が被相続人の納税地を所轄する税務署長に速やかに提出することとされています。

・死亡した年月日を記載します。

・死亡した事業者の納税地及び氏名を記載します。

・死亡した事業者と届出者との関係を記載します。

・次の事項を記載します。
　① 事業承継の有無
　② 事業承継があった場合の事業承継者の住所又は居所及び氏名
　③ その他参考となる事項

第8号様式

合併による法人の消滅届出書

収受印

平成26年3月25日

東 税務署長殿

届出者

（フリガナ）オオサカシ　チュウオウク　オオテマエ
納税地　（〒540-8557）
大阪市中央区大手前〇丁目〇番〇号
（電話番号　06-6〇〇〇-〇〇〇〇）

（フリガナ）カブシキガイシャ　コクゼイトンヤ　コクゼイジロウ
名称及び代表者氏名　株式会社　国税問屋
国税　二郎　㊞（国税）

下記のとおり、合併により法人が消滅したので、消費税法第57条第1項第5号の規定により届出します。

合併年月日	平成　26　年　3　月　4　日
被合併法人 納税地	大阪市港区磯路〇丁目〇番〇号
被合併法人 名称	株式会社　国税販売
被合併法人 代表者氏名	国税　三郎
合併の形態	設立合併　・　㊞吸収合併㊞
参考事項	
税理士署名押印	㊞ （電話番号　－　－　）

※税務署処理欄	整理番号		部門番号				
	届出年月日	年　月　日	入力処理	年　月　日	台帳整理	年　月　日

注意　1．裏面の記載要領等に留意の上、記載してください。
　　　2．※印欄は、記載しないでください。

第10章　消費税関係各種手続と申告書・届出書等のチェックポイント

> この届出書は、課税事業者である法人が合併により消滅した場合に、その合併法人が被合併法人の納税地を所轄する税務署長に提出します。

【ポイント】
この届出書は、課税事業者である法人が合併により消滅した場合に、その合併法人が被合併法人の納税地を所轄する税務署長に、速やかに提出することとされています。

・合併した年月日（合併期日）を記載します。

・それぞれ合併により消滅した法人の納税地、名称及び代表者氏名を記載します。

・該当する合併の形態に○を付します。

(参考)

被合併法人	合併後、消滅する法人

　　　↓　承　継　｛・中間申告義務、確定申告義務
　　　　　　　　　　・帳簿及び請求書等の保存義務

合併法人	合併後、存続する法人

第9号様式

消費税納税管理人届出書

収受印

平成26年3月25日

東 税務署長殿

届出者	（フリガナ）	オオサカシ　チュウオウク　オオテマエ
	納　税　地	（〒540-8557） 大阪市中央区大手前〇丁目〇番〇号 （電話番号　06 －6000－0000）
	（フリガナ）	コクゼイ　コーポレーション　　コクゼイ　ジロウ
	氏名又は名称及び代表者氏名	Kokuzei Corporation　　Kokuzei Jiro　㊞

下記のとおり、消費税の納税管理人を定めたので、届出します。

納税管理人	（フリガナ）	オオサカシ　チュウオウク　オオテマエ
	住所又は居所（法人の場合）本店又は主たる事務所の所在地	（〒540-8557） 大阪市中央区大手前〇丁目〇番〇号 （電話番号　06 －6000－0000）
	（フリガナ）	カブシキガイシャ　コクゼイインリョウ　コクゼイジロウ
	氏名又は名称及び代表者氏名	株式会社　国税飲料　国税二郎　　㊞（国税）
	届出者との続柄（関係）	取引先
	職業又は事業内容	飲料水製造販売
法の施行地外における住所又は居所となるべき場所		アメリカ合衆国イリノイ州シカゴ市北ミシガン通〇番地
納税管理人を定めた理由		日本国内に事務所及び事業所を有しないため
参　考　事　項		
税理士署名押印		（電話番号　　－　　－　　）　㊞

※税務署処理欄	整理番号			部門番号					
	届出年月日	年	月	日	入力処理	年	月	日	台帳整理　年　月　日

注意　1.　この届出書は、納税義務者の納税地の所轄税務署長に提出してください。
　　　2.　「法の施行地外における住所又は居所となるべき場所」欄には、国内に住所又は居所を有しないこととなる場合に、国外における住所又は居所を書いてください。
　　　3.　※印欄は、記載しないでください。

第10章 消費税関係各種手続と申告書・届出書等のチェックポイント

> この届出書は、国内に事務所等を有しない外国法人等が申告又は届出等を行う場合に納税管理人を選任したときに使用します。

---【ポイント】---
国内に住所及び居所を有しない又は有しなくなる個人事業者及び国内に本店若しくは主たる事務所を有しない又は有しなくなる法人については、通則法第117条の規定により納税管理人を選任する必要があります。
・この届出書は、納税義務者の納税地の所轄税務署長に提出します。

・申告書等に記載する氏名及び名称等については、ローマ字表記のほか、カナ表記を記載します。

・国内に住所及び居所を有しないこととなる場合に、国外における住所又は居所を記載します。

---（具体例）---
《非居住者である外国法人の申告手続きの方法》

納税地の選択	国内に事務所等を有しない外国法人が申告又は届出等を行う場合には、令第43条第3号の規定により、納税地を選択しておく必要があります。納税地の選択は、最初に提出する課税事業者届出書又は課税事業者選択届出書に記載して届け出ることになります。 この場合の選択する場所は、事務所のほか、例えば、関連会社、子会社、代理店等の国内における業務活動の中心となる場所を納税地として選択することができます。
納税管理人の選任	国内に住所及び居所を有しない又は有しなくなる個人事業者及び国内に本店若しくは主たる事務所を有しない又は有しなくなる法人については、通則法第117条の規定により納税管理人を選任する必要があります。

第10章　消費税関係各種手続と申告書・届出書等のチェックポイント

第10号様式

消費税納税管理人解任届出書

平成26年6月25日　　東　税務署長殿	届出者	（フリガナ）	オオサカシ　チュウオウク　オオテマエ
		納　税　地	（〒540-8557） 大阪市中央区大手前〇丁目〇番〇号 （電話番号　06-6〇〇〇-〇〇〇〇）
		（フリガナ）	コクゼイ　コーポレーション　　コクゼイ　ジロウ
		氏名又は名称及び代表者氏名	Kokuzei Corporation　　Kokuzei Jiro　㊞

下記のとおり、平成21年3月26日に提出した納税管理人を解任したので、届出します。

解任した納税管理人	（フリガナ）	オオサカシ　チュウオウク　オオテマエ
	住所又は居所 (法人の場合) 本店又は主たる 事務所の所在地	（〒540-8557） 大阪市中央区大手前〇丁目〇番〇号 （電話番号　06-6〇〇〇-〇〇〇〇）
	（フリガナ）	カブシキガイシャ　コクゼイインリョウ　コクゼイジロウ
	氏名又は名称及び代表者氏名	株式会社　国税飲料　国税二郎　　㊞国税

納税地	現在の納税地	大阪市中央区大手前〇丁目〇番〇号
	選任していたときの納税地	同　　　　上

納税管理人を解任した理由	納税地に事務所を開設したため

参　考　事　項	

税理士署名押印	（電話番号　　　-　　　-　　　）　　㊞

※税務署処理欄	整理番号		部門番号		
	届出年月日	年　月　日	入力処理	年　月　日	台帳整理　年　月　日

注意　1．この届出書は、さきに選任していた納税管理人を解任した場合に提出するものです。
　　　2．この届出書は、次により記載し次の税務署長に提出してください。「納税地」欄は、納税地が納税管理人を選任していたときの納税地と同一のときは、「現在の納税地」欄にその納税地を書いてその納税地の所轄税務署長に提出します。また、納税地が納税管理人を選任していたときの納税地と異なるときは、「選任していたときの納税地」欄及び「現在の納税地」欄にそれぞれの納税地を書いてそれぞれの納税地の所轄税務署長に提出します。この場合、「消費税異動届出書（第11号様式）」を提出する必要はありません。
　　　3．※印欄は、記載しないでください。

この届出書は、先に選任していた納税管理人を解任した場合に提出するものです。

【ポイント】
この届出書は、先に選任していた納税管理人を解任した場合に納税地の税務署長に提出するものです。

・納税地が納税管理人を選任していたときの納税地と同一のときは、「現在の納税地」欄にその納税地を記載します。
・納税地が納税管理人を選任していたときの納税地と異なるときは、「選任していたときの納税地」欄及び「現在の納税地」欄にそれぞれの納税地を記載し、それぞれの納税地の所轄税務署長に提出します（「消費税異動届出書（第11号様式）」を提出する必要はありません。）。

・納税管理人を解任した理由を記載します。

第10章 消費税関係各種手続と申告書・届出書等のチェックポイント

第10-(2)号様式

消費税の新設法人に該当する旨の届出書

収受印 平成26年5月1日	届出者	（フリガナ） 納税地	オオサカシ チュウオウク オオテマエ （〒540-8557） 大阪市中央区大手前〇丁目〇番〇号 （電話番号　06－6000－0000）
		（フリガナ） 本店又は主たる事務所の所在地	（〒　－　） 同　上 （電話番号　　－　　－　　）
		（フリガナ） 名　称	カブシキガイシャ コクゼイショクヒン 株式会社 国税食品
		（フリガナ） 代表者氏名	コクゼイ サブロウ 国税 三郎　　　　　㊞
東　税務署長殿		（フリガナ） 代表者住所	オオサカシ キタク ミナミオウギマチ 大阪市北区南扇町〇番〇号 （電話番号　06－6000－0000）

　下記のとおり、消費税法第12条の２第１項の規定による新設法人に該当することとなったので、消費税法第57条第２項の規定により届出します。

消費税の新設法人に該当することとなった事業年度開始の日	平成　26　年　5　月　1　日
上記の日における資本金の額又は出資の金額	10,000,000円

事業内容等	設立年月日	平成　26　年　5　月　1　日
	事業年度	自　5　月　1　日　至　4　月　30　日
	事業内容	食料品の販売

参考事項	「消費税課税期間特例選択・変更届出書」の提出の有無【有（　・　・　）・㊞】

税理士署名押印	㊞ （電話番号　　　－　　　－　　　）

※税務署処理欄	整理番号		部門番号			
	届出年月日	年　月　日	入力処理	年　月　日	台帳整理	年　月　日

注意　1．裏面の記載要領等に留意の上、記載してください。
　　　2．※印欄は、記載しないでください。

第10章　消費税関係各種手続と申告書・届出書等のチェックポイント

> この届出書は、その事業年度の基準期間がない法人（以下「新設法人」という。）のうち、当該事業年度開始の日における資本又は出資の金額が1,000万円以上である法人が速やかに提出するものです。

【ポイント】
1　「消費税課税事業者選択届出書（第１号様式）」の提出により消費税の納税義務が免除されなくなった法人は提出不要となります。
2　法人設立届出書（法人税法第148条等の届出書）に「新設法人（消費税法第12条の２第１項）」に該当する旨及び所定の記載事項を記載して提出した場合には、この届出書の提出は不要です。
（注）　消費税の新設法人に該当する法人については、基準期間のない課税期間（一般的には、設立第１期目及び第２期目）においては納税義務の免除の規定の適用はありませんが、基準期間の課税売上高を計算できる課税期間（一般的には、設立第３期目）からは、原則として基準期間の課税売上高により納税義務の有無を判定することとなります。
　　したがって、この届出書を提出した場合でも、設立第３期目以降において課税事業者となる場合又は課税事業者となることを選択しようとする場合には、改めて「消費税課税事業者届出書（基準期間用）第３－(1)号様式」、「消費税課税事業者届出書（特定期間用）第３－(2)号様式」又は「消費税課税事業者選択届出書（第１号様式）」を提出する必要があります。
　　ただし、基準期間のない課税期間（簡易課税制度の適用を受けている課税期間を除きます。）において調整対象固定資産の課税仕入れ等を行った場合には、その課税仕入れ等の日の属する課税期間の初日から３年を経過する日の属する課税期間までの各課税期間については納税義務の免除の規定の適用はありません。この場合、この間は一般課税による申告を行うこととなります。

・「新設法人」に該当することとなった事業年度の開始の日を記載します。

・「消費税の新設法人に該当することとなった事業年度開始の日」欄に記載した日における資本金の額又は出資の金額を記載します。

・法人を設立した年月日を記載します。

・法人の事業年度を記載します。
　設立１期目の事業年度が変則的なものとなる場合は、通常時の事業年度を記載します。

・法人の事業内容を具体的に記載します。

（参考１）
・「新設法人」とは、次の①及び②に該当する法人をいい、消費税の納税義務は免除されません。
　①　その事業年度の基準期間がない法人
　②　当該事業年度開始の日における資本金の額又は出資の金額が1,000万円以上である法人

（参考２）
・「出資の金額」の範囲
　「出資の金額」には、営利法人である合名会社、合資会社又は合同会社に係る出資の金額に限らず、民法第34条（公益法人の設立）に規定する公益法人で出資を受け入れることとしている場合の当該法人に係る出資の金額、農業協同組合及び漁業協同組合等の協同組合に係る出資の金額、特別の法律により設立された法人で出資を受け入れることとしている当該法人に係る出資の金額、地方公営企業法第18条（設立）に規定する地方公共団体が経営する企業に係る出資の金額及びその他の法人で出資を受け入れることとしている場合の当該法人に係る出資の金額が該当します。

第10-(3)号様式

消費税の特定新規設立法人に該当する旨の届出書

平成26年7月10日

収受印

届出者	(フリガナ)	オオサカシ チュウオウク オオテマエ
	納税地	(〒540-8557) 大阪市中央区大手前〇丁目〇番〇号 (電話番号　06-6000-0000)
	(フリガナ)	カブシキガイシャ コクゼイコウギョウ コクゼイシロウ
	名称及び代表者氏名	株式会社 国税工業　国税四郎　㊞ (電話番号　06-6000-0000)

東　税務署長殿

下記のとおり、消費税法第12条の3第1項の規定による特定新規設立法人に該当することとなったので、消費税法第57条第2項の規定により届出します。

消費税の特定新規設立法人に該当することとなった事業年度開始の日	平成26年7月1日

事業内容等	設立年月日	平成26年7月1日
	事業年度	自4月1日　至3月31日
	事業内容	プレス加工

特定新規設立法人の判定

イ　特定要件の判定

① 特定要件の判定の基礎となった他の者	納税地等	大阪市中央区大手前〇-〇-〇
	氏名又は名称	国税 四郎

保有割合	② ①の者が直接又は間接に保有する新規設立法人の発行済株式等の数又は金額	2,000 株(円)	④ ③のうち、①の者が直接又は間接に保有する割合 (②/③×100)	100 %
	③ 新規設立法人の発行済株式等の総数又は総額	2,000 株(円)		

ロ　基準期間に相当する期間の課税売上高

納税地等	大阪市北区南扇町〇番〇号
氏名又は名称	株式会社　国税商事
基準期間に相当する期間	自24年1月1日　～　至24年12月31日
基準期間に相当する期間の課税売上高	810,451,463 円

上記イ④の割合が50％を超え、かつ、ロの基準期間に相当する期間の課税売上高が5億円を超えている場合には、特定新規設立法人に該当しますので、この届出書の提出が必要となります。

参考事項	国税四郎は、株式会社国税商事の全発行済株式を保有している。

税理士署名押印	(電話番号　　-　　-　　)　印

※税務署処理欄	整理番号		部門番号			
	届出年月日	年　月　日	入力処理	年　月　日	台帳整理	年　月　日

注意　1．裏面の記載要領等に留意の上、記載してください。
　　　2．※印欄は、記載しないでください。

> この届出書は、その事業年度の基準期間がない資本金1,000万円未満の法人（新規設立法人）のうち、その基準期間がない事業年度開始の日（新設開始日）において特定要件（※）に該当し、かつ、新規設立法人が特定要件に該当する旨の判定の基礎となった他の者及び当該他の者と特殊な関係にある法人のうちいずれかの者（判定対象者）の当該新規設立法人の当該新設開始日の属する事業年度の基準期間に相当する期間における課税売上高が5億円を超える場合に速やかに提出するものです。
> ※ 特定要件とは、他の者により新規設立法人の発行済株式又は出資の総数又は総額の50％を超える数又は金額の株式又は出資が直接又は間接に保有される場合等をいいます。

【ポイント】
1 特定新規設立法人に該当するかどうかの判定は、その基準期間がない事業年度（一般的には設立1期目及び2期目）開始の日においてそれぞれ行う必要があります。
2 設立第2期目以降において次の場合には、次の届出書の提出がそれぞれ必要となります。
　イ　課税事業者となることを選択する場合　「消費税課税事業者選択届出書（第1号様式）」
　ロ　基準期間における課税売上高が1,000万円を超える場合（イに該当する場合を除きます。）
　　　「消費税課税事業者届出書（基準期間用）第3－(1)号様式」
　ハ　特定期間における課税売上高が1,000万円を超える場合（イ・ロに該当する場合を除きます。）
　　　「消費税課税事業者届出書（特定期間用）第3－(2)号様式」
　ニ　新設法人に該当することとなった場合（イ・ハに該当する場合を除きます。）
　　　「消費税の新設法人に該当する旨の届出書（第10－(2)号様式）」

- 特定新規設立法人に該当することとなった事業年度の開始の日を記載します。

- 特定要件の判定の基礎となった他の者の納税地を記載します。

- 特定要件の判定の基礎となった他の者の氏名又は名称を記載します。

- 特定要件の判定の基礎となった他の者が直接又は間接に保有する新規設立法人の発行済株式又は出資の数又は金額を記載します。

- 新規設立法人の発行済株式又は出資の総数又は総額のうち、特定要件の判定の基礎となった他の者が直接又は間接に保有する割合を記載します。

- 新規設立法人の発行済株式又は出資の総数又は総額を記載します。

- 判定対象者の納税地を記載します。

- 判定対象者の氏名又は名称を記載します。

- 判定対象者のうち、当該新規設立法人の当該事業年度の基準期間に相当する期間における課税売上高が5億円を超えている者に関する事項を記載します。

- 判定対象者の当該新規設立法人の当該事業年度の基準期間に相当する期間を掲載します。

- 判定対象者の当該新規設立法人の当該事業年度の基準期間に相当する期間における課税売上高を記載します。

- 例えばこの届出書の「特定新規設立法人の判定」欄のイ①の者とロの者が異なる場合のその関係等、その他参考となる事項がある場合に記載します。

第10章　消費税関係各種手続と申告書・届出書等のチェックポイント

第11号様式

消　費　税　異　動　届　出　書

収受印

平成26年5月1日

東　税務署長殿

届出者	（フリガナ）	オオサカシ　チュウオウク　オオテマエ
	住所又は居所、本店又は主たる事務所の所在地	（〒540−8557） 大阪市中央区大手前〇丁目〇番〇号 （電話番号　06−60〇〇−〇〇〇〇）
	（フリガナ）	カブシキガイシャ　コクゼイショウジ　コクゼイジロウ
	氏名又は名称及び代表者氏名	株式会社　国税商事　国税二郎　　㊞

下記のとおり、消費税の納税地等に異動がありましたので、届出します。

異動の内容	異動年月日	平成　26　年　4　月　24　日
	異動前の納税地	（〒　　−　　） （電話番号　　−　　−　　）
	異動後の納税地	（〒　　−　　） （電話番号　　−　　−　　）
	納税地以外の異動事項	異動事項　名　称
		異動前　株式会社　国税総合企画
		異動後　株式会社　国税商事

参　考　事　項	

税理士署名押印	㊞ （電話番号　　−　　−　　）

※税務署処理欄	整理番号		部門番号				
	届出年月日	年　月　日	入力処理	年　月　日	台帳整理	年　月　日

注意　1.　この届出書は、納税地、住所又は居所、本店又は主たる事務所の所在地、名称又は屋号、代表者氏名、代表者の住所、事業年度、資本金に異動があったとき又は公共法人等が定款等に定める会計年度等を変更し、若しくは新たに会計年度等を定めたときに提出してください。
　　　2.　納税地の異動の場合には、異動前の納税地の所轄税務署長及び異動後の納税地の所轄税務署長に提出してください。
　　　3.　※印欄は、記載しないでください。

この届出書は、納税地等に異動が生じたときに、納税地を所轄する税務署長に対して提出する届出書として使用します。

―【ポイント】―
この届出書は、納税地又は主たる事務所の所在地、法人名、代表者氏名、代表者の住所、事業年度（公共法人等の会計年度を含みます。）又は資本金に異動が生じたときは、納税地を所轄する税務署長（納税地の異動の場合は、異動前の納税地を所轄する税務署長と異動後の納税地を所轄する税務署長）に対して提出する届出書として使用します。

・異動のあった年月日を記載します。

・納税地の異動の場合は、異動前の納税地と異動後の納税地をそれぞれ「異動前の納税地」欄及び「異動後の納税地」欄に記載します。

・法人名、代表者氏名、代表者の住所、事業年度（公共法人等の会計年度を含みます。）又は資本金に異動が生じたときは、「納税地以外の異動事項」欄に記載します。

第12号様式

消費税会計年度等届出書

平成26年4月8日	届出者	（フリガナ）	オオサカシ　キタク　ミナミオウギマチ
収受印		納税地	（〒530－6789） 大阪市北区南扇町〇丁目〇番〇号 （電話番号　06－6000－0000）
_北_税務署長殿		（フリガナ） 名称及び 代表者氏名	〇〇コビジュツケンキュウカイ　コクゼイロクロウ 〇〇古美術研究会　　国税六郎　㊞

下記のとおり、会計年度等を定めたので、消費税法施行令第3条第2項の規定により届出します。

定めた会計年度等	自　4月　1日　　至　3月　31日
設立年月日	26年　4月　1日
課税資産の譲渡等を開始した日	平成　26年　4月　1日
課税資産の譲渡等の内容	古美術品の販売
参考事項	
税理士署名押印	㊞ （電話番号　　－　　－　　）

※税務署処理欄	整理番号		部門番号			
	届出年月日	年　月　日	入力処理	年　月　日	台帳整理	年　月　日
	通信日付印	年　月　日	確認印			

注意　※印欄は、記載しないでください。

> この届出書は、法令又は定款等に会計年度等の定めがない公共法人等が会計年度等を定めたときに使用するものです。

---【ポイント】---
法令又は定款等に会計年度等の定めがない公共法人等（人格のない社団等を含みます。）は、国内において課税資産の譲渡等に係る事業を開始した日以後2か月以内に会計年度等を定めて納税署長に届け出る必要があります。

・定めた会計年度等を記載します。
・定めた会計年度等が1年を超える場合には、当該期間をその開始の日から1年ごとに区分した各期間（最後に1年未満の期間を生じた場合にはその1年未満の期間）とします。

・国内において課税資産の譲渡等に係る事業を開始した日を記載します。

---（参考）---
・法令又は定款等に会計年度等の定めがない公共法人等が、「消費税会計年度等届出書」を提出しない場合
　① 人格のない社団等を除いた公共法人等　→　納税地を所轄する税務署長が会計年度等を指定
　② 人格のない社団等　→　その年の1月1日から12月31日

第10章　消費税関係各種手続と申告書・届出書等のチェックポイント

第13号様式

消費税課税期間特例 （選択）／変更 届出書

収受印：平成26年3月25日

届出者：
- （フリガナ）オオサカシ　チュウオウク　オオテマエ
- 納税地：（〒540-8557）大阪市中央区大手前〇丁目〇番〇号（電話番号　06－6000－0000）
- （フリガナ）カブシキガイシャ　コクゼイシュッパン　コクゼイイチロウ
- 氏名又は名称及び代表者氏名：株式会社　国税出版　国税一郎　㊞（国税印）

東　税務署長殿

下記のとおり、消費税法第19条第1項第3号、第3号の2、第4号又は第4号の2に規定する課税期間に短縮又は変更したいので、届出します。

事業年度	自　1月1日　至　12月31日
適用開始日又は変更日	平成26年4月1日

適用又は変更後の課税期間：

三月ごとの期間に短縮する場合	一月ごとの期間に短縮する場合
1月1日から3月31日まで	月　日から　月　日まで／月　日から　月　日まで／月　日から　月　日まで
4月1日から6月30日まで	月　日から　月　日まで／月　日から　月　日まで／月　日から　月　日まで
7月1日から9月30日まで	月　日から　月　日まで／月　日から　月　日まで／月　日から　月　日まで
10月1日から12月31日まで	月　日から　月　日まで／月　日から　月　日まで／月　日から　月　日まで

変更前の課税期間特例選択・変更届出書の提出日	平成　年　月　日
変更前の課税期間特例の適用開始日	平成　年　月　日
参考事項	
税理士署名押印	（電話番号　　－　　－　　）　㊞

※税務署処理欄

整理番号		部門番号	
届出年月日	年　月　日	入力処理　年　月　日	台帳整理　年　月　日
通信日付印	年　月　日	確認印	

注意　1．裏面の記載要領等に留意の上、記載してください。
　　　2．※印欄は、記載しないでください。

302

> この届出書は、課税期間の特例の適用を受けようとする場合又は変更しようとする場合に提出します。

【ポイント】
1 この届出書は、この特例を受けようとする又は変更しようとする短縮に係る課税期間の開始の日の前日までに提出する必要があります。
　なお、新規開業した事業者等については、この届出書を提出した日の属する期間からこの特例の適用を受けることができます。
2 なお、この特例の適用を受けた場合は、事業を廃止した場合を除き、この届出書の効力が生じる日から2年を経過する日の属する課税期間の初日以後でなければ、「消費税課税期間特例選択不適用届出書(第14号様式)」を提出することはできません。

・法人の事業年度を記載します。個人事業者は、記載不要となります。

・特例により短縮される課税期間のうち、適用を開始する課税期間の初日又は変更により適用を開始する課税期間の初日を記載します。

> ・この特例を適用することによって短縮される課税期間は、次のとおりとなります。
> 【3か月ごとの期間に短縮する場合】
> (1) 個人事業者の場合には、1～3月、4～6月、7～9月、10～12月までの各期間
> (2) 法人の場合には、その事業年度をその開始の日以後3か月ごとに区分した各期間(最後に3か月未満の期間が生じたときは、その期間)
> 【1か月ごとの期間に短縮する場合】
> 　その年又はその事業年度をその開始の日以後1か月ごとに区分した各期間(最後に1か月未満の期間が生じたときは、その期間)

・次により短縮される課税期間を記載します。

> (例：3か月ごとの期間に短縮する場合)
> ① 個人事業者の場合　　　　　　　　　② 9月決算法人の場合
> 　イ　1月1日から3月31日まで　　　　　イ　10月1日から12月31日まで
> 　ロ　4月1日から6月30日まで　　　　　ロ　1月1日から3月31日まで
> 　ハ　7月1日から9月30日まで　　　　　ハ　4月1日から6月30日まで
> 　ニ　10月1日から12月31日まで　　　　ニ　7月1日から9月30日まで

・既に課税期間特例の適用を受けている事業者が、この届出により短縮期間を変更する場合、変更前に適用を受けていた課税期間特例の届出書の提出年月日を記載します。

・既に課税期間特例の適用を受けている事業者が、変更前に適用を受けていた課税期間特例の効力が生じた日を記載します。

(具体例)
・平成26年7月1日から3か月の課税期間の短縮を受けるために6月1日に「消費税課税期間特例選択・変更届出書」を提出した個人事業者(12月決算法人)の場合

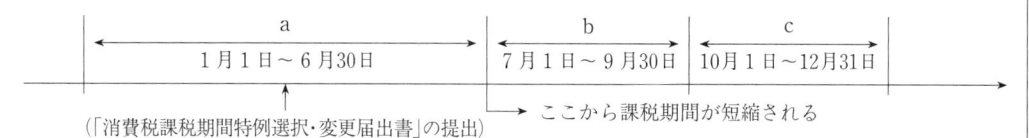

a	b	c
1月1日～6月30日	7月1日～9月30日	10月1日～12月31日

(「消費税課税期間特例選択・変更届出書」の提出)
→ ここから課税期間が短縮される

・確定申告は、a、b及びcの各課税期間ごとに行うこととなります。
　※　年又は事業年度の途中でこの適用を受けた場合には、課税期間の初日から適用開始の日の前日までの期間については、これを一課税期間とみなして確定申告等を行うことになります。

第10章　消費税関係各種手続と申告書・届出書等のチェックポイント

第14号様式

消費税課税期間特例選択不適用届出書

平成26年3月25日 東　税務署長殿	届出者	（フリガナ）	オオサカシ　チュウオウク　オオテマエ
		納　税　地	（〒540-8557） 大阪市中央区大手前〇丁目〇番〇号 （電話番号　06－6000－0000）
		（フリガナ）	カブシキガイシャ　コクゼイインリョウ　コクゼイジロウ
		氏名又は名称及び代表者氏名	株式会社　国税飲料　国税二郎　㊞

下記のとおり、課税期間の短縮の適用をやめたいので、消費税法第19条第3項の規定により届出します。

事　業　年　度	自　4月1日　　　至　3月31日
特例選択不適用の開始日	平成　26年　4月　1日

短縮の適用を受けていた課税期間	三月ごとの期間に短縮していた場合	一月ごとの期間に短縮していた場合
	4月1日から 6月30日まで	月　日から　月　日まで 月　日から　月　日まで 月　日から　月　日まで
	7月1日から 9月30日まで	月　日から　月　日まで 月　日から　月　日まで 月　日から　月　日まで
	10月1日から 12月31日まで	月　日から　月　日まで 月　日から　月　日まで 月　日から　月　日まで
	1月1日から 3月31日まで	月　日から　月　日まで 月　日から　月　日まで 月　日から　月　日まで

選択・変更届出書の提出日	平成　10年　3月　15日
課税期間短縮・変更の適用開始日	平成　　年　　月　　日
事業を廃止した場合の廃止した日	平成　　年　　月　　日
参　考　事　項	
税理士署名押印	（電話番号　　－　　－　　）㊞

※税務署処理欄	整理番号		部門番号			
	届出年月日	年　月　日	入力処理	年　月　日	台帳整理	年　月　日
	通信日付印	年　月　日	確認印			

注意　1．裏面の記載要領等に留意の上、記載してください。
　　　2．※印欄は、記載しないでください。

第10章　消費税関係各種手続と申告書・届出書等のチェックポイント

> この届出書は、課税期間の特例の適用を受けている事業者が、その適用をやめようとする場合又は事業を廃止した場合に提出します。

―【ポイント】―
1　この届出書の効力は、提出した日の属する課税期間の翌課税期間から生じます。したがって、課税期間の特例の選択をやめようとする課税期間の開始の日の前日までに提出が必要となります。
2　この届出書は、事業を廃止した場合を除き、「消費税課税期間特例選択・変更届出書（第13号様式）」の効力が生じる日から2年を経過する日の属する課税期間の初日以後でなければ、提出することができません。
3　年又は事業年度の途中で課税期間の特例の適用を受けることをやめた場合には、その適用しないこととした課税期間の開始日以後、その年の12月31日又はその事業年度の終了する日までが一課税期間となります。

・法人の事業年度を記載します。個人事業者は、記載不要となります。

・課税期間の特例選択をやめようとする課税期間の初日を記載します。

・課税期間の特例の適用によって短縮されていた3か月ごと又は1か月ごとの各期間を記載します。

・「消費税課税期間特例選択・変更届出書（第13号様式）」を提出した日を記載します。

・現在適用を受けている課税期間特例の効力が生じた日を記載します。

・事業を廃止した場合に事業を廃止した日を記載します。

―（具体例）―
・平成26年7月1日から課税期間の短縮をやめるために6月1日に「消費税課税期間特例選択不適用届出書」を提出した個人事業者（12月決算法人）の場合

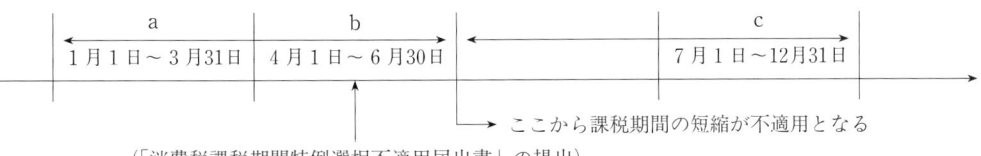

a	b	c
1月1日～3月31日	4月1日～6月30日	7月1日～12月31日

（「消費税課税期間特例選択不適用届出書」の提出）
→ ここから課税期間の短縮が不適用となる

・確定申告は、a、b及びcの各課税期間ごとに行うこととなります。

第10章 消費税関係各種手続と申告書・届出書等のチェックポイント

第15号様式

郵便物輸出証明申請書

収受印

平成 26 年 3 月 25 日

大阪 税関長殿

申請者（差出人）

（フリガナ）	オオサカシ　チュウオウク　オオテマエ
住所等	（〒 540 － 8557 ） 大阪市中央区大手前〇丁目〇番〇号 （電話番号　06 － 6000 － 〇〇〇〇）
（フリガナ）	カブシキガイシャ　コクゼイショウジ　コクゼイジロウ
氏名又は名称及び代表者氏名	株式会社　国税商事　国税二郎　㊞

下記物品について、郵便物として輸出されたものであることの証明を受けたいので、申請します。

受取人	住所等	アメリカ合衆国イリノイ州シカゴ市北ミシガン通〇番地
	氏名又は名称	ジョン・フォード

郵便物の内容	品名	数量	価額
	時計	5個	500,000 円
	合計		500,000

個数	個	差出年月日	平成 26 年 3 月 25 日

(輸出証明印)税関審査印	※	参考事項	

注意　1　この申請書は、2通提出してください。
　　　2　郵便物を同一受取人に2個以上に分けて差し出す場合には、その合計個数を「個数」欄に記載してください。
　　　3　※印欄は、記載しないでください。

306

> この申請書は、消費税を免除された物品を郵便で海外へ輸出したことの証明申請書として使用します。

【ポイント】
この申請書は、消費税を免除された物品を郵便で海外へ輸出したことの証明申請書として税関長へ2部提出し、1部が郵便物輸出証明書として交付されます。

・郵便で輸出する郵便物を記載してください。

・郵便物を同一受取人に2個以上に分けて差し出す場合には、その合計個数を記載してください。

第16号様式

<h1 style="text-align:center">海外旅行者が出国に際して携帯する物品の購入者誓約書</h1>

購入物品	品　名	規格・銘柄	数量	購入単価	価　額
	時　計	○○○○	1個	30,000円	30,000円

販売場	納　税　地	大阪市中央区大手前○丁目○番○号
	所　在　地	大阪市北区梅田○-○
	氏名又は名称	国税時計店

渡航年月日	平成 26 年 3 月 26 日
旅券番号	TH○○○○○○○
渡　航　先	アメリカ合衆国
渡航目的	観　光
渡航方法	空路（航空機）
渡航期間	平成 26 年 3 月 26 日から平成 26 年 4 月 5 日

贈答先	住所又は勤務先	アメリカ合衆国イリノイ州シカゴ市北ミシガン通○番地
	氏名又は名称	キャサリン・ローズ

参考事項	

今般海外旅行するに際して携帯する上記物品については、次のとおり使用することを誓約します。

① 上記贈答先に贈答し、帰国の際には携帯しない。
② ~~渡航先において2年以上使用（又は消費）する。~~

平成 26 年 3 月 25 日　　住所又は居所　大阪市北区南扇町○番○号

　　　　　　　　　　　　電話番号　　０６－６０○○－○○○○

　　　　　　　　　　　　職　　業　　会社員

　　　　　　　　　　　　氏　　名　　国税　二郎　㊞

注意　1　不要の文字は二重線で抹消してください。
　　　2　この誓約書は購入先に交付してください。
　　　3　「購入物品」欄に記載できない場合には、適宜の用紙に記載して添付してください。

第10章　消費税関係各種手続と申告書・届出書等のチェックポイント

> この誓約書は、海外旅行者・転勤等のため出国する居住者が、渡航先において贈答用に供する物品等を免税で購入する際にその購入先である輸出物品販売場に提出するものです。

―【ポイント】――
1　この誓約書は、海外旅行者・転勤等のため出国する居住者が、渡航先において贈答用に供する物品で帰国に際して携帯しないもの又は渡航先において使用若しくは消費するもの（その物品の1個当たりの対価の額が1万円を超えるものに限ります。）を購入する場合その誓約書として購入先に提出するものです。
2　事業者は、この誓約書と後日海外旅行者・転勤等のため出国する居住者から受け取る輸出証明書（第17号様式）の両方を保存することによって、免税売上げとすることができます。

・購入物品1個当たりの対価が1万円を超えるものを記載します。
　また、この欄に記載できない場合には適宜の用紙に記載します。

・購入先を記載します。

―（参考1）――
《海外旅行者・転勤等のため出国する居住者に対する免税売上げの流れ》

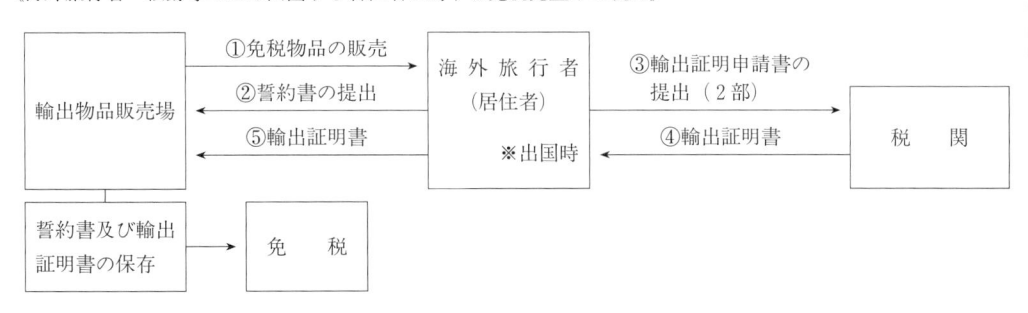

```
                    ①免税物品の販売
  輸出物品販売場 ─────────────→ 海外旅行者    ③輸出証明申請書の
                ←───────────── （居住者）         提出（2部）
                    ②誓約書の提出                ─────────────→ 税　関
                ←─────────────              ←─────────────
                    ⑤輸出証明書    ※出国時       ④輸出証明書

  誓約書及び輸出
  証明書の保存  ──→  免　税
```

・居住者が、海外旅行等のため出国する際に携帯する物品の輸出免税について、当該購入者誓約書を輸出物品販売場に提出しなければ免税で購入することはできません。

―（参考2）――
(1)　「輸出物品販売場」とは、特定の物品を一定の手続きで免税で譲渡をすることができるものとして、当該事業者の納税地を所轄する税務署長の許可を受けた販売場をいいます。
(2)　消費税が免除された物品を携帯して出国した者が、当該物品を携帯して帰国又は再入国した場合（当該物品を携帯して出国した時から2年を経過したものであるときを除きます。）には、当該物品について、他の法律により特に消費税を免除することとされている場合を除き、消費税が課税されることになります。

第10章　消費税関係各種手続と申告書・届出書等のチェックポイント

第17号様式

輸　出　証　明　申　請　書

収受印

平成26年3月25日

申請者

（フリガナ）オオサカシ　チュウオウク　オオテマエ
住所又は居所　（〒540－8557）
大阪市中央区大手前〇丁目〇番〇号
（電話番号　06－6000－0000）

（フリガナ）コクゼイ　タロウ
氏　名　国税　太郎　㊞(国税)

大阪　税関長殿

下記物品について、今般出国（海外渡航）するに際し携帯したものであることの証明を受けたいので、申請します。

携帯した物品	品　名	規格・銘柄	製品番号	数　量
	デジタルカメラ	〇〇〇〇	〇－〇〇	1台

購入先	住　所（所在場所）	大阪市浪速区日本橋〇丁目〇番〇号
	納　税　地	同　上
	氏名又は名称	国税カメラ　株式会社

渡航年月日	平成　26　年　3　月　25　日
旅券番号	TH〇〇〇〇〇〇〇
渡航先	シンガポール
渡航目的	観　光

※
上記物品については、申請者が出国に際し携帯したことを証明します。
　　　　　第　　　　　号
平成　　　年　　　月　　　日　　　　　　　　　　税関長　　　　　　㊞

注意　1　この申請書は、2通提出してください。
　　　2　※印欄は、記載しないでください。
　　　3　税関長の証明を受けた輸出証明書は、上記物品の購入先の輸出物品販売場に交付してください。

第10章　消費税関係各種手続と申告書・届出書等のチェックポイント

> この申請書は、海外旅行等のため出国する居住者が、出国の際、輸出物品販売場において免税で購入した物品等を携帯して海外へ出国したことの証明を受けるために税関長に提出するものです。

【ポイント】
1. この申請書は、海外旅行等のため出国する居住者が、出国の際、輸出物品販売場において免税で購入した物品等を携帯して海外へ出国したことの証明を受けるために税関長に2部提出します。
2. 税関長が証明した輸出証明書は、免税物品を購入した輸出物品販売場に提出します。
3. 事業者は、この輸出証明書と誓約書（第16号様式）を保存することによって、消費税及び地方消費税の申告の際免税売上げとすることができます（309ページ参照）。

・購入物品1個当たりの対価が1万円を超えるものを記載します。
　また、この欄に記載できない場合には適宜の用紙に記載します。

・購入先を記載します。

（参考）
(1) 「輸出物品販売場」とは、特定の物品を一定の手続きにより免税で譲渡をすることができるものとして、当該事業者の納税地を所轄する税務署長の許可を受けた販売場をいいます。
(2) 消費税が免除された物品を携帯して出国した者が、当該物品を携帯して帰国又は再入国した場合（当該物品を携帯して出国した時から2年を経過したものであるときを除きます。）には、当該物品について、他の法律により特に消費税を免除することとされている場合を除き、消費税が課税されることになります。

第18号様式

輸出物品販売場購入物品 亡失証明／承認 申請書

平成26年3月25日 収受印	申請者	（フリガナ）	コウベシ チュウオウク ナカヤマテドオリ
		住所又は居所	（〒650-8511） 神戸市中央区中山手通○丁目○番○号 （電話番号 078-300-○○○○）
神戸 税関長殿 （ 神戸 税務署長殿）		（フリガナ） 氏　名	マイク　クラウン Mike　Crown　　　　　　　　　　印

下記のとおり、亡失したため輸出しないことにつき消費税法第8条第3項に規定する承認を受けたいので申請します。（下記の物品が亡失したことの証明を受けたいので、申請します。）

亡失物品	品　　名	デジタルカメラ			合　計	
	規格・銘柄	○○○○				
	数　　量	1台			1台	
	単　　価	30,000 円	円	円	30,000 円	
	価　　格	30,000 円	円	円	30,000 円	
	税　　額	1,500 円	円	円	1,500 円	

購入先	物品の購入年月日	平成 26 年 3 月 23 日
	輸出物品販売場の所在地	大阪市中央区日本橋○丁目○番○号 （電話番号 06-6000-○○○○）
	納　税　地	同　　上
	販売業者名	国税電器株式会社

亡失の事情及びその場所	亡失年月日	平成 26 年 3 月 24 日
	火災により焼失	

※ 上記の物品が亡失したことを証明します。
　　　　第　　　号
平成　年　月　日　　　　　　　　　　　　　　　　　税務署長　　　　　　　　印

※ 上記の申請について、消費税法第8条第3項の規定により承認します。
　　　　第　　　号
平成　年　月　日　　　　　　　　　　　　　　　　　税関長　　　　　　　　　印

注意　1．この申請書は、亡失場所の最寄りの税務署長に3通提出し、うち2通に亡失の証明を受けた後、その2通を出港地の所轄税関長に提出してください。
　　　2．※印欄は、記載しないでください。

輸出物品販売場で購入した物品を災害その他やむを得ない事情により亡失した場合の税務署長への亡失したことについての証明申請書と輸出しないことについての税関長への承認申請書として使用します。

【ポイント】
1 輸出物品販売場で購入した物品を災害その他やむを得ない事情により亡失した場合の税務署長への亡失したことについての証明申請書と輸出しないことについての税関長への承認申請書として使用します。
2 この申請書は、亡失場所の最寄りの税務署長に3通提出し、うち2通に亡失の証明を受けた後、その2通を出港地の所轄税関長に提出し、承認を受けてください。

・輸出物品販売場において免税で購入したものを記載します。

・亡失した物品を購入した輸出物品販売場を記載します。

・亡失の事情等を記載します。

(参考)
《「災害その他やむを得ない事情」の範囲》
・「災害」とは、震災、風水害、雪害、凍害、落雷、雪崩、がけ崩れ、地滑り、火山の噴火等の天災又は火災その他の人為的災害で自己の責任によらないものに起因する災害をいいます。
・「やむを得ない事情」とは災害に準ずるような状況又は当該事業者の責めに帰することができない状況にある事態をいいます。

第19号様式

輸出物品販売場購入物品譲渡（譲受け）承認申請書

収受印

平成26年3月25日

東 税務署長殿

申請者
- （フリガナ）オオサカシ チュウオウク オオテマエ
- 住所等：（〒540-8557）大阪市中央区大手前〇丁目〇番〇号（電話番号 06-6000-〇〇〇〇）
- （フリガナ）スティーブ ターカー
- 氏名又は名称及び代表者氏名：Stive Tarker　印

下記のとおり、消費税法第8条第4項に規定する承認を受けたいので、申請します。

物品の所在場所の所在地及び名称	大阪市北区南扇町〇番〇号（電話番号 06-6000-〇〇〇〇）			
譲渡（受）物品 品名	デジタルカメラ			合計
規格・銘柄	〇〇〇〇			
数量	1台			1台
単価	30,000 円	円	円	30,000 円
価格	30,000 円	円	円	30,000 円
税額	1,500 円	円	円	1,500 円

物品の購入年月日　平成 26 年 3 月 23 日

購入先
- 輸出物品販売場の所在地：大阪市中央区日本橋〇丁目〇番〇号（電話番号 06-6000-〇〇〇〇）
- 輸出物品販売場の納税地：同上（電話番号 - - ）
- 販売業者名：国税電器　株式会社

譲受人
- 住所等：大阪市中央区大手前〇丁目〇番〇号（電話番号 06-6000-〇〇〇〇）
- 氏名又は名称：国税 二郎

譲渡（受）年月日　平成 26 年 3 月 27 日

譲渡（受）の理由　輸出しないこととなったため

※ 上記の申請について、消費税法第8条第4項の規定により承認します。
　　第　　　号
　　平成　年　月　日　　　　　　　税務署長　　　　　印

注意　1．この申請書は、2通提出してください。
　　　2．※印欄は、記載しないでください。

この用紙は、輸出物品販売場で購入した物品を譲渡又は譲受けをすることにつきやむを得ない事情がある場合において、当該物品の所在場所を所轄する税務署長への承認申請書として使用します。

---【ポイント】---
1　輸出物品販売場で購入した物品は、国内において譲渡又は譲受けをすることは禁止されていますが、その譲渡又は譲受けをすることにつきやむを得ない事情がある場合は、当該物品の所在場所を所轄する税務署長の承認が必要となります。
2　税務署長に2通提出し、1通が承認書として交付されます。

・輸出物品販売場において免税で購入した物品を記載します。

・譲渡又は譲受けをする物品を輸出物品販売場において免税で購入した年月日を記載します。

---（参考）---
《承認を受けないで譲渡等がされたとき》
　その譲渡した者（譲渡した者が判明しない場合には当該物品を譲り受けた者又は所持をしている者を含みます。）から、その免税物品に係る消費税を直ちに徴収することとされます。

第10章 消費税関係各種手続と申告書・届出書等のチェックポイント

第20号様式

輸出物品販売場許可申請書

平成26年3月25日 収受印 ＿東＿税務署長殿	申請者	（フリガナ）オオサカシ チュウオウク オオテマエ 納税地 （〒540-8557） 大阪市中央区大手前〇丁目〇番〇号 （電話番号 06 - 6000 - 0000） （フリガナ）カブシキガイシャ コクゼイショウカイ コクゼイ ジロウ 氏名又は名称及び代表者氏名 株式会社 国税商会 国税二郎 ㊞

下記のとおり、消費税法第8条第6項に規定する許可を受けたいので、申請します。

販売場の所在地及び名称	（〒549-0001） （電話番号072-400-0000） 泉佐野市泉州空港北〇番地 旅客ターミナルビル本館〇階	所轄税務署名	泉佐野 税務署

譲渡しようとする物品	品　名	1か月の販売見込高		摘　要
		数量	価額	
	眼　鏡	100 個	500,000 円	

申請理由	空港併設のビルに移転したことにより外国人観光客が増加すると見込まれるため

参考事項	

税理士署名押印	㊞ （電話番号　　－　　－　　）

※　上記の申請について、消費税法第8条第6項の規定により許可します。
　　　　　第　　　　号
　平成　年　月　日　　　　　　　　　　　　　　　　税務署長　　　　　　　㊞

※税務署処理欄	整理番号		部門番号					
	申請年月日	年　月　日	入力処理	年　月　日	台帳整理	年　月　日		

注意　1．この申請書は、納税地の所轄税務署長に2通提出してください。
　　　2．※印欄は、記載しないで下さい。
　　　3．許可を受けようとする販売場が2以上ある場合には、販売場の所在地及び名称、所轄税務署名は適宜の様式に記載して添付してください。

第10章 消費税関係各種手続と申告書・届出書等のチェックポイント

> この申請書は、輸出物品販売場を開設しようとする事業者が、その経営する販売場について当該事業者の納税地を所轄する税務署長に対して輸出物品販売場の許可を受けるときに使用します。

---【ポイント】---
1 この申請書は、輸出物品販売場の許可を受けるときに事業者の納税地を所轄する税務署長に対して提出します。
2 輸出物品販売場の許可は、販売場ごとに許可を受ける必要があります。
3 許可を受けようとする販売場が2以上ある場合には、販売場の所在地及び名称、所轄税務署名を適宜の様式に記載して添付します。

・開設しようとする販売場の所在地及び名称を記載します。

・開設しようとする販売場で販売を予定している物品を記載します。

---（参考）---
《輸出物品販売場の許可の条件》
(1) 販売場の所在地が非居住者の利用度が高いと認められる場所であること。
(2) 販売場が非居住者に対する販売に必要な人員の配置及び物的施設（例：非居住者向け特設販売場等）を有していること。
(3) 申請者が許可申請の日から起算して過去3年以内に開始した課税期間の国税について、その納税義務が適正に履行されていると認められること。
(4) 申請者の資力及び信用が十分であること。
(5) その他特に不適当と認められる事情がないこと。

第10章　消費税関係各種手続と申告書・届出書等のチェックポイント

第21号様式

輸出物品販売場廃止届出書

収受印

平成26年3月25日	届出者	(フリガナ)	オオサカシ　チュウオウク　オオテマエ
		納税地	(〒540-8557) 大阪市中央区大手前〇丁目〇番〇号 （電話番号　06 - 6000 - 0000）
東　税務署長殿		(フリガナ)	カブシキガイシャ　コクゼイショウジ　コクゼイ ジロウ
		氏名又は名称及び代表者氏名	株式会社　国税商事　国税二郎　　国税印

下記のとおり、消費税法施行規則第10条第4項の規定により届出します。

廃止する販売場	販売場の所在地	名　称	許可を受けた年月日
	大阪市北区南扇町〇番〇号	国税商事　〇〇店	平成 15 年 4 月 1 日
			平成　　年　　月　　日
			平成　　年　　月　　日

廃止年月日	平成　26 年 3 月 24 日

参考事項	

税理士署名押印	印 （電話番号　　　－　　　－　　　）

※税務署処理欄	整理番号		部門番号		
	届出年月日	年　月　日	入力処理	年　月　日	台帳整理　年　月　日

注意　1．この届出書は、許可を受けた輸出物品販売場を廃止したとき又は法第8条第1項の規定の適用を受ける必要がなくなったときに、納税地の所轄税務署長に提出してください。
　　　2．※印欄は、記載しないでください。

第10章 消費税関係各種手続と申告書・届出書等のチェックポイント

　この届出書は、許可を受けた輸出物品販売場を廃止したときに、納税地の所轄税務署長に提出するものです。

【ポイント】
　この申請書は、先に許可を受けていた輸出物品販売場を廃止したときに、納税地を所轄する税務署長に対して提出するものです。

・廃止した輸出物品販売場の所在地を記載します。
・輸出物品販売場の許可を受けた年月日を記載します。

・廃止理由等を記載します。

第22号様式

消費税課税売上割合に準ずる割合の適用承認申請書

平成26年2月3日 収受印 ＿＿東＿＿税務署長殿	申請者	（フリガナ） 納税地	オオサカシ　チュウオウク　オオテマエ （〒540-8557） 大阪市中央区大手前〇丁目〇番〇号 （電話番号　06－6000－0000）
		（フリガナ） 氏名又は名称及び代表者氏名	カブシキガイシャ　コクゼイカセイ　コクゼイ　ゴロウ 株式会社　国税化成　　国税五郎　㊞

　下記のとおり、消費税法第30条第3項第2号に規定する課税売上割合に準ずる割合の適用の承認を受けたいので、申請します。

採用しようとする計算方法	販売店の床面積割合（家賃及び水道光熱費のあん分に使用） 　　　　課税資産の譲渡等のみに使用する専用面積 ―――――――――――――――――――――――――――――――――― 課税資産の譲渡等のみに使用する専用面積＋その他の資産の譲渡等のみに使用する専用面積 （注）家賃及び水道光熱費以外の費用については本来の課税売上割合を採用。
その計算方法が合理的である理由	家賃及び水道光熱費は、建物の床面積と比例関係がある。
本来の課税売上割合	課税資産の譲渡等の対価の額の合計額　100,000,000円 資産の譲渡等の対価の額の合計額　　　180,000,000円　　左記の割合の算出期間　自　平成24年4月1日　至　平成25年3月31日
参考事項	
税理士署名押印	（電話番号　　－　　－　　）　㊞

※　上記の計算方法につき消費税法第30条第3項第2号の規定により承認します。
　　　　第　　　　号
　　　　　　　　　　　　　　　　　　　　　税務署長　　　　　　㊞
平成　　年　　月　　日

※税務署処理欄	整理番号		部門番号		適用開始年月日	年　月　日
	申請年月日	年　月　日	入力処理	年　月　日	台帳整理	年　月　日

注意　1．この申請書は、裏面の記載要領等に留意の上、2通提出してください。
　　　2．※印欄は、記載しないでください。

この申請書は、控除対象となる仕入れに係る消費税額の計算方法として個別対応方式を採用している事業者が、課税資産の譲渡等とその他の資産の譲渡等に共通して要する課税仕入れ等の税額をあん分する基準として、課税売上割合に代えて「課税売上割合に準ずる割合」を適用する場合に、その適用の承認を申請する場合に提出します。

【ポイント】
1　課税売上割合に準ずる割合は、その適用について税務署長の承認を受けた日の属する課税期間から適用することができます。
2　承認を受けた計算方法について、その適用対象及び適用する課税売上制合に準ずる割合を変更しようとする場合には、新たな申請書を提出してその適用について承認を受けることになります。
　この場合には、既に承認を受けている計算方法について、「消費税課税売上割合に準ずる割合の不適用届出書（第23号様式）」を併せて提出する必要があります。

・「採用しようとする計算方法」欄には、事業の種類ごと又は販売費、一般管理費等の費用を種類ごとに異なる割合を適用しようとする場合に、その適用対象及び適用しようとする課税売上割合に準ずる割合の計算方法を具体的に記載します。
・課税売上割合と課税売上割合に準ずる割合とを併用しようとする場合には、これらの適用関係について具体的に記載します。

・その採用しようとする計算方法が合理的である理由を具体的に記載します。

・上段にこの申請書を提出する日の属する課税期間の直前の課税期間における課税資産の譲渡等の対価の額の合計額を記載します。
・下段にその直前の課税期間における資産の譲渡等の対価の額の合計額を記載します。

・この申請書を提出する日の属する課税期間の直前の課税期間の初日及び末日を記載します。

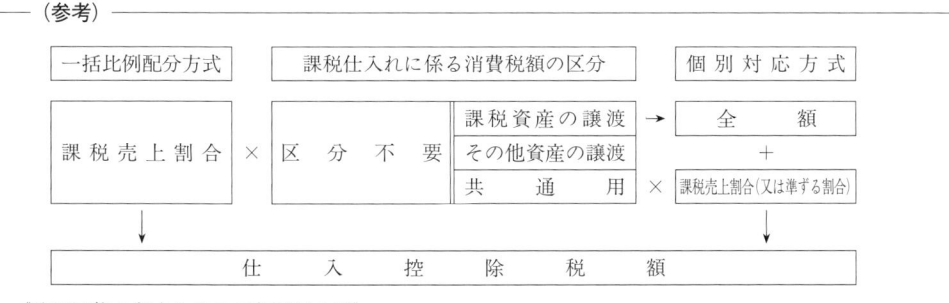

（参考）

一括比例配分方式	課税仕入れに係る消費税額の区分	個別対応方式
課税売上割合 ×	区　分　不　要	課税資産の譲渡　→　全　　額 その他資産の譲渡 共　通　用　× 課税売上割合（又は準ずる割合）

↓　　　　　　　　　　　　　　　　　　　　　　　　　　　　　　　　＋

仕　入　控　除　税　額

《適用可能な割合とその対象科目の例》
(1)　共通用課税仕入れの大部分が従業員数に比例していると認められる場合
　　従業員割合　……………　福利厚生費、水道光熱費、保健衛生費、旅費交通費、図書費など
(2)　共通用課税仕入れの大部分が専用面積に比例していると認められる場合
　　床面積割合　……………　家賃、水道光熱費、建物の修繕費、保守料など
(3)　共通用課税仕入れの大部分が取引件数に比例していると認められる場合
　　取引件数割合　…………　車両費、通信費、消耗品費、広告宣伝費など

第23号様式

消費税課税売上割合に準ずる割合の不適用届出書

平成26年2月3日	届出者	（フリガナ）	オオサカシ　チュウオウク　オオテマエ
		納税地	（〒540-8557） 大阪市中央区大手前〇丁目〇番〇号 （電話番号　06－6〇〇〇－〇〇〇〇）
東_税務署長殿		（フリガナ）	カブシキガイシャ　コクゼイショウジ　コクゼイ　ジロウ
		氏名又は名称及び代表者氏名	株式会社　国税商事　国税二郎　　　　㊞

収受印

　下記のとおり、課税売上割合に準ずる割合の適用ををやめたいので、消費税法第30条第3項の規定により届出します。

承認を受けている計算方法	販売店の床面積割合（家賃及び水道光熱費のあん分に使用） 　　　　課税資産の譲渡等のみに使用する専用面積 ―――――――――――――――――――――――――――――――― 課税資産の譲渡等のみに使用する専用面積＋その他の資産の譲渡等のみに使用する専用面積 （注）家賃及び水道光熱費以外の費用については本来の課税売上割合を採用。
承認年月日	平成　21　年　5　月　8　日
この届出の適用開始日	平成　25　年　4　月　1　日
参考事項	
税理士署名押印	印 （電話番号　　　－　　　－　　　）

※税務署処理欄	整理番号		部門番号					
	届出年月日	年　月　日	入力処理	年　月　日	台帳整理	年　月　日
	通信日付印	年　月　日	確認印			

注意　1．裏面の記載要領等に留意の上、記載してください。
　　　2．※印欄は、記載しないでください。

> この届出書は、控除対象となる仕入れに係る消費税額の計算において、課税売上割合に準ずる割合を適用することの承認を受けていた事業者が、その準ずる割合の適用をやめて、課税資産の譲渡等とその他の資産の譲渡等に共通して要する課税仕入れ等に係る税額について、本来の課税売上割合によりあん分しようとする場合に提出します。

---【ポイント】---
この届出は、提出した日の属する課税期間からその効力が生じることとされていますから、承認を受けている課税売上割合に準ずる割合を用いて控除対象仕入税額の計算をすることをやめようとする課税期間の末日までに提出した場合には、その課税期間から本来の課税売上割合によって控除対象仕入税額の計算をすることができます。

・既に承認を受けている課税売上割合に準ずる割合の計算方法を記載します。

・この届出書を提出することにより適用をやめようとする課税売上割合に準ずる割合について承認を受けた年月日を記載します。

・この届出書を提出する日の属する課税期間の初日を記載します。

第10章　消費税関係各種手続と申告書・届出書等のチェックポイント

第24号様式

消費税簡易課税制度選択届出書

収受印

平成26年3月25日

東　税務署長殿

届出者

（フリガナ）　オオサカシ　チュウオウク　オオテマエ
納税地　（〒540-8557）
大阪市中央区大手前〇丁目〇番〇号
（電話番号　06－6000－0000）

（フリガナ）　カブシキガイシャ　コクゼイショウジ　コクゼイ ジロウ
氏名又は名称及び代表者氏名　株式会社　国税商事　国税二郎　㊞

下記のとおり、消費税法第37条第1項に規定する簡易課税制度の適用を受けたいので、届出します。

①	適用開始課税期間	自 平成26年4月1日　至 平成27年3月31日
②	①の基準期間	自 平成24年4月1日　至 平成25年3月31日
③	②の課税売上高	18,000,000　円

事業内容等
（事業の内容）　洋品雑貨輸出
（事業区分）　第一種事業

提出要件の確認

次のイ又はロの場合に該当する
（「はい」の場合のみ、イ又はロの項目を記載してください。）　はい□　いいえ□

イ　消費税法第9条第4項の規定により課税事業者を選択している場合
　課税事業者となった日　平成　年　月　日
　課税事業者となった日から2年を経過する日までの間に開始した各課税期間中に調整対象固定資産の課税仕入れ等を行っていない。　はい□

ロ　消費税法第12条の2第1項に規定する「新設法人」又は同法第12条の3第1項に規定する「特定新規設立法人」に該当する（該当していた）場合
　設立年月日　平成　年　月　日
　基準期間がない事業年度に含まれる各課税期間中に調整対象固定資産の課税仕入れ等を行っていない。　はい□

※　この届出書を提出した課税期間が、上記イ又はロに記載の各課税期間である場合、この届出書提出後、届出を行った課税期間中に調整対象固定資産の課税仕入れを行うと、原則としてこの届出の提出はなかったものとみなされます。詳しくは、裏面をご確認ください。

参考事項

税理士署名押印　　　　　　　　　　　　　　　　　　　　　　　　　　　　印
（電話番号　　－　　－　　）

※税務署処理欄	整理番号		部門番号					
	届出年月日	年　月　日	入力処理	年　月　日	台帳整理	年　月　日
	通信日付印	年　月　日	確認印			

注意　1．裏面の記載要領等に留意の上、記載してください。
　　　2．※印欄は、記載しないでください。

> この届出書は、事業者が、その基準期間における課税売上高が5,000万円以下である課税期間について、簡易課税制度を適用しようとする場合に提出します。

---【ポイント】---
1 この届出書は、提出した日の属する課税期間の翌課税期間から効力が生じます。したがって、簡易課税制度の適用を受けようとする課税期間の初日の前日までに提出しなければならないことになります。
2 新規開業した事業者等は、その開業した課税期間の末日までにこの届出書を提出すれば、開業又は設立の日の属する課税期間から簡易課税制度を選択することができます。
3 簡易課税制度を選択した場合は、事業を廃止した場合を除き2年間継続した後でなければ簡易課税制度の選択をやめることはできません。

・簡易課税制度の適用を受けようとする課税期間の初日及び末日を記載します。

・「適用開始課税期間」の基準期間の初日及び末日を記載します。

・「②の課税売上高」欄には、基準期間における課税資産の譲渡等の対価の額の合計額を記載します。
　なお、基準期間が1年に満たない法人については、その期間中の課税資産の譲渡等の対価の額の合計額をその期間の月数で除し、これを12倍した金額を記載します。
・「課税資産の譲渡等の対価の額の合計額」は消費税額及び地方消費税額を含まない金額をいいます。
・また、輸出取引に係る売上高を含み、売上げに係る対価の返還等の金額（税抜き）を含みません。

・具体的な事業内容を記載するとともに、簡易課税制度の第一種事業から第五種事業の5種類の事業区分のうち、該当する事業の種類を記載します。

次に該当する場合に、下記（注意）の(2)の提出要件を満たしていることを確認してください。
・課税事業者を選択して課税事業者となっている者
・提出を行う課税期間において消費税法第12条の2第1項に規定する「新設法人」若しくは消費税法第12条の3第1項に規定する「特定新規設立法人」に該当する法人及び過去に該当していた法人

---（注意）---
(1) この届出書を提出した事業者のその課税期間の基準期間における課税売上高が5,000万円を超えることにより、その課税期間について簡易課税制度を適用できなくなった場合又はその課税期間の基準期間における課税売上高が1,000万円以下となり免税事業者となった場合であっても、その後の課税期間において基準期間における課税売上高が1,000万円を超え5,000万円以下となったときには、その課税期間の初日の前日までに「消費税簡易課税制度選択不適用届出書（第25号様式）」を提出している場合を除き、再び簡易課税制度が適用されます。
(2) 課税事業者を選択することにより課税事業者となった日から2年を経過する日までの間に開始した各課税期間中又は消費税法第12条の2第1項に規定する新設法人若しくは消費税法第12条の3第1項に規定する「特定新規設立法人」が基準期間のない事業年度に含まれる各課税期間中に調整対象固定資産の課税仕入れ等を行った場合は、その仕入れ等の属する課税期間の初日から3年を経過する日の属する課税期間の初日以後でなければこの届出書を提出することはできません。また、これら各課税期間中にこの届出書を提出した後、同一の課税期間に調整対象固定資産の課税仕入れ等を行った場合には、既に提出したこの届出書はその提出がなかったものとみなされます。（課税事業者を選択した課税期間が事業を開始した課税期間である場合の当該課税期間又は設立の日の属する課税期間から簡易課税制度を適用しようとする場合には提出することができます。）
　なお、この届出書の提出制限等の規定は、平成22年4月1日以後に「消費税課税事業者選択届出書（第1号様式）」を提出した事業者の同日以後開始する課税期間及び同日以後設立した法人に対して適用されます。

第25号様式

消費税簡易課税制度選択不適用届出書

収受印 平成26年3月25日 　東　税務署長殿	届出者	（フリガナ）	オオサカシ　チュウオウク　オオテマエ
		納税地	（〒540-8557） 大阪市中央区大手前〇丁目〇番〇号 （電話番号　06－6000－0000）
		（フリガナ）	カブシキガイシャ　コクゼイデンキ　コクゼイ シチロウ
		氏名又は名称及び代表者氏名	株式会社　国税電機　国税七郎　㊞

下記のとおり、簡易課税制度をやめたいので、消費税法第37条第4項の規定により届出します。

①	この届出の適用開始課税期間	自　平成26年4月1日　　至　平成27年3月31日
②	①の基準期間	自　平成24年4月1日　　至　平成25年3月31日
③	②の課税売上高	23,000,000　円
	簡易課税制度の適用開始日	平成17年4月1日
	事業を廃止した場合の廃止した日	平成　年　月　日
	参考事項	
	税理士署名押印	印 （電話番号　　－　　－　　）

※税務署処理欄

整理番号		部門番号				
届出年月日	年　月　日	入力処理	年　月　日	台帳整理	年　月　日
通信日付印	年　月　日	確認印			

注意　1．裏面の記載要領等に留意の上、記載してください。
　　　2．※印欄は、記載しないでください。

> この届出書は、簡易課税制度の適用を受けている事業者が、その適用を受けることをやめようとする場合又は事業を廃止した場合に提出します。

【ポイント】
1 この届出書の効力は、提出した日の属する課税期間の翌課税期間から生じます。したがって、簡易課税制度の適用を受けることをやめようとする課税期間の初日の前日までに、この届出書を提出しなければならないことになります。
2 この届出書は、事業を廃止した場合を除き、「消費税簡易課税制度選択届出書（第24号様式）」の効力の生じた日から2年を経過する日の属する課税期間の初日以後でなければ提出することはできません。

・簡易課税制度の適用を受けることをやめようとする課税期間の初日及び末日を記載します。

（提出日の確認！）
○ 簡易課税制度の適用を開始した課税期間の初日から2年を経過する日の属する課税期間の初日以後に提出されているか（事業を廃止した場合を除く。）。

・「この届出の適用開始課税期間」の基準期間の初日及び末日を記載します。

・基準期間における課税資産の譲渡等の対価の額の合計額を記載します。

・「簡易課税制度の適用開始日」欄には、先に提出した「消費税簡易課税制度選択届出書（第24号様式）」の「適用開始課税期間」欄の初日を記載します。

・「事業を廃止した場合の廃止した日」欄には、事業を廃止した場合のその事業廃止年月日を記載します。

（参考）
「簡易課税制度の適用を開始した課税期間の初日から2年を経過する日の属する課税期間の初日」とは、個人事業者又は事業年度が1年の法人の場合には、原則として簡易課税制度を選択した課税期間の翌課税期間の初日となります。

第10章 消費税関係各種手続と申告書・届出書等のチェックポイント

第26号様式

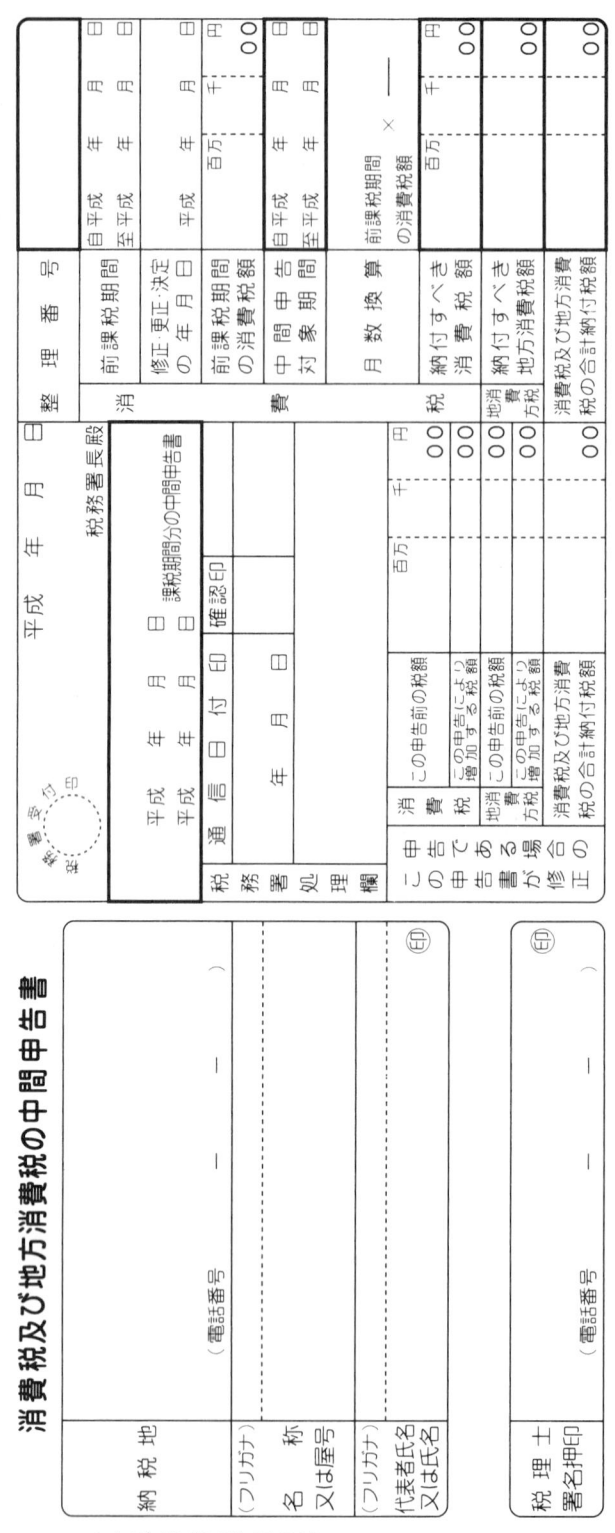

消費税及び地方消費税の中間申告書

> この申告書は、前年実績による中間申告を行う場合に使用します。

〔参考〕 前課税期間の納付実績額を基礎とする中間申告（直前の課税期間が１年の場合）

	直前の確定消費税額		中間申告の回数（申告・納付期限）	消費税の中間申告額
中間申告が必要	4,800万円超	年11回の中間申告	その課税期間開始の日以後１か月ごとに区分した各期間（１か月中間申告対象期間という。）につき、この１か月中間申告対象期間の末日の翌日から原則として２か月以内。	「直前の確定消費税額」×1/12　※　地方消費税の中間納付譲渡割額は、「消費税の中間申告額」の25%となります（年３回及び１回の中間申告も同様です。）。
	400万円超～4,800万円以下	年３回の中間申告	その課税期間開始の日以後３か月ごとに区分した各期間（３か月中間申告対象期間という。）につき、この３か月中間申告対象期間の末日の翌日から原則として２か月以内。	「直前の確定消費税額」×3/12
	48万円超～400万円以下	年１回の中間申告	その課税期間開始の日以後６か月の期間（６か月中間申告対象期間という。）につき、この６か月中間申告対象期間の末日の翌日から２か月以内。	「直前の確定消費税額」×6/12

中間申告不要	① 免税事業者 ② 課税期間の短縮の届出書を提出している事業者 ③ 課税期間が３か月以下の法人 ④ 個人事業者の事業を開始した日の属する課税期間 ⑤ 新設法人（合併により設立された法人を除く。）の設立の日の属する課税期間 ⑥ 直前の確定消費税額が48万円以下（直前の課税期間が１年の場合）の事業者 　※　「任意の中間申告書を提出する旨の届出書（第26－(2)号様式）」の提出により、自主的に中間申告・納付をすることができます。

第10章　消費税関係各種手続と申告書・届出書等のチェックポイント

第26-(2)号様式

任意の中間申告書を提出する旨の届出書

平成27年4月23日 収受印 ＿＿東＿＿税務署長殿	届出者	（フリガナ） 納　税　地	オオサカシ　チュウオウク　オオテマエ （〒540-8557） 大阪市中央区大手前〇丁目〇番〇号 （電話番号　06-6000-〇〇〇〇）
		（フリガナ） 住所又は居所 (法人の場合) 本店又は 主たる事務所 の　所　在　地	（〒　　-　　） 同　上 （電話番号　　-　　-　　）
		（フリガナ） 名称（屋号）	カブシキガイシャ　コクゼイサンギョウ 株式会社　国税産業
		（フリガナ） 氏　名 (法人の場合) 代表者氏名	コクゼイ　ジロウ 国税　二郎　　　　　㊞
		（フリガナ） (法人の場合) 代表者住所	オオサカシ　キタク　ミナミオウギマチ 大阪市北区南扇町〇番〇号 （電話番号　06-6000-〇〇〇〇）

　下記のとおり、中間申告書の提出を要しない中間申告対象期間につき、六月中間申告書を提出したいので、消費税法第42条第8項の規定により届出します。

①	適用開始中間申告対象期間	自　平成27年1月1日　　至　平成27年6月30日	
②	①の中間申告対象期間を含む課税期間	自　平成27年1月1日　　至　平成27年12月31日	
③	②の直前の課税期間	自　平成26年1月1日 至　平成26年12月31日	④ ③の課税期間における確定消費税額　352,000　円
⑤	月数按分 （④×6／③の月数）	176,000	円

参考事項		税理士署名押印	㊞ （電話番号　　-　　-　　）

※税務署処理欄	整理番号		部門番号					
	届出年月日	年　月　日	入力処理	年　月　日	台帳整理	年　月　日		
	通信日付印	年　月　日	確認印					

注意　1．裏面の記載要領等に留意の上、記載してください。
　　　2．※印欄は、記載しないでください。

第10章　消費税関係各種手続と申告書・届出書等のチェックポイント

> この届出書は、直前の課税期間の確定消費税額が48万円以下であることにより、その六月中間申告対象期間につき六月中間申告書の提出を要しない事業者が、任意に六月中間申告書を提出しようとする場合に提出するものです。

――【ポイント】――
1　「確定消費税額」とは、中間申告対象期間の末日までに確定した消費税額をいいます。消費税と地方消費税を合わせた額ではありません。
2　この届出書の効力は、提出した日以後その末日が最初に到来する六月中間申告対象期間以後の六月中間申告対象期間について生じますので、任意に六月中間申告書を提出しようとする六月中間申告対象期間の末日までに、この届出書を提出する必要があります。
3　「六月中間申告対象期間」とは、その課税期間（個人事業者にあっては事業を開始した日の属する課税期間、法人にあっては6か月を超えない課税期間及び新たに設立された法人のうち合併により設立されたもの以外のものの設立の日の属する課税期間を除きます。）開始の日以後6か月の期間をいいます。
4　任意に六月中間申告書を提出することをやめようとするとき又は事業を廃止したときは、「任意の中間申告書を提出することの取りやめ届出書（第26－(3)号様式）」を提出する必要があります。
5　この届出書を提出した後、任意の六月中間申告書をその提出期限までに提出しなかった場合には、「任意の中間申告書を提出することの取りやめ届出書」をその六月中間申告対象期間の末日に提出したものとみなされます。

・任意に六月中間申告書を提出しようとする六月中間申告対象期間の初日及び末日を記載します。

・「適用開始中間申告対象期間」欄の六月中間申告対象期間を含む課税期間の初日及び末日を記載します。

・「①の中間申告対象期間を含む課税期間」欄の直前の課税期間の初日及び末日を記載します。

・「②の直前の課税期間」欄に記載した課税期間の確定消費税額を記載します。

・「③の課税期間における確定消費税額」欄に記載した確定消費税を「②の直前の課税期間」欄の月数で除し、これに6を乗じた金額を記載します。

第10章　消費税関係各種手続と申告書・届出書等のチェックポイント

第26-(3)号様式

任意の中間申告書を提出することの取りやめ届出書

	収受印		
平成28年4月22日	届出者	（フリガナ） 納税地	オオサカシ　チュウオウク　オオテマエ （〒540-8557） 大阪市中央区大手前〇丁目〇番〇号 （電話番号　06-6000-0000）
		（フリガナ） 住所又は居所 （法人の場合） 本店又は 主たる事務所 の所在地	（〒　-　） 同　上 （電話番号　-　-　）
		（フリガナ） 名称（屋号）	カブシキガイシャ　コクゼイサンギョウ 株式会社　国税産業
		（フリガナ） 氏名 （法人の場合） 代表者氏名	コクゼイ　ジロウ 国税　二郎　㊞
東　税務署長殿		（フリガナ） （法人の場合） 代表者住所	オオサカシ　キタク　ミナミオウギマチ 大阪市北区南扇町〇番〇号 （電話番号　06-6000-0000）

　下記のとおり、消費税法第42条第8項の規定の適用を受けることを取りやめたいので、消費税法第42条第9項の規定により届出します。

①	この届出の適用開始中間申告対象期間	自　平成28年1月1日　　至　平成28年6月30日
②	①の中間申告対象期間を含む課税期間	自　平成28年1月1日　　至　平成28年12月31日
③	任意の中間申告書を提出する旨の届出書の提出日	平成27年4月23日
④	③の届出書により適用を受けることとした最初の中間申告対象期間	自　平成27年1月1日　　至　平成27年6月30日
	事業を廃止した日	平成　年　月　日
	参考事項	税理士署名押印　（電話番号　-　-　）　㊞

※税務署処理欄	整理番号		部門番号				
	届出年月日	年　月　日	入力処理	年　月　日	台帳整理	年　月　日
	通信日付印	年　月　日	確認印			

注意　1．裏面の記載要領等に留意の上、記載してください。
　　　2．※印欄は　記載しないでください

332

> この届出書は、「任意の中間申告書を提出する旨の届出書（第26号－(2)号様式）」を提出し、六月中間申告書の提出を要しない六月中間申告対象期間につき任意に六月中間申告書を提出することとしている事業者が、その提出することをやめようとする場合又は事業を廃止した場合に提出するものです。

【ポイント】
この届出書の効力は、提出した日以後その末日が最初に到来する六月中間申告対象期間以後の六月中間申告対象期間について生じますので、任意に六月中間申告書を提出することをやめようとする六月中間申告対象期間の末日までに、この届出書を提出する必要があります。

・任意に六月中間申告書を提出することをやめようとする六月中間申告対象期間の初日及び末日を記載します。

・「この届出の適用開始中間申告対象期間」欄の六月中間申告対象期間を含む課税期間の初日及び末日を記載します。

・先に提出した「任意の中間申告書を提出する旨の届出書（第26号－(2)号様式）」の提出年月日を記載します。

・先に提出した「任意の中間申告書を提出する旨の届出書（第26号－(2)号様式）」の「適用開始中間申告対象期間」欄に記載した期間を記載します。

第10章 消費税関係各種手続と申告書・届出書等のチェックポイント

この申告書は、原則計算による事業者が、消費税及び地方消費税の確定申告書（修正申告書等を含みます。）を提出する場合に使用します。

【ポイント】
1 この申告書は、次の①又は②に掲げる事業者が、消費税及び地方消費税の申告書（確定申告書（期限内申告書、期限後申告書）、修正申告書、還付請求申告書、仮決算による中間申告書）を提出する場合に使用します。
 ① 簡易課税制度を選択していない事業者
 ② 簡易課税制度を選択していても基準期間の課税売上高が5,000万円を超えることにより適用できない事業者
2 修正申告を行う場合には、その直前に確定している納税申告書、更正通知書又は決定通知書の写しを添付します。
3 期限後申告を行う場合で、法律で定める申告期限内に提出できなかったことに正当な理由があるときには、この申告書にその具体的な理由や事情を記載した適宜の書類を添付します。

・消費税の納税地（地方消費税の納税地も一致します。）を記載します。
　なお、納税地と住所若しくは本店又は主たる事務所の所在地とが異なる場合には、住所若しくは本店又は主たる事務所の所在地を納税地の下にかっこ書きで記載します。

・法人の場合は名称、個人事業者の場合は屋号を記載します。
　なお、合併法人が被合併法人の最終事業年度の申告をする場合には旧法人名（被合併法人名）を名称の下にかっこ書きで記載します。

・申告しようとする課税期間又は中間申告対象期間を記載します。

・確定申告又は還付請求申告をする場合は「確定」、仮決算による中間申告をする場合は「中間」、修正申告をする場合は「修正確定」又は「修正中間」と記載します。

第10章 消費税関係各種手続と申告書・届出書等のチェックポイント

第27-(1)号様式

平成27年7月27日　東　税務署長殿

GK0302

納税地　大阪市中央区大手前〇丁目〇番〇号
（電話番号　06-6000-0000）

（フリガナ）カブシキガイシャ　コクゼイショウジ
名称又は屋号　株式会社　国税商事

（フリガナ）コクゼイ　ジロウ
代表者氏名又は氏名　国税　二郎　㊞

経理担当者氏名　国税　良子

自 平成26年1月1日
至 平成26年12月31日

課税期間分の消費税及び地方消費税の（ 確定 ）申告書

平成二十六年四月一日以後終了課税期間分（一般用）

この申告書による消費税の税額の計算

課税標準額	①	350,436,000
消費税額	②	19,416,046
控除過大調整税額	③	
控除対象仕入税額	④	14,219,703
返還等対価に係る税額	⑤	897,023
貸倒れに係る税額	⑥	57,142
控除税額小計（④+⑤+⑥）	⑦	15,173,868
控除不足還付税額	⑧	
差引税額（②+③-⑦）	⑨	4,242,100
中間納付税額	⑩	1,400,000
納付税額（⑨-⑩）	⑪	2,842,100
中間納付還付税額（⑩-⑨）	⑫	00
既確定税額	⑬	
差引納付税額	⑭	00
課税売上　課税資産の譲渡等の対価の額	⑮	344,068,783
割合　資産の譲渡等の対価の額	⑯	352,068,783

この申告書による地方消費税の税額の計算

控除不足還付税額	⑰	
差引税額	⑱	4,242,100
譲渡割額　還付額	⑲	
納税額	⑳	1,126,500
中間納付譲渡割額	㉑	350,000
納付譲渡割額（⑳-㉑）	㉒	776,500
中間納付還付譲渡割額（㉑-⑳）	㉓	00
既確定譲渡割額	㉔	
差引納付譲渡割額	㉕	00
消費税及び地方消費税の合計（納付又は還付）税額	㉖	3,618,600

付記事項

項目	有	無
割賦基準の適用	○	31
延払基準等の適用	○	32
工事進行基準の適用	○	33
現金主義会計の適用	○	34

参考事項

課税標準額に対する消費税額の計算の特例の適用　○無　35

控除税額の計算方法：課税売上高5億円超又は課税売上割合95%未満　個別対応方式／一括比例配分方式　41
上記以外　○ 全額控除

基準期間の課税売上高　349,253,655 円

区分	課税標準額	消費税額
3%分	千円	円
4%分	115,714 千円	4,628,560 円
6.3%分	234,722 千円	14,787,486 円

区分	地方消費税の課税標準となる消費税額
4%分	914,275 円
6.3%分	3,327,903 円

㉖＝（⑪+⑳）-（⑧+⑫+⑲+㉓）・修正申告の場合㉖＝⑭+㉕
㉖が還付税額となる場合はマイナス「-」を付してください。

- ・「付表1の①D」欄の金額を移記します。

- ・「付表1の②D」欄の金額を移記します。

- ・「付表1の③D」欄の金額を移記します。

- ・「付表1の④D」欄の金額を移記します。

- ・「付表1の⑤D」欄の金額を移記します。

- ・「付表1の⑥D」欄の金額を移記します。

- ・その修正申告を行う直前に確定している申告書、更正又は決定通知書に記載されている納付すべき税額又は還付税額等（還付税額等の場合には「－」を付します。）を記載します。

- ・「付表2－(2)の④D」欄の金額を移記します。

- ・「付表2－(2)の⑦D」欄の金額を移記します。

- ・「付表1の⑬D」欄の金額がマイナスの場合にその金額を移記します。

- ・「付表1の⑬D」欄の金額がプラスの場合にその金額を移記します。

- ・この欄においては、端数処理は行いません。

第10章 消費税関係各種手続と申告書・届出書等のチェックポイント

第28-(4)号様式

**付表1 旧・新税率別、消費税額計算表
兼地方消費税の課税標準となる消費税額計算表**

（経過措置対象課税資産の譲渡等を含む課税期間用）　一般

| 課税期間 | 26・1・1 ～ 26・12・31 | 氏名又は名称 | 株式会社国税商事 |

区分		税率3%適用分 A	税率4%適用分 B	税率6.3%適用分 C	合計 D (A+B+C)
課税標準額	①	000	115,714,000	234,722,000	350,436,000
消費税額	②		4,628,560	14,787,486	19,416,046
控除過大調整税額	③	(付表2-(2)の㉓・㉔A欄の合計金額)	(付表2-(2)の㉓・㉔B欄の合計金額)	(付表2-(2)の㉓・㉔C欄の合計金額)	
控除税額	控除対象仕入税額	④	(付表2-(2)の㉒A欄の金額)	(付表2-(2)の㉒B欄の金額) 3,314,286	(付表2-(2)の㉒C欄の金額) 10,905,417	14,219,703
	返還等対価に係る税額	⑤		342,857	554,166	897,023
	貸倒れに係る税額	⑥		57,142		57,142
	控除税額小計 (④+⑤+⑥)	⑦		3,714,285	11,459,583	15,173,868
控除不足還付税額 (⑦-②-③)	⑧		※⑪B欄へ	※⑪C欄へ	
差引税額 (②+③-⑦)	⑨		※⑫B欄へ 914,275	※⑫C欄へ 3,327,903	4,242,178
合計差引税額 (⑨-⑧)	⑩				4,242,178
地方消費税の課税標準となる消費税額	控除不足還付税額	⑪		(⑧B欄の金額)	(⑧C欄の金額)	
	差引税額	⑫		(⑨B欄の金額) 914,275	(⑨C欄の金額) 3,327,903	4,242,178
合計差引地方消費税の課税標準となる消費税額 (⑫-⑪)	⑬				4,242,178
譲渡割額	還付額	⑭		(⑪B欄×25/100)	(⑪C欄×17/63)	
	納税額	⑮		(⑫B欄×25/100) 228,568	(⑫C欄×17/63) 898,005	1,126,573
合計差引譲渡割額 (⑮-⑭)	⑯				1,126,573

338

この付表は、簡易課税制度を選択していない事業者又は簡易課税制度を選択していても基準期間の課税売上高が5,000万円を超える事業者が、消費税及び地方消費税の（確定、中間（仮決算）、還付、修正）申告書（一般用）を作成する場合で、かつ、この課税期間中に「経過措置対象課税資産の譲渡等」若しくは「経過措置対象課税仕入れ等」がある場合に使用し、付表2－(2)とともに申告書（一般用）に添付して提出するものです。

【ポイント】
各項目を3％税率適用分、4％税率適用分、6.3％税率適用分に区分して記載します。

・税率6.3％適用取引の対価の額（税抜金額）の合計額を記載します。
・旧消費税法施行規則第22条第1項の規定（以下「旧規則22条の規定」といいます。）を適用している場合には、区分領収した本体価格の合計金額を記載します。
・税込処理と旧規則22条の規定を併用している場合には、それぞれ計算した課税売上高（税抜き）を合計した金額を記載します。

・「課税標準額」に対する消費税額の合計額を記載します。
・旧規則22条の規定を適用している場合には、区分領収した消費税額の合計金額を記載します。
・税込処理と旧規則22条の規定を併用している場合には、それぞれについて算出した消費税額を合計した金額を記載します。

・「付表2－(2)の㉑C」欄と「付表2－(2)の㉒C」の合計額を記載します。

・「付表2－(2)の⑳C」欄の金額を記載します。

・税率6.3％適用取引の対価の返還等に係る消費税額を記載します。
・課税売上げから売上げに係る対価の返還等を控除した金額を課税売上げとして経理している場合には記載する必要はありません。

・税率6.3％適用取引に係る売掛金等について、消費税法第39条（貸倒れに係る消費税額の控除等）の適用を受ける場合におけるその売掛金等に含まれる消費税額を記載します。

第10章 消費税関係各種手続と申告書・届出書等のチェックポイント

第28-(5)号様式
付表2-(2) 課税売上割合・控除対象仕入税額等の計算表
〔経過措置対象課税資産の譲渡等を含む課税期間用〕

一 般

| 課税期間 | 26・1・1～26・12・31 | 氏名又は名称 | 株式会社国税商事 |

項　目		税率3%適用分 A	税率4%適用分 B	税率6.3%適用分 C	合計 D (A+B+C)
課税売上額（税抜き）	①	円	107,142,857 円	225,925,926 円	333,068,783 円
免税売上額	②				11,000,000
非課税資産の輸出等の金額 海外支店等へ移送した資産の価額	③				
課税資産の譲渡等の対価の額（①＋②＋③）	④				※申告書の⑮欄へ 344,068,783
課税資産の譲渡等の対価の額（④の金額）	⑤				344,068,783
非課税売上額	⑥				8,000,000
資産の譲渡等の対価の額（⑤＋⑥）	⑦				※申告書の⑯欄へ 352,068,783
課税売上割合（④／⑦）					〔97.7%〕※端数切捨て
課税仕入れに係る支払対価の額（税込み）	⑧		87,000,000	186,950,000	273,950,000
課税仕入れに係る消費税額	⑨	(⑧A欄×3/103)	(⑧B欄×4/105) 3,314,286	(⑧C欄×6.3/108) 10,905,417	14,219,703
課税貨物に係る消費税額	⑩				
納税義務の免除を受けない（受ける）こととなった場合における消費税額の調整（加算又は減算）	⑪				
課税仕入れ等の税額の合計額（⑨＋⑩±⑪）	⑫		3,314,286	10,905,417	14,219,703
課税売上高が5億円以下、かつ、課税売上割合が95%以上の場合（⑫の金額）	⑬		3,314,286	10,905,417	14,219,703
課税売上高が5億円超又は課税売上割合が95%未満の場合	個別対応方式	⑫のうち、課税売上げにのみ要するもの	⑭			
		⑫のうち、課税売上げと非課税売上げに共通して要するもの	⑮			
		個別対応方式により控除する課税仕入れ等の税額 〔⑭＋(⑮×④／⑦)〕	⑯			
	一括比例配分方式により控除する課税仕入れ等の税額（⑫×④／⑦）	⑰				
控除税額の調整	課税売上割合変動時の調整対象固定資産に係る消費税額の調整（加算又は減算）額	⑱				
	調整対象固定資産を課税業務用（非課税業務用）に転用した場合の調整（加算又は減算）額	⑲				
差引	控除対象仕入税額 〔(⑬、⑯又は⑰の金額)±⑱±⑲〕がプラスの時	⑳	※付表1の④A欄へ	※付表1の④B欄へ 3,314,286	※付表1の④C欄へ 10,905,417	14,219,703
	控除過大調整税額 〔(⑬、⑯又は⑰の金額)±⑱±⑲〕がマイナスの時	㉑	※付表1の③A欄へ	※付表1の③B欄へ	※付表1の③C欄へ	
貸倒回収に係る消費税額	㉒	※付表1の③A欄へ	※付表1の③B欄へ	※付表1の③C欄へ	

注意　金額の計算においては、1円未満の端数を切り捨てる。

第10章　消費税関係各種手続と申告書・届出書等のチェックポイント

> この付表は、簡易課税制度を選択していない事業者又は簡易課税制度を選択していても基準期間の課税売上高が5,000万円を超える事業者が、消費税及び地方消費税の（確定、中間（仮決算）、還付、修正）申告書（一般用）を作成する場合で、かつ、この課税期間中に「経過措置対象課税資産の譲渡等」若しくは「経過措置対象課税仕入れ等」がある場合に使用し、付表1とともに申告書（一般用）に添付して提出するものです。

【ポイント】
各項目を3％税率適用分、4％税率適用分、6.3％税率適用分に区分して記載します。

・課税資産の譲渡等の対価の額の合計額に108分の100を乗じた金額（税抜金額）を記載します。
・売上げに係る対価の返還等の金額を売上金額から減額しない方法で経理している場合は、売上対価の返還等の金額に108分の100を乗じた金額を控除します。

(1) 課税資産の譲渡等のうち、消費税法第7条及び第8条並びに租税特別措置法等の規定により、消費税が免除される課税資産の譲渡等の対価の額を記載します。

(2) 消費税法第31条の規定により輸出取引等とみなされる非課税資産の輸出取引等を行った場合及び海外支店等に資産を移送した場合におけるこれらの資産の輸出取引等に係る金額の合計額を記載します。

(3) 非課税資産の譲渡等の対価の額で課税売上割合の分母に算入すべき金額を記載します。
　　有価証券等の譲渡金額については、その譲渡金額の100分の5の金額を記載します。

〔チェック〕
(1)～(3)において売上げに係る対価の返還等の金額を売上金額から減額しない方法で経理している場合は、その売上対価の返還等の金額を控除した後の金額を記載しているか？

・課税仕入れに係る支払対価の額の合計額を記載します。
・課税仕入れに係る対価の返還等を受けている場合には、その仕入対価の返還等の金額を控除した後の金額を記載します。

・次の計算式により計算した税額を記載します。
「課税仕入れに係る支払対価の額」×6.3/108－「仕入れに係る対価の返還等の金額」×6.3/108

・課税貨物の引取りにつき課された又は課されるべき消費税額を記載します。
・課税貨物に係る消費税額について還付を受けた金額がある場合は、その金額を控除した残額を記載します。

・直前の課税期間までに貸倒れに係る消費税額の控除の対象とした課税資産の譲渡等の対価の額について、その全部又は一部を回収した場合で、その回収額に係る消費税額がある場合に記載します。
　3％税率適用分、4％税率適用分、6.3％税率適用分に区分する必要があります（区分が困難な場合には債権の額の割合によります。）。

第10章 消費税関係各種手続と申告書・届出書等のチェックポイント

> この申告書は、簡易課税制度を選択しており、かつ、基準期間の課税売上高が5,000万円以下である事業者が、消費税及び地方消費税の確定申告書（修正申告書等を含む。）を提出する場合に使用します。

---【ポイント】---
1　この申告書は、次の①及び②に該当する事業者が、消費税及び地方消費税の申告書（確定申告書（期限内申告書、期限後申告書）、修正申告書、還付請求申告書、仮決算による中間申告書）を提出する場合に使用します。
　①　簡易課税制度を選択している事業者
　②　基準期間の課税売上高が5,000万円以下である事業者
2　修正申告を行う場合には、その直前に確定している納税申告書、更正通知書又は決定通知書の写しを添付します。
3　期限後申告を行う場合で、法律で定める申告期限内に提出できなかったことに正当な理由があるときには、この申告書にその具体的な理由や事情を記載した適宜の書類を添付します。

・消費税の納税地（地方消費税の納税地も一致します。）を記載します。
　なお、納税地と住所若しくは本店又は主たる事務所の所在地とが異なる場合には、住所若しくは本店又は主たる事務所の所在地を納税地の下にかっこ書きで記載します。

・法人の場合は名称、個人事業者の場合は屋号を記載します。
　なお、合併法人が被合併法人の最終事業年度の申告をする場合には旧法人名（被合併法人名）を名称の下にかっこ書きで記載します。

・申告しようとする課税期間又は中間申告対象期間を記載します。

・確定申告又は還付請求申告をする場合は「確定」、仮決算による中間申告をする場合は「中間」、修正申告をする場合は「修正確定」又は「修正中間」と記載します。

第10章　消費税関係各種手続と申告書・届出書等のチェックポイント

- ・「付表4の①D」欄の金額を移記します。
- ・「付表4の②D」欄の金額を移記します。
- ・「付表4の③D」欄の金額を移記します。
- ・「付表4の④D」欄の金額を移記します。
- ・「付表4の⑤D」欄の金額を移記します。
- ・「付表4の⑥D」欄の金額を移記します。

- ・この申告に係る課税期間における課税資産の譲渡等の対価の額（税抜金額）を記載します。
- ・この申告に係る課税期間の基準期間（個人事業者は前々年、法人は前々事業年度）の課税売上高（税抜金額）を記載します。
- ・「付表4の⑬D」欄の金額がマイナスの場合にその金額を移記します。
- ・「付表4の⑬D」欄の金額がプラスの場合にその金額を移記します。

第10章 消費税関係各種手続と申告書・届出書等のチェックポイント

第28-(6)号様式

付表4　旧・新税率別、消費税額計算表
　　　　兼地方消費税の課税標準となる消費税額計算表

〔経過措置対象課税資産の譲渡等を含む課税期間用〕　簡易

| 課税期間 | 26・1・1 ～ 26・12・31 | 氏名又は名称 | 株式会社国税飲料 |

区　分		税率3%適用分 A	税率4%適用分 B	税率6.3%適用分 C	合　計 D (A+B+C)
課税標準額	①	000 円	9,419,000 円	29,629,000 円	39,048,000 円
消費税額	②		376,760	1,866,627	2,243,387
貸倒回収に係る消費税額	③			7,619	7,619
控除／控除対象仕入税額	④		292,265	1,423,302	1,715,567
税／返還等対価に係る税額	⑤		19,047	87,499	106,546
額／貸倒れに係る税額	⑥			41,904	41,904
控除税額小計（④+⑤+⑥）	⑦		353,216	1,510,801	1,864,017
控除不足還付税額（⑦-②-③）	⑧				
差引税額（②+③-⑦）	⑨		31,163	355,826	386,989
合計差引税額（⑨-⑧）	⑩				386,989
地方消費税の課税標準となる消費税額／控除不足還付税額	⑪				
／差引税額	⑫		31,163	355,826	386,989
／合計差引税額（⑫-⑪）	⑬				386,989
譲渡割額／還付税額	⑭		(⑪B欄×25/100)	(⑪C欄×17/63)	
／納税額	⑮		7,790	96,016	103,806
合計差引譲渡割額（⑮-⑭）	⑯				103,806

346

この付表は、簡易課税制度を選択しており、かつ、基準期間の課税売上高が5,000万円以下である事業者が、消費税及び地方消費税の（確定、中間（仮決算）、還付、修正）申告書（簡易課税用）（以下「申告書（簡易課税用）」といいます。）を作成する場合で、かつ、この課税期間中に「経過措置対象課税資産の譲渡等」がある場合に使用し、付表5－(2)とともに申告書（簡易課税用）に添付して提出するものです。

【ポイント】
各項目を3％税率適用分、4％税率適用分、6.3％税率適用分に区分して記載します。

- 税率6.3％適用取引の対価の額（税抜金額）の合計額を記載します。
- 旧消費税法施行規則第22条第1項の規定（以下、「旧規則22条の規定」といいます。）を適用している場合には、区分領収した本体価格の合計金額を記載します。
- 税込処理と旧規則22条の規定を併用している場合には、それぞれ計算した課税売上高（税抜き）を合計した金額を記載します。

- 「課税標準額」に対する消費税額の合計額を記載します。
- 旧規則22条の規定を適用している場合には、区分領収した消費税額の合計金額を記載してください。
- 税込処理と旧規則22条の規定を併用している場合には、それぞれについて算出した消費税額を合計した金額を記載します。

- 直前の課税期間までに貸倒れに係る消費税額の控除の対象とした課税資産の譲渡等の対価の額について、全部又は一部を回収した場合にその回収額に係る消費税額を記載します。

- 「付表5－(2)の⑤C」欄又は「付表5－(2)の㉚C」欄の金額を記載します。

- 販売先から返品を受け、又は販売先に値引き、割戻し等を行った場合にその対価の返還等に対応する消費税額を記載します。

- 売掛金等につき法第39条（貸倒れに係る消費税額の控除等）の適用を受ける場合におけるその売掛金等に含まれる消費税額を記載します。

第10章 消費税関係各種手続と申告書・届出書等のチェックポイント

第28―(7)号様式

付表5-(2) 控除対象仕入税額等の計算表〔経過措置対象課税資産の譲渡等を含む課税期間用〕   簡易

| 課税期間 | 26・1・1～26・12・31 | 氏名又は名称 | 株式会社国税飲料 |

Ⅰ 控除対象仕入税額の計算の基礎となる消費税額

項目		税率3％適用分 A	税率4％適用分 B	税率6.3％適用分 C	合計 D (A+B+C)
課税標準額に対する消費税額	①	(付表4の②A欄)	(付表4の②B欄) 376,760	(付表4の②C欄) 1,866,627	(付表4の②D欄) 2,243,387
貸倒回収に係る消費税額	②	(付表4の③A欄)	(付表4の③B欄)	(付表4の③C欄) 7,619	(付表4の③D欄) 7,619
売上対価の返還等に係る消費税額	③	(付表4の⑤A欄)	(付表4の⑤B欄) 19,047	(付表4の⑤C欄) 87,499	(付表4の⑤D欄) 106,546
控除対象仕入税額の計算の基礎となる消費税額 (①+②-③)	④		365,332	1,779,128	2,144,460

Ⅱ 1種類の事業の専業者の場合の控除対象仕入税額

項目		税率3％適用分 A	税率4％適用分 B	税率6.3％適用分 C	合計 D (A+B+C)
④×みなし仕入率 (90%・80%・70%・60%・50%)	⑤	※付表4の④A欄へ	※付表4の④B欄へ	※付表4の④C欄へ	※付表4の④D欄へ

Ⅲ 2種類以上の事業を営む事業者の場合の控除対象仕入税額

(1) 事業区分別の課税売上高（税抜き）の明細

項目		税率3％適用分 A	税率4％適用分 B	税率6.3％適用分 C	合計 D (A+B+C)	売上割合
事業区分別の合計額	⑥		8,942,857	28,240,741	※申告書「事業区分」欄へ 37,183,598	％
第一種事業（卸売業）	⑦				※	
第二種事業（小売業）	⑧		8,942,857	27,481,481	※ 36,424,338	97.9
第三種事業（製造業等）	⑨				※	
第四種事業（その他）	⑩			759,259	※ 759,259	2.0
第五種事業（サービス業等）	⑪				※	

(2) (1)の事業区分別の課税売上高に係る消費税額の明細

項目		税率3％適用分 A	税率4％適用分 B	税率6.3％適用分 C	合計 D (A+B+C)
事業区分別の合計額	⑫		357,714	1,779,166	2,136,880
第一種事業（卸売業）	⑬				
第二種事業（小売業）	⑭		357,714	1,731,333	2,089,047
第三種事業（製造業等）	⑮				
第四種事業（その他）	⑯			47,833	47,833
第五種事業（サービス業等）	⑰				

注意 1 金額の計算においては、1円未満の端数を切り捨てる。
　　 2 課税売上げにつき返品を受け又は値引き・割戻しをした金額（売上対価の返還等の金額）があり、売上（収入）金額から減算しない方法で経理して含めている場合には、⑥から⑪の欄には売上対価の返還等の金額（税抜き）を控除した後の金額を記入する。

(1／2)

第10章　消費税関係各種手続と申告書・届出書等のチェックポイント

　この付表は、簡易課税制度を選択しており、かつ、基準期間の課税売上高が5,000万円以下である事業者が、消費税及び地方消費税の（確定、中間（仮決算）、還付、修正）申告書（簡易課税用）を作成する場合で、かつ、この課税期間中に「経過措置対象課税資産の譲渡等」がある場合に使用し、付表4とともに申告書（簡易課税用）に添付して提出するものです。

【ポイント】
各項目を3％税率適用分、4％税率適用分、6.3％税率適用分に区分して記載します。

・「付表4の②」各欄の金額を記載します。

・「付表4の③」各欄の金額を記載します。

・「付表4の⑤」各欄の金額を記載します。

・①+②-③により算出した金額を記載します。
　※　マイナスとなる場合　→　控除対象仕入税額は0円（⑤以下の計算は不要）

（1種類の事業の専業者の場合の控除対象仕入税額の計算）
・「④×みなし仕入率」により算出した金額が控除対象仕入税額となります（1種類の事業の専業者の場合には、⑥以下の計算は不要）。

第10章 消費税関係各種手続と申告書・届出書等のチェックポイント

(3) 控除対象仕入税額の計算式区分の明細

イ 原則計算を適用する場合

控除対象仕入税額の計算式区分	税率3％適用分 A	税率4％適用分 B	税率6.3％適用分 C	合　計　D (A＋B＋C)
④×みなし仕入率 (⑬×90％＋⑭×80％＋⑮×70％＋⑯×60％＋⑰×50％)／⑫ ⑱	円	292,265 円	1,413,734 円	1,705,999 円

ロ 特例計算を適用する場合

　(イ) 1種類の事業で75％以上

控除対象仕入税額の計算式区分	税率3％適用分 A	税率4％適用分 B	税率6.3％適用分 C	合　計　D (A＋B＋C)
(⑦D／⑥D・⑧D／⑥D・⑨D／⑥D・⑩D／⑥D・⑪D／⑥D)≧75％ ④×みなし仕入率 (90％・80％・70％・60％・50％) ⑲	円	292,265 円	1,423,302 円	1,715,567 円

　(ロ) 2種類の事業で75％以上

控除対象仕入税額の計算式区分	税率3％適用分 A	税率4％適用分 B	税率6.3％適用分 C	合　計　D (A＋B＋C)
第一種及び第二種事業 (⑦D＋⑧D)／⑥D≧75％ ④× (⑬×90％＋(⑫－⑬)×80％)／⑫ ⑳	円	円	円	円
第一種及び第三種事業 (⑦D＋⑨D)／⑥D≧75％ ④× (⑬×90％＋(⑫－⑬)×70％)／⑫ ㉑				
第一種及び第四種事業 (⑦D＋⑩D)／⑥D≧75％ ④× (⑬×90％＋(⑫－⑬)×60％)／⑫ ㉒				
第一種及び第五種事業 (⑦D＋⑪D)／⑥D≧75％ ④× (⑬×90％＋(⑫－⑬)×50％)／⑫ ㉓				
第二種及び第三種事業 (⑧D＋⑨D)／⑥D≧75％ ④× (⑭×80％＋(⑫－⑭)×70％)／⑫ ㉔				
第二種及び第四種事業 (⑧D＋⑩D)／⑥D≧75％ ④× (⑭×80％＋(⑫－⑭)×60％)／⑫ ㉕				
第二種及び第五種事業 (⑧D＋⑪D)／⑥D≧75％ ④× (⑭×80％＋(⑫－⑭)×50％)／⑫ ㉖				
第三種及び第四種事業 (⑨D＋⑩D)／⑥D≧75％ ④× (⑮×70％＋(⑫－⑮)×60％)／⑫ ㉗				
第三種及び第五種事業 (⑨D＋⑪D)／⑥D≧75％ ④× (⑮×70％＋(⑫－⑮)×50％)／⑫ ㉘				
第四種及び第五種事業 (⑩D＋⑪D)／⑥D≧75％ ④× (⑯×60％＋(⑫－⑯)×50％)／⑫ ㉙				

ハ 上記の計算式区分から選択した控除対象仕入税額

項　目	税率3％適用分 A	税率4％適用分 B	税率6.3％適用分 C	合　計　D (A＋B＋C)
選択可能な計算式区分 (⑬～㉙) の内から選択した金額 ㉚	※付表4の④A欄へ 円	※付表4の④B欄へ 292,265 円	※付表4の④C欄へ 1,423,302 円	※付表4の④D欄へ 1,715,567 円

注意　金額の計算においては、1円未満の端数を切り捨てる。

(2／2)

(2種類以上の事業を営む事業者の場合の控除対象仕入税額の計算)
　控除対象仕入税額の計算は、次のいずれかを選択のうえ、該当欄の計算式により計算します。
① 原則計算　　　→　原則計算を適用する場合には、「(3)イ原則計算を適用する場合」⑱欄に掲げる計算式により計算した金額を記載します。
② 特例計算(1)　→　１種類の事業の課税売上高が全体の75％以上である場合は、「(3)ロ(イ)１種類の事業で75％以上」⑲欄の計算式により計算した金額を記載します。
③ 特例計算(2)　→　２種類の事業の課税売上高が全体の75％以上である場合は、「(3)ロ(ロ)２種類の事業で75％以上」の該当する計算式を選択のうえ、該当欄の計算式により計算した金額を記載します。

・上記①〜③により算出した金額のうち、控除対象仕入税額として選択した金額を記載します。
・適用する税率ごとに原則計算によるか特例計算によるか、どちらか有利な計算方法を選択することはできません。

〈注意！〉
　確定申告において選択した控除対象仕入税額の計算方法は、後日において変更はできません。

第10章 消費税関係各種手続と申告書・届出書等のチェックポイント

第28-(3)号様式

付表6 死亡した事業者の消費税及び地方消費税の確定申告明細書
（自平成　年　月　日至平成　年　月　日の課税期間分）

整理番号

1 死亡した事業者の納税地・氏名等

納税地		氏名	フリガナ	死亡年月日	平成　年　月　日

2 相続人等の代表者の指定（代表者を指定するときは記入してください。）

相続人等の代表者の氏名

3 限定承認の有無（相続人等が限定承認しているときは、右の「限定承認」の文字を○で囲んでください。）　限定承認

4 死亡した事業者の消費税及び地方消費税の額

納める消費税及び地方消費税の合計額	①	円	還付される消費税及び地方消費税の合計額	④	円
①のうち消費税	②		④のうち消費税	⑤	
①のうち地方消費税	③		④のうち地方消費税	⑥	

5 相続人等の納める消費税及び地方消費税の額又は還付される消費税及び地方消費税の額
（相続を放棄した人は記入の必要はありません。）

相続人等に関する事項	住所又は居所				
	フリガナ 氏名	㊞	㊞	㊞	㊞
	職業及び続柄	職業／続柄	職業／続柄	職業／続柄	職業／続柄
	生年月日	明・大・昭・平　年　月　日	明・大・昭・平　年　月　日	明・大・昭・平　年　月　日	明・大・昭・平　年　月　日
	電話番号	(　)	(　)	(　)	(　)
	相続分 ⑦	法定・指定	法定・指定	法定・指定	法定・指定
	相続財産の価額 ⑧				
納付(還付)税額の計算	各納付税額の額(注)	消費税〔②×⑦〕⑨			
		地方消費税〔③×⑦〕⑩			
		計〔⑨+⑩〕⑪			
	各還付税額の額(注)	消費税〔⑤の分割額〕⑫			
		地方消費税〔⑥の分割額〕⑬			
		計〔⑫+⑬〕⑭			
還付される税金の受取場所	銀行等の口座に振込みを希望する場合	銀行名等	銀行・金庫・組合・農協・漁協　本店・支店・出張所・本所・支所	同左	同左	同左
		支店名等				
		預金の種類	預金	預金	預金	預金
		口座番号				
	ゆうちょ銀行の口座に振込みを希望する場合	記号番号	－	－	－	－
	郵便局等の窓口受取りを希望する場合	郵便局名等				
※税務署処理欄					

(注) ⑨・⑩欄は、各人の100円未満の端数切捨て
　　 ⑫・⑬欄は、各人の1円未満の端数切捨て

第10章　消費税関係各種手続と申告書・届出書等のチェックポイント

> この付表は、消費税法施行令第63条第1項（死亡の場合の確定申告の特例）の規定により、申告書に併せて提出するものです。

・確定申告書に記載した課税期間の開始年月日及び終了年月日を記載します。

・代表者を指定する場合にその代表者の氏名を記載します。

1
(1) 申告書の「消費税及び地方消費税の合計（納付又は還付）税額㉖」欄の金額がプラスとなる場合（納付税額がある場合）には、この付表の「納める消費税及び地方消費税の合計額」欄の①欄にその金額を記載するとともに、消費税と地方消費税の内訳金額をそれぞれ「①のうち消費税」及び「①のうち地方消費税」欄に記載します。
(2) 申告書の「消費税及び地方消費税の合計（納付又は還付）税額㉖」欄の金額がマイナスとなる場合（還付税額がある場合）には、この付表の「還付される消費税及び地方消費税の合計額」欄の④欄にその金額を記載するとともに、消費税と地方消費税の内訳金額をそれぞれ「④のうち消費税」及び「④のうち地方消費税」欄に記載します。
　(注)　消費税の内訳金額の計算は、申告書の「納付税額⑪」－（「控除不足還付税額⑧」＋「中間納付還付税額⑫」）の算式によります。
　　　　また、地方消費税の内訳金額の計算は、「納付譲渡割額㉒」－（「譲渡割額・還付額⑲」＋「中間納付還付譲渡割額㉓」）の算式によります。

2
「5　相続人等の納める消費税及び地方消費税の額又は還付される消費税及び地方消費税の額」欄は、次のとおり記載します。
なお、一緒に申告するかどうかにかかわらず、すべての相続人や包括受遺者（相続を放棄した人を除きます。）について記載してください。
(1) 相続人等の「住所又は居所、氏名、職業及び続柄、生年月日、電話番号」欄
　各相続人の住所又は居所、氏名、職業、被相続人との続柄、生年月日及び電話番号をそれぞれ該当欄に記載し、押印します。
(2) 「相続分⑦」欄
　法定相続分（民法第900条、第901条）により財産を取得している人は「法定」の文字を、遺言による指定相続分（民法第902条）により財産を取得している人は「指定」の文字を、それぞれ〇で囲んだ上、その割合を記載します。
　なお、子や直系尊属、兄弟姉妹が2人以上いる場合や相続人のほか包括受遺者がいる場合などには、各人の相続分の割合の合計が1となるように調整した上、その調整後の各人の割合を記載してください。
(3) 「相続財産の価額⑧」欄
　各人が相続や包括遺贈により取得する積極財産の相続時の時価を記載します。
　なお、相続財産についてまだ分割が行なわれていないときは、積極財産の総額に各人の相続分（⑦欄に記入されている各人の割合）を乗じて計算した金額をそれぞれ記載してください。
(4) 「各人の納付税額⑨～⑪」欄
　上記1の(1)の「納める消費税及び地方消費税の合計額①」欄の金額がある場合に記載する欄です。
　「納める消費税及び地方消費税の合計額①」欄の「①のうち消費税②」欄の金額及び「①のうち地方消費税③」欄の金額に各人の相続分（⑦欄に記載されている各人の割合）を乗じて計算したそれぞれの金額（100円未満の端数は切り捨てます。）を「消費税〔②×⑦〕⑨」欄及び「地方消費税〔③×⑦〕⑩」欄に記載します。
(5) 「各人の還付税額⑫～⑭」欄
　上記1の(2)の「還付される消費税及び地方消費税の合計額④」欄の金額がある場合に記載する欄です。
　この欄には、「還付される消費税及び地方消費税の合計額④」欄の「④のうち消費税⑤」欄の金額及び「①のうち地方消費税⑥」欄の金額が、相続人や包括受遺者の協議などにより分割されているときはその分割により請求できる還付金額を記載し、そうでないときはそれぞれ各人が相続や包括遺贈により取得する財産の相続分（民法第900条から第903条）に応じて計算した金額（1円未満の端数は切り捨てます。）を「消費税〔⑤の分割額〕⑫」欄及び「地方消費税〔⑥の分割額〕⑬」欄に記載します。

第28-(8)号様式

消費税の還付申告に関する明細書（個人事業者用）

課税期間	・・ 〜 ・・	住　所	
		氏　名	

1　還付申告となった主な理由（該当する事項に〇印を付してください。）

輸出等の免税取引の割合が高い	その他	
設備投資（高額な固定資産の購入等）		

2　課税売上げ等に係る事項

(1) 主な課税資産の譲渡等（取引金額が100万円以上の取引先を上位5番目まで記載してください。）

資産の種類等	譲渡年月日等	取引金額等（税込・税抜）	取引先の氏名（名称）	取引先の住所（所在地）
	・・	円		
	・・			
	・・			
	・・			
	・・			

※　継続的な取引先については、当課税期間中の取引金額の合計額を記載し、譲渡年月日等欄には「継続」と記載してください。輸出取引等は(2)に記載してください。

(2) 主な輸出取引等の明細（取引金額総額の上位5番目まで記載してください。）

取引先の氏名（名称）	取引先の住所（所在地）	取引金額	主な取引商品等	所轄税関（支署）名
		円		

輸出取引等に利用する	主な金融機関	銀　行／金庫・組合／農協・漁協		本店・支店／出　張　所／本所・支所
		預金	口座番号	
	主な通関業者	氏名（名称）		
		住所（所在地）		

（1／2）

> この明細書は、事業者が、控除不足還付税額のある消費税及び地方消費税の還付申告書（一般用）を提出する場合に添付して提出します。

【ポイント】

- ・消費税の還付申告書（中間還付を除きます。）を提出する場合、この明細書を添付しなければなりません。
- ・金額は円単位で記載します。

- ・確定申告書に記載した課税期間、住所及び氏名を記載します。

- ・還付申告となった理由のうち主なものに○印を付します。
- ・その他に該当する場合には、還付の理由（例えば、「期末に多額の棚卸資産を購入したため。」）を簡潔に記載します。

- ・採用している経理方式により、いずれかを○で囲みます。

- ・当課税期間中の課税資産の譲渡等（輸出取引等の免税取引を除きます。）のうち、取引金額（税抜価額）が100万円以上のものについて上位5番目まで記載します。
- ・非課税取引の記載は不要です。
- ・継続的に課税資産の譲渡等を行っている取引先のものについては、当課税期間中の取引金額の合計額（税抜価額）が100万円以上の場合にその合計額を記載します。この場合、「取引金額等」欄にはその合計額を記載し、「譲渡年月日等」欄には「継続」と記載します。

- ・商品を販売した場合は、その内容（「機械用部品」、「建設機械」等）を記載し、事務所用賃貸物件の貸付けの場合は「事務所貸付け」と記載し、売上げ対価の返還の場合は「対価の返還」と記載します。
- ・課税資産の譲渡等に伴う貸倒れについては「貸倒れ」と記載してください。

- ・商品を輸出した場合は、その内容（「機械用部品」、「建設機械」等）を記載し、非居住者に対する著作権等の貸付けの場合は「著作権等の貸付け」と記載します。

- ・同一取引先について複数の税関を利用している場合には、そのうちの主なものについて記載します。

- ・輸出取引先等に利用する金融機関のうち主なものを記載します。
- ・ゆうちょ銀行の場合は口座番号欄に記号・番号（又は店番・口座番号）を「〇〇〇〇〇－〇〇〇〇〇〇〇〇」と「－（ハイフン）」で区切って記載します。

- ・輸出取引等に利用する通関業者のうち主なものを記載します。

3 課税仕入れに係る事項
(1) 仕入金額等の明細

区　分		㋑ 決　算　額（税込・税抜）	㋺ 左のうち課税仕入れにならないもの	(㋑-㋺)課税仕入高
事業所得	仕入金額（製品製造原価） ①	円	円	円
	必要経費 ②			
	固定資産等の取得価額 ③			
	小　計（①+②+③） ④			
不動産所得	必要経費 ⑤			
	固定資産等の取得価額 ⑥			
	小　計（⑤+⑥） ⑦			
所得	仕入金額 ⑧			
	必要経費 ⑨			
	固定資産等の取得価額 ⑩			
	小　計（⑧+⑨+⑩） ⑪			
課税仕入高の合計額 ⑫		④、⑦、⑪の合計額を記載してください。		
課税仕入れ等の税額の合計額 ⑬		⑫の金額に対する消費税額		

(2) 主な棚卸資産・原材料等の取得（取引金額が100万円以上の取引先を上位5番目まで記載してください。）

資産の種類等	取得年月日等	取引金額等（税込・税抜）	取引先の氏名（名称）	取引先の住所（所在地）
	・　・	円		
	・　・			
	・　・			
	・　・			
	・　・			

※ 継続的な取引先については、当課税期間中の取引金額の合計額を記載し、取得年月日等欄には「継続」と記載してください。

(3) 主な固定資産等の取得（1件当たりの取引金額が100万円以上の取引を上位5番目まで記載してください。）

資産の種類等	取得年月日等	取引金額等（税込・税抜）	取引先の氏名（名称）	取引先の住所（所在地）
	・　・	円		
	・　・			
	・　・			
	・　・			
	・　・			

4 平成　　年中の特殊事情（顕著な増減事項等及びその理由を記載してください。）

(2／2)

第10章　消費税関係各種手続と申告書・届出書等のチェックポイント

- 付表2「課税売上割合・控除対象仕入税額等の計算表」又は付表2－(2)「課税売上割合・控除対象仕入税額等の計算表〔経過措置対象課税資産の譲渡等を含む課税期間用〕」の「課税仕入れ等の税額の合計額⑫」欄の計算の基礎となった金額の明細を記載します。
- 保税地域から引き取った課税貨物の金額は、「㋑決算額」欄に含めて記載するとともに、「㋺左のうち課税仕入れにならないもの」欄に記載します。

- 所得税の青色申告決算書や収支内訳書、固定資産台帳等から抽出して、それぞれの所得ごとに記載します。

- 「㋑決算額」欄に記載した金額のうちに、消費税が非課税となるもの及び消費税の対象とならないもの（不課税）等課税仕入れとならないものの金額の合計額を記載します。

- 事業所得及び不動産所得以外の所得に係る課税仕入れがある場合に、例えば、「雑所得」などと記載します。

- 「課税仕入高の合計額⑫」欄に対する消費税額及び保税地域からの引取りに係る課税貨物につき課された（又は課されるべき）消費税額の合計額を記載します。
- この金額は、消費税法第36条《納税義務の免除を受けないこととなった場合等の棚卸資産に係る消費税額の調整》の規定の適用がある場合を除いて、付表2「課税売上割合・控除対象仕入税額等の計算表」又は付表2－(2)「課税売上割合・控除対象仕入税額等の計算表〔経過措置対象課税資産の譲渡等を含む課税期間用〕」の「課税仕入れ等の税額の合計額⑫」欄の金額と一致します（課税仕入れに係る消費税額は、値引き、割戻し、割引きなど仕入対価の返還等の金額がある場合には、その返還等の金額に係る消費税額を控除した後の金額を記載します。）。

- 3(1)「仕入金額等の明細」欄の「(㋑－㋺)課税仕入高」欄に記載した棚卸資産及び原材料等の取得のうち、取引金額（税抜価額）が100万円以上のものについて、上位5番目まで記載します。
- 継続的に課税資産の取得を行っている取引のものについては、当課税期間中の取引金額の合計額（税抜価額）が100万円以上の場合にその合計額を記載します。この場合、「取引金額等」欄にはその合計額を記載し、「取得年月日等」欄には「継続」と記載します。

- 棚卸資産や原材料を取得した場合には、その内容（「機械用部品」、「製品原料」等）を記載し、外注費等の役務の提供の対価を支払った場合には、その内容（「下請加工」、「支払手数料」等）を記載します。

- 3(1)「仕入金額等の明細」欄の「(㋑－㋺)課税仕入高」欄に記載した固定資産等の取得のうち、1件当たりの取引金額（税抜価額）が100万円以上のものについて、上位5番目まで記載します。

- 取得した資産（店舗の改装等を含む。）について、その資産の種類（例えば、「建物」、「車両」）を記載します。

- 当課税期間中の顕著な増減事項等及びその理由（例えば、「多額の売上対価の返還等が発生した。」、「多額の貸倒損失が発生した。」）を記載します。

第10章 消費税関係各種手続と申告書・届出書等のチェックポイント

第28-(9)号様式

消費税の還付申告に関する明細書（法人用）

課税期間	・・～・・	所在地	
		名　称	

1　還付申告となった主な理由（該当する事項に〇印を付してください。）

輸出等の免税取引の割合が高い	その他	
設備投資（高額な固定資産の購入等）		

2　課税売上げ等に係る事項

(1) 主な課税資産の譲渡等（取引金額が100万円以上の取引を上位10番目まで記載してください。）　単位：千円

資産の種類等	譲渡年月日等	取引金額等（税込・税抜）	取引先の氏名（名称）	取引先の住所（所在地）
	・・			
	・・			
	・・			
	・・			
	・・			
	・・			
	・・			
	・・			
	・・			
	・・			

※　継続的に課税資産の譲渡等を行っている取引先のものについては、当課税期間分をまとめて記載してください。
　　その場合、譲渡年月日等欄に「継続」と記載してください。輸出取引等は(2)に記載してください。

(2) 主な輸出取引等の明細（取引金額総額の上位10番目まで記載してください。）　単位：千円

取引先の氏名（名称）	取引先の住所（所在地）	取引金額	主な取引商品等	所轄税関（支署）名

輸出取引等に利用する	主な金融機関		銀　行／金庫・組合／農協・漁協	本店・支店／出張所／本所・支所
		預金　口座番号		
	主な通関業者	氏名（名称）		
		住所（所在地）		

(1／2)

第10章　消費税関係各種手続と申告書・届出書等のチェックポイント

> この明細書は、事業者が、控除不足還付税額のある消費税及び地方消費税の還付申告書（一般用）を提出する場合に添付して提出します。

【ポイント】
- 消費税還付申告書（中間還付を除きます。）を提出する場合、この明細書を添付しなければなりません。
- 金額は1,000円単位（1,000円未満切捨て）で記載してください。

- 還付申告書に記載した課税期間、納税地及び法人名を記載します。

- 還付申告となった理由のうち主なものに○印を付します。
- その他に該当する場合には、還付の理由（例えば、「期末に多額の棚卸資産を購入したため。」）を簡潔に記載します。

- 採用している経理方式により、いずれかを○で囲みます。

- 当課税期間中の課税資産の譲渡等（輸出取引等の免税取引を除きます。）のうち、取引金額（税抜価額）が100万円以上のものについて上位10番目まで記載します。
- 非課税取引の記載は不要です。
- 継続的に課税資産の譲渡等を行っている取引先のものについては、当課税期間中の取引金額の合計額（税抜価額）が100万円以上の場合にその合計額を記載します。この場合、「取引金額等」欄にはその合計額を記載し、「譲渡年月日等」欄には「継続」と記載します。

- 商品を販売した場合は、その内容（「機械用部品」、「建設機械」等）を記載し、事務所用賃貸物件の貸付けの場合は「事務所貸付け」と記載し、売上げ対価の返還の場合は「対価の返還」と記載します。
- 課税資産の譲渡等に伴う貸倒れについては「貸倒れ」と記載します。

- 商品を輸出した場合は、その内容（「機械用部品」、「建設機械」等）を記載し、非居住者に対する著作権等の貸付けの場合は「著作権等の貸付け」と記載します。

- 同一取引先について複数の税関を利用している場合には、そのうちの主なものについて記載します。

- 当課税期間中の課税資産の譲渡等（輸出取引等の免税取引に限ります。）のうち、取引金額の合計額の上位10番目までのものを記載します。

- 輸出取引等に利用する金融機関のうち主なものを記載します。
- ゆうちょ銀行の場合は口座番号欄に記号・番号（又は店番・口座番号）を「○○○○○－○○○○○○○○」と「－（ハイフン）」で区切って記載します。

- 輸出取引等に利用する通関業者のうち主なものを記載します。

359

3 課税仕入れに係る事項

(1) 仕入金額等の明細

単位：千円

区分			㋑ 決算額（税込・税抜）	㋺ ㋑のうち課税仕入れにならないもの	(㋑－㋺) 課税仕入高
損益科目	商品仕入高等	①			
	販売費・一般管理費	②			
	営業外費用	③			
	その他	④			
	小計	⑤			

区分			㋑ 資産の取得価額（税込・税抜）	㋺ ㋑のうち課税仕入れにならないもの	(㋑－㋺) 課税仕入高
資産科目	固定資産	⑥			
	繰延資産	⑦			
	その他	⑧			
	小計	⑨			
課税仕入れ等の税額の合計額		⑩	⑤＋⑨の金額に対する消費税額		

(2) 主な棚卸資産・原材料等の取得（取引金額が100万円以上の取引を上位5番目まで記載してください。）

単位：千円

資産の種類等	取得年月日等	取引金額等（税込・税抜）	取引先の氏名（名称）	取引先の住所（所在地）
	・　・			
	・　・			
	・　・			
	・　・			
	・　・			

※ 継続的に課税資産の取得を行っている取引先のものについては、当課税期間分をまとめて記載してください。その場合取得年月日等欄に「継続」と記載してください。

(3) 主な固定資産等の取得（1件当たりの取引金額が100万円以上の取引を上位10番目まで記載してください。）

単位：千円

資産の種類等	取得年月日等	取引金額等（税込・税抜）	取引先の氏名（名称）	取引先の住所（所在地）
	・　・			
	・　・			
	・　・			
	・　・			
	・　・			
	・　・			
	・　・			
	・　・			
	・　・			
	・　・			

4 当課税期間中の特殊事情（顕著な増減事項等及びその理由を記載してください。）

(2／2)

- 付表2「課税売上割合・控除対象仕入税額等の計算表」又は付表2－(2)「課税売上割合・控除対象仕入税額等の計算表〔経過措置対象課税資産の譲渡等を含む課税期間用〕」の「課税仕入れ等の税額の合計額⑫」欄の計算の基礎となった金額の明細を記載します。
- 保税地域から引き取った課税貨物の金額は、「㋑決算額」欄及び「㋩資産の取得価額」欄に含めて記載するとともに、「㋺ ㋑のうち課税仕入れにならないもの」欄に記載します。

- 損益計算書等から科目の区分に応じて記載します。

- 「㋑決算額」欄のうち、非課税、免税及び不課税の仕入れ等、課税仕入れとはならない金額を記載します。

- 当課税期間中の商品仕入高及び製造原価に含まれる当課税期間中の課税仕入れを記載します。

- 貸借対照表等から当課税期間中に取得した資産の取得価額を科目の区分に応じて記載します。
- 棚卸資産、有価証券及び金銭債権等記載は不要です。

- 「㋩資産の取得価額」欄のうち、非課税、免税及び不課税の仕入れ等、課税仕入れとはならない金額を記載してください。

- 「課税仕入高」欄の⑤欄と⑨欄の合計額に対する消費税額及び保税地域からの引取りに係る課税貨物につき課された（又は課されるべき）消費税額の合計額を記載します。
- この金額は、消費税法第36条《納税義務の免除を受けないこととなった場合等の棚卸資産に係る消費税額の調整》の規定の適用がある場合を除いて、付表2「課税売上割合・控除対象仕入税額等の計算表」又は付表2－(2)「課税売上割合・控除対象仕入税額等の計算表〔経過措置対象課税資産の譲渡等を含む課税期間用〕」の「課税仕入れ等の税額の合計額⑫」欄の金額と一致します（課税仕入れに係る消費税額は、値引き、割戻し、割引きなど仕入対価の返還等の金額がある場合には、その返還等の金額に係る消費税額を控除した後の金額を記載します。）。

- 3(1)「仕入金額等の明細」欄の損益科目の「(㋑－㋺) 課税仕入高」欄に記載した棚卸資産及び原材料等の取得のうち、取得金額（税抜価額）が100万円以上のものについて、上位5番目まで記載します。
- 継続的に課税資産の取得を行っている取引先のものについては、当課税期間中の取引金額の合計額（税抜価額）が100万円以上の場合にその合計額を記載します。この場合、「取引金額等」欄にはその合計額を記載し、「取得年月日等」欄には「継続」と記載してください。

- 棚卸資産や原材料を取得した場合には、その内容（「機械用部品」、「製品原料」等）を記載し、外注費等の役務の提供の対価を支払った場合には、その内容（「下請加工」、「支払手数料」等）を記載します。

- 3(1)「仕入金額等の明細」欄の資産科目の「(㋩－㋥) 課税仕入高」欄に記載した固定資産等の取得のうち、1件当たりの取引金額（税抜価額）が100万円以上のものについて、上位10番目まで記載します。

- 取得した資産（店舗の改装等を含む。）について、その資産の種類（例えば、「建物」、「車両」）を記載します。

- 当課税期間中の顕著な増減事項等及びその理由（例えば、「多額の売上対価の返還等が発生した。」、「多額の貸倒損失が発生した。」）を記載します。

第10章 消費税関係各種手続と申告書・届出書等のチェックポイント

第29号様式

消費税法別表第三に掲げる法人に係る資産の譲渡等の時期の特例の承認申請書

収受印

平成　年　月　日	申請者	（フリガナ）	
		納　税　地	（〒　　－　　） （電話番号　　－　　－　　）
		（フリガナ）	
		名称及び代表者氏名	印
＿＿＿＿税務署長殿		根 拠 法 律	

下記のとおり、消費税法第60条第3項並びに消費税法施行令第74条第1項及び第2項に規定する資産の譲渡等の時期の特例の承認を受けたいので申請します。

申　請　の　理　由	
会計処理の方法並びに根拠となる法令又は定款、寄附行為、規則若しくは規約	
特例の適用を受けようとする最初の課税期間	自　平成　年　月　日　　至　平成　年　月　日
事　業　内　容	
参　考　事　項	税　理　士　　　　　　　　　　印 署名押印　（電話番号　　－　　－　　）

※　上記の申請について、消費税法第60条第3項並びに消費税法施行令第74条第1項及び第2項の規定により、貴法人の行う資産の譲渡等、課税仕入れ及び課税貨物の引取りについては、法令又は定款等の定めるところにより資産の譲渡等の対価を収納すべき課税期間並びに課税仕入れ及び課税貨物の保税地域からの引取りの費用の支払いをすべき課税期間の末日に行われたものとすることを承認します。

　　　第　　　号　　　　　　　　　　　　　税　務　署　長　　　　　印
　平成　年　月　日

※税務署処理欄	整理番号		部門番号		
	申請年月日	年　月　日	台帳整理	年　月　日	

注意　1．この申請書は、2通提出してください。
　　　2．定款等の写しを添付してください。
　　　3．※印欄は記載しないでください。
　　　4．申請内容に異動が生じた場合には、速やかに異動の内容を届け出てください。

この申請書は、消費税法別表第三に掲げる法人が消費税法第60条第3項並びに消費税法施行令第74条第1項及び第2項に規定する資産の譲渡等の時期の特例の承認を受けようとする場合に提出するものです。

---【ポイント】---
1 この申請書は、消費税法別表第三に掲げる法人のうち法令又はその法人の定款、寄附行為、規則若しくは規約に定める会計の処理の方法が国又は地方公共団体の会計の処理の方法に準ずるもので、消費税法第60条第3項並びに消費税法施行令第74条第1項及び第2項に規定する資産の譲渡等の時期の特例の承認を受けようとする法人が提出するものです。
2 税務署長の承認を受けた日の属する課税期間から適用することができます。

・法人の設立根拠となる法律名を記載します。

・申請の理由、会計処理の方法及びその会計処理の方法を採る理由並びにその根拠となる法令又は定款等（法令名等、条文）をそれぞれ記載します。
・その根拠となる法令又は定款等の写しを添付します。

・法人の行う事業の内容を具体的に記載します。

・所管官庁等その他参考となる事項を記載します。

---（参考）---
会計処理の方法が国又は地方公共団体の会計処理の方法（発生主義以外）に準ずるものでない法人（例えば、社団法人、財団法人等のように発生主義により経理することとされている法人）は、資産の譲渡等の時期の特例対象とはなりません。

第30号様式

消費税法別表第三に掲げる法人に係る資産の譲渡等の時期の特例の不適用届出書

収受印

平成　年　月　日	届出者	（フリガナ）	
		納税地	（〒　－　） （電話番号　－　－　）
		（フリガナ）	
		名称及び 代表者氏名	印
＿＿＿＿＿税務署長殿		根拠法律	

　下記のとおり、資産の譲渡等の時期の特例の適用をやめたいので、消費税法施行令第74条第8項の規定により届出します。

法令又は定款等に定める会計処理の方法	
承認年月日	平成　年　月　日
特例の適用をやめようとする課税期間	自　平成　年　月　日　至　平成　年　月　日
参考事項	
税理士署名押印	印 （電話番号　－　－　）

※税務署処理欄	整理番号		部門番号		
	届出年月日	年　月　日	台帳整理	年　月　日	
	通信日付印	年　月　日	確認印		

注意　※印欄は、記載しないでください。

> この届出書は、消費税法別表第三に掲げる法人のうち、消費税法第60条第3項並びに消費税法施行令第74条第1項及び第2項に規定する資産の譲渡等の時期の特例を受けていた法人が、その適用をやめる場合に提出するものです。

---【ポイント】---
　この届出書は、提出した日の属する課税期間からその効力が生ずることとされていますから、特例の適用を受けることをやめようとする課税期間の末日までに提出する必要があります。

・法人の設立根拠となる法律名を記載します。

・法令又は定款等に定める会計処理の方法を具体的に記載します。

・資産の譲渡等の期間の特例の承認を受けた年月日を記載します。

・資産の譲渡等の時期の特例の適用をやめようとする課税期間の初日と末日を記載します。
　（注）この届出書は、この欄に記載した課税期間中に提出することとなります。

・所管官庁等その他参考となる事項を記載します。

第10章　消費税関係各種手続と申告書・届出書等のチェックポイント

第31−(1)号様式　　**消費税法別表第三に掲げる法人に係る申告書の提出期限の特例の承認申請書**　　基準期間用

収受印 平成　年　月　日 ＿＿＿＿税務署長殿	申請者	（フリガナ） 納　税　地	（〒　−　） （電話番号　　−　　−　　）
		（フリガナ） 名　称　及　び 代表者氏名	印
		根　拠　法　律	

下記のとおり、消費税法第60条第8項並びに消費税法施行令第76条第1項及び第2項に規定する申告書の提出期限の特例の承認を受けたいので申請します。

申請の理由及び根拠となる法令	
承認を受けようとする期間	課税期間の末日の翌日から　　か月
特例の適用を受けようとする最初の課税期間	自　平成　年　月　日　　至　平成　年　月　日
特例の適用を受けようとする最初の課税期間の基準期間及びその課税売上高	（自　平成　年　月　日　　至　平成　年　月　日）　　　　円
事　業　内　容	
参　考　事　項	税理士署名押印　　　　　　　印 （電話番号　−　−　）

※　上記の申請について、消費税法第60条第8項並びに消費税法施行令第76条第1項及び第2項の規定により、承認します。

＿＿＿＿＿第＿＿＿＿＿号
平成　年　月　日　　　　　　税務署長　　　　　　印

※税務署処理欄	整理番号		部門番号		延長特例月数		
	申請年月日	年　月　日	入力処理	年　月　日	台帳整理	年　月　日

注意　1．この申請書は、2通提出してください。
　　　2．※印欄は、記載しないでください。
　　　3．申請内容に異動が生じた場合には、速やかに異動の内容を届け出てください。

> この申請書は、消費税法別表第三に掲げる法人が消費税法第60条第8項並びに消費税法施行令第76条第1項及び第2項に規定する「申告書の提出期限の特例」を受けようとする法人が提出するものです。

【ポイント】
1 この申請書は、消費税法別表第三に掲げる法人のうち、法令によりその決算を完結する日が会計年度の末日の翌日以後2か月以上経過した日と定められていること、その他特別な事情があることにより消費税法第60条第8項並びに消費税法施行令第76条第1項及び第2項に規定する申告書の提出期限の特例を受けようとする法人が提出するものです。
2 その適用について、税務署長の承認を受けた日の属する課税期間に係る確定申告書の提出期限から特例を適用することができます。

・法人の設立根拠となる法律名を記載します。

・課税期間の末日の翌日から2か月以内に申告ができない理由及びその根拠となる法令（法令名、条文）を記載します。
・その根拠となる法令（法令名、条文）の写しを添付します。

・申告書の作成に必要と考えられる期間の末日の翌日の属する月から計算して記載します。
なお、この期間は6か月を超えることはできません。

・「特例の適用を受けようとする最初の課税期間」欄に記載した課税期間に係る基準期間の課税売上高とともに基準期間の初日及び末日を記載します。

（参考）
次のような場合は、申告書の提出期限の特例対象となりません。
イ 法令又はその法人の定款等において財務諸表が事業年度終了後2か月以内に作成されることが明らかな法人
ロ 決算が総会等の議決に付されることとされており、かつ、その総会の期日又は期限が事業年度終了の日の翌日から2か月以内と定められている法人
ハ 法令において単に決算書等を所管省庁へ提出することが義務づけられている法人

第10章　消費税関係各種手続と申告書・届出書等のチェックポイント

第31-(2)号様式

消費税法別表第三に掲げる法人に係る申告書の提出期限の特例の承認申請書　[特定期間用]

収受印	平成　年　月　日	申請者	(フリガナ)	
			納税地	(〒　－　) （電話番号　－　－　）
			(フリガナ)	
			名称及び 代表者氏名	印
	＿＿＿＿税務署長殿		根拠法律	

下記のとおり、消費税法第60条第8項並びに消費税法施行令第76条第1項及び第2項に規定する申告書の提出期限の特例の承認を受けたいので申請します。

申請の理由及び根拠となる法令	
承認を受けようとする期間	課税期間の末日の翌日から＿＿か月
特例の適用を受けようとする最初の課税期間	自　平成　年　月　日　至　平成　年　月　日
特例の適用を受けようとする最初の課税期間の	特定期間	自　平成　年　月　日　至　平成　年　月　日
	課税売上高	円
	給与等の金額	円
事業内容	
参考事項	税理士署名押印　　　　印 （電話番号　－　－　）

※　上記の申請について、消費税法第60条第8項並びに消費税法施行令第76条第1項及び第2項の規定により、承認します。

＿＿＿＿第＿＿＿＿号

平成　年　月　日　　　　　　　税務署長　　　　　　　印

※税務署処理欄	整理番号		部門番号		延長特例月数		
	申請年月日	年　月　日	入力処理	年　月　日	台帳整理	年　月　日

注意　1．この申請書は、2通提出してください。
　　　2．※印欄は、記載しないでください。
　　　3．申請内容に異動が生じた場合には、速やかに異動の内容を届け出てください。

この申請書は、消費税法別表第三に掲げる法人が消費税法第60条第8項並びに消費税法施行令第76条第1項及び第2項に規定する「申告書の提出期限の特例」を受けようとする法人が提出するものです。

【ポイント】
1 この申請書は、消費税法別表第三に掲げる法人のうち、法令によりその決算を完結する日が会計年度の末日の翌日以後2か月以上経過した日と定められていること、その他特別な事情があることにより消費税法第60条第8項並びに消費税法施行令第76条第1項及び第2項に規定する申告書の提出期限の特例を受けようとする法人が提出するものです。
2 その適用について、税務署長の承認を受けた日の属する課税期間に係る確定申告書の提出期限から特例を適用することができます。

・法人の設立根拠となる法律名を記載します。

・課税期間の末日の翌日から2か月以内に申告ができない理由及びその根拠となる法令（法令名、条文）を記載します。
・その根拠となる法令（法令名、条文）の写しを添付します。

・申告書の作成に必要と考えられる期間の末日の翌日の属する月から計算して記載します。
　なお、この期間は6か月を超えることはできません。

・「特例の適用を受けようとする最初の課税期間」欄に記載した課税期間に係る特定期間の初日及び末日とともに、その特定期間における課税売上高（課税売上高に代えてその特定期間における給与等支払額の合計額により判定を行った場合はその金額）を記載します。
・それぞれの欄に記載すべき金額を算出している場合には、それぞれの欄に記載します。

（参考）
次のような場合は、申告書の提出期限の特例対象となりません。
イ 法令又はその法人の定款等において財務諸表が事業年度終了後2か月以内に作成されることが明らかな法人
ロ 決算が総会等の議決に付されることとされており、かつ、その総会の期日又は期限が事業年度終了の日の翌日から2か月以内と定められている法人
ハ 法令において単に決算書等を所管省庁へ提出することが義務づけられている法人

第10章　消費税関係各種手続と申告書・届出書等のチェックポイント

第32号様式

消費税法別表第三に掲げる法人に係る申告書の提出期限の特例の不適用届出書

収受印 平成　年　月　日 ＿＿＿＿税務署長殿	届出者	（フリガナ）	
		納税地	（〒　　－　　） （電話番号　　－　　－　　）
		（フリガナ）	
		名称及び代表者氏名	印
		根拠法律	

　下記のとおり、申告書の提出期限の特例の適用をやめたいので、消費税法施行令第76条第10項の規定により届出します。

承認を受けた期間	課税期間の末日の翌日から　　か月
承認年月日	平成　　年　　月　　日
特例の適用をやめようとする課税期間	自　平成　年　月　日　至　平成　年　月　日
参考事項	
税理士署名押印	印 （電話番号　　－　　－　　）

※税務署処理欄	整理番号		部門番号				
	届出年月日	年　月　日	入力処理	年　月　日	台帳整理	年　月　日
	通信日付印	年　月　日	確認印				

注意　※印欄は、記載しないでください。

370

> この届出書は、申告書の提出期限の特例を受けていた消費税法別表第三に掲げる法人がその特例の適用をやめる場合に提出するものです。

【ポイント】
1 この届出書は、消費税法別表第三に掲げる法人のうち、消費税法第60条第8項並びに消費税法施行令第76条第1項及び第2項に規定する申告書の提出期限の特例を受けていた法人がその適用をやめる場合に提出するものです。
2 この届出書は、提出した日の属する課税期間に係る確定申告書の提出期限からその効力が生ずることとされていますから、特例の適用を受けることをやめようとする課税期間の末日までにこの届出書を提出する必要があります。

・法人の設立根拠となる法律名を記載します。

・申告書の提出期限の特例の承認を受けていた期間を記載します。

・申告書の提出期限の特例の承認を受けた年月日を記載します。

・申告書の提出期限の特例の適用をやめようとする課税期間の初日及び末日を記載します。
　（注）この届出書は、この欄に記載した課税期間中に提出することとなります。

・所管官庁等その他参考となる事項を記載します。

第10章　消費税関係各種手続と申告書・届出書等のチェックポイント

第33号様式

消費税課税事業者選択（不適用）届出に係る特例承認申請書

収受印			
平成　年　月　日	申請者	（フリガナ）	
		納税地	（〒　－　） （電話番号　－　－　）
		（フリガナ）	
＿＿＿＿税務署長殿		氏名又は名称及び代表者氏名	印

　下記のとおり、消費税法施行令第20条の2第1項又は第2項に規定する届出に係る特例の承認を受けたいので申請します。

届出日の特例の承認を受けようとする届出書の種類	□ ① 消費税課税事業者選択届出書 □ ② 消費税課税事業者選択不適用届出書 【届出書提出年月日：平成　年　月　日】
特例規定の適用を受けようとする（受けることをやめようとする）課税期間の初日及び末日	自　平成　年　月　日　至　平成　年　月　日 （②の届出の場合は初日のみ記載します。）
上記課税期間の基準期間における課税売上高	円
上記課税期間の初日の前日までに提出できなかった事情	

※　②の届出書を提出した場合であっても、特定期間（原則として、上記課税期間の前年の1月1日（法人の場合は前事業年度開始の日）から6か月間）の課税売上高が1千万円を超える場合には、上記課税期間の納税義務は免除されないこととなります。詳しくは、裏面をご覧ください。

事業内容等		税理士署名押印	印
参考事項			（電話番号　－　－　）

※　上記の申請について、消費税法施行令第20条の2第1項又は第2項の規定により、上記の届出書が特例規定の適用を受けようとする（受けることをやめようとする）課税期間の初日の前日（平成　年　月　日）に提出されたものとすることを承認します。

＿＿＿＿第＿＿＿＿号

平成　年　月　日　　　　　　　　　税務署長　　　　　　　　　　印

※税務署処理欄	整理番号		部門番号		みなし届出年月日	年　月　日
	申請年月日	年　月　日	入力処理	年　月　日	台帳整理	年　月　日

注意　1．この申請書は、2通提出してください。
　　　2．※印欄は、記載しないでください。

この申請書は、やむを得ない事情により消費税課税事業者選択（不適用）届出書をその適用（不適用）を受ける課税期間の初日の前日までに提出できなかった場合において、消費税法施行令第20条の2第1項又は第2項に規定する届出書の提出日の特例の承認を受けようとするときに提出するものです。

【ポイント】

1. この申請書は、やむを得ない事情により消費税法第9条第4項又は第5項の届出書をその適用（不適用）を受ける課税期間の初日の前日までに提出できなかった場合において、消費税法施行令第20条の2第1項又は第2項に規定する届出書の提出日の特例の承認を受けようとする事業者が提出するものです。
2. 税務署長の承認を受けた場合には、その適用（不適用）を受けようとする課税期間の初日の前日にその届出書を提出したものとみなされます。
3. この申告書を提出し消費税課税事業者選択をやめた場合であっても、「特例規定の適用を受けようとする（受けることをやめようとする）課税期間の初日及び末日」欄の課税期間の特定期間における課税売上高（課税売上高に代えて給与等支払額の合計額によることもできます。）が1,000万円を超えたことにより、その課税期間における納税義務が免除されないこととなる場合は、「消費税課税事業者届出書(特定期間用)第3－(2)号様式」を提出します。

・この申請書により届出日の特例承認を受けようとする届出書を記載します。
　（該当する届出書の□にレを付します。）

・この申請により届出日の特例承認を受けたとした場合に、当該届出書の効力が発生することとなる課税期間の初日及び末日を記載します。
・上記の届出書の種類が「消費税課税事業者選択不適用届出書(第2号様式)｝である場合には、初日のみ記載します。

・課税期間の初日の前日までに提出できなかった事情を具体的に記載します。

・営む事業の内容を具体的に記載します。

第34号様式

消費税簡易課税制度選択（不適用）届出に係る特例承認申請書

収受印 平成　年　月　日 ＿＿＿税務署長殿	申請者	（フリガナ） 納税地 （〒　　－　　） （電話番号　　－　　－　　） （フリガナ） 氏名又は名称及び代表者氏名　　　　　　　　　　印

　下記のとおり、消費税法施行令第57条の2第1項又は第2項に規定する届出に係る特例の承認を受けたいので申請します。

届出日の特例の承認を受けようとする届出書の種類	□ ① 消費税簡易課税制度選択届出書 □ ② 消費税簡易課税制度選択不適用届出書 【届出書提出年月日：平成　　年　　月　　日】
特例規定の適用を受けようとする（受けることをやめようとする）課税期間の初日及び末日	自　平成　　年　　月　　日　　至　平成　　年　　月　　日 （②の届出の場合は初日のみ記載します。）
上記課税期間の基準期間における課税売上高	円
上記課税期間の初日の前日までに提出できなかった事情	
事業内容等	（①の届出の場合の営む事業の種類）　　税理士署名押印　　　　　　　　　　　印 （電話番号　　－　　－　　）
参考事項	

※　上記の申請について、消費税法施行令第57条の2第1項又は第2項の規定により、上記の届出書が特例規定の適用を受けようとする（受けることをやめようとする）課税期間の初日の前日（平成　　年　　月　　日）に提出されたものとすることを承認します。

＿＿＿第＿＿＿号

　　　　　　　　　　　　　　　　　　税務署長　　　　印
平成　年　月　日

※税務署処理欄	整理番号		部門番号		みなし届出年月日	年　月　日
	申請年月日	年　月　日	入力処理	年　月　日	台帳整理	年　月　日

注意　1．この申請書は、2通提出してください。
　　　2．※印欄は、記載しないでください。

> この申請書は、やむを得ない事情により消費税簡易課税選択（不適用）届出書をその適用（不適用）を受ける課税期間の初日の前日までに提出できなかった場合において、消費税法施行令第57条の2第1項又は第2項に規定する届出書の提出日の特例の承認を受けようとする事業者が提出するものです。

---【ポイント】---
1 この申請書は、やむを得ない事情により消費税法第37条第1項又は第4項の届出書をその適用（不適用）を受ける課税期間の初日の前日までに提出できなかった場合において、消費税法施行令第57条の2第1項又は第2項に規定する届出書の提出日の特例の承認を受けようとする事業者が提出するものです。
2 税務署長の承認を受けた場合には、その適用（不適用）を受けようとする課税期間の初日の前日にその届出書を提出したものとみなされます。

・この申請書により届出日の特例承認を受けようとする届出書を記載します。
　（該当する届出書の□にレを付します。）

・この申請により届出日の特例承認を受けたとした場合に、当該届出書の効力が発生することとなる課税期間の初日及び末日を記載します。
　なお、届出書の種類が「消費税簡易課税制度選択不適用届出書（第25号様式）」である場合には、初日のみ記載します。

・課税期間の初日の前日までに提出できなかった事情を具体的に記載します。

・営む事業の内容を具体的に記載します。
　なお、届出書の種類が「消費税簡易課税制度選択届出書（第25号様式）」である場合には、簡易課税制度の第一種事業から第五種事業の5種類の事業区分のうち、該当する事業の種類を併せて記載します。

第10章　消費税関係各種手続と申告書・届出書等のチェックポイント

第35号様式

災害等による消費税簡易課税制度選択（不適用）届出に係る特例承認申請書

（災害）

収受印

平成　年　月　日	申請者	（フリガナ）	
		納税地	（〒　　－　　） （電話番号　　－　　－　　）
＿＿＿＿税務署長殿		（フリガナ）	
		氏名又は名称及び代表者氏名	印

　下記のとおり、消費税法第37条の2第1項又は第6項に規定する災害等による届出に係る特例の承認を受けたいので申請します。

届出日の特例の承認を受けようとする届出書の種類	□ ① 消費税簡易課税制度選択届出書 □ ② 消費税簡易課税制度選択不適用届出書
選択被災課税期間又は不適用被災課税期間	自　平成　年　月　日　至　平成　年　月　日 （②の届出の場合は初日のみ記載します。）
上記課税期間の基準期間における課税売上高	円
イ　発生した災害その他やむを得ない理由	イ
ロ　被害の状況	ロ
ハ　被害を受けたことにより特例規定の適用を受けることが必要となった事情	ハ
ニ　災害等の生じた日及び災害等のやんだ日	ニ　（生じた日）　　　　　　　（やんだ日） 　　平成　年　月　日　　平成　年　月　日
事業内容等	（①の届出の場合の営む事業の種類）
参考事項	

税理士署名押印　　　　　　　印
（電話番号　　－　　－　　）

※　上記の申請について、消費税法第37条の2第1項又は第6項の規定により、上記の届出書が特例規定の適用を受けようとする（受けることをやめようとする）課税期間の初日の前日（平成　年　月　日）に提出されたものとすることを承認します。

＿＿＿＿第＿＿＿＿号

税務署長　　印

平成　年　月　日

※税務署処理欄	整理番号		部門番号		みなし届出年月日	年　月　日
	申請年月日	年　月　日	入力処理	年　月　日	台帳整理	年　月　日
	通信日付印	年　月　日	確認印			

注意　1．この申請書は、2通提出してください。
　　　2．※印欄は、記載しないでください。

この申請書は、災害その他やむを得ない理由が生じたことにより被害を受け、当該被害を受けたことにより、当該災害その他やむを得ない理由の生じた日の属する課税期間等について、消費税法第37条第1項の規定の適用を受けることが必要となった又は受けることの必要がなくなった場合に、消費税法第37条の2第1項又は第6項に規定する届出書の提出日の特例の承認を受けようとする事業者が提出するものです。

―【ポイント】―
　承認を受けようとする事業者は、この申請書を災害その他やむを得ない理由のやんだ日から2ケ月以内（当該災害その他やむを得ない理由のやんだ日がその申請に係る消費税法37条の2第1項又は第6項に規定する課税期間の末日の翌日以後に到来する場合には、当該課税期間等に係る消費税法第45条第1項の規定による申告書の提出期限まで）に、その納税地を所轄する税務署長に提出する必要があります。
　税務署長の承認を受けた場合には、その適用（不適用）を受けようとする課税期間の初日の前日にその届出書を提出したものとみなされます。
（注）1　個人事業者にあっては、上記かっこ書きのうち、「翌日」とあるのは、「翌日から1月を経過した日」となります。
　　　2　申告書の提出期限が、国税通則法第11条《災害等による期限の延長》の適用を受けて延長されたときは、この申請書の提出期限も同様に延長されます。

・「届出日の特例の承認を受けようとする届出書の種類」欄には、この申請書により届出の特例承認を受けようとする届出書を記載します（当該する届出書の□にレを付します。）。
・「選択被災課税期間又は不適用被災課税期間」欄には、この申請により届出日の特例承認を受けたとした場合に、上記の届出書の効力が発生することとなる課税期間の初日及び末日を記載します。
　なお、上記の届出書の種類が「消費税簡易課税制度選択不適用届出書（第25号様式）」である場合には、初日のみ記載します。
・「イ　災害その他やむを得ない理由」等の欄には、イ、ロ、ハ、ニの理由、状況等について記載します。
　なお、当該欄に記載しきれない場合には、適宜な用紙に記載し、添付してください（以下同じ。）。

（例）イ　○○地震
　　　ロ　工場建物の倒壊（○○市××町）
　　　ハ　倒壊した工場再建築のため簡易課税制度をとりやめたい

・「事業内容等」欄には、営む事業の内容を具体的に記載します。
　なお、上記の届出書の種類が「消費税簡易課税制度選択届出書（第24号様式）」である場合には、簡易課税制度の第一種事業から第五種事業の5種類の事業区分のうち、該当する事業の種類を併せて記載します。
・「参考事項」欄には、その他参考となる事項等を記載します。

執筆者等一覧

舩冨康次
早子　忠
岡本章裕
伊藤　博
小笠原繁雄
橋爪秀和

平成26年9月改訂 図解でわかる 消費税事務必携

2014年10月8日発行

編　者	舩冨　康次
発行者	辻　誠一
発行所	公益財団法人 納税協会連合会
	〒540-0012 大阪市中央区谷町1-5-4　電話(編集部)06(6135)4062
発売所	株式会社 清文社

大阪市北区天神橋2丁目北2-6　(大和南森町ビル)
〒530-0041　電話06(6135)4050　FAX06(6135)4059
東京都千代田区内神田1-6-6　(MIFビル)
〒101-0047　電話03(6273)7946　FAX03(3518)0299
URL http://www.skattsei.co.jp/

印刷：大村印刷㈱

■著作権法により無断複写複製は禁止されています。落丁本・乱丁本はお取り替えします。
■本書の内容に関するお問い合わせは編集部までFAX（06-6135-4063）でお願いします。
※本書の追録情報等は、発売所（清文社）のホームページ（http://www.skattsei.co.jp）をご覧ください。

ISBN978-4-433-50224-9

平成26年版
消費税の取扱いと申告の手引

佐竹寿紀　編　★Web版サービス付き

消費税の取扱いについて、最新の税制改正及び法令等を中心に関係通達の改正事項なども網羅し、体系的に整理編集。設例による各種申告書・届出書の作成要領と記載例を収録。

■B5判848頁／定価：本体 3,600円＋税

平成26年版
消費税実務問答集

灘野正規　編

消費税の概要から、申告・納付・経理処理まで、その仕組みや取扱いの実務知識を、最新の事例問答で体系的に整理・解説。〈全560問〉

■A5判664頁／定価：本体 2,800円＋税

平成26年7月改訂
Q&A 印紙税の実務

灘野正規　編

印紙税の基礎知識（課税文書、契約書・文書の所属の決定・文書の記載金額、作成の意義、納税義務者、納税地、納付および申告）から、主な課税文書の取扱い、誤りやすい文書例までを、Q&A形式でわかりやすく解説。

■A5判320頁／定価：本体 2,400円＋税

平成26年版　問答式
源泉所得税の実務

秀島友和　編

給与、利子、配当、報酬・料金等の源泉徴収の対象となるあらゆる所得を種類別に分類し、複雑な源泉徴収の取扱いを「問答式」でわかりやすく解説。日常の実務において直面する具体的な事例を取り上げ編集。〈全612問〉

■A5判840頁／定価：本体 3,200円＋税

平成26年版
源泉所得税取扱いの手引

秀島友和　編　★Web版サービス付き

課税対象が多岐にわたり、数多くの関係法令及び政省令、個別通達等から構成されている源泉所得税について、所得の種類別に法令、通達等をわかりやすく体系的にまとめて収録。

■B5判1,040頁／定価：本体 4,000円＋税